Recht der Digitalisierung – Digitalisierung des Rechts

Herausgegeben von
Professor Dr. Marten Breuer
Professor Dr. Jochen Glöckner
Professor Dr. Rüdiger Wilhelmi
Professorin Dr. Liane Wörner

Band 2

Lea Christin Endres
Wettbewerbsrechtlicher Leistungsschutz an maschinengenerierten Daten

Lea Christin Endres

Wettbewerbsrechtlicher Leistungsschutz an maschinengenerierten Daten

---

Eine Untersuchung anhand von Fahrzeug- und Fahrzeugumfelddaten

DE GRUYTER

Lea Christin Endres, Konstanz

ISBN 978-3-11-136971-6
e-ISBN (PDF) 978-3-11-136984-6
e-ISBN (EPUB) 978-3-11-137022-4
ISSN 2510-9820

Library of Congress Control Number: 2024936783

Bibliografische Information der Deutschen Nationalbibliothek
Die Deutsche Nationalbibliothek verzeichnet diese Publikation in der Deutschen Nationalbibliografie; detaillierte bibliografische Daten sind im Internet über http://dnb.dnb.de abrufbar.

Einbandabbildung: Tierney / #320667457 / AdobeStock
Druck und Bindung: CPI books GmbH, Leck

www.degruyter.com

Meinen Eltern

Vorwort

Diese Arbeit wurde im Dezember 2022 vom Fachbereich Rechtswissenschaft der Universität Konstanz als Dissertation angenommen. Gesetzgebung, Rechtsprechung und Literatur wurden bis Dezember 2022 berücksichtigt; darüber hinaus wurde die entsprechende Kommentarliteratur nachträglich auf Stand August 2023 aktualisiert.

Meinem Doktorvater, Herrn Prof. Dr. Jochen Glöckner, LL.M. (USA), gilt mein herzlicher Dank für seine sehr wohlwollende und fördernde Betreuung dieser Arbeit. Er gab mir zahlreiche Anregungen und Ratschläge und räumte mir die Zeit und die Freiheit ein, diese Arbeit nach meinen Vorstellungen zu gestalten. Weiterhin danke ich Herrn Prof. Dr. Rüdiger Wilhelmi für seine Bereitschaft, diese Arbeit zu begutachten. Bei ihnen und Frau Prof. Dr. Liane Wörner, LL.M. (UW-Madison) bedanke ich mich für die angenehme Gestaltung des Kolloquiums über die Dissertation am 3. August 2023.

Zudem danke ich meinem Freund für seine Unterstützung im Rahmen der Promotion und darüber hinaus. Ganz besonderer Dank gilt schließlich meinen Eltern, die meine Ausbildung nicht nur über viele Jahre gefördert haben, sondern mir auch im Anschluss Rückhalt und Zuspruch gaben, wodurch sie wesentlich zum Gelingen dieser Arbeit beigetragen haben. Ihnen ist diese Arbeit gewidmet.

Köln, den 13.11.2023 Lea Christin Endres

https://doi.org/10.1515/9783111369846-001

Vorwort

[illegible]

Inhalt

Dritter Teil: **Rechtliche Güterzuordnung**

Vierter Teil: **Wettbewerbsrechtlicher Leistungsschutz an Daten**

Erster Teil: **Einleitung**

A. Problemstellung und Zielsetzung

In einem modernen Kraftfahrzeug befinden sich über einhundert[1] Steuergeräte[2], die mit Hilfe von Messfühlern und Messwertaufnehmern, sog. Sensoren[3], Fahrzeugdaten sowie Daten aus dem Umfeld des Fahrzeugs erheben.[4] Das Einsatzspektrum von Fahrzeug- und Fahrzeugumfelddaten ist breit und erstreckt sich von der Auswertung fahrzeugtechnischer Daten zum Zwecke der Produktoptimierung[5] bis hin zur Entwicklung von *connectivity features* für das vernetzte Fahrzeug.[6] Fahrzeug- und Fahrzeugumfelddaten bieten zudem Potential für Innovationen au-

---

1 Stiftung Datenschutz/*Reiter/Methner/Schenkel/Kinzler*, Datenschutz im vernetzten Fahrzeug, S. 153 (155).

2 Elektronische Steuergeräte sind im Fahrzeug implementierte Systeme mit angeschlossenen Sensoren und Aktoren. Die Sensoren erfassen Daten und die Elektronik verarbeitet diese, um Steuerungs- oder Regelungsaufgaben zu erfüllen, Bundesministerium für Digitales und Verkehr, „Eigentumsordnung für Mobilitätsdaten" – eine Studie aus technischer, ökonomischer und rechtlicher Perspektive, März 2017, S. 21, abrufbar unter: https://www.bmvi.de/SharedDocs/DE/Publikationen/DG/eigentumsordnung-mobilitaetsdaten.pdf?__blob=publicationFile, Seite zuletzt abgerufen am 15.11.2020.

3 *Bönninger* zieht einen Vergleich zum menschlichen Fahrer und zeichnet das Bild, wonach Sensoren Daten aus ihrer Umgebung erfassen wie der Fahrer Informationen über seine Sinne. Diese Daten werden in miteinander vernetzten Verbünden von Steuergeräten verarbeitet, Deutscher Verkehrsgerichtstag – Deutsche Akademie für Verkehrswissenschaft e.V./*Bönninger*, 52. Verkehrsgerichtstag 2014, S. 229 (232).

4 *Lüdemann*, ZD 2015, 247 (247); Reif, Sensoren im Kraftfahrzeug, S. 2.

5 Anhand von Fahrzeug(umfeld)daten können beispielsweise die Effizienz einzelner Fahrzeugkomponenten in Abhängigkeit zu anderen Faktoren dargestellt oder der Verschleiß von Bauteilen und deren erwartete Lebensdauer unter Berücksichtigung verschiedener Faktoren ausgewertet werden, sodass Optimierungspotenziale in den Bereichen Forschung und Entwicklung erschlossen werden können. Fehlermeldungen geben Aufschluss darüber, welche Fahrzeugkomponenten besonders anfällig oder weniger anfällig für Störungen sind, wodurch Schwachstellen in der Konstruktion früher erkannt und beseitigt werden können und sich einerseits Qualität und Lebensdauer des Produktes erhöhen lassen und andererseits der Reparaturaufwand verringert wird, *Peschel/Rockstroh*, MMR 2014, 571 (571); *Faber/Griga/Groß*, DS 2018, 299 (300); die Fortschritte in der Zusammenführung von Fahrzeug- und Fahrzeugumfelddaten ermöglichten ferner, dass Fahrzeuge ein detailgenaues Bild ihrer Umgebung erheben können. Nur auf dieser Grundlage konnten sicherheitsrelevante Systeme wie adaptive Scheinwerfer oder die automatische Notbremse bis zur Serienfertigung entwickelt werden, Deutscher Verkehrsgerichtstag – Deutsche Akademie für Verkehrswissenschaft e.V./*Bönninger*, 52. Deutscher Verkehrsgerichtstag 2014, S. 229 (232).

6 *Connectivity features* können beispielsweise das Parken erleichtern, indem sie beim Auffinden freier Parkplätze unterstützen und die Bezahlung der Parkgebühren vereinfachen, Pressemitteilung von *Volvo Car Austria* vom 29.07.2021, abrufbar unter: https://www.media.volvocars.com/at/de-at/media/pressreleases/285234/leichter-parken-mit-volvo-cars-und-easypark, Seite zuletzt abgerufen am 25.10.2022.

https://doi.org/10.1515/9783111369846-002

ßerhalb des Mobilitätssektors. So können etwa Scheibenwischerdaten zur Verbesserung von Wetterprognosen herangezogen werden.[7] Mit der Steigerung der Menge und der Qualität der Daten wächst zudem deren Bedeutung für selbstlernende Systeme[8] wie Funktionen des autonomen Fahrens.[9]

Im Lichte der technischen und wirtschaftlichen Relevanz von Daten verwundert es nicht, dass Daten als Rohmaterial auf Märkten mit unterschiedlichen Akteuren gehandelt werden.[10] Die Metapher von „Daten als Öl des 21. Jahrhunderts"[11] beschreibt dabei nicht nur die individuelle Überlassung von personenbezogenen Daten an einen Diensteanbieter, sondern vielmehr den innovationstreibenden Charakter der Verarbeitung erheblicher Datenmengen im Rahmen verschiedener neuer Geschäftsmodelle; welches wirtschaftliche und gesellschaftliche Potenzial sich aus Daten ergibt, lässt sich kaum abschätzen.[12]

Dieses Potenzial wird jedenfalls bis *dato* nicht vollständig ausgeschöpft: Eine Untersuchung des europäischen Datenmarktes ergab, dass Unternehmen, die über große Datenmengen verfügen, in der Regel interne Datenanalysekapazitäten nutzen.[13] Selbst wenn die Datenanalyse an externe Unternehmen ausgelagert wird, findet eine Weiterverwendung der Daten nicht statt. Hersteller, die mit ihren Maschinen oder mittels ihrer Produkte Daten erzeugen, behalten diese zur exklusiven

7 Echtzeitsensordaten über die Bewegung von Scheibenwischern geben Rückschlüsse auf lokale Starkregenereignisse, wodurch Niederschlags- und Hochwasserprognosen verbessert werden können, Forschungsinstitut für Wasser- und Abfallwirtschaft an der RWTH Aachen e.V. (FiW), „mobileVIEW Verbesserung der Kurzfristvorhersage von Niederschlagsereignissen mittels Fahrzeugsensoren", S. 9, Schlussbericht aus März 2021, abrufbar unter: https://www.fiw.rwth-aachen.de/fileadmin/user_upload/Public_Relations/PDF/mobileVIEW_Abschlussbericht_100S_de.pdf, Seite zuletzt abgerufen am 23.11.2022.

8 *Kiparski/Sassenberg*, CR 2018, 596 (597).

9 Der schwedische Fahrzeughersteller *Volvo* sieht sich mittels exakter Daten über die Fahrzeugumgebung zahlreicher weltweit genutzter *Volvo* Fahrzeuge in der Lage, Funktionen des autonomen Fahrens schneller zu validieren und zu verifizieren und so deren Einführung zu beschleunigen, als wenn lediglich Testfahrzeuge hierfür zum Einsatz kämen, Pressemitteilung von *Volvo Car Austria* vom 30.06.2021, abrufbar unter: https://www.media.volvocars.com/ch/de-ch/media/pressreleases/283544/volvo-cars-setzt-mit-echtzeitdaten-neue-sicherheitsstandards, Seite zuletzt abgerufen am 25.10.2022.

10 *Mayer Schönberger/Cukier*, S.171.

11 Vgl. *Drexl*, NZKart 2017, 415 (416).

12 Dutta/Heinze/*Metzger*, „Mehr Freiheit wagen" – Beiträge zur Emeritierung von Jürgen Basedow, S. 131 (138).

13 EU-Kommission, „Aufbau einer europäischen Datenwirtschaft", COM(2017) 9 final vom 10.01.2017, S. 10.

Eigennutzung.[14] Daher bleibt der Austausch von Daten insgesamt begrenzt. Es bilden sich zwar immer mehr Datenmärkte heraus, diese werden aber noch nicht in vollem Umfang genutzt.[15]

Ein Grund für die Zurückhaltung bei ökonomischen Vorgängen mit Daten könnte die derzeit bestehende rechtliche Unsicherheit in Bezug auf Maschinendaten sein. Weder auf nationaler noch auf Unionsebene ist umfassend geregelt, wem die von Maschinen generierten Daten güterrechtlich zugeordnet werden und wie deren wirtschaftliche Nutzung oder Handelbarkeit ausgestaltet sein soll.[16] Unternehmen, die in die Datenerhebung investieren, tragen das unkalkulierbare Risiko, keine gesicherte Rechtsposition an „ihren" Daten zu erlangen.[17] Zudem müssen sie befürchten, ihren Wettbewerbsvorteil einzubüßen, wenn Wettbewerber Zugang zu „ihren" Daten erhalten, oder dass sie im Zuge eines Handels mit Daten keine adäquate Gegenleistung erzielen.[18]

Diese Thematik beschäftigt nicht nur die Informationstechnologiebranche und die Wirtschaftswissenschaft, sondern ebenso die Politik[19] und die Rechtswissenschaft. Die Europäische Kommission (i.F.: EU-Kommission) hat mit der Mitteilung *„Building a European Data Economy"* vom 10. Januar 2017 und dem dazugehörigen Arbeitspapier[20] die Themen der Eigentumsrechte an Maschinendaten sowie der Zugangs- und Verwertungsrechte in den Fokus der rechtswissenschaftlichen Diskussion gerückt. Die EU-Kommission erkennt in der beschriebenen Praxis ein gravierendes Hemmnis für die europäische Innovations- und Wettbewerbsfähigkeit.[21] Aufgrund des verstärkten wirtschaftlichen Interesses an Maschinendaten wurde in der rechtswissenschaftlichen Literatur die Forderung nach einem Ausschließlichkeitsrecht an Daten erhoben, damit der „Dateneigentümer" sowohl über

---

14 EU-Kommission, „Aufbau einer europäischen Datenwirtschaft", COM(2017) 9 final vom 10.01.2017, S. 10.

15 EU-Kommission, „Aufbau einer europäischen Datenwirtschaft", COM(2017) 9 final vom 10.01.2017, S. 11.

16 EU-Kommission, „Aufbau einer europäischen Datenwirtschaft", COM (2017) 9 final vom 10.01.2017, S. 11.

17 Conrad/Grützmacher/*Hoeren*, § 23 Rn. 2.

18 EU-Kommission, „Aufbau einer europäischen Datenwirtschaft", COM(2017) 9 final vom 10.01.2017, S. 11.

19 Vgl. Untersuchung des Bundesministeriums für Digitales und Verkehr, „Eigentumsordnung für Mobilitätsdaten" – eine Studie aus technischer, ökonomischer und rechtlicher Perspektive, März 2017, abrufbar unter: https://www.bmvi.de/SharedDocs/DE/Publikationen/DG/eigentumsordnung-mobilitaetsdaten.pdf?__blob=publicationFile, Seite zuletzt abgerufen am 15.11.2020.

20 EU-Kommission, „Aufbau einer europäischen Datenwirtschaft", COM(2017) 9 final vom 10.01.2017, SWD(2017) 2 final vom 10.01.2017.

21 EU-Kommission, „Aufbau einer europäischen Datenwirtschaft", COM(2017) 9 final vom 10.01.2017, S. 15; *Peitz/Schweitzer*, NJW 2018, 275 (278).

die Nutzung als auch über den Ausschluss von der Nutzung „seiner" Daten durch Dritte entscheiden kann.[22] Um auch dritten Akteuren einen Zugang zu Daten zu gewähren, bedürfe es eines Rechtsrahmens, der einen freien Austausch mit geringen Transaktionskosten ermöglicht.[23]

Die Forderung nach einem Dateneigentumsrecht wird der Frage des Umgangs mit maschinengenerierten Daten jedoch nicht vollumfänglich gerecht. Neue Güter als Vermögenswerte[24] werfen nicht nur die Frage auf, wem sie „gehören", sondern auch, ob überhaupt und in welchem Umfang sie jemandem zugeordnet werden sollen.[25] Vor diesem Hintergrund muss die geltende Rechtslage aus verschiedenen Perspektiven mit Blick auf einen angemessenen Interessenausgleich, Rechtssicherheit und Marktentwicklung betrachtet werden.[26] Außerdem können sich *de lege ferenda* neue Möglichkeiten der Vermögenszuordnung ergeben.[27] Zur Bejahung der Erforderlichkeit gesetzgeberischen Tätigwerdens genügt es nicht, Schutzlücken[28] auszumachen; diese müssen wertungsmäßig auch der Schließung bedürfen.[29]

Der wirtschaftliche Umgang mit Daten könnte perspektivisch auch auf Grundlage der Legislativmaßnahmen der EU-Kommission im Rahmen der europä-

22 Zur Theorie eines immaterialgüterrechtlichen Eigentums an verhaltensgenerierten Personendaten der Nutzer als Datenproduzenten: *Fezer*, MMR 2017, 3 ff., *Fezer*, ZD 2017, 99 ff.; vgl. *Heymann*, CR 2016, 650 (655); *Becker*, GRUR Newsletter 01/2016, 7 (7).

23 Dutta/Heinze/*Metzger*, „Mehr Freiheit wagen" – Beiträge zur Emeritierung von Jürgen Basedow, S. 131 (140).

24 Die Vermögensordnung des Zivilrechts stand immer wieder vor der Herausforderung, über die Zuweisung neuer werthaltiger Güter zu entscheiden, insbesondere wenn diese durch zuvor nicht verfügbare Technologien gewonnen wurden, wie zum Beispiel einst die elektrische Energie (*Steinrötter*, MMR 2017, 731 (731); MüKoBGB/*Stresemann*, Band 1, BGB § 90 Rn. 24; *Staffler*, NZWiSt 2018, 269 (269)). Gesellschaftliche, wirtschaftliche oder technologische Entwicklungen haben in der Vergangenheit beispielsweise mit Blick auf die Übertragung von (Amateur-) Sportveranstaltungen (BGH, Urteil vom 28.10.2010 – I ZR 60/09 Hartplatzhelden.de, GRUR 2011, 436), die Kommerzialisierung von Bildnissen Prominenter (BGH, Urteil vom 08.05.1956 – I ZR 62/54, NJW 1956, 1554; BGH, Urteil vom 01.12.1999 – I ZR 49/97 Marlene Dietrich, GRUR 2000, 709), Internet Domains (BFH, Urteil vom 19.10.2006 – III R 6/05, BB 2007, 769) oder virtuelle Wirtschaftsgüter bei Computerspielen (*Lober/Weber*, MMR 2005, 653 (654 ff.); *Sabellek/Heinemeyer*, CR 2012, 719 (720 f.)) derartige neue Güter hervorgebracht.

25 *Peukert*, WRP 2010, 316 (317).

26 Vgl. *Steinrötter*, MMR 2017, 731 (731).

27 *Grützmacher*, CR 2016, 485 (486).

28 Die Begriffe „Schutzlücke", „Lücke" und „Lückenhaftigkeit" sind in diesem Zusammenhang als Schutzdefizit zu verstehen und sind nicht mit dem Begriff der planwidrigen Schutzlücke, wie er aus der Methodenlehre bekannt ist, gleichzusetzen.

29 *Becker*, GRUR Newsletter 01/2016, 7 (8); *Steinrötter*, MMR 2017, 731 (731); *Ohly*, GRUR Int. 2015, 693 (697).

ischen Datenstrategie, die am 19. Februar 2020 vorgestellt wurde, geregelt werden.[30] Ein konkretes Ziel der europäischen Datenstrategie, mit welcher die EU-Kommission beabsichtigt, einen einheitlichen europäischen Binnenmarkt für Daten zu schaffen und das Wachstum und die Wertschöpfung zu steigern,[31] ist der Aufbau eines sektorübergreifenden *Governance*-Rahmens für den Datenzugang und die Datennutzung.[32] Zur Umsetzung dieses Ziels hat die EU-Kommission am 25. November 2020 einen Entwurf für eine Verordnung über europäische Daten-*Governance*, den *Data Governance Act*, vorgestellt.[33] Dieser wurde am 6. April 2022 vom Europäischen Parlament verabschiedet. Am 23. Juni 2022 ist die Verordnung in Kraft getreten.[34] Darüber hinaus hat die EU-Kommission am 23. Februar 2022 mit dem Entwurf einer Verordnung über harmonisierte Vorschriften für einen fairen Datenzugang und eine faire Datennutzung, dem *Data Act*, ein Gesetzesvorhaben vorgestellt, welches den *Data Governance Act* komplementieren soll.[35] Im Rahmen eines informellen Trilog-Verfahrens erzielten das Europäische Parlament, der Rat der EU und die EU-Kommission am 28. Juni 2023 eine politische Einigung über den *Data Act.*[36]

Ziel der vorliegenden Forschungsarbeit soll es sein, im Rahmen einer umfassenden Analyse zu klären, wie weit der Schutz von Maschinendaten nach den geltenden rechtlichen Reglungen reicht, wobei bereits vorweggenommen werden kann, dass Maschinendaten *de lege lata* weder einen umfassenden Schutz genießen noch einer Person klar güterrechtlich zuordenbar sind.[37] Aufgrund dieser Lückenhaftigkeit ist in der Literatur von einem „flickenteppichartigen" Schutz von Maschinendaten die Rede.[38] In Literatur und Politik werden unterschiedliche An-

---

30 EU-Kommission, „Eine europäische Datenstrategie", COM(2020) 66 final vom 19.02.2020.

31 EU-Kommission, „Eine europäische Datenstrategie", COM(2020) 66 final vom 19.02.2020, S. 5.

32 Vgl. EU-Kommission, „Eine europäische Datenstrategie", COM(2020) 66 final, S. 14 ff.

33 EU-Kommission, Vorschlag für eine Verordnung des Europäischen Parlaments und des Rates über europäische Daten-Governance (Daten-Governance-Gesetz), COM(2020) 767 final vom 25.11.2020.

34 Verordnung (EU) 2022/868 des Europäischen Parlaments und des Rates vom 30. Mai 2022 über europäische Daten-Governance und zur Änderung der Verordnung (EU) 2018/1724 (Daten-Governance-Rechtsakt), ABl. EU Nr. L 152/1 (i.F.: VO (EU) 2022/868 (DGA))

35 EU-Kommission, Vorschlag für eine Verordnung des Europäischen Parlaments und des Rates über harmonisierte Vorschriften für einen fairen Datenzugang und eine faire Datennutzung (Datengesetz), COM(2022) 68 final vom 23.02.2022 (i.F.: EU-Kommission, „Datengesetz", COM(2022) 68 final).

36 EU-Kommission, Beitrag zum Datengesetz vom 28.6.2023, abrufbar unter: https://digital-strategy.ec.europa.eu/de/policies/data-act, Seite zuletzt abgerufen am 19.08.2023.

37 Vgl. EU-Kommission, „Aufbau einer europäischen Datenwirtschaft", COM(2017) 9 final vom 10.01.2017, S. 11.

38 *Becker*, ZGE/IPJ 9 (2017), 253 (253): „*Patchwork protection de lege lata*"; *Duch-Brown/Martens/Mueller-Langer*, JRC Digital Economy Working Paper 2017–01, S. 13: „*de facto data ownership*";

sichten vertreten, ob und wie die ausgemachte Schutzlücke zu schließen ist.[39] Im Rahmen dieser Diskussion ist die Frage, inwieweit das Wettbewerbsrecht für Daten Leistungsschutz gewähren könnte, bislang nicht vollumfänglich geklärt worden.[40] Die vorliegende Arbeit stellt es sich somit zur Aufgabe, den Forschungsstand um eine umfassende Untersuchung eines mittelbaren und unmittelbaren wettbewerbsrechtlichen Leistungsschutzes an maschinengenerierten Daten zu ergänzen. Hierzu wird analysiert, ob und inwieweit der Rechtsanwender Datensachverhalte unter die Voraussetzungen des wettbewerbsrechtlichen Leistungsschutzes subsumieren kann. Aus den gewonnenen Erkenntnissen soll ein Lösungsvorschlag für einen wettbewerbsrechtlichen Leistungsschutz an Daten entwickelt werden, der den Besonderheiten des immateriellen Gutes der Daten gerecht wird. Soweit bereits *Becker* Vorschläge für einen sachgerechten Rückgriff auf das UWG entwickelt hat,[41] sollen diese konkretisiert und weiterverfolgt werden.

Die Ergebnisse der avisierten Untersuchungen werden mit Blick auf das zu erwartende Inkrafttreten des *Data Act* aufgrund der unterschiedlichen Zielrichtungen der Regelungsregime nicht an Relevanz einbüßen. Während der *Data Act* ein Recht auf Zugang zu Daten gewährleisten soll[42], zielt der wettbewerbsrechtliche

Grützmacher, CR 2016, 485 (492): „Es besteht mit Blick auf den Schutz von Daten ein 'bunter Flickenteppich'.".

39 Für ein „Dateneigentum" des „Datenerzeugers": *Zech*, CR 2015, 137 (144 ff.); *Zech*, GRUR 2015, 1151 (1160); für ein „Dateneigentum" beziehungsweise Nutzungsrecht des Herstellers bearbeiteter Daten: *Ensthaler*, NJW 2016, 3473 (3476); für ein Immaterialgüterrecht an Daten *sui generis: Fezer*, MMR 2017, 3 (3 f.); für eine Lösung über einen „Datenbesitz": *Hoeren*, MMR 2019, 5 (6); die vertragliche Gewährung eines Datenzugangs als ausreichend ansehend: *Heun/Assion*, CR 2015, 812 (817 f.); *Peschel/Rockstroh*, MMR 2014, 571 (576).

40 Bisher insbesondere: *Becker*, GRUR 2017, 346 (346); Gloy/Loschelder/Danckwerts/*Becker*, Hdb. Wettbewerbsrecht § 64; *Zech* schließt es nicht aus, ein *„Recht des Codierenden"* als unmittelbaren lauterkeitsrechtlichen Leistungsschutz zu gewähren, *Zech*, Information als Schutzgegenstand, S. 364 f., 161 f.; *Sattler* erörtert den wettbewerbsrechtlichen Leistungsschutz mit Blick auf Daten, betont aber dessen Ausnahmecharakter und mahnt zur strengen Zurückhaltung. *Sattler* sieht unter Bezugnahme zu *Becker* indes einen engen Anwendungsbereich für Einzelfälle, in denen gerade in der Art und Weise der Erlangung der Daten durch den Mitbewerber eine besondere Unlauterkeit liegt, Sassenberg/Faber/*Sattler*, Rechtshandbuch Industrie 4.0 und Internet of Things, S. 28 (40 f.); *Arkenau/Wübbelmann* lehnen die Anwendbarkeit des mittelbaren wettbewerbsrechtlichen Leistungsschutzes mangels wettbewerblicher Eigenart von Anwenderdaten ab, Taeger/*Arkenau/Wübbelmann*, Tagungsband Herbstakademie 2015, S. 95 (107); zum lauterkeitsrechtlichen Leistungsschutz an maschinengenerierten Daten schließlich stellungnehmend, diesen indes im Ergebnis verneinend: Arbeitsgruppe „Digitaler Neustart, Bericht vom 19.04.2019, S. 322 ff., abrufbar unter: https://www.justiz.nrw/JM/schwerpunkte/digitaler_neustart/zt_fortsetzung_arbeitsgruppe_teil_2/2019-04-15-Berichte_Apr_19_Okt_18_Druckfassung.pdf, Seite zuletzt abgerufen am 25.10.2022.

41 *Becker*, GRUR 2017, 346 ff.; Gloy/Loschelder/Danckwerts/*Becker*, Hdb. Wettbewerbsrecht § 64.

42 Vgl. nur Art. 4 DA-E.

Leistungsschutz nämlich darauf ab, ein einem Mitbewerber bereits güterrechtlich zuordenbares Leistungsergebnis gegen unlautere Verletzungshandlungen zu schützen.

Für die vorliegende Untersuchung werden in einem vernetzten Auto generierte Fahrzeug- und Fahrzeugumfelddaten als Anwendungsbeispiele ausgewählt, anhand derer die Lösungsvorschläge bei ihrer Entwicklung erprobt und auf ihre Praxistauglichkeit überprüft werden. Eine Veranschaulichung anhand von Fahrzeug- und Fahrzeugumfelddaten bietet sich deshalb an, weil das vernetzte Auto und die digitale Mobilität bereits besonders fortgeschritten sind. Anwendungsfälle für die Nutzung von Fahrzeug- und Fahrzeugumfelddaten beschränken sich, wie eingangs erwähnt, nicht auf die reine Fahrzeugtechnik, die Fahrzeugsicherheit und den Fahrkomfort. Daten sind vielmehr für sämtliche *connectivity*-Dienstleistungen sowie das Infotainment im Auto essentiell. Für diese Dienstleistungen ergibt sich – mit der ebenfalls auf Fahrzeug- und Fahrzeugumfelddaten basierenden Entwicklung autonomer Fahrzeuge – ein immer stärker wachsendes Monetarisierungspotenzial.[43]

---

43 Vgl. *Bratzel*, in: Live-Webinar mit dem Titel „Connected Car Innovation Studie 2020“, Min. 38:41 – 40:48, abrufbar unter: https://mediathek.mediamanufaktur.com/content/live-webinar-connected-car-innovation-studie-2020, Seite zuletzt abgerufen am 15.09.2021.

B. Eingrenzung des Untersuchungsgegenstandes

Diese Arbeit setzt sich ausschließlich mit der Zuordnung und dem Schutz von nicht-personenbezogenen Daten auseinander.[44] Nur am Rande widmet sich die vorliegende Untersuchung der Darstellung des rechtlichen Spannungsverhältnisses zu personenbezogenen Daten, sodass der Fokus auf die rein wirtschaftsrechtlichen Fragestellungen gelenkt werden kann. Die grundsätzliche Abgrenzung zu personenbezogenen Daten ist wichtig, da diese einem anderen Rechtsrahmen unterliegen: Das Datenschutzrecht schützt nur dem Namen nach Daten – tatsächlich geht es um Information, die sich mit einer Person in Verbindung bringen lässt.[45] Die vorliegende Betrachtung schließt ferner die durch künstliche Intelligenz (i.F.: KI) generierten Daten aus.[46]

44 Siehe zur Zuordnungsfrage mit Blick auf Personendaten insbesondere *Weichert, T.*, Der Personenbezug von Kfz-Daten, NZV 2017, 507 ff.; *Weichert, T.*, Datenschutz im Auto, SVR 2014, 201 ff.; *Kinast, K./Kühnl, C.*, Telematik und Bordelektronik – Erhebung und Nutzung von Daten zum Fahrverhalten, NJW 2014, 3057 ff.; *Berger, C.*, Property Rights to Personal Data? An Exploration of Commercial Data Law, ZGE/IPJ 9 (2017) 340 ff.; *Schwichtenberg, S.*, Datenschutz in drei Stufen – Ein Auslegungsmodell am Beispiel des vernetzten Automobils, Wiesbaden 2018.

45 Conrad/Grützmacher/*Hoeren*, § 23 Rn. 5.

46 Siehe hierzu insbesondere *Hetmank, S./Lauber-Rönsberg A.*, Künstliche Intelligenz – Herausforderungen für das Immaterialgüterrecht, GRUR 2018, 574 ff.; *Hacker, P.*, Immaterialgüterrechtlicher Schutz von KI-Trainingsdaten, GRUR 2020, 1025 ff.

https://doi.org/10.1515/9783111369846-003

C. Gang der Untersuchung

Zu Beginn der Untersuchung wird der Untersuchungsgegenstand der Daten im Allgemeinen sowie der Fahrzeug- und Fahrzeugumfelddaten im Konkreten bestimmt (dazu Zweiter Teil). Zunächst soll die Frage beantwortet werden, ob Daten der zivilrechtlichen Güterzuordnung unterfallen, anhand derer Güter in vermögensrechtlicher Hinsicht ausschließlich einer Person zugeordnet werden können. Anschließend wird der *Status quo* in Bezug auf die rechtliche Güterzuordnung und den Schutz von Daten analysiert. Teil dieser Bestandsaufnahme wird eine Erörterung denkbarer Regelungen *de lege ferenda* sein sowie ein Ausblick auf europäisches Datenrecht. Soweit die Bestandsaufnahme bestätigt, dass der wettbewerbsrechtliche Leistungsschutz im Rahmen der bisher stattgefundenen Diskussion nicht ausreichend Berücksichtigung gefunden hat, wird sich eine umfassende Analyse eines möglichen wettbewerbsrechtlichen Leistungsschutzes an Daten anschließen (dazu Dritter Teil). Der Fokus der weiteren Untersuchung liegt auf der Beantwortung der Frage, ob es gerechtfertigt erscheint, das Schutzkonzept des wettbewerbsrechtlichen Leistungsschutzes auf Datensachverhalte zu erstrecken. Zu diesem Zweck wird das Rechtsinstitut des wettbewerbsrechtlichen Leistungsschutzes vorgestellt und insbesondere dessen historische Entwicklung nachgezeichnet. Es wird untersucht, ob Sachverhaltskonstellationen, die Fahrzeug- und Fahrzeugumfelddaten zum Gegenstand haben, unter die Tatbestandsmerkmale sowohl des mittelbaren als auch des unmittelbaren wettbewerbsrechtlichen Leistungsschutzes subsumiert werden können beziehungsweise welche Modifikationen hierzu erforderlich wären. Da der wettbewerbsrechtliche Leistungsschutz nicht auf unkörperliche Güter zugeschnitten ist, werden verschiedene Lösungswege ergebnisoffen erörtert. Zudem wird antizipiert, welche Handlungen mit Bezug zu Datensachverhalten wettbewerbsrechtlich relevant werden könnten und mit Blick auf den wettbewerbsrechtlichen Leistungsschutz eine entsprechende Einordnung vorgenommen (dazu Vierter Teil). Diese Arbeit schließt mit einer Schlussbetrachtung ab (dazu Fünfter Teil).

https://doi.org/10.1515/9783111369846-004

Zweiter Teil: **Grundlegung**

Der folgende Teil dieser Arbeit zielt darauf ab, den in der Einleitung gefallenen Begriff des (maschinengenerierten) Datums zu erläutern. Hierfür wird ein Überblick über die außerhalb und innerhalb des Rechts gebräuchlichen Datenbegriffe gegeben und Abgrenzungen vorgenommen. Eine umfassende Begriffsbestimmung, auf die diese Arbeit rekurrieren konnte, hat *Zech* in seiner Habilitationsschrift aus dem Jahr 2012 ausgearbeitet.[1]

Im Rahmen der Begriffsbestimmung (dazu A.) wird eine Abgrenzung des Datenbegriffs vom Informationsbegriff an den Anfang gestellt. Die Definition wird um den im Zusammenhang stehenden Wissensbegriff ergänzt. Ferner werden die Termini *Big Data* und *Smart Data* eingeordnet. Die abstrakte Begriffserörterung schließt mit einer Darstellung der ökonomischen Eigenschaften von Daten (dazu B.) ab. Im Lichte dieser Einordnung werden die hier relevanten Fahrzeug- und Fahrzeugumfelddaten kategorisiert und insbesondere das breite Einsatzspektrum vorgestellt (dazu C.).

1 *Zech*, Information als Schutzgegenstand, S. 13 ff.

https://doi.org/10.1515/9783111369846-005

A. Bestimmung des Begriffs des Datums

Obgleich Daten als zentrales Wirtschaftsgut des 21. Jahrhunderts gelten, fehlt es an einer einheitlichen Definition des Begriffs des Datums, beziehungsweise in der Pluralform der Daten.[2] Der Datenbegriff wird im Folgenden näher bestimmt.

I. Abgrenzung von Information

Bei dem Versuch, den Begriff des Datums zu definieren, zeigt sich schnell, dass dies nicht möglich ist, ohne eine Abgrenzung vom Begriff der Information vorzunehmen, um die beiden Begriffe nicht synonym zu verwenden.[3] Wie leicht es zu einer sprachlichen Vermengung der Begriffe im Rahmen der jeweiligen Definitionen kommen kann, belegt bereits die Formulierung von Art. 4 Nr. 1 DSGVO, wonach personenbezogene Daten als alle Informationen, die sich auf eine bestimmte oder bestimmbare natürliche Person beziehen, legaldefiniert sind.[4] Zur Begriffsklärung bietet es sich an, den Begriff des Datums zunächst aus der Perspektive eines Informatikers zu betrachten (dazu 1.) und anschließend die Sicht eines Juristen einzunehmen (dazu 2.).

1. Informationstechnologische Betrachtung

Nach dem internationalen Industriestandard ISO/IEC 2382–1 (1993) der *International Standard Organisation* wird der Begriff des Datums festgelegt als *„a reinterpretable representation of information in a formalized manner, suitable for communication, interpretation or processing“*.[5] Die nationale Vorgängernorm aus dem Jahr 1988, DIN 44300, definierte Daten als „Gebilde aus Zeichen oder kontinuierlichen Funktionen, die aufgrund bekannter oder unterstellter Abmachungen Infor-

2 *Nissen*, Der monetäre Wert von Daten im Privatrecht, S. 9.

3 *Winkler*, Rechte an Daten im Zivilrecht, S. 19 ff.; a.A. *Determann*, der einen einheitlichen Begriff von Daten und Information befürwortet, *Determann*, ZD 2018, 503 (504).

4 *Specht-Riemenschneider*, CR 2016, 288 (290).

5 Vgl. auch Taeger/Pohle/*Czychowski/Siesmayer*, ComputerR-HdB Kap. 20.5 Rn. 11; *Wiebe*, GRUR 2017, 338 (338).

https://doi.org/10.1515/9783111369846-006

mationen darstellen, vorrangig zum Zweck der Verarbeitung und als deren Ergebnis.“[6]

Durch die Informationstechnologie ist eine besondere Art von Information entstanden, und zwar die Daten; die Informationstechnologie beschreibt Daten als maschinenlesbar codierte Darstellung einer Information.[7] Damit eine Maschine Informationen „lesen“, also verarbeiten kann, muss Information eine physikalische Struktur aufweisen.[8] Vor diesem Hintergrund wird als strukturelle Komponente einer Information die beobachtbare Struktur körperlicher Gegenstände bezeichnet, mithin deren Verkörperung, beispielsweise als physische Speicherung auf einer Festplatte.[9] Die Maschinenlesbarkeit verlangt zudem, dass Information durch Zeichen dargestellt und abgegrenzt wird.[10] Daten sind eine Ausprägung syntaktischer Information, also eine maschinenlesbare Zeichenfolge, die aus einer endlichen Menge von Nullen und Einsen, sei es als Datei oder Datenstrom, besteht.[11] Auf der semantischen Ebene lässt sich Information anhand ihrer Bedeutung abgrenzen.[12] Dabei handelt es sich um reine inhaltliche Information.[13]

Dieses Begriffsverständnis soll an einem Beispiel verdeutlicht werden: Ein digitales Foto eines Kindes bei seiner Einschulung enthält als syntaktische Komponente die Bildpixel, mithin die Reihenfolge von Nullen und Einsen einer Grafikdatei wie beispielsweise einer JPG-Datei. Die strukturelle Komponente ist die physische Speicherung, zum Beispiel auf einer Festplatte. Das auf einer Festplatte gespeicherte Datum transportiert die – eine soziale Bewertung voraussetzende – Aussage, dass ein bestimmtes Kind eingeschult wurde. Hierbei handelt es sich um die semantische Information.[14]

Dieses Beispiel zeigt, dass der Begriff des Datums aus Sicht der Informationstechnologie ein digitales Medium an einem bestimmbaren Speicherort und nicht dessen Inhalt beschreibt, während der Begriff der Information den immateriellen Sinngehalt, den ein Datum – in der Regel[15] – repräsentiert, beschreibt.[16] Diese

---

6 Vgl. auch *Hoeren*, Big Data und Recht, S. 11; Arbeitsgruppe „Digitaler Neustart“, Bericht vom 15.05.2017, S. 29, abrufbar unter: https://www.justiz.nrw/JM/schwerpunkte/digitaler_neustart/zt_bericht_arbeitsgruppe/bericht_ag_dig_neustart.pdf, Seite zuletzt abgerufen am 25.10.2022.

7 *Zech*, Information als Schutzgegenstand, S. 32.

8 *Zech*, Information als Schutzgegenstand, S. 32.

9 *Zech*, Information als Schutzgegenstand, S. 41.

10 *Zech*, Information als Schutzgegenstand, S. 38 f.

11 *Zech*, GRUR 2015, 1151 (1154); *Weber/Thouvenin*, ZSR 2018 I Heft 1, 43 (46).

12 *Zech*, Information als Schutzgegenstand, S. 37.

13 *Becker*, in: FS Fezer, S. 815 (816).

14 Vgl. *Martini* et al., MMR-Beil. 2021, 3 (3).

15 *Zech*, Information als Schutzgegenstand, S. 32: „Diese [maschinenlesbaren Zeichen] können auf semantischer Ebene eine Bedeutung haben, müssen es aber nicht.“

Trennlinie entspricht der Arbeitsweise eines Computers, denn dieser kann nur mit einem Datum operieren, die Information dagegen kann ihren Sinngehalt grundsätzlich erst durch menschliche Interpretation oder Kontextualisierung erfahren.[17]

2. Rechtliche Betrachtung

a) Datenschutzrechtlicher Datenbegriff

Die Definition der personenbezogenen Daten i. S. d. Art. 4 Nr. 1 DSGVO verdeutlicht, dass die Rechtsordnung die Unterschiede zwischen dem Daten- und dem Informationsbegriff glättet, denn ein Datum im Sinne der DSGVO kann zum einen zumindest auch analog vorliegen, zum anderen muss dieses einen semantischen Bezug zu einer Person aufweisen.[18]

Am Beispiel der Legaldefinition des personenbezogenen Datums soll aufgezeigt werden, dass der Jurist eine andere Perspektive als der Informatiker einnimmt, wenn er mit dem Datenbegriff operiert: Aus gegebenen inhaltlichen Fakten, also Informationen wie personenbezogenen Einzelangaben (Name, Adresse, Geburtsdatum usw.), werden personenbezogene Daten. Umgekehrt bedeutet dies, dass ohne den erforderlichen inhaltlichen Personenbezug der Anwendungsbereich des Datenschutzrechts nach Art. 2 Abs. 1 DSGVO nicht eröffnet ist. Dabei ist es weder relevant, in welchem Format – ob in alphabetischer, numerischer, grafischer, akustischer oder sonstiger Form – noch auf welchem Datenträger die Information gespeichert ist.[19] Die Tatsache, dass nach dem juristischen Verständnis Daten einen semantischen Gehalt aufweisen müssen, ist auch stimmig, da das Recht an den (semantischen) Dateninhalt Rechtswirkungen knüpft.[20]

b) Datenrechtlicher Datenbegriff

Im Gegensatz zum Datenschutzrecht löst sich der Jurist im Zusammenhang mit der in der Einleitung angesprochenen konkreten Diskussion um ein mögliches zivilrechtliches Eigentumsrecht an Daten von einem semantischen Verständnis von

---

16 *Martini* et al., MMR-Beil. 2021, 3 (4).

17 *Martini* et al., MMR-Beil. 2021, 3 (4).

18 *Martini* et al., MMR-Beil. 2021, 3 (4); vgl. *Steinrötter*, MMR 2017, 731 (732); *Kühling/Sackmann*, ZD 2020, 24 (25).

19 Auernhammer/*Eßer*, Art. 4 Rn. 8 f.

20 Arbeitsgruppe „Digitaler Neustart“, Bericht vom 15. 05. 2017, S. 31, abrufbar unter: https://www.justiz.nrw/JM/schwerpunkte/digitaler_neustart/zt_bericht_arbeitsgruppe/bericht_ag_dig_neustart.pdf, Seite zuletzt abgerufen am 25. 10. 2022.

Daten, mithin von der mit den Daten transportierten inhaltlichen Information.[21] Vielmehr geht es bei der Frage des Eigentums an beziehungsweise des Schutzes von Daten um die durch Daten vorgegebene Syntax, ihre Ordnung.[22]

Wie die EU-Kommission den Datenbegriff im Rahmen des Datenrechts verstanden wissen möchte, wurde im *Data Governance Act* (i.F.: DGA) sowie im Entwurf des *Data Act* (i.F.: DA-E) festgelegt. Diese gehen jeweils von einem weiten Datenbegriff aus. Daten bezeichnen nach Art. 2 Nr. 1 DGA beziehungsweise Art. 2 Nr. 1 DA-E „jede digitale Darstellung von Handlungen, Tatsachen oder Informationen sowie jede Zusammenstellung solcher Handlungen, Tatsachen oder Informationen auch in Form von Ton-, Bild- oder audiovisuellem Material".

Eine Konkretisierung erfährt die Datendefinition im Lichte des Erwägungsgrundes Nr. 14:

> Physische Produkte, die mittels ihrer Komponenten Daten über ihre Leistung, Nutzung oder Umgebung erlangen, erzeugen oder sammeln und die diese Daten über einen öffentlich zugänglichen elektronischen Kommunikationsdienst übermitteln können (häufig als Internet der Dinge bezeichnet), sollten unter diese Verordnung fallen. [...] Die Daten stellen die digitalisierten Nutzerhandlungen und -vorgänge dar [...]. Gleichzeitig sollten aus diesen Daten abgeleitete oder gefolgerte Informationen, [...], nicht in den Anwendungsbereich dieser Verordnung fallen. [...].[23]

Unter Zusammenschau der Legaldefinition in Verbindung mit dem Erwägungsgrund Nr. 14, wird deutlich, dass Daten i. S. d. *Data Act* dadurch gekennzeichnet sind, dass sie digital sind, von einer Sache – wie Haushaltsgeräten, Fahrzeugen, Konsumgütern oder Maschinen – generiert werden, und einen bestimmten Umstand, nämlich Handlungen, Tatsachen oder Informationen, als Gegenstand der Kommunikation darstellen.

Wenn im Rahmen dieser Arbeit von Daten die Rede ist, ist der Begriff des Datums insofern eingeschränkt zu verstehen, dass digitale, maschinengenerierte und -lesbare, nicht-physische Repräsentationen endlicher Zeichenmengen zur Darstellung bestimmter Umstände gemeint sind.[24] Vor diesem Hintergrund wird im Folgenden von (Maschinen-) Daten gesprochen.

---

21 *Denga*, NJW 2018, 1371 (1372).

22 *Kühling/Sackmann*, ZD 2020, 24 (25); *Denga*, NJW 2018, 1371 (1372).

23 EU-Kommission, „Datengesetz", COM(2022) 68 final, Erwägungsgrund Nr. 14.

24 Vgl. *Gerpott*, CR 2022, 271 (271).

II. Im Zusammenhang stehende Begriffe

1. Wissen

Zum Zweck der Schaffung von Bewusstsein für die verschiedenen zusammenwirkenden Aspekte soll die vorstehende Begriffsbestimmung um eine Erläuterung des Wissensbegriffs ergänzt werden: Durch eigene Interpretation und im Rahmen eines Verständnisvorgangs entnimmt der Empfänger einem Datum eine Bedeutungsmöglichkeit. Die damit beim Empfänger entstehende Information ist dessen individuelles subjektives Wissen.[25] Welche Information der Empfänger im Rahmen des Verständnisvorgangs aus Daten ableitet, hängt wesentlich von seinen individuellen Fähigkeiten, von seinem (Vor-) Wissen, ab.[26] Es gibt aber auch Information, die dem menschlichen Geist nicht zugänglich ist. Beispielsweise können größere Mengen an gespeicherten Daten einer Messreihe vom menschlichen Bewusstsein nicht wahrgenommen werden – sie können zwar gelesen werden, bleiben dem Menschen aber nicht in Erinnerung, sodass er sie nicht erfassen kann.[27] Insofern ist Information vom menschlichen Bewusstsein, anders als Wissen, unabhängig. Ebenso muss Information, anders als Wissen, nicht vom menschlichen Geist geschaffen werden.[28]

2. *Big Data*

Das *„Mooresche Gesetz"* bestimmte seit den Sechzigerjahren die Entwicklung der Rechenkapazität. Es besagt, dass sich die Rechenkapazität, konkret die Komplexität integrierter Schaltkreise, regelmäßig verdoppelt, während sich die Komponentenkosten minimieren und die datenverarbeitenden Geräte stets kleiner werden. Die bei sinkenden Kosten und ansteigender Rechenleistung produzierten Datenmassen ermöglichen *Big Data.*[29]

Der Begriff *Big Data* bezeichnet den Einsatz von großen Mengen häufig unstrukturiert und nebenbei erzeugter Daten aus vielfältigen Quellen mit einer hohen Verarbeitungsgeschwindigkeit – im Idealfall in Echtzeit – zur Erzeugung wirtschaftlichen Nutzens; *Big Data*-Anwendungen ermöglichen es, erhebliche Mengen unterschiedlicher Arten von Daten mittels Sensoren im Millisekunden-

---

25 *Pombriant*, CRi 2013, 97 (98).
26 *Specht-Riemenschneider*, CR 2016, 288 (289).
27 *Redeker*, NJOZ 2008, 2917 (2917).
28 *Zech*, Information als Schutzgegenstand, S. 29.
29 *Moore*, Electronics, 1965, Band 38, Nr. 8, S. 114 ff.

takt aus diversen Quellen zu generieren.[30] In Hochleistungsdatenbanken werden sie gesammelt, in Echtzeit ausgewertet und miteinander verknüpft, damit daraus neue Erkenntnisse gewonnen werden können.[31] So können auch die im und rund um das Fahrzeug erfassten Daten als *Big Data* verarbeitet werden.[32]

3. *Smart Data*

Der Begriff *Smart Data* beschreibt Datenbestände, die mittels Algorithmen nach bestimmten Strukturen aus *Big Data* extrahiert wurden und deren Verknüpfung eine noch bessere Interpretation und Verwertung der erhaltenen Inhalte möglich macht.[33] Anhand von – produktspezifischen und technischen – Maschinendaten wird diese abstrakte Definition näher erläutert: Die von Maschinen generierten maschinen- oder nutzerbezogenen Daten werden automatisiert über Sensoren oder andere Mess- und Erfassungssysteme erhoben; über eine Mobilfunkschnittstelle werden die gesammelten Daten an den Hersteller oder einen Dienstleister übertragen, der sie mit einem Kennzeichen versieht und im Übrigen verdichtet und unstrukturiert speichert.[34] Die unsortierten Daten werden durch Vergleiche mit anderen Daten und unter Einsatz einer Datenanalyse-Software geordnet, bearbeitet, miteinander verknüpft und in unterschiedliche Kontexte gesetzt; durch diese Verarbeitung entstehen neue aussagekräftige Daten.[35] Auf deren Basis können betriebswirtschaftlich relevante Aussagen, beispielsweise über die Produktqualität, Art und Weise der Nutzung der Maschine sowie Hinweise auf mögliche Fehlgebräuche und potentielle Fehlerquellen, insbesondere Anfälligkeit und Abnutzung von Bestandteilen oder Störungen, abgeleitet werden.[36] Die so verarbeiteten Daten sind auf semantischer Ebene hochwertiger als die Einzeldaten. Vor diesem Hintergrund wird auch von *Smart Data* gesprochen.[37] Den Herstellern der Maschine dienen diese Daten im Bereich der Produktüber-

---

30 Bauernhansl/ten Hompel/Vogel-Heuser/*Schöning*, Industrie 4.0 in Produktion, Automatisierung und Logistik, S. 543 (548).

31 *Ehlen/Brandt*, CR 2016, 570 (570); *Zieger/Smirra*, MMR 2013, 418 (418); *Peschel/Rockstroh*, MMR 2014, 571 (571); *Peitz/Schweitzer*, NJW 2018, 275 (275).

32 *Lüdemann*, ZD 2015, 247 (248).

33 Wikipedia-Eintrag zu *Smart Data*, abrufbar unter: https://de.wikipedia.org/wiki/Smart_Data, Seite zuletzt abgerufen am 27.11.2022.

34 *Peschel/Rockstroh*, MMR 2014, 571 (571).

35 *Peschel/Rockstroh*, MMR 2014, 571 (571).

36 *Ensthaler*, NJW 2016, 3473 (3473 f.).

37 *Peschel/Rockstroh*, MMR 2014, 571 (571); Bauernhansl/ten Hompel/Vogel-Heuser/*Schöning*, Industrie 4.0 in Produktion, Automatisierung und Logistik, S. 543 (548 f.).

wachung unter anderem zur Produktoptimierung, zur Erfassung von Kundenwünschen, zur Marktbeobachtung sowie zur Einschätzung von Gewährleistungs- und Schadensersatzansprüchen.[38]

38 *Ensthaler*, NJW 2016, 3473 (3474).

B. Ökonomische Eigenschaften von Maschinendaten

Nachdem der Begriff des Datums sowohl aus der informationstechnischen als auch aus der juristischen Perspektive betrachtet wurde, werden im Folgenden ökonomische Eigenschaften von Daten aus Sicht der Wirtschaftswissenschaft beschrieben.

I. Immaterialität

Da der Verkörperung von Daten auf einem physischen Datenträger regelmäßig keine eigenständige Bedeutung zukommt, sondern sich ihr wirtschaftlicher Wert nach ihrem immateriellen Gehalt bemisst, handelt es sich bei Daten um immaterielle Güter.[39] Dieses Verständnis stützt Art. 2 Nr. 1 der Richtlinie über bestimmte vertragsrechtliche Aspekte der Bereitstellung digitaler Inhalte und digitaler Dienstleistungen (i.F.: Digitale-Inhalte-Richtlinie).[40] Danach sind digitale Inhalte „Daten, die in digitaler Form erstellt und bereitgestellt werden". Nach Erwägungsgrund Nr. 19 soll die Richtlinie unabhängig von der Art des für die Datenübermittlung oder die Gewährung des Zugangs zu den digitalen Inhalten verwendeten Datenträgers gelten.[41]

II. Nicht-Rivalität

Anders als körperliche Gegenstände können Daten einer unbegrenzten Zahl von Nutzern insbesondere über das Internet zur Verfügung gestellt werden und von mehreren Personen gleichzeitig genutzt werden, ohne dass die Nutzung des jeweils anderen dadurch beeinträchtigt werden würde.[42] Bei Daten fehlt es mithin an den

39 *Nissen*, Der monetäre Wert von Daten im Privatrecht, S. 21.

40 Richtlinie (EU) 2019/770 des Europäischen Parlaments und des Rates vom 20. Mai 2019 über bestimmte vertragsrechtliche Aspekte der Bereitstellung digitaler Inhalte und digitaler Dienstleistungen, ABl. EU Nr. L 136/1 (i.F.: Digitale-Inhalte-Richtlinie, RL (EU) 2019/770)).

41 Digitale-Inhalte-Richtlinie, RL (EU) 2019/770, Erwägungsgrund Nr. 19.

42 *Hoppen*, CR 2015, 802 (803); *Zech*, CR 2015, 137 (139).

https://doi.org/10.1515/9783111369846-007

für körperliche Gegenstände typischen Nutzungskonflikten; folglich sind Daten nicht-rival.[43]

III. Nicht-Abnutzbarkeit

Anders als körperliche Gegenstände, die trotz ordnungsgemäßer Benutzung verschleißen, nutzen sich Daten – unabhängig davon, von wie vielen Nutzern sie gelesen und analysiert wurden – nicht ab.[44]

IV. Faktische Exklusivität

Aus der fehlenden Nutzungsrivalität und der mangelnden Abnutzbarkeit kann indes nicht der Schluss gezogen werden, es gäbe generell keine Nutzungskonflikte in Bezug auf digitale Daten. Der exklusive Zugriff auf die – nicht geheime – Information, die sich hinter einem Datum verbirgt, verschafft demjenigen Nutzer einen Wissensvorsprung und konsequenterweise einen Wettbewerbsvorteil, der diese exklusiv nutzen kann. Der besondere Wert der begrenzten Verfügbarkeit ginge bei universeller Verfügbarkeit verloren.[45]

Zur Absicherung dieser Vorteile werden regelmäßig Abschirmungshandlungen vorgenommen: Bei Daten ist eine faktische Exklusivität durch Geheimhaltung, namentlich mittels der Technik der Datenverschlüsselung, zu erreichen.[46] Der faktisch exklusive Zugang zu Daten ergibt sich praktisch zudem aus der Hoheit, die Schnittstellen zur Interoperabilität datenverarbeitender Systeme zu gestalten.[47] Im Rahmen von sog. *Open Data* erscheint faktische Exklusivität indes ausnahmsweise nicht zweckmäßig.[48]

---

43 Fiedler/Ullrich/*Wiebe*, Information als Wirtschaftsgut, S. 92 (102); *Zech*, Information als Schutzgegenstand, S. 118; *Zech*, CR 2015, 137 (139); *Martini* et al., MMR-Beil. 2021, 3 (4).

44 *Zech*, CR 2015, 137 (139); a.A.: Nach *Heymann* unterliegen jedenfalls die verkörperten semantischen Informationen dem Verschleiß, denn diese dürften meistens nur für vorübergehende Zeit von wirtschaftlichem Interesse sein, *Heymann*, CR 2016, 650 (653).

45 *Martini* et al., MMR-Beil. 2021, 3 (5).

46 *Rosenkranz/Scheufen*, ZfDR 2022, 159 (170); *Nissen*, Der monetäre Wert von Daten im Privatrecht, S. 22.

47 *Kühling/Sackmann*, ZD 2020, 24 (26).

48 *Zech*, Information als Schutzgegenstand, S. 119; *Zech*, CR 2015, 137 (139).

C. Fahrzeug- und Fahrzeugumfelddaten

Im Folgenden wird konkret auf die in einem Auto generierten Fahrzeugdaten sowie die Fahrzeugumfelddaten eingegangen (dazu I.) und erörtert, welche Einsatzmöglichkeiten diese bieten (dazu II.). Darüber hinaus wird dargestellt, wie die Übertragung von Daten entsprechend ihres Nutzungszwecks erfolgt (dazu III.). Abschließend werden typische Handlungen, im Rahmen derer Daten genutzt werden, vorgestellt (dazu IV.).

I. Messbare Fahrzeug- und Fahrzeugumfelddaten

In einem Fahrzeug befinden sich über einhundert[49] Steuergeräte, die mit Hilfe von einer weit höheren Zahl an Sensoren fahrzeugtechnische Daten über die Fahrzeugkomponenten (dazu 1.) sowie Daten aus der Umgebung des Fahrzeugs erheben (dazu 2. und 3.).[50] Diese Daten können sowohl bei Stillstand des Autos als auch bei Antritt und Durchführung einer Fahrt generiert werden, sodass zudem zwischen nutzungsunabhängigen und nutzungsabhängigen Daten differenziert werden kann.[51]

1. Fahrzeugtechnische komponentenspezifische Daten

Die Entwicklung der Fahrzeugsensorik war in der Anfangszeit vorrangig auf fahrzeuginterne Systeme des Antriebsstrangs, des Fahrwerks oder der Karosserie sowie auf die Fahrsicherheit gerichtet.[52] Sensoren und Aktoren bilden als Peripherie die Schnittstellen zwischen dem Fahrzeug mit seinen komplexen Antriebs-, Brems-, Fahrwerk- und Karosseriefunktionen sowie auch Leit- und Navigationsfunktionen und dem meist digitalen elektronischen Steuergerät als Verarbeitungseinheit.[53] Die Signale der Sensoren werden über unterschiedliche Schnittstellen dem Steuergerät bereitgestellt.[54] Analoge Eingangssignale sind beispielsweise Messwerte über die

49 Stiftung Datenschutz/*Reiter/Methner/Schenkel/Kinzler*, Datenschutz im vernetzten Fahrzeug, S. 153 (155).

50 *Lüdemann*, ZD 2015, 247 (247); Reif, Sensoren im Kraftfahrzeug, S. 2.

51 Stiftung Datenschutz/*Reiter/Methner/Schenkel/Kinzler*, Datenschutz im vernetzten Fahrzeug, S. 153 (156).

52 Reif, Sensoren im Kraftfahrzeug, S. 6.

53 Reif, Sensoren im Kraftfahrzeug, S. 7.

54 Reif, Ottomotor-Management, S. 278.

https://doi.org/10.1515/9783111369846-008

Batteriespannung oder die Kühlwassertemperatur. Sie werden von einem sog. Analog-Digital-Wandler im Mikrocontroller des Steuergeräts in digitale Werte umgewandelt, sodass die zentrale Recheneinheit des Mikrocontrollers mit diesen rechnen kann.[55] Digitale Eingangssignale sind zum Beispiel Schaltsignale oder digitale Sensorsignale wie Drehzahlimpulse eines Hall-oder Feldplattensensors.[56]

Mittels Sensoren werden die unterschiedlichsten Fahrzeuggrößen erfasst wie beispielsweise Reifen- und Motorendrehzahl, Geschwindigkeit, Lenkradeinschlag, Luftmenge und Luftzusammensetzung, Kraftstoffmenge, Temperaturen, Schadstoffgehalte, Geschwindigkeit der Chemikalieneinspeisung oder Füllstände, Vibrationen, Achslast, Reifendruck oder Verschleiß.[57]

2. Fahrzeugumfelddaten

Die Sensierungsrichtung moderner Fahrzeuge ist zunehmend nach außen auf die nähere oder weitere Umgebung des Fahrzeugs gerichtet.[58] Ultraschall, Radar (***Ra**dio **D**etection **a**nd **R**anging*), Kameras, Lidar (***Li**ght **D**etection **a**nd **R**anging*), Laser und Infrarot gehören zu den etablierten Technologien der Fahrzeugumfelderfassung.[59] Sensoren verschiedener Technologien werden kombiniert im Fahrzeug eingesetzt:[60]

In Fahrzeugen verbaute Ultraschallsensoren nutzen die Laufzeitmessung eines akustischen Luftdruckimpulses zur Bestimmung des Abstands zu Hindernissen und werden vorrangig für Einparksysteme eingesetzt.[61] Der Radar ist dagegen eine elektromagnetische Sensortechnologie.[62] *Pre Crash*-Sensoren beziehungsweise Nahbereichsradarsensoren erfassen rings um das Auto befindliche Objekte, mit denen eine Kollision drohen könnte.[63] Nachdem die erfassten Sensorsignale verarbeitet wurden, können als Umsetzungsaktion die Sicher-

55 Reif, Ottomotor-Management, S. 278.

56 Reif, Ottomotor-Management, S. 278.

57 *Faber/Griga/Groß*, DS 2018, 299 (300).

58 Reif, Sensoren im Kraftfahrzeug, S. 6 f.

59 *Müller*, Modellierung der Sensorabdeckung autonomer Fahrzeuge zur Berechnung optimaler Annäherungspfade, S. 8, 16.

60 Die Kombination wird als Sensorfusion bezeichnet: *Müller*, Modellierung der Sensorabdeckung autonomer Fahrzeuge zur Berechnung optimaler Annäherungspfade, S. 23.

61 *Feilhauer*, Simulationsgestützte Absicherung von Fahrerassistenzsystemen, S. 22; *Schwichtenberg*, Datenschutz in drei Stufen, S. 12; Reif, Sensoren im Kraftfahrzeug, S. 50.

62 *Müller*, Modellierung der Sensorabdeckung autonomer Fahrzeuge zur Berechnung optimaler Annäherungspfade, S. 8.

63 Reif, Sensoren im Kraftfahrzeug, S. 7.

heitssysteme wie automatische Notbremssysteme oder automatische Gurtstraffer bereits vor einem Aufprall geschärft werden.[64] Weitbereichsradarsensoren können die Fahrbahn auch bei schlechten Sichtbedingungen bis zu einhundertfünfzig Meter vor dem Fahrzeug beobachten. Entsprechend der Fahrgeschwindigkeit vorausfahrender Fahrzeuge hält ein Abstandsregeltempomat nach Verarbeitung der Eingangssignale die erforderliche Distanz.[65] Kameras, Lidar, Laser und Infrarot wirken wiederum optisch. Bildsensoren in Kameras erfassen die Fahrzeugumgebung und erkennen beispielsweise die Fahrbahnkonturen; sie finden bei Fahrspurassistenten Anwendung.[66] Lidar ist ein komplexes Erkennungssystem, bei dem Laserstrahlen ausgesandt werden, deren Reflexionen unabhängig vom Tageslicht ein dreidimensionales Bild der ruhenden und sich bewegenden Objekte in der Fahrzeugumgebung abbilden. Nach der gleichen Technologie funktioniert ein Laserscanner, der zum Zweck einer präzisen Abstandsmessung eingesetzt wird.[67] Infrarotsensoren dienen der Erkennung von Hindernissen bei Dunkelheit oder Nebel und ermöglichen zusammen mit infrarotempfindlichen Bildsensoren eine weitreichende Fahrbahnbeobachtung bei Nacht.[68] Darüber hinaus können sämtliche in die Umgebung gerichtete Sensoren mit der klassischen fahrzeuginternen Sensortechnik kombiniert werden.[69] Die Messung eines sog. NTC-Widerstandes (*Negative Temperature Coefficient*) unter Einsatz von Sensoren zur Temperaturmessung kann im Fahrzeug zur Messung der Kühlwassertemperatur, der Öltemperatur oder der Abgastemperatur dienen und ist Voraussetzung für Glatteiswarnungen an den Fahrer durch das Fahrzeug selbst.[70]

3. Kommunikationsdaten

Zu den Fahrzeug- und Fahrzeugumfelddaten gehören ebenfalls Daten, die das Fahrzeug aus seiner kommunizierenden Umwelt registriert. Kommunikationsdaten umfassen solche Daten, die aus der Kommunikation sowohl mit der Infrastruktur,

---

64 *Schwichtenberg*, Datenschutz in drei Stufen, S. 12.
65 Reif, Sensoren im Kraftfahrzeug, S. 7.
66 Reif, Sensoren im Kraftfahrzeug, S. 7; *Schwichtenberg*, Datenschutz in drei Stufen, S. 13.
67 Vgl. *Müller*, Modellierung der Sensorabdeckung autonomer Fahrzeuge zur Berechnung optimaler Annäherungspfade, S. 16.
68 Reif, Sensoren im Kraftfahrzeug, S. 110; *Schwichtenberg*, Datenschutz in drei Stufen, S. 12.
69 *Schwichtenberg*, Datenschutz in drei Stufen, S. 13.
70 Hering/Schönfelder (Hrsg.), Sensoren in Wissenschaft und Technik, S. 64, 69; *Schwichtenberg*, Datenschutz in drei Stufen, S. 13.

sog. *Car-to-Infrastructure*-Kommunikation (C2I), als auch mit anderen Fahrzeugen, sog. *Car-to-Car*-Kommunikation (C2C), entstehen.[71]

II. Einsatzmöglichkeiten

Die Einsatzbandbreite der Fahrzeug- und Fahrzeugumfelddaten ist im Grunde unbegrenzt. Fahrzeugdaten dienen Fahrzeugherstellern zur Produktoptimierung und Kostenreduktion (dazu 1.). Ferner ergeben sich zahlreiche Verwertungsmöglichkeiten mit Blick auf die Straßenverkehrssicherheit und den Umweltschutz (dazu 2.). Vernetzte Fahrzeugdaten eröffnen zudem Nutzungspotential im Zusammenhang mit der jeweiligen Individualmobilität (dazu 3.), aber auch über den Verkehrssektor hinaus (dazu 4.).

1. Produktoptimierung und Kosteneffizienz

Von fahrzeugtechnischem Nutzen sind komponentenspezifische und anonymisierte Daten, die der Komponentenanalyse und der Verbesserung der Performance eines Fahrzeugs dienen, wie die Leistungsdaten der Kraftstoffpumpe; für den Hersteller ergeben sich durch den Abgleich von Daten verschiedener Fahrzeuge gleichen Typs und Alters zudem erweiterte Diagnosemöglichkeiten.[72] Nicht zuletzt können auf der Grundlage von Fahrzeugdaten zusätzliche Produktionskosten durch Überproduktion vermieden werden.[73] Schließlich können fahrzeugtechnische Messdaten Grundlage für zusätzliche Reparatur- und Wartungsangebote sein, wenn beispielsweise Unregelmäßigkeiten bei bestimmten Fahrzeugkomponenten erfasst werden.[74]

---

71 Stiftung Datenschutz/*Reiter/Methner/Schenkel/Kinzler*, Datenschutz im vernetzten Fahrzeug, S. 153 (156).

72 Bundesministerium für Digitales und Verkehr, „Eigentumsordnung für Mobilitätsdaten" – eine Studie aus technischer, ökonomischer und rechtlicher Perspektive, März 2017, S. 23, abrufbar unter: https://www.bmvi.de/SharedDocs/DE/Publikationen/DG/eigentumsordnung-mobilitaetsdaten.pdf?__blob=publicationFile, Seite zuletzt abgerufen am 15.11.2020.

73 Vgl. Bundesministerium für Digitales und Verkehr, „Eigentumsordnung für Mobilitätsdaten" – eine Studie aus technischer, ökonomischer und rechtlicher Perspektive, März 2017, S. 24, abrufbar unter: https://www.bmvi.de/SharedDocs/DE/Publikationen/DG/eigentumsordnung-mobilitaetsdaten.pdf?__blob=publicationFile, Seite zuletzt abgerufen am 15.11.2020.

74 Vgl. Bundesministerium für Digitales und Verkehr, „Eigentumsordnung für Mobilitätsdaten" – eine Studie aus technischer, ökonomischer und rechtlicher Perspektive, März 2017, S. 21 ff., abrufbar

2. Straßenverkehrssicherheit und Umweltschutz

Neben der Produktverbesserung können anonymisierte Messdaten auch der Verbesserung der Straßenverkehrssicherheit durch bedarfsgerechte Verkehrsregelung dienen. Beispielsweise lassen GPS-Daten zusammen mit Daten über die Betätigung der Warnblinkanlage zahlreicher Fahrzeuge einen Rückschluss darauf zu, wo es regelmäßig zu Anstauungen oder anderen Gefahrensituationen kommt.[75] Zudem dürften anonymisierte Daten über die Durchführung von Vollbremsungen oder das Überfahren von Mittelstreifen in Kurven kombiniert mit GPS-Daten zahlreicher Fahrzeuge, im Lichte derer beispielsweise die zulässige Höchstgeschwindigkeit auf bestimmten Straßenabschnitte angepasst werden könnte, relevant sein.

Neben einer datenbasierten Verkehrsregulierung ermöglicht eine Analyse von Fahrzeug- und GPS-Daten eine bedarfsgerechte Straßeninstandhaltung, wenn beispielsweise Fahrgestellsensoren die Griffigkeit und die Rauheit des Straßenbelages sowie Schlaglöcher oder Bodenwellen der befahrenen Straßen erfassen.[76] Ebenso können Straßenverkehrsbehörden mit den in Fahrzeugen generierten Daten über die Außentemperatur, den Reibungskoeffizienten der Straße und die Aktivität der Scheibenwischer in Kombination mit den regulären Wettervorhersagen und den GPS-Echtzeitdaten der Fahrzeuge den Einsatz des Winterdienstes effizient – und mit Blick auf den Einsatz von Streugut auch umweltfreundlich – planen.[77]

Die Abgasmesswerte von Fahrzeugen mit Verbrennungsmotoren sind von umweltpolitischer Relevanz: Beispielsweise mit Hilfe einer datenbasierten Kommunikation zwischen Fahrzeugen und städtischen Infrastruktureinrichtungen können ökologische Ziele verfolgt werden.[78] Unter dem Projektnamen *„Traffic light information system"* hat der Ingolstädter Autobauer *Audi* bereits im Herbst 2016 in sieben US-amerikanischen Städten ein System getestet, bei dem vernetzte Ampeln Informationen an Verkehrszentren funken, die ihrerseits die

---

unter: https://www.bmvi.de/SharedDocs/DE/Publikationen/DG/eigentumsordnung-mobilitaetsdaten.pdf?__blob=publicationFile, Seite zuletzt abgerufen am 15.11.2020.

75 Vgl. VDA Positionspapier vom 30.10.2017, Zugang zum Fahrzeug und zu im Fahrzeug generierten Daten, S. 6, abrufbar unter: https://www.vda.de/de/services/Publikationen/zugang-zum-fahrzeug-und-zu-im-fahrzeug-generierten-daten.html, Seite zuletzt abgerufen am 14.01.2021.

76 Vgl. *Drexl* et al., GRUR Int. 2016, 914 (916).

77 *Schmidt*, Norwegen investiert in vernetzten Winterdienst mit Echtzeitdaten, Onlinebeitrag in ElektronikPraxis vom 13.02.2018, abrufbar unter: https://www.elektronikpraxis.vogel.de/norwegen-investiert-in-vernetzten-winterdienst-mit-echtzeitdaten-a-685850/, Seite zuletzt abgerufen am 25.10.2022; McKinsey&Company, Wettlauf um den vernetzten Kunden – Überblick zu den Chancen aus Fahrzeugvernetzung und Automatisierung, S. 23, abrufbar unter: http://www.forschungsnetzwerk.at/downloadpub/mckinsey-connected-customer_deutsch.pdf, Seite zuletzt abgerufen am 25.10.2022.

78 *Weisser/Färber*, MMR 2015, 506 (507).

verschlüsselten Daten an Server des Autoherstellers senden, welche diese an die mit dem Ampel-System ausgerüsteten Fahrzeuge weitergeben. Seine Serienmodelle vernetzt der Fahrzeughersteller seit Anfang 2020 auch mit Ampeln in Deutschland. Ein im Fahrzeug integriertes System erkennt, wann eine Ampel auf Rot- oder Grünlicht schaltet und signalisiert dem Fahrer, ob er bei seiner aktuellen Geschwindigkeit die Ampel noch während der Grünphase passieren kann. Auf diese Weise ersparen sich die Verkehrsteilnehmer nicht nur unnötige Beschleunigung bei auf Gelblicht schaltenden Ampeln, sondern es lässt sich auch Kraftstoff einsparen und die Emission von Kohlendioxid reduzieren.[79] In die andere Richtung ist eine Übermittlung von Daten über das Verkehrsaufkommen und Störungen des Verkehrsflusses von Seiten der vernetzten Fahrzeuge an die Verkehrsleitzentralen denkbar, mit der Folge, dass diese beispielsweise durch eine entsprechende Anpassung der Ampelschaltung regulierend in den Verkehrsfluss eingreifen können.[80]

3. *Connectivity features* und Individualmobilität

Da Datenpotenzial überall dort entsteht, wo automatische Datenverarbeitung eingesetzt wird, können Daten über die jeweilige Individualmobilität in und um das Fahrzeug herum generiert werden:

Auf Individualmobilitätsdaten kann beispielsweise personalisierte Werbung basieren. Zeigt eine Analyse von Daten über den Standort, den Zielort und die Fahrmuster eines Fahrzeugs, dass dieses regelmäßig zu einer bestimmten Zeit an einer Autobahnraststätte angehalten wird, so kann gezielt Werbung für auf dieser Strecke gelegene Fastfood-Restaurants auf dem Infotainmentsystem des einzelnen Fahrzeugs angezeigt werden.[81] Ebenso kann einem mutmaßlich hungrig gewordenen Fahrer nach einer bestimmten Fahrtstrecke ein auf der geplanten Route

79 Pressemitteilung der *Audi AG* vom 14.05.2019, abrufbar unter: https://www.audi-mediacenter.com/de/pressemitteilungen/audi-vernetzt-sich-mit-ampeln-in-deutschland-11649, Seite zuletzt abgerufen am 25.10.2022; Pressemitteilung der *Audi AG* vom 28.01.2020, abrufbar unter: https://www.audi-mediacenter.com/de/pressemitteilungen/audi-vernetzt-sich-mit-ampeln-in-duesseldorf-12516#:~:text=Audi%20gibt%20gr%C3%%20Licht%20f%C3%BCr%20vernetzte%20Ampeln%20in%20D%C3%BCsseldorf.&text=Ende%20Januar%20sehen%20Audi%2DFahrer,der%20insgesamt%20rund%20600%20Signalanlagen, Seite zuletzt abgerufen am 25.10.2022; *Reek*, Immer grüne Welle für Audi-Fahrer, SZ vom 18.08.2016, abrufbar unter: https://www.sueddeutsche.de/auto/vernetztes-fahren-immer-gruene-welle-fuer-audi-fahrer-1.3125611, Seite zuletzt abgerufen am 25.10.2022.

80 *Schwichtenberg*, Datenschutz in drei Stufen, S. 14.

81 *Schwichtenberg*, Datenschutz in drei Stufen, S. 15, 42.

nächstgelegenes Restaurant vorgeschlagen werden, welches der Fahrzeugklasse angemessen erscheint.[82]

Fahrzeug- und Fahrzeugumfelddaten ermöglichen etwa auch die Entwicklung von digitalen Dienstleistungen, die das Auffinden von freien Parkplätzen und die Bezahlung der Parkgebühren übernehmen; zum Teil wird auch ein vollautomatisierter Parkvorgang unterstützt, bei dem das Auto selbstständig erkennt, wann der Parkvorgang beginnt und endet und die Park-App die Parkgebührenabrechnung automatisch abschließt, sobald das Fahrzeug wieder losfährt, ohne dass der Fahrer aktiv den Parkvorgang in der Park-App starten und beenden muss.[83]

4. Digitale Innovationen über den Verkehrssektor hinaus

Die Nutzungsmöglichkeiten für Fahrzeug- und Fahrzeugumfelddaten beschränken sich nicht auf die klassischen Geschäftsfelder des Autobauens und des Verkehrs; diese sind auch darüber hinaus wirtschaftlich verwertbar:

Beispielsweise können geparkte vernetzte Fahrzeuge als individuelle Packstationen für Online-Bestellungen eingesetzt werden. Eine sog. „*In-Car Delivery*" wird seit 2018 im Rahmen einer Kooperation des schwedischen Autobauers *Volvo* mit dem Internet-Konzern *Amazon* in den USA angeboten. Der *Amazon*-Kunde gibt dabei – verkürzt dargestellt – einen Zustellort an und parkt sein Fahrzeug am Tag der geplanten Zustellung im Bereich der Lieferadresse, sodass ein autorisierter Zusteller im avisierten Zeitfenster das geparkte Fahrzeug lokalisieren, dessen Kofferraum öffnen und das Paket zustellen kann. Dabei ist die Nutzung der Apps „*Amazon Key*" und „*Volvo on Call*" obligatorisch.[84] Auch andere Fahrzeughersteller arbeiten an entsprechenden Angeboten. Volkswagen hat beispielsweise den korrespondierenden Service „*We deliver*" in Berlin pilotiert.[85]

Vernetzte Fahrzeuge können zudem dabei unterstützen, die Genauigkeit von Regenprognosen zu verbessern, indem Daten über die Geschwindigkeit der Schei-

---

82 *Jansen/Kreis*, RAW 1/20, 19 (19).

83 Vgl. Pressemitteilung von *Volvo Car Austria* vom 29.07.2021, abrufbar unter: https://www.media.volvocars.com/at/de-at/media/pressreleases/285234/leichter-parken-mit-volvo-cars-und-easypark, Seite zuletzt abgerufen am 25.10.2022.

84 Pressemitteilung von *Volvo Car Austria* vom 25.04.2018, abrufbar unter: https://www.media.volvocars.com/at/de-at/media/pressreleases/227845/pakete-direkt-ins-auto-volvo-kooperiert-mit-amazon, Seite zuletzt abgerufen am 25.10.2022.

85 Newsbeitrag der *Volkswagen AG* vom 09.11.2017, abrufbar unter: https://www.volkswagen-newsroom.com/en/volkswagen-we-mobility-services-2569/we-by-volkswagen-deliver-2599, Seite zuletzt abgerufen am 25.10.2022.

benwischeraktivität sowie Daten der Regensensoren, die Temperatur und Luftfeuchtigkeit in Echtzeit an Wetterinformationsanbieter übertragen werden.[86] Diese nutzen für Niederschlagsvorhersagen regelmäßig Regenwolkenradare und Satelliten, welche großräumig Daten erfassen, während Bodenstationen den Niederschlag lediglich punktuell messen können. Von Letzteren gibt es indes nicht ausreichend viele, um lokale, kleinräumige Regenereignisse exakt zu prognostizieren und zu erfassen.[87] Eine entsprechende Datenverarbeitung eröffnet Fahrzeugherstellern mithin die Möglichkeit, den Fahrern vernetzter Fahrzeuge exakte Warnmeldungen zukommen zu lassen.[88] Zudem können Fahrzeugdaten von branchenfremden Dritten wie Wetterinformationsdienstleistern, der Wasserwirtschaft oder dem Katastrophenschutz genutzt werden.[89]

III. Datenübertragung

Fahrzeugdaten und Messdaten der Fahrzeugumgebung werden auf unterschiedliche Weise übermittelt, wobei sich eine Differenzierung zwischen einer lokalen Datenübertragung (dazu 1.) und einer drahtlosen Datenübertragung (dazu 2.) anbietet. Letztere kann als Echtzeitdatenübertragung ausgestaltet sein (dazu 3.).

---

86 In Deutschland wurde zur Verbesserung der Kurzfristvorhersage von Niederschlägen über drei Jahre das BMDV-Förderprojekt „mobileVIEW“ durchgeführt, Forschungsinstitut für Wasser- und Abfallwirtschaft an der RWTH Aachen e.V. (FiW), „mobileVIEW Verbesserung der Kurzfristvorhersage von Niederschlagsereignissen mittels Fahrzeugsensoren“, Schlussbericht aus März 2021, S. 9, abrufbar unter: https://www.fiw.rwth-aachen.de/fileadmin/user_upload/Public_Relations/PDF/mobileVIEW_Abschlussbericht_100S_de.pdf, Seite zuletzt abgerufen am 23.11.2022; der japanische Automobilhersteller *Toyota* hat 2019 zusammen mit dem Wetterinformationsanbieter *Weathernews Inc.* eine entsprechende Pilotierung in japanischen Großstädten vorgenommen, Pressemitteilung der *Toyota Motor Corporation* vom 01.11.2019, abrufbar unter: https://global.toyota/en/newsroom/corporate/30483256.html, Seite zuletzt abgerufen am 23.11.2022.

87 Forschungsinstitut für Wasser- und Abfallwirtschaft an der RWTH Aachen e.V. (FiW), „mobileVIEW Verbesserung der Kurzfristvorhersage von Niederschlagsereignissen mittels Fahrzeugsensoren“, Schlussbericht aus März 2021, S. 10, abrufbar unter: https://www.fiw.rwth-aachen.de/fileadmin/user_upload/Public_Relations/PDF/mobileVIEW_Abschlussbericht_100S_de.pdf, Seite zuletzt abgerufen am 23.11.2022.

88 Vgl. Pressemitteilung der *Toyota Motor Corporation* vom 01.11.2019, abrufbar unter: https://global.toyota/en/newsroom/corporate/30483256.html, Seite zuletzt abgerufen am 23.11.2022.

89 Forschungsinstitut für Wasser- und Abfallwirtschaft an der RWTH Aachen e.V. (FiW), „mobileVIEW Verbesserung der Kurzfristvorhersage von Niederschlagsereignissen mittels Fahrzeugsensoren“, Schlussbericht aus März 2021, S. 9, abrufbar unter: https://www.fiw.rwth-aachen.de/fileadmin/user_upload/Public_Relations/PDF/mobileVIEW_Abschlussbericht_100S_de.pdf, Seite zuletzt abgerufen am 23.11.2022.

1. Lokale Datenspeicherung und lokale Datenübertragung

Viele Daten wie die Fahrzeuggeschwindigkeit, der Einsatz von Bremsen oder die Position und Neigung des Fahrzeugs auf der Straße sowie andere Messwerte bestehen nur temporär. Sie werden lokal in den jeweiligen Fahrzeugsystemen zwischengespeichert und nur beim Auftreten eines Ereignisses, wie bei der Auslösung des Airbags, lokal fixiert.[90] Diese ereignisbezogene Datenaufzeichnung soll nach Art. 6 Abs. 1 lit. f, 4 VO (EU) 2019/2144 ähnlich einer Blackbox in einem Flugzeug innerhalb eines geschlossenen Systems erfolgen.[91]

Daten können darüber hinaus im Wege einer Offline-Diagnose über eine normierte OBD-Schnittstelle (***On Board Diagnose***) mit Hilfe eines Kabels und Diagnosegeräts ausgelesen werden.[92] In lokalen Fehlerspeichern werden insbesondere Wartungs- und Reparaturinformationen wie Fehlercodes bezüglich des Motors, des Getriebes, der Abgasregelung oder auch der Komfortsysteme zwischengespeichert.[93] Der Zugang zu den erforderlichen Reparaturangaben muss nach einer Gruppenfreistellungsverordnung der EU aus dem Jahr 2010 auch dem freien Reparaturmarkt offenstehen.[94]

---

90 *Spaar*, Die versteckte Blackbox im Auto, c't 22/2018, S. 180, abrufbar unter: https://www.heise.de/select/ct/2018/22/1540194514542097, Seite zuletzt abgerufen am 23. 11. 2022.

91 Verordnung (EU) 2019/2144 des Europäischen Parlaments und des Rates vom 27. November 2019 über die Typgenehmigung von Kraftfahrzeugen und Kraftfahrzeuganhängern sowie von Systemen, Bauteilen und selbstständigen technischen Einheiten für diese Fahrzeuge im Hinblick auf ihre allgemeine Sicherheit und den Schutz der Fahrzeuginsassen und von ungeschützten Verkehrsteilnehmern, zur Änderung der Verordnung (EU) 2018/858 des Europäischen Parlaments und des Rates und zur Aufhebung der Verordnungen (EG) Nr. 78/2009, (EG) Nr. 79/2009 und (EG) Nr. 661/2009 des Europäischen Parlaments und des Rates sowie der Verordnungen (EG) Nr. 631/2009, (EU) Nr. 406/2010, (EU) Nr. 672/2010, (EU) Nr. 1003/2010, (EU) Nr. 1005/2010, (EU) Nr. 1008/2010, (EU) Nr. 1009/2010, (EU) Nr. 19/2011, (EU) Nr. 109/2011, (EU) Nr. 458/2011, (EU) Nr. 65/2012, (EU) Nr. 130/2012, (EU) Nr. 347/2012, (EU) Nr. 351/2012, (EU) Nr. 1230/2012 und (EU) 2015/166 der Kommission, ABl. (EU) Nr. L 325/1.

92 Bundesministerium für Digitales und Verkehr, „Eigentumsordnung für Mobilitätsdaten“ – eine Studie aus technischer, ökonomischer und rechtlicher Perspektive, März 2017, S. 13, 21, abrufbar unter: https://www.bmvi.de/SharedDocs/DE/Publikationen/DG/eigentumsordnung-mobilitaetsdaten.pdf?__blob=publicationFile, Seite zuletzt abgerufen am 15. 11. 2020.

93 Bundesministerium für Digitales und Verkehr, „Eigentumsordnung für Mobilitätsdaten“ – eine Studie aus technischer, ökonomischer und rechtlicher Perspektive, März 2017, S. 21, abrufbar unter: https://www.bmvi.de/SharedDocs/DE/Publikationen/DG/eigentumsordnung-mobilitaetsdaten.pdf?__blob=publicationFile, Seite zuletzt abgerufen am 15. 11. 2020.

94 Verordnung (EU) Nr. 461/2010 der Kommission vom 27. Mai 2010 über die Anwendung von Artikel 101 Absatz 3 des Vertrags über die Arbeitsweise der Europäischen Union auf Gruppen von vertikalen Vereinbarungen und abgestimmten Verhaltensweisen im Kraftfahrzeugsektor, ABl. EU Nr. L 129/52, Erwägungsgrund Nr. 17; vgl. Verordnung (EU) Nr. 168/2013 des Europäischen Parlaments

2. Online Datenübertragung

Die Datenübertragung erfolgt aufgrund der Vernetzung zunehmend drahtlos und eigenständig, mithin ohne aktives Zutun des Fahrzeugnutzers.[95] Viele Automobilhersteller bieten eine Online-Diagnose an, die eine zentrale und unmittelbare Auswertung von Sensordaten durch den Hersteller erlaubt. Voraussetzung hierfür ist das lokale Erfassen der Sensordaten sowie die anschließende Kommunikation an den Hersteller. Der Datenaustausch erfolgt dabei entweder über WLAN oder Mobilfunk.[96] Mit der Verordnung über Anforderungen für die Typgenehmigung zur Einführung des auf dem 112-Notruf basierenden bordeigenen *eCall*-Systems in Fahrzeugen wurden alle ab dem 1. April 2018 produzierten Autos zu vernetzten Fahrzeugen, denn seitdem müssen diese verpflichtend für das bordeigene automatische Notrufsystem *eCall*[97] ausgerüstet sein.[98] Damit der automatische Notruf funktioniert, benötigen die Fahrzeuge einen GPS-Empfänger, Galileo-Ortungsdaten, eine Mobilfunkantenne, eine fest verbundene SIM-Karte, eine Verbindung zum Steuergerät des Airbags sowie eine Freisprechanlage – mit diesen Voraussetzungen ist nicht nur eine Übermittlung der Fahrzeugdaten an eine Notrufzentrale, sondern theoretisch eine permanente Übertragung sämtlicher Sensordaten möglich.[99]

---

und des Rates vom 15. Januar 2013 über die Genehmigung und Marktüberwachung von zwei- oder dreirädrigen und vierrädrigen Fahrzeugen, ABl. EU Nr. L 60/52, Art. 57 ff.

95 *Schwichtenberg*, Datenschutz in drei Stufen, S. 13.

96 *Grünwald/Nüßing*, MMR 2015, 378 (379).

97 Die Abkürzung „*eCall*" steht für *emergency call* und ermöglicht es dem Fahrzeug, entweder manuell durch den Fahrer oder durch ein Ereignis wie die Aktivierung des Airbags, folgende Daten an eine Notfallzentrale weiterzugeben: Unfallzeitpunkt, GPS-Koordinaten des verunfallten Fahrzeugs, Fahrtrichtung, Fahrzeugidentifikationsnummer, Anbieter des Notrufs, die Art, wie der Notruf ausgelöst wurde, sowie optional die Anzahl der Insassen, die Verwendung der Sitzgurte sowie eine Abschätzung der Schwere des Unfalls. Zusätzlich wird zu den Insassen ein Sprachanruf aufgebaut, sodass der sprachkommunikative Kontakt – soweit möglich – bis zum Eintreffen der Rettungskräfte gehalten werden kann, Deutscher Verkehrsgerichtstag – Deutsche Akademie für Verkehrswissenschaft e.V./*Bönninger*, 52. Deutscher Verkehrsgerichtstag 2014, S. 229 (234).

98 Verordnung (EU) 2015/758 des Europäischen Parlaments und des Rates vom 29. April 2015 über Anforderungen für die Typgenehmigung zur Einführung des auf dem 112-Notruf basierenden bordeigenen eCall-Systems in Fahrzeugen und zur Änderung der Richtlinie 2007/46/EG, ABl. EU Nr. L 123/77, Art. 7, Erwägungsgrund Nr. 12; *Wendt*, ZD-Aktuell 2018, 06034.

99 *Müller*, Was das Auto über seinen Fahrer weiß, SZ vom 24.04.2019, abrufbar unter: https://www.sueddeutsche.de/auto/daten-auto-blackbox-unfall-1.4418337, Seite zuletzt abgerufen am 25.10.2022.

3. Echtzeitdatenübertragung

Sensordaten vernetzter Autos können – insbesondere über das neueste 5G-Mobilfunknetz – in periodischen Intervallen übertragen werden.[100] Eine ständige Datenübertragung an den Hersteller ermöglicht eine Datenauswertung auf dessen Servern, die über eine weitaus höhere Rechenleistung verfügen als die Steuergeräte im Fahrzeug.[101] Die zum Hersteller transferierten Sensordaten werden verarbeitet, die entstandenen Diagnosedaten mit Sollwerten abgeglichen und erforderlichenfalls Aktionen auf Grundlage der Diagnoseergebnisse veranlasst.[102]

Da die Datenkommunikation auch in die andere Richtung funktioniert, können Fahrzeughersteller, die den Fahrzeugzustand aufgrund der Online-Diagnose jederzeit kennen, bedarfsgerecht entweder einen physischen Werkstattbesuch vorbereiten, indem der vorausschauende Wartungshinweis direkt auf das Fahrzeugdisplay übertragen und dem Fahrer eine markeneigene Werkstatt vorgeschlagen wird, oder eine digitale Reparatur, Aktualisierung oder neue Funktion mittels eines *Over-the-Air*-Softwareupdates anbieten.[103]

Die Echtzeitdatenübertragung ist keinesfalls nur für (digitale) Reparaturangebote relevant; im Gegenteil ist die Echtzeitdatenübertragung Voraussetzung für Mobilitätsdienstleistungen, Navigationsdienstleistungen, Versicherungsschutzleistungen und Dienstleistungen ohne unmittelbaren Bezug zur Mobilität.[104] Die Echtzeitdatenerfassung ist schließlich für selbstlernende Systeme unverzichtbar

---

100 Bundesministerium für Digitales und Verkehr, „Eigentumsordnung für Mobilitätsdaten" – eine Studie aus technischer, ökonomischer und rechtlicher Perspektive, März 2017, S. 23, abrufbar unter: https://www.bmvi.de/SharedDocs/DE/Publikationen/DG/eigentumsordnung-mobilitaetsdaten.pdf?__blob=publicationFile, Seite zuletzt abgerufen am 15.11.2020.

101 Bundesministerium für Digitales und Verkehr, „Eigentumsordnung für Mobilitätsdaten" – eine Studie aus technischer, ökonomischer und rechtlicher Perspektive, März 2017, S. 23, abrufbar unter: https://www.bmvi.de/SharedDocs/DE/Publikationen/DG/eigentumsordnung-mobilitaetsdaten.pdf?__blob=publicationFile, Seite zuletzt abgerufen am 15.11.2020; vgl. *Becker*, Altlasten der Autowelt, SZ vom 10.01.2020, abrufbar unter: https://www.sueddeutsche.de/auto/ces-auto-daten-vernetzung-1.4746950, Seite zuletzt abgerufen am 25.10.2022.

102 Bundesministerium für Digitales und Verkehr, „Eigentumsordnung für Mobilitätsdaten" – eine Studie aus technischer, ökonomischer und rechtlicher Perspektive, März 2017, S. 23, abrufbar unter: https://www.bmvi.de/SharedDocs/DE/Publikationen/DG/eigentumsordnung-mobilitaetsdaten.pdf?__blob=publicationFile, Seite zuletzt abgerufen am 15.11.2020.

103 *Söbbing/Groß*, CR 2022, 613 (614); vgl. Pressemitteilung von *Volvo Car Austria* vom 30.06.2021, abrufbar unter: https://www.media.volvocars.com/ch/de-ch/media/pressreleases/283544/volvo-cars-setzt-mit-echtzeitdaten-neue-sicherheitsstandards, Seite zuletzt abgerufen am 25.10.2022.

104 *Weisser/Färber*, MMR 2015, 506 (507); *Schlieben*, Wer darf mit Fahrzeugdaten Geld verdienen?, SZ vom 02.02.2020, abrufbar unter: https://www.sueddeutsche.de/auto/auto-daten-werkstatt-1.4774949, Seite zuletzt abgerufen am 25.10.2022.

und Voraussetzung für eine Kommunikation des Fahrzeugs mit Gegenständen oder mit Verkehrseinrichtungen, wie das bereits geschilderte Projekt „*Traffic light information system*“ verdeutlicht.[105]

IV. Verwendung von Daten

Typische Handlungen, im Rahmen derer Daten verwendet werden, stellen die Generierung, Sammlung, Speicherung, Verarbeitung, der Vertrieb und die Datenanalyse dar.[106] In Betracht kommen auch die Wahrnehmung (im Sinne eines Ausspähens) von Daten, das Kopieren, die Weitergabe von Daten, ebenso wie die Fälschung der Daten, die Überwachung der Datenverbindung, der Zugriff auf das System, die Manipulation des Systems oder das Sperren des Zugangs zu Daten.[107] Zu denken ist beispielsweise an das Auslesen von Fahrzeuglokalisationsdaten, mittels derer der Aufenthaltsort zu einem bestimmten Zeitpunkt eines bestimmten oder bestimmbaren Fahrzeugführers nachvollzogen und so ein Bewegungsprofil angefertigt werden kann.[108]

V. Zusammenfassung des Kapitels

Der Begriff der Fahrzeugdaten umfasst keinesfalls nur die motortechnischen Daten eines Kraftfahrzeugs, die beispielsweise zum Zweck der Produktverbesserung für den Fahrzeughersteller interessant sind. Im Gegenteil betreffen die in einem Fahrzeug generierten Daten häufig auch dessen Umgebung. Das technische und ökonomische Einsatzspektrum für Fahrzeug- und Fahrzeugumfelddaten ist äußerst breit und stets wachsend. Mit steigendem Nutzen von Fahrerassistenzsystemen steigt auch das Potential für verschiedene *connectivity features*, deren Entwicklung auf Daten basiert. Diese Funktionen können die Fahrsicherheit, den Umweltschutz, das Infotainment, die Produktwerbung, die Navigation, das Bezahlen und vieles mehr betreffen. Entwicklungen auf Basis von Fahrzeug- und Fahrzeugumfelddaten beschränken sich mithin nicht auf den Mobilitätssektor, vielmehr erweist sich ihr Einsatz darüber hinaus als zukunftsträchtig. Da moderne – vernetzte – Fahrzeuge internetfähig sind, erfüllen sie die Vorausset-

---

105 *Weisser/Färber*, MMR 2015, 506 (507).
106 *Louven*, NZKart 2018, 217 (217).
107 *Becker*, in: FS Fezer, S. 815 (821); Deutscher Verkehrsgerichtstag – Deutsche Akademie für Verkehrswissenschaft e.V./*Bönninger*, 52. Deutscher Verkehrsgerichtstag 2014, S. 229 (238).
108 *Berndt*, NZV 2018, 249 (253).

zungen für eine Echtzeitdatenübertragung, welche nicht nur für die Entwicklung des autonomen Fahrens essentiell ist.

Dritter Teil: **Rechtliche Güterzuordnung**

Die zivilrechtliche Güterzuordnung, anhand derer Güter in vermögensrechtlicher Hinsicht ausschließlich einer Person zugeordnet werden, stellt den Ausgangspunkt für vertragliche Regelungen über diese dar, denn sie versetzt den Berechtigten erst in die Lage, über die Nutzung und Verwendung seiner Güter zu entscheiden und alle anderen hiervon auszuschließen.[1] Der Zuweisung exklusiver Verfügungsrechte an Daten kommt mithin eine elementare Bedeutung für deren Handelbarkeit als Wirtschaftsgut – abseits rein faktischer Lösungen – zu.[2] Bevor eine Bestandsaufnahme des rechtlichen Umgangs mit Daten *de lege lata* sowie *de lege ferenda* vorgenommen wird (dazu B.), werden die Grundlagen rechtlicher Güterzuordnung besprochen (dazu A.).

1 *Zech*, CR 2015, 137 (137); *Hieke*, InTeR 1/17, 10 (20).
2 Fiedler/Ullrich/*Wiebe*, Information als Wirtschaftsgut, S. 92 (103).

https://doi.org/10.1515/9783111369846-009

A. Grundlagen

Zu Beginn werden die verschiedenen Stufen rechtlicher Güterzuordnung als Ausgangspunkt für die nachfolgenden Untersuchungen dargestellt (dazu I.). Grundvoraussetzung für eine güterrechtliche Zuordnung von Daten zugunsten eines Berechtigten ist, dass diese unter den Güterbegriff subsumiert werden können (dazu II.). Nachdem dies geprüft wurde, werden die mit den Zuweisungsstufen korrelierenden zuweisbaren Handlungsbefugnisse und Schutzrichtungen dargestellt (dazu III.). Schließlich wird auf die Frage, wem die wirtschaftliche Nutzung von Daten zustehen soll, eingegangen (dazu IV.). Dieses Kapitel schließt mit einer Zusammenfassung ab (dazu V.).

I. Die Stufen rechtlicher Güterzuordnung

Die Ausgangspunkte für die Erörterung eines möglichen Zuordnungsrechts an Daten sind die Schutzrichtungen möglicher Rechte an Daten – insbesondere der Integritäts-, Geheimnis-, Verwertungs- und Investitionsschutz[3] – sowie die Schutzmechanismen in Gestalt verschiedener Stufen rechtlicher Zuordnung.[4] Einleitend wird daher untersucht, welche Arten und Intensitätsstufen rechtlicher Zuordnung von Gütern die Rechtsordnung abstrakt bereithält. Der Begriff der Güterzuordnung ist vor allem aus dem Eigentumsrecht[5] und dem Immaterialgüterrecht[6] bekannt und beschreibt, welche Güter wem, wie und wozu zugewiesen werden.[7]

Nach *Zech* gibt es verschiedene Stufen der rechtlichen Zuordnung, die sich in ihrer Intensität unterscheiden.[8] Das System umschreibt *Zech* als „Stufenleiter der Güterzuordnung".[9] Danach stellen Ausschließlichkeitsrechte, wie das Sacheigentum, die stärkste Form der Zuordnung dar (dazu 1.). Diese unterscheiden sich von bloßen Abwehrrechten (dazu 2.) und der vertraglichen Zugangsgewährung durch Ansprüche und Forderungsrechte (dazu 3.).

3 *Becker*, in: FS Fezer, S. 815 (821 ff.); *Grützmacher*, CR 2016, 485 (485).

4 Vgl. *Grützmacher*, CR 2016, 485 (485).

5 *Brückner* präzisiert den Begriff der Sachherrschaft als „güterzuordnende Funktion des Sachenrechts", MüKoBGB/*Brückner*, Band 8, BGB § 903 Rn. 13; *Lüke*, Sachenrecht, § 1 Rn. 1 („Zuordnung der Rechte an einer Sache zu einer Person").

6 Pierson/Ahrens/Fischer/*Pierson*, Recht des geistigen Eigentums, S. 40.

7 *Peukert*, Güterzuordnung als Rechtsprinzip, S. 47.

8 *Zech*, Information als Schutzgegenstand, S. 85 ff.

9 *Zech*, Information als Schutzgegenstand, S. 85.

https://doi.org/10.1515/9783111369846-010

1. Ausschließlichkeitsrechte

Ausschließlichkeitsrechte begründen die stärkste Form der Güterzuordnung (dazu a)). Das Recht kennt zwei Arten von Ausschließlichkeitsrechten: das Sacheigentum (dazu b)) und die Immaterialgüterrechte (dazu c)).

a) Begriff

Der Begriff der Ausschließlichkeitsrechte bezeichnet subjektive Rechte mit absoluter Abwehrwirkung gegenüber Dritten und positiver Zuordnungswirkung der mit dem Gut zusammenhängenden Befugnisse gegenüber jedermann.[10] Nachfolgend wird auf die Charakteristika von Ausschließlichkeitsrechten eingegangen.

aa) Subjektive Rechte

Bei Ausschließlichkeitsrechten handelt es sich um subjektive Rechte.[11] Während die sog. Willenstheorie das subjektive Recht als individuelle Willensmacht oder Willensherrschaft versteht und die sog. Interessentheorie dieses als rechtlich geschütztes, vom Berechtigten selbst durchsetzbares Interesse beschreibt, ist es wohl herrschende Auffassung, die Gewährung der Willensfreiheit mit dem Interessenschutz zu kombinieren.[12] Danach ist ein subjektives Recht die einem Rechtssubjekt zugeschriebene, von der Rechtsordnung gewährte Rechtsmacht, die der Einzelne autonom ausüben darf, die dem Zugriff anderer in bestimmten Umfang entzogen ist und die der Befriedigung von Interessen dient.[13] Diese Rechtsmacht gewährt Zuordnungs- beziehungsweise Nutzungsrechte und gleichermaßen Ausschlussrechte an der jeweiligen Rechtsposition.[14] Das subjektive Recht bezweckt, bestimmte schutzwürdige Interessen des Einzelnen abzugrenzen und ihm die Befugnis zu geben, diese Interessen selbst wahrzunehmen.[15] Unter den Begriff des subjektiven Rechts lassen sich insbesondere absolute, aber auch relative Rechte fassen.[16]

---

10 *Zech*, Information als Schutzgegenstand, S. 64; *Zech*, CR 2015, 137 (140); *Peukert*, Güterzuordnung als Rechtsprinzip, S. 60; *Specht-Riemenschneider/Rohmer*, PinG 2016, 127 (127).

11 *Zech*, Information als Schutzgegenstand, S. 66.

12 *Peukert*, Güterzuordnung als Rechtsprinzip, S. 48 f.; *Zech*, Information als Schutzgegenstand, S. 66; *Jänich*, Geistiges Eigentum, S. 186.

13 *Jänich*, Geistiges Eigentum, S. 186; *Köhler*, BGB AT, § 17 Rn. 5; *Peukert*, Güterzuordnung als Rechtsprinzip, S. 55.

14 MüKoBGB/*Wagner*, Band 7, BGB § 823 Rn. 267; vgl. Pierson/Ahrens/Fischer/*Pierson*, Recht des geistigen Eigentums, S. 40.

15 *Köhler*, BGB AT, § 17 Rn. 5.

16 Vgl. *Peukert*, Güterzuordnung als Rechtsprinzip, S. 49.

bb) Absolute Rechte

Ausschließlichkeitsrechte sind allein absolute Rechte.[17] Im Unterschied zu den relativen Rechten halten absolute Rechte zum einen Abwehrmöglichkeiten gegenüber jedermann bereit, zum anderen weisen sie dem Rechtsträger einen Handlungsspielraum ausschließlich zu, sodass die Ausschließlichkeit praktisch durch die Ausschließung Dritter begründet wird.[18] Da absolute Rechte gegenüber jedermann wirken, müssen diese für Dritte als solche erkennbar sein. Im Sachenrecht ergibt sich die Publizität aus der Körperlichkeit des Schutzgegenstandes, während gewerbliche Schutzrechte beispielsweise an die Registereintragung oder zumindest eine gewisse Verkehrsbekanntheit anknüpfen.[19]

cc) Abgrenzung von relativen Rechten

Bei relativen Rechten wirken die relative Zuweisung und die relative Abwehrbefugnis lediglich bilateral. Entsprechend definiert § 194 Abs. 1 BGB den Begriff des Anspruchs als das Recht, von einem anderen ein Tun oder Unterlassen zu verlangen.[20]

dd) Zuweisungswirkung und Übertragbarkeit

Des Weiteren ist für Ausschließlichkeitsrechte ihre rechtsgeschäftliche beziehungsweise in der Zwangsvollstreckung ihre zwangsweise Übertragbarkeit charakteristisch, auch wenn insoweit – insbesondere bei den Immaterialgüterrechten oder den Urheberrechten – Besonderheiten zu beachten sind.[21] Verfügungen ermöglichen es, die durch Ausschließlichkeitsrechte festgelegte Güterzuordnung zu verändern, indem die rechtliche Zuweisung nebst den damit verbundenen Abwehrbefugnissen auf eine andere Person vollständig oder teilweise übertragen wird.[22] Die volle Übertragbarkeit ist indes keine Voraussetzung für die Anerkennung von Ausschließlichkeitsrechten; insbesondere mit Blick auf die Immaterialgüterrechte genügt es, dass überhaupt eine Zuordnung eines ausschließlichen Rechts an einem verselbstständigten, verkehrsfähigen geistigen Gut realisierbar

17 *Zech*, Information als Schutzgegenstand, S. 66.
18 Vgl. *Köhler*, BGB AT, § 17 Rn. 7.
19 *Zech*, Information als Schutzgegenstand, S. 82.
20 *Medicus/Petersen*, Allgemeiner Teil des BGB, § 10 Rn. 63; *Köhler*, BGB AT, § 17 Rn. 11; Leible/Lehmann/Zech/*Zech*, Unkörperliche Güter im Zivilrecht, S. 1 (3).
21 *Peukert*, Güterzuordnung als Rechtsprinzip, S. 59.
22 *Zech*, Information als Schutzgegenstand, S. 75.

ist.[23] Aus der persönlichkeitsrechtlichen Natur des Urheberrechts folgt, dass das Urheberpersönlichkeitsrecht und die daraus erwachsenden Befugnisse einerseits unauflöslich mit dem Urheber verbunden bleiben und nach § 29 Abs. 1 UrhG grundsätzlich nicht auf Dritte übertragbar sind.[24] Andererseits kann der Urheber über das Urheberpersönlichkeitsrecht und gerade die Verwertungsrechte disponieren,[25] sodass er einem Dritten insbesondere das vom Urheberrecht abgeleitete Recht einräumen kann, das Werk auf einzelne oder alle Nutzungsarten zu verwenden.[26]

b) Sacheigentum

Das umfassendste Ausschließlichkeitsrecht ist das Sacheigentum nach § 903 BGB.[27] Dem Sachenrecht kommt die Aufgabe der rechtlichen Zuordnung, mithin die Aufgabe der Klärung der Berechtigung zu. Neben der Zuordnung hat das Sachenrecht auch eine Absicherungs- und Gewährleistungsfunktion, die sich als Ausgleich für eine Verletzung oder Gefährdung von zugewiesenen Rechten durch ein System von Ansprüchen des Berechtigten beschreiben lässt.[28] Die rechtliche Zuweisung dient dabei als Anknüpfungspunkt für die flankierenden Ansprüche, insbesondere gerichtet auf Herausgabe, Schadens-, Nutzungs- und Wertersatz sowie auf Beseitigung und Unterlassung, die bei Eingriffen in die Zuweisungssphäre gewährt werden.[29] Das Eigentum bezieht sich auf Sachen i. S. d. § 90 BGB, mithin auf körperliche Gegenstände, die angefasst, sinnlich wahrgenommen und technisch beherrscht werden können.[30] Nach § 903 S. 1 BGB kann der Eigentümer einer Sache mit der Sache nach Belieben verfahren und andere von jeder Einwirkung ausschließen. Dieser exklusive Nutzungs- und Integritätsschutz dient der Abwehr rivalisierender Verwendungen, die die Sache selbst oder deren freien Gebrauch beeinträchtigen.[31]

---

23 *Peukert*, Güterzuordnung als Rechtsprinzip, S. 59; *Zech*, Information als Schutzgegenstand, S. 78; *Schroeder*, Numerus clausus der Immaterialgüterrechte?, S. 75; vgl. *Götting*, Persönlichkeitsrechte als Vermögensrechte, S. 9 f.

24 Wandtke/Bullinger/*Bullinger*, UrhG Vor §§ 12 ff. Rn. 5.

25 *Götting*, Persönlichkeitsrechte als Vermögensrechte, S. 10 f.

26 Dreier/Schulze/*Schulze*, UrhG § 29 Rn. 3.

27 *Specht-Riemenschneider*, CR 2016, 288 (291); *Lüke*, Sachenrecht, § 3 Rn. 119.

28 *Vieweg/Werner*, Sachenrecht, § 1 Rn. 3.

29 Vgl. *Zech*, CR 2015, 137 (140); *Vieweg/Werner*, Sachenrecht, § 1 Rn. 3; Leible/Lehmann/Zech/*Zech*, Unkörperliche Güter im Zivilrecht, S. 2; *Zech*, Information als Schutzgegenstand, S. 69.

30 MüKoBGB/*Stresemann*, Band 1, BGB § 90 Rn. 1; *Berberich/Golla*, PinG 2016, 165 (168).

31 *Berberich/Golla*, PinG 2016, 165 (168).

c) Immaterialgüterrechte

Neben dem Sachenrecht nehmen die Rechte des geistigen Eigentums eine Zuweisung von Handlungsbefugnissen vor und gewähren eine absolute Abwehrbefugnis gegenüber Dritten.[32] Ein Charakteristikum der Immaterialgüterrechte ist, dass deren Schutzgegenstand unkörperlich ist.[33] Unkörperliche Rechtsobjekte können beliebig oft an jedem Ort und zu jeder Zeit gebraucht werden, ohne dass der Gebrauch des einen zwingend den Gebrauch des anderen ausschließt.[34] Immaterielle Güter unterliegen mithin einer nicht-rivalen Nutzung, während körperliche Gegenständen nur rival genutzt werden können, sodass die Immaterialgüterrechte eine andere Schutzrichtung als das Sacheigentum verfolgen.[35] Das Immaterialgüterrecht ist auf der einen Seite ein auf wirtschaftlichen Wertschutz gerichtetes Ausschließlichkeitsrecht, das dem Rechtsinhaber temporär die Früchte seiner Leistung ausschließlich zuweist und damit eine Anreizfunktion erfüllt.[36] Auf der anderen Seite vermitteln Immaterialgüterrechte – insbesondere solche, die eine persönlichkeitsrechtliche Prägung aufweisen, wie beispielsweise das Erfinderpersönlichkeitsrecht im Patentrecht – sowie das Urheberrecht einen Schutz der Persönlichkeit des Rechtsinhabers.[37]

Anders als den körperlichen Sachen fehlt es immateriellen Gütern an einer physischen Fassbarkeit.[38] Diese werden vielmehr in ihrer konkreten Existenz erst durch den Schutz der Rechtsordnung begründet und durch normierte Schutzvoraussetzungen konturiert.[39] Das Immaterialgüterrecht stellt für die Publizität der Güterzuordnung einen Rechtsrahmen bereit, da die Publizitätswirkung nicht an offensichtliche tatsächliche Gegebenheiten anknüpfen kann.[40] Auch in zeitlicher Hinsicht gibt das Gesetz den Umfang des immaterialgüterrechtlichen Schutzes vor.[41]

---

32 *Specht-Riemenschneider*, CR 2016, 288 (291); Leible/Lehmann/Zech/*Zech*, Unkörperliche Güter im Zivilrecht, S. 1 (2).

33 *Jacob*, Ausschließlichkeitsrechte an immateriellen Gütern, S. 2.

34 *Jacob*, Ausschließlichkeitsrechte an immateriellen Gütern, S. 3 f.

35 *Berberich/Golla*, PinG 2016, 165 (168).

36 *Berberich/Golla*, PinG 2016, 165 (168).

37 *Götting*, Persönlichkeitsrechte als Vermögensrechte, S. 10.

38 Vgl. *Berberich/Golla*, PinG 2016, 165 (168).

39 *Berberich/Golla*, PinG 2016, 165 (168); vgl. Leible/Lehmann/Zech/*Zech*, Unkörperliche Güter im Zivilrecht, S. 1 (2).

40 Leible/Lehmann/Zech/*Zech*, Unkörperliche Güter im Zivilrecht, S. 1 (4).

41 *Jacob*, Ausschließlichkeitsrechte an immateriellen Gütern, S. 2 f.

2. Bloße Abwehrrechte

Von den Ausschließlichkeitsrechten ist der bloße Interessen- und Güterschutz auf Grundlage gesetzlicher Schuldverhältnisse, wie insbesondere dem Deliktsrecht, dem Wettbewerbsrecht, dem Bereicherungsrecht und der Geschäftsführung ohne Auftrag, abzugrenzen: Zwar können dem Aktivlegitimierten diese Abwehransprüche potentiell gegenüber jedermann zustehen, allerdings verwirklichen sie kein primär subjektives Recht beziehungsweise sanktionieren keinen widerrechtlichen Eingriff in den Schutzbereich eines Ausschließlichkeitsrechts.[42] Vielmehr knüpfen die Abwehransprüche an die Erfüllung der objektiven Tatbestände gesetzlicher Handlungsverbote an,[43] da Abwehrrechte keinen über die Abwehrbefugnis hinausgehenden Zuweisungsgehalt vermitteln.[44] Insofern fehlt es an einem selbstständigen Verfügungsgegenstand unabhängig von der Verwirklichung eines gesetzlichen Tatbestands, sodass der reine Interessen- und Güterschutz auch nicht als solcher rechtsgeschäftlich oder zwangsweise übertragen werden kann.[45] Unterlassungsansprüche, die sich auf übertragbare Rechtspositionen beziehen, können nur gemeinsam mit dieser Rechtsposition übergehen. Eine selbstständige Übertragung von Unterlassungsansprüchen liefe ihrem Zweck zuwider, den ihnen zugrundeliegenden Gegenstand gegen Beeinträchtigungen zu schützen.[46] Eine isolierte Abtretung von Folgeansprüchen aus dem Eigentum oder aus der Inhaberschaft eines anderen absoluten Rechts, welche nicht von dieser Inhaberschaft gelöst werden können, ist ausgeschlossen.[47]

3. Vertragliche Zugangsgewährung

Neben den Ausschließlichkeitsrechten als stärkster Zuweisungsform und den schlichten Abwehrrechten ohne Zuweisungsfunktion können Handlungsbefugnisse schließlich durch relative Rechte, insbesondere durch vertragliche Ansprüche und

42 Leible/Lehmann/Zech/*Peukert*, Unkörperliche Güter im Zivilrecht, S. 95 (101).

43 *Peukert*, Güterzuordnung als Rechtsprinzip, S. 61; Leible/Lehmann/Zech/*Peukert*, Unkörperliche Güter im Zivilrecht, S. 95 (101).

44 *Zech*, Information als Schutzgegenstand, S. 78.

45 Leible/Lehmann/Zech/*Peukert*, Unkörperliche Güter im Zivilrecht, S. 95 (101); *Peukert*, Güterzuordnung als Rechtsprinzip, S. 857.

46 BeckOGK/*Lieder* BGB § 399 Rn. 48.

47 MüKoBGB/*Kieninger*, Band 3, BGB § 399 Rn. 21; BGH, Hinweisbeschluss vom 14.05.2013 – VIII ZR 268/12, NJW-RR 2013, 1168 (1168).

Forderungsrechte, zugewiesen werden. Vertragliche Regelungen bewirken aufgrund der Relativität der Schuldverhältnisse eine Güterzuordnung *inter partes.*[48]

II. Die Gütereigenschaft von Daten

Die güterrechtliche Zuordnung von Maschinendaten zu einer Person setzt voraus, dass diese unter den Güterbegriff fallen.

1. Güterbegriff

Der Begriff des Gutes im zivilrechtlichen Sinne lässt sich definieren als nützliches Rechtsobjekt, das vorrechtlich existiert, von Rechtssubjekten getrennt betrachtet werden kann und wirtschaftlichen Wert besitzt.[49]

a) Rechtsobjekt

Die Anerkennung eines körperlichen oder unkörperlichen Gegenstandes als Gut setzt dessen Eigenschaft als Rechtsobjekt voraus. Rechtsobjekte sind solche Gegenstände, die der Rechtsmacht eines Rechtssubjekts unterworfen sind.[50]

b) Nützlichkeit

Ein Gut im ökonomischen und zivilrechtlichen Sinne dient zuvorderst der Interessenbefriedigung und stiftet einem Menschen einen Nutzen.[51] Der Zweck der Interessenbefriedigung spiegelt die ökonomische Funktion des Güterbegriffs wider und stellt deutlich heraus, dass es bei einem Gut nicht darum geht, was es ist, sondern ob es zu Wirtschaftszwecken eingesetzt werden kann.[52]

c) Vorrechtliche Existenz und Abgrenzbarkeit

Voraussetzung für die Eigenschaft, Objekt besonderer Rechte sein zu können, ist die Abgrenzbarkeit als eigenständiger Teil der Wirklichkeit.[53] Die Einordnung eines

48 *Zech*, CR 2015, 137 (140).
49 Leible/Lehmann/Zech/*Zech*, Unkörperliche Güter im Zivilrecht, S. 1 (1).
50 Weber/*Fuchs*, „Gegenstand".
51 *Peifer*, Individualität im Zivilrecht, S. 141; *Deuring*, Datenmacht – Zugang als Herausforderung, S. 42.
52 *Zech*, Information als Schutzgegenstand, S. 47.
53 *Peifer*, Individualität im Zivilrecht, S. 141; *Zech*, Information als Schutzgegenstand, S. 47.

Objektes als Gut setzt mithin voraus, dass dieses bereits vorrechtlich, also auch ohne rechtliche Regelung,[54] als eigenständiges Gut akzeptiert wird.[55] Unter einem Gut sind nach *Peukert* „alle wahrnehmbaren körperlichen und immateriellen Erscheinungen der empirisch fassbaren Welt [...], deren Genuss angestrebt wird und [die] geeignet [sind], menschlichen Interessen zu dienen und Nutzen zu stiften", zu verstehen.[56] Hieraus lässt sich schlussfolgern, dass Güter sowohl körperlicher als auch unkörperlicher Natur sein können: Bereits kurz nach dem Inkrafttreten des BGB war das Gut beherrschbarer elektrischer Energie ein Beispiel dafür, dass es vermögenswerte Güter gibt, die mangels Körperlichkeit nicht vom Sachenrecht erfasst sind. Neben den von speziellen immaterialgüterrechtlichen Vorschriften erfassten gibt es weitere immaterielle Güter, die von keiner spezialgesetzlichen güterrechtlichen Zuordnungsregel abgedeckt werden wie der Goodwill eines Unternehmens, Betriebsgeheimnisse, Bilder von Sachen, Sportveranstaltungen, Internet-Domains, Merkmale einer natürlichen Person wie das Bildnis oder der Name.[57] Die Anerkennung unkörperlicher Güter birgt dabei Schwierigkeiten bei der faktischen Abgrenzung.[58]

d) Abtrennbarkeit vom Rechtssubjekt

Die Gütereigenschaft setzt eine Abtrennbarkeit des Gutes von der Person des Inhabers voraus. Persönlichkeitsgüter stellen daher dann keine Rechtsgüter dar, wenn sie sich nicht von der Persönlichkeit trennen lassen.[59]

e) Wirtschaftlicher Wert

Schließlich ist das Bestehen eines wirtschaftlichen Wertes zwar Indiz für die Knappheit eines Gutes, jedoch für die Bejahung der Gütereigenschaft keine Voraussetzung.[60]

---

54 Leible/Lehmann/Zech/*Zech*, Unkörperliche Güter im Zivilrecht, S. 1 (1).
55 *Zech*, Information als Schutzgegenstand, S. 47.
56 *Peukert*, Güterzuordnung als Rechtsprinzip, S. 38.
57 Leible/Lehmann/Zech/*Peukert*, Unkörperliche Güter im Zivilrecht, S. 95 (95 f.).
58 *Zech*, Information als Schutzgegenstand, S. 47.
59 *Peifer*, Individualität im Zivilrecht, S. 141; *Zech*, Information als Schutzgegenstand, S. 48.
60 *Zech*, Information als Schutzgegenstand, S. 49.

2. Gütercharakter von Daten

a) Übertragung der Gütermerkmale auf Daten

Daten erfüllen die soeben dargestellten Voraussetzungen eines unkörperlichen Wirtschaftsgutes. Daten können als Rechtsobjekt auf verschiedenen Ebenen abgegrenzt werden. Insbesondere durch ihre zeichenhafte Repräsentation können Daten als eigenständiges Rechtsobjekt identifiziert werden.[61] Zudem sind Daten in ihrer Funktion als Rohstoff für Analysen nützlich. Dabei kann die Analyse auf die Beantwortung einer ganz konkreten Frage abzielen, beispielsweise, wenn mittels bestimmter Sensordaten eine Aussage über die Funktionsfähigkeit eines konkreten Bauteils getroffen werden soll. Darüber hinaus kann die Analyse gesammelter Daten einen Erkenntnisgewinn mit Blick auf sich erst zukünftig stellende Fragen liefern.[62] Erhebliche Datenmengen werden zudem für die Weiterentwicklung des autonomen Fahrens benötigt und sind insoweit als Trainingsdaten für die Entwicklung von KI-Modellen erforderlich.[63] Da Daten einer maschinenlesbaren Verkörperung bedürfen, ist darüber hinaus auch ihre vorrechtliche Existenz und Abgrenzbarkeit als sog. Datenpakete gewährleistet.[64] Schließlich sind Daten von der Person des Inhabers des Gutes respektive von dem am Wirtschaftsleben teilhabenden Rechtssubjekt abtrennbar. Sofern Daten einen Personenbezug aufweisen, ist es erforderlich, dass diese anonymisiert gespeichert und verarbeitet werden.[65]

b) Daten als marktfähiges Wirtschaftsgut

Bereits im Jahr 1996 erkannte der Bundesgerichtshof (i.F.: BGH) den Datenbestand eines EDV-Nutzers als ein selbstständiges vermögenswertes Gut an.[66] Daten sind insbesondere in *Big Data*-Anwendungen Teil einer Wertschöpfungskette, die sich aus der Erzeugung von Daten, dem Sammeln von Daten und deren Analyse, welche das Innovationspotenzial der Daten freilegen soll, zusammensetzt.[67] Daten werden als neuartiges Gut auf dem Markt gehandelt, sodass der Oberbegriff der Datenwirtschaft neben der datengesteuerten Wirtschaft auch eine Wirtschaft mit Daten

---

61 *Zech*, Information als Schutzgegenstand, S. 35 f.

62 *Zech*, GRUR 2015, 1151 (1152); *Zech*, CR 2015, 137 (138).

63 Vgl. beispielsweise Pressemitteilung von *Volvo Car Austria* vom 30.06.2021, abrufbar unter: https://www.media.volvocars.com/ch/de-ch/media/pressreleases/283544/volvo-cars-setzt-mit-echtzeit daten-neue-sicherheitsstandards, Seite zuletzt abgerufen am 26.10.2022.

64 *Hoeren*, MMR 2013, 486 (489); *Zech*, Information als Schutzgegenstand, S. 56; *Zech*, CR 2015, 137 (138).

65 *Zech*, CR 2015, 137 (138).

66 BGH, Urteil vom 02.07.1996 – X ZR 64/94 Optikprogramm, NJW 1996, 2924 (2926).

67 *Zech*, GRUR 2015, 1151 (1152).

als Gütern bezeichnet.[68] Die Anerkennung von Daten als Wirtschaftsgut findet positivrechtliche Verankerung in der Digitale-Inhalte-Richtlinie, deren Art. 1 klarstellt, dass die Festlegung gemeinsamer Vorschriften über bestimmte Anforderungen an zwischen Unternehmern und Verbrauchern geschlossene Verträge über die Bereitstellung digitaler Inhalte oder digitaler Dienstleistungen Gegenstand dieser Richtlinie sind.[69] Das Recht sieht es mithin ausdrücklich vor, dass digitale Daten Gegenstand von Verträgen sein können, sodass (grenzüberschreitender) Handel mit Daten rechtssicher geführt werden kann.[70]

Gegenüber materiellen Gütern besteht eine Besonderheit von Daten als Wirtschaftsgut darin, dass diese dem Erwerber nicht als physische Vervielfältigung übertragen werden, sondern von diesem schlichtweg genutzt werden können.[71] Insofern müsste eher von einem Zugang zu Daten anstelle eines Innehabens oder eines Besitzes von Daten gesprochen werden.[72] Das Verständnis vom Datenzugang und der Datennutzung auf Grundlage zivilrechtlicher Verträge[73] liegt auch dem Gesetzesentwurf zum *Data Act* zugrunde, welcher die Bereitstellung oder Zurverfügungstellung von Daten regelt.[74]

III. Zuweisbare Handlungsbefugnisse und Schutzrichtungen

Die inhaltliche Ausgestaltung von Zuweisungsrechten an Maschinendaten richtet sich nach den zuweisbaren Handlungsbefugnissen, mithin nach den einem Rechtsinhaber rechtlich zustehenden exklusiven Befugnissen.[75] Zuweisbare Handlungsbefugnisse sind der Zugang zu Daten oder die Nutzung von Daten, beispielsweise durch ihre Vervielfältigung und Analyse oder durch die Einbehaltung der Früchte der Datennutzung, die Beeinträchtigung der Integrität von Daten, zum Beispiel durch ihre Veränderung, sowie die Übertragung der Zuweisung.[76] Obgleich die personenbezogenen Daten zu Beginn dieser Arbeit als Untersuchungsgegenstand ausgeschlossen wurden, soll an dieser Stelle darauf hingewiesen werden, dass den umfassenden Handlungsbefugnissen bei Daten mit Personenbezug als Be-

68 *Zech*, GRUR 2015, 1151 (1152).
69 Digitale-Inhalte-Richtlinie, RL (EU) 2019/770, Art. 1.
70 Vgl. Digitale-Inhalte-Richtlinie, RL (EU) 2019/770, Erwägungsgrund Nr. 4.
71 *Stöhr*, ZIP 2016, 1468 (1469).
72 Vgl. *Zech*, Information als Schutzgegenstand, S. 117.
73 Vgl. EU-Kommission, „Datengesetz“, COM(2022) 68 final, Erwägungsgrund Nr. 39.
74 Vgl. EU-Kommission, „Datengesetz“, COM(2022) 68 final, Art. 3 ff.
75 Vgl. *Zech*, Information als Schutzgegenstand, S. 263.
76 *Zech*, CR 2015, 137 (139); *Zech*, Information als Schutzgegenstand, S. 116.

standteil der Persönlichkeitsrechte der betroffenen Person gesetzliche Grenzen gesetzt sind: Einer Verfügung von personenbezogenen Daten mit dinglicher Wirkung steht die Verankerung des allgemeinen Persönlichkeitsrechts im Grundgesetz entgegen. Insbesondere die Menschenwürdegarantie aus Art. 1 Abs. 1 GG verbietet eine vollständige Entäußerung der Persönlichkeitsbestandteile ebenso wie Rechtsübertragungen, die über die einfache Einräumung von Nutzungsrechten hinausgehen.[77]

Wie der Datenmarkt der Zukunft konkret ausgestaltet sein wird, kann allenfalls prognostiziert werden. Offen bleibt insbesondere, welche Geschäftsmodelle die Zukunft bringen wird. Bei der Untersuchung von Zuordnungsrechten sollte daher nicht abschließend auf die typischen Handlungsbefugnisse wie die unmittelbare Verwertung durch Veräußerung oder Zugänglichmachung von Daten abgestellt werden, sondern nach flexiblen Lösungsansätzen geforscht werden.[78]

Die einzelnen Handlungsbefugnisse korrelieren mit unterschiedlichen Schutzrichtungen, die den verschiedenen Schutzinteressen entsprechen und auf die etwaige Rechte an Daten abzielen sollen: Abwehrrechte befriedigen das Bedürfnis nach Schutz der Unversehrtheit, mithin nach Integritätsschutz, und dienen dazu, Verlust und Veränderung von Daten zu verhindern. Vor allem aber kann mit Hilfe von Abwehrrechten gegen eine unberechtigte Nutzung von Daten vorgegangen werden. [79] Mit Blick auf einen geheimen Inhalt der Daten legen Unternehmen besonderen Wert auf einen Schutz der Vertraulichkeit, mithin Schutz vor unerlaubter Auswertung der Daten durch Dritte, den der Geheimnisschutz sicherstellen soll.[80] Im Rahmen der Frage „Wem gehören die Daten?“ werden die Zuweisung der Daten und das Recht auf ihre wirtschaftliche Verwertung als weitere Schutzrichtungen diskutiert.[81] Entsprechend können etwaige Rechte an Daten sowohl einen Investitionsschutz als auch die Zugriffsmöglichkeit auf die „eigenen“ Daten gewährleisten.[82]

Insbesondere die nachfolgend aufgezählten Handlungen können die zugewiesenen Befugnisse beeinträchtigen: Die Wahrnehmung oder das Ausspähen sowie die Nutzung von Daten durch unberechtigten Zugriff, die Kopie, die Weitergabe von Daten, die Löschung, die unberechtigte Änderung eines Datenbestandes, die Über-

77 *Specht-Riemenschneider*, CR 2016, 288 (291).
78 Vgl. *Becker*, GRUR Newsletter 01/2016, 7 (8).
79 *Becker*, in: FS Fezer, S. 815 (822).
80 *Becker*, in: FS Fezer, S. 815 (822).
81 *Becker*, in: FS Fezer, S. 815 (822 f.).
82 *Grützmacher*, CR 2016, 485 (486).

wachung einer Datenverbindung, der Zugriff auf das System, die Manipulation des Systems oder das Sperren des Zugangs zu Daten, Netzen und Diensten.[83]

IV. Wirtschaftliche Zuordnung von Daten

Der Kreis möglicher zur Datennutzung berechtigter Personen erstreckt sich bezüglich Fahrzeug- und Fahrzeugumfelddaten von dem (Mit-)Fahrer, dem Halter und dem Eigentümer eines Fahrzeugs über den Fahrzeughersteller oder einen Komponentenzulieferer bis hin zu dem Betreiber einer Werkstatt, um einige Dateninteressenten zu nennen.[84] Es kann bei Daten zwar beurteilt werden, wer als Adressat einer güterrechtlichen Zuordnung beziehungsweise als Inhaber von Abwehr- und Nutzungsrechten in Betracht kommen könnte und wessen entgegenstehende Interessen Berücksichtigung finden sollten; die Bestimmung der Person, der die wirtschaftliche Nutzung von Daten zustehen soll, erweist sich aufgrund der komplexen Interessenlage indes als schwierig.[85] Zur Beantwortung der Frage nach der Berechtigung zur wirtschaftlichen Nutzung von Daten, bietet sich eine Differenzierung nach den widerstreitenden Interessen an. Im Rahmen der nachfolgenden grundlegenden Ausführungen wird eine höhere Abstraktionsebene eingenommen und nicht auf konkrete rechtliche Begründungsansätze eingegangen.

1. Mitwirkungshandlung versus Vorbereitungshandlung

Der ein vernetztes Auto nutzende Fahrer könnte seine Berechtigung an den erfassten Daten damit begründen, dass er die Daten durch Nutzung des Produktes in der eigenen Sphäre unmittelbar generiert hat. Als Betreiber des Fahrzeugs könnte ihm ein „Datenerzeugerrecht“ an diesen zukommen.[86]

Alternativ ist es denkbar, das Recht zur wirtschaftlichen Nutzung der generierten Daten bei demjenigen zu verorten, der die Datenerhebung initiiert und entsprechende Investitionen getätigt hat. Strukturelle Vorbereitungshandlungen nehmen die Fahrzeughersteller und gegebenenfalls die Zulieferer vor, denn diese

---

83 *Bartsch*, CR 2008, 613 (614); *Becker*, in: FS Fezer, S. 815 (827); *Heymann*, CR 2016, 650 (651).

84 Vgl. ADAC Positionspapier vom 19.02.2020, Wettbewerbs, Sicherheit und Transparenz: Daten im vernetzten Fahrzeug, abrufbar unter: https://www.adac.de/-/media/pdf/motorwelt/daten-im-auto-2003.pdf?la=de-de&hash=F15712CEA759BA3BABD9B7EFC13CD8A6, Seite zuletzt abgerufen am 24.11.2022.

85 *Becker*, GRUR Newsletter 01/2016, 7 (7); *Ensthaler*, NJW 2016, 3473 (3474).

86 *Zech*, CR 2015, 137 (145); vgl. *Becker*, in: FS Fezer, S. 815 (825).

konstruieren das datengenerierende Auto, stellen es her und entwickeln, verbauen und steuern die Sensoren.[87]

2. Personenbezogene Daten versus (fahrzeug-)technische Daten

Ein Recht an auch personenbezogenen Daten, wie solchen, die der Müdigkeitserkennung dienen – zu denken ist dabei nicht nur an die Kameraaufnahmen der Kopfhaltung und des Blickverhaltens des Fahrers, sondern auch an Daten der Lenkwinkelsensoren, die abrupte Korrekturen von Lenkfehlern erfassen[88] – könnte aufgrund der Persönlichkeitsrechte des Fahrers bei diesem zu verorten sein. Dabei darf indes nicht vergessen werden, dass personendatenschutzrechtliche Interessen von Privatpersonen bereits durch das Datenschutzrecht Berücksichtigung finden. Zwar vermittelt das Personendatenschutzrecht keine Zuweisung von Daten zugunsten der natürlichen Person, doch limitiert es die Rechte eines anderen insofern, als dieser die Einwilligung des Betroffenen in die Datennutzung benötigt.[89]

Gleichzeitig kann argumentiert werden, dass das Recht zur Nutzung der nichtpersonenbezogenen – anonymisierten – Fahrzeug- und Fahrzeugumfelddaten aufgrund der großen Distanz zum Fahrer nicht bei diesem liegen sollte.

3. Individualistische versus kollektivistische Begründungsansätze

Die Kontroverse um die Anerkennung einer güterrechtlichen Zuordnung von Daten zugunsten einer Person erinnert an die historische Diskussion um die Anerkennung von geistigem Eigentum oder Immaterialgüterrechten an geistigen Werken.[90] Vor diesem Hintergrund könnten die rein naturrechtlich-individualistischen und die utilitaristischen Ansätze zur Begründung der Gewährung eines Urheberrechts[91] auf die Frage der Zuordnung von Daten übertragen werden:

Nach den naturrechtlichen Begründungsansätzen, insbesondere nach der Eigentumstheorie von *Locke*, wonach (geistige) Arbeit kraft Naturrechts (geistiges) Eigentum erzeugt, wird der Zweck des Urheberrechts darin gesehen, das Eigentum

---

87 *Becker*, in: FS Fezer, S. 815 (825); *Ensthaler*, NJW 2016, 3473 (3474); *Specht-Riemenschneider*, CR 2016, 288 (291).

88 Vgl. Wikipedia-Eintrag zum Aufmerksamkeitsassistenten im Auto, abrufbar unter: https://de.wikipedia.org/wiki/Aufmerksamkeits-Assistent, Seite zuletzt abgerufen am 19.11.2022.

89 *Specht-Riemenschneider*, CR 2016, 288 (291).

90 *Fezer*, MMR 2017, 3 (4).

91 Vgl. Schricker/Loewenheim/*Loewenheim*, UrhG Vor § 1 Rn. 8.

des Urhebers an dem von ihm geschaffenen Werk zu schützen.[92] Im Mittelpunkt stehe dabei die Person des Urhebers, weshalb auch von einem „*droit d'auteur*" die Rede ist.[93] Dies bedeutet für die wirtschaftliche Zuordnung von Daten, dass diese zugunsten des Nutzers des datengenerierenden Produktes, mithin des Autofahrers, aufgrund seiner Eigenleistung erfolgen müsste.[94]

Der Utilitarismus, der sich aus der Naturrechtsphilosophie entwickelte,[95] beurteilt Normen nach dem Nutzen, den sie für eine Gesellschaft haben.[96] Nach dem ökonomischen Grundmodell des Utilitarismus führt eigennütziges Streben automatisch zu einer Realisierung des Gemeinwohles.[97] Zur Begründung der Eigentumszuweisung wird dabei an die Kreativität des Urhebers angeknüpft. Es soll ein Anreiz für Wertschöpfungen geschaffen und die Verwertungsindustrie ermutigt werden, Investitionen in die Produktion von Kulturgütern zu tätigen.[98] Im Lichte dessen entscheidet sich die Frage der wirtschaftlichen Zuordnung von Fahrzeug- und Fahrzeugumfelddaten zugunsten des Fahrzeugherstellers. Dieser hat in die Vernetzung des Fahrzeugs investiert und damit die Datengenerierung, welche wirtschaftliche Verwertungsmöglichkeiten vieler Akteure realisiert, erst ermöglicht.

4. Stellungnahme

Im Ergebnis erscheint es überzeugend, Maschinendaten grundsätzlich dem Hersteller der datengenerierenden Sache, also dem Fahrzeughersteller, wirtschaftlich zuzuordnen. Anders dürfte es aufgrund der großen inhaltlichen Nähe zu einer Person bei (auch) personenbezogenen Messdaten sein, solange diese nicht anonymisiert wurden.

Der Mitwirkungshandlung als Eigenleistung durch Nutzung der datengenerierenden Sache, also durch das Fahren des Autos, sollte mit Blick auf nicht-personenbezogene Daten keine zu große Bedeutung bei der Klärung der wirtschaftlichen Zuordnung von Fahrzeug- und Fahrzeugumfelddaten beigemessen werden. Anders

92 *Locke*, Second Treatise, Chapter V § 27: „[...] *The Labour of his Body, and the Work of his Hands, we may say, are properly his.* [...]."

93 Schricker/Loewenheim/*Loewenheim*, UrhG Vor § 1 Rn. 8; *Leistner/Hansen*, GRUR 2008, 479 (480); *Oberndörfer*, Die philosophische Grundlage des Urheberrechts, S. 20.

94 *Specht-Riemenschneider/Rohmer*, PinG 2016, 127 (131).

95 *Düppen*, Der Utilitarismus, S. 5.

96 *Leistner/Hansen*, GRUR 2008, 479 (481).

97 Vgl. *Düppen*, Der Utilitarismus, S. 5.

98 Schricker/Loewenheim/*Loewenheim*, UrhG Vor § 1 Rn. 9.

als in Bezug auf den Hersteller, der gerade zu dem Zweck der Datengenerierung Vorbereitungshandlungen getroffen hat, dürfte es mit Blick auf den Fahrer bereits an einem Nutzungsinteresse beispielsweise an motortechnischen Daten fehlen, denn dem Fahrer eines Autos geht es vorrangig – wenn nicht sogar ausschließlich – um die Nutzung des datengenerierenden Produktes selbst, mithin um das Fahren des Autos.[99]

Fraglich ist auch, ob Fahrzeugdaten überhaupt umfassend genutzt werden würden, wenn die Entscheidungshoheit über die Verwendung von Daten und über das Datenteilen beim Fahrer läge, der diesbezüglich weniger kompetent sein dürfte als der Hersteller, der mit hoher Wahrscheinlichkeit ein besseres Verständnis von Daten als Ressource hat.

Ferner spricht für eine wirtschaftliche Zuordnung von nicht-personenbezogenen Daten zum Fahrzeughersteller, dass andernfalls unklar wäre, wie Fahrzeughersteller die Berechtigung zur Nutzung von Datensätzen in einem sehr großen Umfang erhalten könnten. Für zahlreiche Dienstleistungen, die Fahrzeughersteller anbieten können, wie beispielsweise die vorausschauende Fahrzeugwartung oder der Einsatz von Fahrzeug- und Fahrzeugumfelddaten als Trainingsdaten zur Entwicklung des autonomen Fahrens, werden Daten sehr vieler Nutzer benötigt. Das bedeutet, dass Fahrzeughersteller, die solch eine Dienstleistung anbieten wollen, davon abhängig wären, dass zahlreiche Individuen „ihre" Daten mit ihnen teilen, was mit erheblichen Transaktionskosten verbunden wäre. Unklar ist auch, welche Anreize für die Fahrzeugnutzer bestehen, überhaupt ihre Daten zu teilen.[100]

V. Zusammenfassung des Kapitels

In diesem Kapitel wurden die Grundlagen rechtlicher Güterzuordnung skizziert, auf welchen die nachfolgenden Ausführungen zum *Status quo* der rechtlichen Zuordnung von Daten aufbauen werden.

Die Ausschließlichkeitsrechte, namentlich das Sacheigentum und die Immaterialgüterrechte, nehmen eine Zuweisung von Handlungsbefugnissen zugunsten eines Berechtigten vor und gewähren eine absolute Abwehrbefugnis gegenüber Dritten. Dabei unterscheiden sich das Sacheigentum und die Rechte des geistigen Eigentums nicht nur mit Blick auf ihr Schutzgut, sondern insbesondere auch mit

99 *Becker*, in: FS Fezer, S. 815 (825).

100 *Kerber*, in: *Fiebig*, Der Europäische Data Act – Daten teilen als Innovationsmotor, Hintergrund Deutschlandfunk vom 16.05.2022, abrufbar unter: https://www.deutschlandfunk.de/daten-teilen-als-innovationsmotor-der-europaeische-data-act-100.html, Seite zuletzt aufgerufen am 27.11.2022.; vgl. auch *Ensthaler/Üge*, BB 2022, 2051 (2051 f.).

Blick auf die Funktion des jeweiligen Schutzes. Davon abzugrenzen ist der Güterschutz auf Grundlage gesetzlicher Schuldverhältnisse, welcher Abwehrrechte gewährt, ohne ein Gut umfassend einer Person zuzuweisen. Schließlich können Handlungsbefugnisse durch relative Rechte, insbesondere durch vertragliche Ansprüche und Forderungsrechte, zugewiesen werden. Relative Rechte bewirken eine Güterzuordnung *inter partes.*

Der Begriff des Gutes wurde abstrakt definiert und Fahrzeugdaten darunter subsumiert, wobei an dieser Stelle der Gebrauch von Daten als Rohstoff für Analysen sowie ihre Verwendung als Trainingsdaten hervorgehoben werden sollen. Daten stellen mithin unkörperliche Wirtschaftsgüter dar und können Gegenstand rechtlicher Güterzuordnung sein.

Die Schlüsselfrage, wem die wirtschaftliche Nutzung von Fahrzeug- und Fahrzeugumfelddaten zustehen soll, wurde argumentativ mittels einer Differenzierung der widerstreitenden Interessen zwischen dem Nutzer des datengenerierenden Fahrzeugs und dem Fahrzeughersteller, der die entsprechenden strukturellen Vorbereitungsmaßnahmen getätigt und Investitionen getroffen hat, beantwortet. Ohne dass bereits an dieser Stelle konkrete rechtliche Ansätze einer Zuordnung von Daten betrachtet wurden, erscheint es gerechtfertigt, das Recht zur Verwendung von Fahrzeug- und Fahrzeugumfelddaten beim Hersteller zu verorten.

B. Güterzuordnung *de lege lata* und *de lege ferenda*

Immer wenn Rechtsgüter als ökonomische Güter verwertungsrelevant werden, wird der Bedarf an Verfügungsrechten an diesen offenkundig.[101] Im Lichte dessen sowie vor dem Hintergrund der soeben dargestellten Schutzrichtungen wird im Folgenden zu klären sein, ob und wem Daten nach der geltenden Rechtsordnung güterrechtlich zugewiesen sind beziehungsweise wie diese *de lege lata* geschützt werden. Ziel dieser Bestandsaufnahme ist die Beantwortung der Frage, ob im Rahmen der Rechtsanwendung eine klare Zuordnung von Daten vorgenommen werden kann und ob diesen ausreichender Schutz vermittelt wird, mithin ob die bestehenden Regelungen ausreichend flexibel sind, um mit den Besonderheiten von Maschinendaten umzugehen.[102]

Zunächst wird der Ist-Zustand untersucht und geprüft, wie Daten nach geltendem Recht beherrscht werden (dazu I.). Anschließend werden die in der juristischen Literatur vorgeschlagenen Regelungsmechanismen *de lege ferenda* zum Umgang mit Daten vorgestellt (dazu II.). Da jüngst der *Data Governance Act* in Kraft getreten ist und die EU-Kommission einen Entwurf eines *Data Act* präsentiert hat, wird anschließend geprüft, inwieweit sich die Diskussion um den Schutz und die Zuordnung von Daten darin wiederfindet und ob die Verordnungen ausreichend erscheinen (dazu III.). In einem abschließenden Ergebnis der Bestandsaufnahme wird die Frage beantwortet, wie weit der bestehende Schutz reicht und welche konkrete Schutzlücken ausgemacht werden können (dazu IV.).

I. Ist-Zustand *de lege lata*

Die Bestandsaufnahme beginnt mit einer Untersuchung des Ist-Zustands. Es wird geprüft, wie Daten unter Rückgriff auf bestehende Regelungen beherrscht werden können. Die Ansätze für eine mögliche Zuordnung von Daten sowie deren Schutz finden sich im Sachenrecht (dazu 1.), im Recht des geistigen Eigentums (dazu 2.), im Deliktsrecht (dazu 3.) und im Geheimnisschutzrecht (dazu 4.). Ferner wird geprüft, inwieweit das Vertragsrecht in Verbindung mit technischen Schutzmaßnahmen

101 Fiedler/Ullrich/*Wiebe*, Information als Wirtschaftsgut, S. 92 (99); in den Fünfzigerjahren stellte sich bezüglich des immateriellen Gutes geheimer Kenntnisse, die zunehmend Vertragsgegenstand im Wirtschaftsleben wurden, die Frage des zivilrechtlichen Schutzes durch die Rechtsordnung, *Forkel*, in: FS Schnorr von Carolsfeld, S. 105 (105 f.).
102 Vgl. *Christians*, AfP 2016, 334 (334).

https://doi.org/10.1515/9783111369846-011

Lösungen bietet (dazu 5.). In Bezug auf Daten, die auch einen Personenbezug aufweisen, werden die Grundrechte (dazu 6.) und das Datenschutzrecht (dazu 7.) betrachtet. Zudem wird auf die Digitale-Inhalte- sowie auf die Warenkauf-Richtlinie eingegangen (dazu 8.).

1. Sachenrecht

a) Eigentum an Daten nach § 903 BGB

Aus dem Wortlaut des § 903 BGB ergibt sich, dass ein Eigentumsrecht nur an körperlichen Gegenständen, mithin an Sachen i. S. v. § 90 BGB existieren kann.[103] Der historische Gesetzgeber hat in § 903 BGB die dem Eigentümer zugewiesenen Handlungsbefugnisse als beliebigen Umgang mit einer körperlichen Sache bezeichnet und dabei vor dem Eindruck einer mit dem Besitz verbundenen Sachnutzung die weitreichenden technischen Möglichkeiten der Vervielfältigung der Sachstruktur unberücksichtigt gelassen.[104] Das Sachenrecht wurde mithin als „Regime der rivalen Nutzungen"[105] ausgestaltet.[106] Daten sind mangels abgrenzbarer Körperlichkeit keine Sachen.[107] Als immaterielle Güter können Daten ohne Konfliktpotenzial von einer unbegrenzten Anzahl von Personen gleichzeitig verwendet werden[108]; ihre Nutzung ist nicht-rival.[109] Eine Monopolisierung nach den Grundsätzen des Sacheigentums ist daher weder erforderlich noch mit Blick auf das sachenrechtliche Bestimmtheitsgebot möglich.[110]

Selbst wenn digitale Daten auf einem physischen Datenträger gespeichert sind, erstreckt sich das Eigentumsrecht am Speichermedium nicht auf die von diesem

---

103 BeckOK BGB/*Fritzsche*, BGB § 903 Rn. 1.

104 *Zech*, CR 2015, 137 (141 f.); Conrad/Grützmacher/*Hoeren*, § 23 Rn. 21.

105 *Zech*, CR 2015, 137 (142).

106 *Specht-Riemenschneider*, CR 2016, 288 (292).

107 MüKoBGB/*Wagner*, Band 7, BGB § 823 Rn. 219; *Börding/Jülicher/Röttgen/v. Schönfeld*, CR 2017, 134 (134); OLG Dresden, Beschluss vom 05.09.2012 – 4 W 961/12, NJW-RR 2013, 27 (28); LG Konstanz, Urteil vom 10.05.1996 – 1 S 292/95, NJW 1996, 2662 (2662): „‚Sachen' sind danach nur körperliche Gegenstände in einem der drei möglichen Aggregatzustände (fest, flüssig, gasförmig). Elektronische Daten dagegen bestehen – unabhängig davon, ob sie sich lediglich im Arbeitsspeicher befinden oder auf einem Datenträger wie Diskette/Festplatte o. ä. gespeichert sind – aus elektrischen Spannungen und unterfallen daher nicht dem (sachenrechtlichen) Sachbegriff. An ihnen kann daher (anders als an dem Datenträger, den sie eben wegen ihrer fehlenden stofflichen Existenz benötigen) kein Eigentum bestehen."

108 *Spindler*, JZ 2016, 805 (806); *Hoppen*, CR 2015, 802 (803); Taeger/Pohle/*Czychowski/Siesmayer*, ComputerR-HdB Kap. 20.5 Rn. 19; *Hoeren*, MMR 2019, 5 (5).

109 *Berberich/Golla*, PinG 2016, 165 (168).

110 *Börding/Jülicher/Röttgen/v. Schönfeld*, CR 2017, 134 (134); *Steinrötter*, MMR 2017, 731 (732).

abtrennbaren Daten.[111] Dies wäre auch insofern nicht praxisgerecht, als die Person, die das Dateneigentum für sich in Anspruch nehmen möchte, nicht zwingend zugleich Eigentümer des Speichermediums ist beziehungsweise umgekehrt der Eigentümer des Trägermediums nicht automatisch das Recht an den darauf liegenden Daten erhalten soll.[112] Oft ist eine Identifizierung des körperlichen Speichermediums kaum möglich, insbesondere wenn die Daten aufgrund der erleichterten Speicherung und Übertragung im Wege des *Cloud Computings* auf fremden Servern, die sich möglicherweise physisch an diversen, räumlich weit entfernten Orten befinden, gespeichert werden.[113] Eine direkte Anwendung sachenrechtlicher Zuweisungsgrundsätze auf Daten als immaterielle Gegenstände scheidet mithin aus.

b) Strafrechtlicher Lösungsansatz nach § 903 BGB analog

Ein Eigentumsrecht an Daten könnte nach § 903 BGB in analoger Anwendung vor dem Hintergrund des strafrechtlichen Schutzes von Daten, insbesondere der §§ 202a ff., 303a StGB, begründet werden. Mit der Strafbarkeit des Ausspähens von Daten nach §§ 202a ff. StGB und der Datenveränderung nach § 303a StGB wird der ausschließliche Zugang zu Daten und die Integrität der Daten geschützt.[114] Diese Vorschriften des StGB setzen eine Art „Dateneigentum" voraus. Konsequenterweise besteht im Strafrecht die Notwendigkeit, die Zuordnung von Daten zu einem Berechtigten zu definieren. Dabei wird an den Prozess der technischen Herstellung der Daten, den „Skripturakt"[115], als Zuordnungskriterium angeknüpft.[116] Originär Berechtigter an den Daten ist demnach derjenige, der die Datenerzeugung unmittelbar bewirkt hat, sei es durch Eingabe der Daten, sei es durch den Start eines selbstständig speichernden Programms oder durch Einspeisung externer Daten.[117] Im Strafrecht könne bezüglich § 303a StGB sogar von einem Vollrecht analog § 903 BGB ausgegangen werden.[118] *Hoeren* nimmt diesen rein strafrechtlichen

---

111 *Roßnagel*, NJW 2017, 10 (11); BGH, Urteil vom 13.10.2015 – VI ZR 271/14, NJW 2016, 1094 (1095); BGH, Urteil vom 10.07.2015 – V ZR 206/14 Kanzler Kohls Tonbänder, GRUR 2016, 109 (110): „Die Berechtigung an den Inhalten folgt anderen Regeln als das Eigentum an den Speichermedien."

112 *Hoeren*, MMR 2013, 486 (487); *Vogelgesang*, jM 2016, 2 (4); Conrad/Grützmacher/*Hoeren*, § 23 Rn. 11; Taeger/Pohle/*Czychowski/Siesmayer*, ComputerR-HdB Kap. 20.5 Rn. 24.

113 *Thalhofer*, GRUR-Prax 2017, 225 (226); *Zech*, CR 2015, 137 (138); *Christians*, AfP 2016, 334 (334).

114 Vgl. Schönke/Schröder/*Eisele*, § 202a StGB Rn. 1a.

115 *Welp*, IuR 1988, 443 (447); *Hoeren*, MMR 2013, 486 (487).

116 *Hoeren*, MMR 2013, 486 (486, 489); Taeger/Pohle/*Czychowski/Siesmayer*, ComputerR-HdB Kap. 20.5 Rn. 21.

117 *Welp*, IuR 1988, 443 (447); vgl. *Hoeren*, MMR 2013, 486 (487); *Dorner*, CR 2014, 617 (618); OLG Naumburg, Urteil vom 27.08.2016 – 6 U 3/14, CR 2016, 83 (83).

118 *Welp*, IuR 1988, 443 (448); *Dorner*, CR 2014, 617 (618).

Schutz der Datenverfügungsbefugnis als Ausgangspunkt für seinen Lösungsvorschlag, wonach der strafrechtliche Datenverfügungsbefugte im Wege einer Analogie zu § 903 BGB auch nach dem Zivilrecht als Berechtigter an den Daten anzusehen ist.[119] Das Dateneigentum des Skribenten solle mit einem Vindikationsrecht, das auch die Herausgabe in Form einer Kopie zulässt, sowie mit einem negatorischen Beseitigungs- und Unterlassungsanspruch ausgestattet sein.[120]

Die Ansicht, dass ein zivilrechtliches Dateneigentum unter Rückgriff auf die §§ 202a und 303a StGB und mit Hilfe einer Analogie zu § 903 BGB begründet werden kann, ist fragwürdig.[121] Zunächst ist das Vorliegen einer planwidrigen Regelungslücke zweifelhaft. Zwar konnte der historische Gesetzgeber einerseits die technischen Entwicklungen der Digitalisierung nicht vorhersehen, sodass für maschinengenerierte Daten eine Regelungslücke denkbar erscheint, doch ist es ihm andererseits mit den gewerblichen Schutzrechten auch gelungen, Rechte an immateriellen Gütern zu begründen und diese gesetzlich auszugestalten.[122] Jedenfalls fehlt es an der Vergleichbarkeit der Interessenlage, denn anders als körperliche Sachen können Daten gleichzeitig von mehreren Personen verwendet werden. Zudem können Daten zwar inhaltlich an Aktualität verlieren, jedoch nicht durch Gebrauch abnutzen.[123] Gegen eine Übertragung des strafrechtlichen „Dateneigentums“ auf das Zivilrecht zur Schaffung von Verfügungsrechten in der Wertschöpfungskette spricht ferner, dass die strafrechtlichen Regelungen an konkrete Gefährdungshandlungen anknüpfen, die die Integrität von Daten betreffen.[124] Aus einem normierten Integritätsschutz Ausschließlichkeitsrechte folgern zu wollen, ist dogmatisch falsch.[125] Daher ist nach gegenwärtiger Rechtslage ein Schutz über eine Analogie zu § 903 BGB in Verbindung mit strafrechtlichen Vorschriften zu vernei-

---

119 *Hoeren*, MMR 2013, 486 (488); *Dorner*, CR 2014, 617 (618); Conrad/Grützmacher/*Hoeren*, § 23 Rn. 8 ff.; *Becker*, in: FS Fezer, S. 815 (820).

120 *Hoeren*, MMR 2013, 486 (490 f.); *Becker*, in: FS Fezer, S. 815 (820).

121 *Grützmacher*, CR 2016, 485 (492); *Assion*, CR 2016, 83 (85); *Berberich/Golla*, PinG 2016, 165 (171).

122 Sassenberg/Faber/*Sattler*, Rechtshandbuch Industrie 4.0 und Internet of Things, S. 28 (43); nach *Arkenau/Wübbelmann* lässt sich die Planwidrigkeit bereits damit begründen, dass es sich bei Daten um ein Phänomen der jüngeren Vergangenheit handelt, das der historische Gesetzgeber nicht einplanen konnte, Taeger/*Arkenau/Wübbelmann*, Tagungsband Herbstakademie 2015, S. 95 (97); nach *Peschel/Rockstroh* fehlt es aufgrund eines ausreichenden Schutzsystems bestehend aus Datenschutz, Urheberrecht und Strafrecht bereits an einer ergänzungsbedürftigen Regelungslücke, *Peschel/Rockstroh*, MMR 2014, 571 (572).

123 Sassenberg/Faber/*Sattler*, Rechtshandbuch Industrie 4.0 und Internet of Things, S. 28 (43); *Paal/Hennemann*, NJW 2017, 1697 (1698).

124 *Berberich/Golla*, PinG 2016, 165 (171).

125 Vgl. auch *Berberich/Golla*, PinG 2016, 165 (171).

nen. Ungeachtet dessen können strafrechtliche Vorschriften als Schutzgesetze i. S. d. § 823 Abs. 2 BGB herangezogen werden und Abwehrrechte begründen.

c) Eigentumserwerb an Daten als Sachfrüchte nach § 953 BGB

In der rechtswissenschaftlichen Literatur wird vereinzelt vertreten, dass maschinengenerierte Daten Früchte der Sache seien, durch die sie erzeugt wurden und sich so dem Eigentümer der fruchttragenden Sache zuweisen ließen.[126] Unter dieser Prämisse stünden Fahrzeugdaten dem Eigentümer des datengenerierenden Autos zu, da sie sich unmittelbar auf den Fahrzeuggebrauch bezögen und sich so als Früchte des Fahrzeugs qualifizierten.[127] Der Eigentümer könne die „Datenfrüchte" nach §§ 953, 988, 818 BGB unter Berücksichtigung des kollidierenden Personendatenschutzrechts des Fahrzeugnutzers herausverlangen.[128]

Hierzu ist zunächst festzuhalten, dass die §§ 99 ff. BGB selbst keine Rechtsfolgen anordnen. Die Rechtsfolgen, die sich aus einer – unterstellten – Qualifikation von Daten als Früchte einer datenerzeugenden Sache ergeben könnten, werden durch die Regelungen des Eigentumserwerbs an Sachfrüchten nach der Trennung von der fruchttragenden Sache gemäß §§ 953 ff. BGB bestimmt.[129] Diese Regelungen können auf Daten indes keine Anwendung finden, denn sie setzen die Sacheigenschaft von Früchten voraus, da nur Sachen Bezugspunkt des Eigentums sein können.[130]

Selbst wenn eine analoge Anwendung des § 953 BGB in Betracht zu ziehen sein könnte, um ein mögliches Recht an Daten dem Eigentümer der datengenerierenden Sache zuzuweisen, so müssten Daten überhaupt erst als Früchte einer fruchttragenden Sache qualifiziert werden können. Dies ist indes zu verneinen, denn Maschinen können bereits keine Früchte i. S. v. § 99 BGB hervorbringen.[131] Der BGH hat hierzu Folgendes ausgeführt:

> Ein Pachtvertrag nach § 581 BGB würde voraussetzen, daß die überlassene Sache Früchte abwirft, deren Genuß dem Pächter neben dem Gebrauch zu gewähren ist. Der Begriff der Früchte ergibt sich aus § 99 BGB. Eine Bäckereimaschinenanlage kann weder Erzeugnisse abwerfen noch läßt sie sich ausbeuten. Was die Klägerin fordert, ist nach ihrem bisherigen Sachvortrag also nicht Pachtzins, sondern Mietzins für die vermietete Maschinenanlage.[132]

---

126 *Grosskopf,* IPRB 2011, 259 (260).

127 *Grosskopf,* IPRB 2011, 259 (260).

128 *Grosskopf,* IPRB 2011, 259 (260); vgl. *Zech,* CR 2015, 137 (142).

129 *Hieke,* InTeR 1/17, 10 (12); BeckOK BGB/*Kindl,* BGB § 953 Rn. 1.

130 *Zech,* CR 2015, 137 (142); *Hieke,* InTeR 1/17, 10 (12).

131 BeckOK BGB/*Fritzsche,* BGB § 99 Rn. 4; *Specht-Riemenschneider/Rohmer,* PinG 2016, 127 (131 f.); *Kristl,* MMR 2021, 386 (388).

132 BGH, Urteil vom 17.01.1968 – VIII ZR 207/65, NJW 1968, 692 (693).

Für eine analoge Anwendung von § 953 BGB auf nicht-rival zu nutzende Daten fehlt es darüber hinaus an der Vergleichbarkeit des Interessenlage.[133]

2. Immaterialgüterrecht

Da eine dingliche Zuordnung von Maschinendaten über das Sachenrecht versagt bleibt, wird untersucht, ob sich immaterialgüterrechtliche Regelungen eignen, in Bezug auf Daten für einen bestimmten Berechtigten als Zuordnungsvorschrift zu dienen. Das Urheberrecht kennt den Werkschutz gemäß §§ 1, 2 Abs. 2 UrhG, den Datenbankwerkschutz nach § 4 Abs. 2 S. 1 UrhG, den *sui generis*-Schutz des Datenbankherstellers auf Grundlage der §§ 87a ff. UrhG sowie den Schutz von Computerprogrammen nach §§ 69a ff. UrhG (dazu a)). Unter dem Aspekt der „Dematerialisierung des Patentrechts"[134] ist auch eine patentrechtliche Lösung (dazu b)) zu erwägen.

a) Urheberrecht

aa) Werkschutz nach §§ 1, 2 Abs. 2 UrhG

Maschinengenerierte Daten stellen das Resultat einer technisch bestimmten, maschinell gesteuerten Aufzeichnung mittels Sensoren dar, ohne dass auf die gewonnenen Daten an sich schöpferischer Einfluss genommen oder eine geistige Auseinandersetzung damit erfolgen könnte. Es fehlt mithin bereits am Vorliegen einer persönlichen geistigen Schöpfung eines Urhebers, dessen menschliche schöpferische Leistung – in Abgrenzung zur maschinellen Produktion – Gegenstand urheberrechtlichen Schutzes sein könnte.[135] Maschinengenerierte Daten sind daher kein urheberrechtlich schutzfähiges Werk i. S. d. §§ 1, 2 Abs. 2 UrhG.[136]

bb) Datenbankwerkschutz nach § 4 Abs. 2 S. 1 UrhG

Die Vorschrift des § 4 Abs. 2 S. 1 UrhG entfaltet allein in Bezug auf Datenbankwerke, die sich durch eine systematische und methodische Anordnung ihrer Elemente auszeichnen, Schutz. Ausweislich des Wortlauts dieser Norm verlangt der Gesetzgeber auf Tatbestandsseite zur Bejahung eines Datenbankwerks von der Auswahl oder Anordnung der einzelnen Elemente eines Sammelwerkes die Qualifizierung

---

133 *Specht-Riemenschneider/Rohmer*, PinG 2016, 127 (132); *Zech*, CR 2015, 137 (142).

134 *Zech*, GRUR 2017, 475 (475).

135 Vgl. Dreier/Schulze/*Schulze*, UrhG § 2 Rn. 6; Schricker/Loewenheim/*Loewenheim/Leistner*, UrhG § 2 Rn. 38; *v. Westphalen*, IWRZ 2018, 9 (14).

136 Vgl. *Ehlen/Brandt*, CR 2016, 570 (573).

als persönliche geistige Schöpfung i. S. d. § 4 Abs. 1 i.V.m. § 2 Abs. 2 UrhG.[137] An einem schöpferischen Akt der Zusammenstellung fehlt es bei der automatischen Generierung von Daten, mithin bei Datensammlungen, deren Anordnung technisch bedingt ist, ebenso wie bei Einzeldaten. Diesen bleibt ein Datenbankwerkschutz nach § 4 Abs. 2 S. 1 UrhG versagt.[138]

cc) Datenbankschutz nach §§ 87a ff. UrhG

Einfache Datenbanken ohne Werkqualität bleiben nicht ungeschützt. Für diese greift das *sui generis*-Leistungsschutzrecht des Datenbankherstellers nach §§ 87a ff. UrhG.[139] Zu untersuchen ist, ob der Schutz der §§ 87a ff. UrhG weit genug reicht, um auch die von einer Datenbank unabhängigen Daten zu erfassen.

In Abgrenzung zum Werkschutz knüpft das Leistungsschutzrecht nicht an eine schöpferische Leistung, sondern an eine wirtschaftliche Investitionsleistung des Datenbankherstellers in Bezug auf *de lege lata* nicht schutzfähige Datenbankinhalte an.[140] Diese schutzbegründende, nach Art und Inhalt wesentliche, finanzielle oder berufliche Investition muss sich gemäß § 87a Abs. 1 S. 1 UrhG auf die Beschaffung, Überprüfung und Darstellung bereits vorhandener Daten beziehen. Demgegenüber wird die Investition in die Erzeugung neuer Daten nicht als schutzbegründend erachtet.[141]

---

137 Wandtke/Bullinger/*Marquart*, UrhG § 4 Rn. 2; Dreier/Schulze/*Dreier*, UrhG § 4 Rn. 1.

138 *Ehlen/Brandt*, CR 2016, 570 (572); Taeger/Pohle/*Czychowski/Siesmayer*, ComputerR-HdB Kap. 20.5 Rn. 31; *Dorner*, CR 2014, 617 (621); *Specht-Riemenschneider*, CR 2016, 288 (293); *Zech*, GRUR 2015, 1151 (1157); *Wiebe*, GRUR 2017, 338 (339); Wandtke/Bullinger/*Marquart*, UrhG § 4 Rn. 18.

139 Wandtke/Bullinger/*Marquart*, UrhG § 4 Rn. 2.

140 *Ehlen/Brandt*, CR 2016, 570 (572); *Specht-Riemenschneider*, CR 2016, 288 (293); Dreier/Schulze/*Dreier*, UrhG § 87a Rn. 11; Fromm/Nordemann/*Czychowski*, UrhG § 87a Rn. 6.

141 *Dorner*, CR 2014, 617 (622); der EuGH führte hierzu mit Urteil vom 09.11.2004 das Folgende aus: „Der Begriff der mit der Überprüfung des Inhalts der Datenbank verbundenen Investition ist dahin zu verstehen, dass er die Mittel erfasst, die, um die Verlässlichkeit der in der Datenbank enthaltenen Information sicherzustellen, der Kontrolle der Richtigkeit der ermittelten Elemente bei der Erstellung der Datenbank und während des Zeitraums des Betriebs dieser Datenbank gewidmet werden. Die Mittel, die Überprüfungsmaßnahmen im Laufe des Stadiums der Erzeugung von Daten oder sonstigen Elementen gewidmet werden, die anschließend in einer Datenbank gesammelt werden, stellen dagegen diese Erzeugung betreffende Mittel dar und können daher bei der Beurteilung, ob eine wesentliche Investition vorliegt, im Rahmen des Art. 7 Datenbank-RL nicht berücksichtigt werden.“, EuGH, Urteil vom 09.11.2004 – C-203/02 BHB-Pferdewetten, GRUR 2005, 244 (247); vgl. EuGH, Urteil vom 09.11.2004 – C-338/02 Fixtures-Fußballspielpläne I, GRUR 2005, 252 (254); EuGH, Urteil vom 09.11.2004 – C-444/02 Fixtures-Fußballspielpläne II, GRUR 2005, 254 (256 f.); EuGH, Urteil vom 09.11.2004 – C-46/02 Fixtures-Fußballspielpläne III, GRUR-Int 2005, 244 (247); vgl. *Wiebe*, GRUR 2017, 338 (431); Vieweg/Gerhäuser/*Ohly*, Digitale Daten in Geräten und Systemen S. 123 (133).

Schutzgegenstand des Datenbankherstellerrechts ist die Datenbank als solche. Nach der Legaldefinition des § 87a Abs. 1 S. 1 UrhG stellt eine Datenbank eine Sammlung von Werken, Daten oder anderen unabhängigen Elementen dar, die systematisch oder methodisch angeordnet und einzeln mit Hilfe elektronischer Mittel oder auf andere Weise zugänglich sind und deren Beschaffung, Überprüfung oder Darstellung eine nach Art und Umfang wesentliche Investition erfordert.

Mit Blick auf Rohdaten ist das Erfordernis der systematischen und methodischen Anordnung der einzelnen Elemente genauer zu betrachten: Systematik bedeutet eine Ordnung nach vordefinierten logischen und sachlichen Kriterien; Methodik beschreibt eine planmäßige Strukturierung zur Verwirklichung eines bestimmten Zwecks.[142] Daran fehlt es hingegen bei der ungeordneten Anhäufung von Daten als sog. bloße Datenhaufen[143], die noch nicht nach besonderen Anordnungskriterien sortiert sind.[144] Die ungeordnete Eingabe von Daten in einen physischen Speicher steht einer systematischen oder methodischen Anordnung indes ausnahmsweise dann nicht entgegen, wenn der Datenbestand mit einem Abfragesystem verbunden ist, das zielgerichtete Recherchen nach Einzelelementen in dem Datenbestand ermöglicht.[145] In der Praxis sind Fälle, in denen Daten nach ihrer Erhebung nicht nach einem bestimmten Ordnungsprinzip, sondern unsortiert gespeichert werden, selten.[146]

Auf der Rechtsfolgenseite gewährt § 87b Abs. 1 S. 1 UrhG dem Datenbankhersteller ein ausschließliches Recht an der Vervielfältigung, der Verbreitung und der öffentlichen Wiedergabe der Datenbank als Ganzes oder eines wesentlichen Teils derselben. Einzelne Datensätze der Datenbank sind dagegen nicht geschützt, sondern können frei verwendet werden.[147] Das Leistungsschutzrecht des Datenbankherstellers schützt mithin die Entwicklung einer Struktur für die Einordnung von Daten in eine Datenbank als Ganzes. Daten, die (noch) nicht in einer Datenbank zusammengestellt wurden, erfasst das Leistungsschutzrecht *sui generis* dagegen

---

142 Dreier/Schulze/*Dreier*, UrhG § 87a Rn. 7; Fromm/Nordemann/*Czychowski*, UrhG § 87a Rn. 11.

143 Zur Abgrenzung des Datenhaufens siehe OLG Köln, Urteil vom 15.12.2006 – 6 U 229/05 Datenbankschutz in Abgrenzung zum Datenhaufen, MMR 2007, 443.

144 Schricker/Loewenheim/*Vogel*, UrhG § 87a Rn. 24; Dreier/Schulze/*Dreier*, UrhG § 87a Rn. 7; Fromm/Nordemann/*Czychowski*, UrhG § 87a Rn. 11.

145 OLG Köln, Urteil vom 15.12.2006 – 6 U 229/05 Datenbankschutz in Abgrenzung zum Datenhaufen, MMR 2007, 443 (444); *Ehlen/Brandt*, CR 2016, 570 (574); Wandtke/Bullinger/*Hermes*, UrhG § 87a Rn. 19; *Götz*, ZD 2014, 563 (565).

146 *Wiebe*, GRUR 2017, 338 (342).

147 *Schmidt/Zech*, CR 2017, 417 (424); Dreier/Schulze/*Dreier*, UrhG § 87b Rn. 7.

nicht, denn die Zuordnung der Berechtigung an einzelnen Daten gehört nicht zum Normzweck des § 87a UrhG.[148]

Der *Data Act* könnte den Anwendungsbereich des Leistungsschutzrechts auf Datenbanken einschränken: Damit ein Datenbankhersteller dem Begehren der Nutzer auf Datenzugang und Datennutzung sowie dem Recht auf Weitergabe der Daten an Dritte kein Ausschließlichkeitsrecht entgegenhalten kann,[149] soll gemäß Art. 35 DA-E das *sui generis*-Schutzrecht des Datenbankherstellers keine Anwendung auf Datenbanken finden, die Daten enthalten, die durch physische Komponenten wie Sensoren eines vernetzen Produktes oder verbundene Dienste erlangt oder erzeugt wurden. Es bleibt abzuwarten, wie genau der Anwendungsbereich der Ausschlussklausel interpretiert werden wird und insbesondere, wie Datenbanken ausgestaltet sein müssen, um von Art. 35 DA-E erfasst zu werden.[150]

dd) Schutz als Computerprogramm nach §§ 69a ff. UrhG

Durch das Urheberrecht, namentlich die §§ 69a ff. UrhG, sind Computerprogramme als geistiges Eigentum umfassend gegen unbefugte Kopien geschützt. Computerprogramme zeichnen sich dadurch aus, dass sie mithilfe von Steuerbefehlen bestimmte Rechenoperationen durchführen können.[151] Daten sind vor diesem Hintergrund nicht als Computerprogramm schutzfähig, weil in ihnen keine Folge von Befehlen liegt, die ein Programm zur Kontrolle beziehungsweise zur Steuerung des Programmablaufs nutzen würde.[152]

b) Patentrecht

Prima facie erscheint es plausibel, maschinengenerierte Daten den technischen Schutzrechten des gewerblichen Rechtsschutzes zuzuordnen und sie patentrechtlichem Schutz zu unterstellen.[153] Dies dürfte nicht zuletzt vor dem Hintergrund, dass der Gegenstand eines Patents i. S. d. § 9 Nr. 1, 3 PatG zunehmend unkörperlicher Gestalt sein kann – weshalb in der Literatur von einer „Dematerialisierung des Patentrechts“ [154] gesprochen wird –, überlegenswert sein.

---

148 *Ensthaler*, NJW 2016, 3473 (3474 f.); Sassenberg/Faber/*Sattler*, Rechtshandbuch Industrie 4.0 und Internet of Things, S. 28 (40).
149 *Hennemann/Steinrötter*, NJW 2022, 1481 (1483).
150 Vgl. EU-Kommission, „Datengesetz“, COM(2022) 68 final, Erwägungsgrund Nr. 84.
151 Wandtke/Bullinger/*Grützmacher*, UrhG § 69a Rn. 3; *Hacker*, GRUR 2020, 1025 (1031).
152 Wandtke/Bullinger/*Grützmacher*, UrhG § 69a Rn. 18.
153 Sassenberg/Faber/*Sattler*, Rechtshandbuch Industrie 4.0 und Internet of Things, S. 28 (31).
154 *Zech*, GRUR 2017, 475 (475).

Schutzgegenstand von Patenten sind nach § 1 Abs. 1 PatG Erfindungen auf allen Gebieten der Technik, sofern diese neu sind, auf einer erfinderischen Tätigkeit beruhen und gewerblich anwendbar sind. Die Rechtsprechung definiert die Erfindung als Lehre zum praktischen Handeln, die realisierbar und wiederholbar ist und die Lösung einer technischen Aufgabe durch technische Mittel darstellt.[155]

Es kann bereits bezweifelt werden, dass Daten eine Lehre zum praktischen Handeln verkörpern, fallen diese doch in der Regel automatisch als Ergebnis einer Messung durch Sensoren an, sodass es an der erforderlichen Lösung für eine konkrete technische Aufgabe fehlen dürfte.[156] Auch wenn die Patentierbarkeit von technischen Programmen und Software im Rahmen einer komplexen Rechtsprechung bejaht wurde, kann dies nicht ohne Weiteres auf Daten übertragen werden.[157] Mit der „MPEG-2-Videosignalcodierung"-Entscheidung[158] hat der BGH im Jahr 2012 den derivativen Erzeugnisschutz nach § 9 S. 2 Nr. 3 PatG für unkörperliche Erzeugnisse in Form syntaktischer Information etabliert. Gegenstand des derivativen Erzeugnisschutzes sei „allein die codierte, auf dem Datenträger lediglich materialisierte Datenfolge".[159] Der Schutzbereich für Daten dürfte sich im Lichte dessen als punktuell erweisen, zumal nur Erzeugnisse eines konkreten Verfahrens, das seinerseits die Patentierungsvoraussetzungen erfüllen muss, in den derivativen Schutz eines Verfahrenspatents einbezogen werden können.[160] Mit der Entscheidung „Rezeptortyroskinase II"[161] bestätigte der BGH im Jahr 2016, dass dieses Erzeugnis zudem technischen Charakter aufweisen müsse, und reduzierte den Anwendungsbereich patentrechtlichen Schutzes infolgedessen auf einen vernachlässigbar kleinen Teilbereich von Maschinendaten.[162]

---

155 BGH, Beschluss vom 27.03.1969 – X ZB 15/67 Rote Taube, GRUR 1969, 672 (673, 675); BGH, Beschluss vom 13.05.1980 – X ZB 19/78 Antiblockiersystem, GRUR 1980, 849 (850); Sassenberg/Faber/*Sattler*, Rechtshandbuch Industrie 4.0 und Internet of Things, S. 28 (31).

156 Sassenberg/Faber/*Sattler*, Rechtshandbuch Industrie 4.0 und Internet of Things, S. 28 (31).

157 Taeger/*Arkenau/Wübbelmann*, Tagungsband Herbstakademie 2015, S. 95 (107).

158 BGH, Urteil vom 21.08.2012 – X ZR 33/10 MPEG-2-Videosignalcodierung, GRUR 2012, 1230.

159 BGH, Urteil vom 21.08.2012 – X ZR 33/10 MPEG-2-Videosignalcodierung, GRUR 2012, 1230 (1233 f.).

160 *Ojea*, GRUR 2018, 1096 (1099).

161 BGH, Urteil vom 27.09.2016 – X ZR 124/15 Rezeptortyrosinkinase II, GRUR 2017, 261.

162 BGH, Urteil vom 27.09.2016 – X ZR 124/15 Rezeptortyrosinkinase II, GRUR 2017, 261 (263); *Ojea*, GRUR 2018, 1096 (1098 f.); diese Entscheidung begrüßt *Zech*, denn so werde verhindert, dass ein patentrechtlicher Schutz beliebiger Informationen möglich werde, „sofern nur zu ihrer Gewinnung (auch) technische Mittel eingesetzt wurden.", *Zech*, GRUR 2017, 475 (477).

3. Deliktsrecht

Sofern eine unerlaubte Handlung in Bezug auf ein Rechtsgut i. S. d. § 823 Abs. 1 BGB anzunehmen ist, steht dem Berechtigten die übliche Klaviatur der Abwehrrechte bestehend aus Unterlassung, Beseitigung und im Verschuldensfall Schadensersatz zur Verfügung.[163]

a) Rechtsgutsbezogener Schutz nach § 823 Abs. 1 BGB

Von den Schutzgütern des § 823 Abs. 1 BGB wird in Bezug auf Daten zunächst das Eigentum (dazu aa)) angesprochen. Anschließend wird in Bezug auf den eingerichteten und ausgeübten Gewerbebetrieb (dazu bb)), Maschinendaten an sich (dazu cc)) und einen berechtigten „Datenbesitz" (dazu dd)) die Möglichkeit der Anerkennung von Daten als „sonstiges Recht" untersucht.

aa) Eigentum

Wenn Daten auf einem physischen Datenträger gespeichert sind, kann die Integrität der Daten über das zivilrechtliche Eigentum am Datenträger reflexartig geschützt werden.[164] Der mittelbare Schutz der gespeicherten Daten erscheint indes nur solange effektiv, solange der Datenträger und die gespeicherten Daten denselben Inhaber haben.[165] Die Integrität von Maschinendaten „an sich" genießt dagegen keinen Schutz als Eigentum.[166]

bb) Das Recht am eingerichteten und ausgeübten Gewerbebetrieb als „sonstiges Recht"

Die Anerkennung einer Rechtsposition als „sonstiges Recht" i. S. d. § 823 Abs. 1 BGB setzt voraus, dass diese als absolutes eigentumsähnliches Recht qualifiziert werden kann.[167] Das Rahmenrecht des eingerichteten und ausgeübten Gewerbebetriebes ist als ein solches anerkannt und in Bezug auf Maschinendaten relevant.[168]

---

163 *Bartsch*, CR 2008, 613 (616).

164 Vgl. nur MüKoBGB/*Wagner*, Band 7, BGB § 823 Rn. 246, 332.

165 Conrad/Grützmacher/*Bartsch*, § 22 Rn. 5; basierend auf der Annahme, dass der Datenträger eine Sache ist und eine die Integrität der Daten beeinträchtigende Veränderung der dort gespeicherten Daten einen Substanzeingriff darstellt, wird zum Schutz des Eigentümers des betreffenden Trägermediums eine Haftung nach § 823 Abs. 1 BGB ausgelöst, Leible/Lehmann/Zech/*Spickhoff*, Unkörperliche Güter im Zivilrecht, S. 233 (235); Conrad/Grützmacher/*Bartsch*, § 22 Rn. 1.

166 Vgl. nur BeckOK BGB/*Förster*, BGB § 823 Rn. 141.

167 Taeger/Pohle/*Czychowski/Siesmayer*, ComputerR-HdB Kapitel 20.5, Rn. 26; BeckOK BGB/*Förster* BGB § 823 Rn. 143.

Das Recht am eingerichteten und ausgeübten Gewerbebetrieb umfasst den Betrieb in seiner Gesamtheit; ein betriebsbezogener Eingriff liegt dann vor, wenn der Eingriff unmittelbar gegen den Betrieb als solchen gerichtet ist und nicht vom Gewerbebetrieb ohne Weiteres ablösbare Rechte oder Rechtsgüter betrifft.[169] Das Recht am eingerichteten und ausgeübten Gewerbebetrieb soll dabei nicht nur in seinem eigentlichen Bestand, sondern auch in seinen einzelnen Erscheinungsformen, wozu der gesamte gewerbliche Tätigkeitskreis zu rechnen ist, vor unmittelbaren Störungen geschützt werden.[170]

Ein deliktischer Schutz von Daten – deren Integrität beispielsweise mittels einer Schadsoftware beeinträchtigt sein könnte – könnte theoretisch über das „sonstige Recht" am eingerichteten und ausgeübten Gewerbebetrieb i. S. d. § 823 Abs. 1 BGB gewährt werden. Die erforderliche Betriebsbezogenheit erscheint beispielsweise bei einem auf die Beschädigung von Daten gerichteten Schadsoftwareangriff unter Einsatz einer Erpressersoftware denkbar.

Das vom BVerfG als Unterfall des allgemeinen Persönlichkeitsrechts anerkannte sog. Grundrecht auf Vertraulichkeit und Integrität informationstechnischer Systeme kann nicht als Grundlage für ein „sonstiges Recht" an Daten dienen.[171] Das BVerfG hat den Schutz von Daten auf solche Systeme beschränkt, zu denen der Speichernde einen hinreichend verfestigten Zugang hat.[172] Erforderlich ist danach, dass der Datenbestand in einem persönlichkeitsrelevanten System gespeichert wurde.[173] Hieran fehlt es beispielsweise bereits bei einer reinen *Machine-to-Machine*-Kommunikation und den daraus resultierenden Daten.[174] Das Grundrecht schützt den Einzelnen und dessen persönlichen und privaten Lebensbereich, sodass Unternehmen ein Schutz „ihrer" Daten über dieses „sonstige Recht" zu Recht versagt bleibt.[175]

---

168 Siehe nur MüKoBGB/*Wagner*, Band 7, BGB § 823 Rn. 362 f.; *Hieke*, InTeR 2017, 10 (14 f.).

169 *Hieke*, InTeR 2017, 10 (15); BeckOK BGB/*Förster* BGB § 823 Rn. 178; vgl. nur BGH, Urteil vom 09.12.1958 – VI ZR 199/57, NJW 1959, 479 (481); LG Konstanz, Urteil vom 10.05.1996 – 1 S 292/95, NJW 1996, 2662 (2662): Bei der fahrlässigen Datenlöschung durch Stromunterbrechung fehle es nach dem LG Konstanz regelmäßig an der Betriebsbezogenheit; *Dorner*, CR 2014, 617 (619); BGH, Urteil vom 09.12.1958 – VI ZR 199/57, NJW 1959, 479 (481).

170 BGH, Urteil vom 26.10.1951 – I ZR 8/51, NJW 1952, 660 (661).

171 BVerfG, Urteil vom 27.02.2008 – 1 BvR 370/07 und 1 BvR 595/07, NJW 2008, 822 (824 ff.).

172 BVerfG, Urteil vom 27.02.2008 – 1 BvR 370/07 und 1 BvR 595/07, NJW 2008, 822 (827); *Zech*, Information als Schutzgegenstand, S. 388.

173 *Zech*, GRUR 2015, 1151 (1159 f.); Taeger/Pohle/*Czychowski/Siesmayer*, ComputerR-HdB Kap. 20.5 Rn. 29.

174 Taeger/Pohle/*Czychowski/Siesmayer*, ComputerR-HdB Kap. 20.5 Rn. 29.

175 BVerfG, Urteil vom 27.02.2008 – 1 BvR 370/07 und 1 BvR 595/07, NJW 2008, 822 (827); *Bartsch*, CR 2008, 613 (614 f.).

cc) Daten als „sonstiges Recht“

Es wird vertreten, Daten selbst als ein neues „sonstiges Recht“ i. S. d. § 823 Abs. 1 BGB zu etablieren.[176] Im Zusammenhang mit dieser Forderung wird betont, dass dem Deliktsrecht die Aufgabe zukomme, für neuartige Probleme Lösungen zu finden, die die Wertungen des § 823 Abs. 1 BGB unter veränderten technischen Bedingungen fruchtbar machen.[177] Der offene Tatbestand des § 823 Abs. 1 BGB, dessen geschützte Rechtsgüter nicht abschließend aufgezählt sind, ermögliche ein Aufgreifen neuer Entwicklungen durch die Rechtsprechung in besonderem Maße und diene als Einfallstor für Rechtsfortbildung.[178] Die Anerkennung des Rechts am eingerichteten und ausgeübten Gewerbebetrieb und des allgemeinen Persönlichkeitsrechts als „sonstige Rechte“ hätten dies beispielhaft gezeigt.[179]

Gegen eine rechtsfortbildende Anerkennung von Daten als ein „sonstiges Recht“ spricht ein entscheidender Unterschied zwischen Daten und den bereits anerkannten Schutzgütern des § 823 Abs. 1 BGB: Daten können ohne Abnutzung von mehreren Personen gleichzeitig verwendet werden. Dies ist bei den als absolute Rechte anerkannten Schutzgütern des § 823 Abs. 1 BGB anders. Wenn eine Person Eigentum an einer bestimmten Sache erlangt, muss eine andere Person zwingend entsprechende Einbußen hinnehmen. Dies gilt spiegelbildlich für die Einräumung des Besitzes sowie etwaiger gewerblicher Schutzrechte an einer Sache. Andere anerkannte absolute Rechte können überhaupt nicht übertragen werden wie beispielsweise das allgemeine Persönlichkeitsrecht.[180]

---

176 Dieser Lösungsvorschlag war u. a. unter der Bezeichnung „Recht am eigenen Datenbestand“ bereits Gegenstand rechtlicher Erörterung: Befürwortung einer eigenständigen Anerkennung von Daten als „sonstiges Recht“: *Meier/Wehlau*, NJW 1998, 1585 (1588 f.); *Spindler*, JZ 2016, 805 (813); Beschränkung des Schutzes auf „Datensammlungen von erheblicher Bedeutung“: Conrad/Grützmacher/*Bartsch*, § 22 Rn. 28; Ablehnung eines „sonstigen Rechts“: *Faust*, Digitale Wirtschaft – Analoges Recht: Braucht das BGB ein Update?, S. 52 ff.

177 MüKoBGB/*Wagner*, Band 7, BGB § 823 Rn. 294.

178 Arbeitsgruppe „Digitaler Neustart“, Bericht vom 15. 05. 2017, S. 47, 51, abrufbar unter: https://www.justiz.nrw/JM/schwerpunkte/digitaler_neustart/zt_bericht_arbeitsgruppe/bericht_ag_dig_neustart.pdf, Seite zuletzt abgerufen am 25. 10. 2022.

179 In Teilen der Literatur wird beispielsweise die Qualifikation von Internet-Domainnamen als „sonstiges Recht“ befürwortet, vgl. Taeger/Pohle/*Czychowski/Siesmayer*, ComputerR-HdB Kap. 20.5 Rn. 26; das OLG Köln hat einen Internet-Domainnamen als „sonstiges Recht“ i. S. d. § 823 Abs. 1 BGB eingeordnet, OLG Köln, Urteil vom 17. 03. 2006 – 6 U 163/05 investment.de, GRUR-RR 2006, 267 (268); der BGH sah in einem eingetragenen Domainnamen kein absolutes Recht, das einer bestimmten Person zugewiesen wäre, BGH, Urteil vom 24. 04. 2008 – I ZR 159/05 afilias.de, NJW 2008, 3716 (3717), ebenso wenig zuvor: BVerfG (3. Kammer des Ersten Senats), Beschluss vom 24. 11. 2004 – 1 BvR 1306/02 ad-acta.de, GRUR 2005, 261 (261).

180 *Faust*, Digitale Wirtschaft – Analoges Recht: Braucht das BGB ein Update?, S. 54 f.

dd) Berechtigter „Datenbesitz“ als „sonstiges Recht“

In der rechtswissenschaftlichen Literatur wird zudem unter Hinweis darauf, dass der berechtigte Besitz als „sonstiges Recht“ anerkannt ist und mittels §§ 859 ff., 1007 BGB besonderen Schutz erfährt[181], ein etwaiger Schutz von Daten in Gestalt eines „Datenbesitzrechts“ erörtert.

Nach § 854 Abs. 1 BGB beschreibt der Begriff des Besitzes kein Recht, sondern lediglich ein tatsächliches Verhältnis.[182] Die Tatbestandsmerkmale des sachenrechtlichen Besitzes sind zwar auf die tatsächliche Gewalt über Sachen zugeschnitten, doch reicht für die Annahme einer Sachherrschaft eine gewisse Herrschaftsbeziehung zu der Sache aus.[183]

Für ein „Datenbesitzrecht“ als „sonstiges Recht“ wird vorgebracht, dass das Innehaben von Daten als Wirtschaftsgut ausschließlich im Bereich des Tatsächlichen liege, sodass es mit dem Besitz vergleichbar sei.[184] Eine Herrschaftsbeziehung im obengenannten Sinne könne mit Blick auf den Schutzgegenstand der Daten darin gesehen werden, dass der „Berechtigte“ faktisch bestimmen kann, ob und wie „seine“ Daten genutzt werden.[185] In diese Richtung argumentiert auch *Hoeren*, der vorschlägt, die Zuordnung von Daten mit Hilfe des zivilrechtlichen Besitzes zu begründen.[186] Fraglich sei, ob die Inhaberschaft an Daten i. S. d. § 303a StGB Parallelen zum zivilrechtlichen Institut des Besitzes aufweist, die es rechtfertigen könnten, von einem zivilrechtlichen „Datenbesitz“ zu sprechen. Die Rechtsordnung knüpfe insoweit in § 303a StGB, einem „Datenbesitz“ vergleichbar, an tatsächliche Gegebenheiten wie entweder das Eigentum am Datenträger oder den Skripturakt an.[187] Der Umstand, dass ein rein tatsächlicher Akt für die Zuordnung maßgeblich wäre, stehe einer Übertragbarkeit der strafrechtlichen Wertungen auf das zivilrechtliche Besitzrecht nicht entgegen.[188]

Dieser Ansatz lässt indes außer Acht, dass die Regeln des Besitzschutzes an die Publizitätswirkung des Besitzes von körperlichen Gegenständen anknüpfen.[189] Der Besitz erfüllt – wie das Eigentum – eine Hinweisfunktion, aufgrund derer eine unberechtigte Person vor einer unerlaubten Handlung gewarnt werden würde.[190]

---

181 BeckOK BGB/*Förster*, BGB § 823 Rn. 156; MüKoBGB/*Wagner*, Band 7, BGB § 823 Rn. 289.

182 HK-BGB/*Staudinger*, BGB § 823 Rn. 35.

183 HK-BGB/*Schulte-Nölke*, BGB § 854 Rn. 3.

184 *Redeker*, CR 2011, 634 (639).

185 *Spindler*, JZ 2016, 805 (812).

186 *Hoeren*, MMR 2019, 5 (6); vgl. zuvor *Hoeren*, MMR 2013, 486 ff., *Hoeren*, MMR 2019, 5 ff., Fn. 15.

187 *Hoeren*, MMR 2019, 5 (6).

188 *Hoeren*, MMR 2019, 5 (7).

189 MüKoBGB/*F. Schäfer*, Band 8, BGB § 854 Rn. 15.

190 Vgl. *Faust*, Digitale Wirtschaft – Analoges Recht: Braucht das BGB ein Update?, S. 54; *Spindler*, JZ 2016, 805 (812); zudem qualifiziert der BGH in der Entscheidung zum *Application Service Providing*

Denkbar wäre es zwar, dass der Kontrolle über Daten eine gewisse Publizitätswirkung zugeschrieben wird, wenn eine Person die Möglichkeit der Entschlüsselung verschlüsselter Daten hat. Einem berechtigten Zugriff auf Daten, die möglicherweise sogar auf verschiedenen Servern liegen, dürfte es im Vergleich zum Besitz jedoch an der Offenkundigkeit und Verlässlichkeit fehlen, nicht zuletzt weil die Nutzung von Daten nicht-rival ist und mehrere Personen zeitgleich dieselben Daten verwenden können. Folglich sollte auch der Besitz von Daten nicht in den engen Kreis der „sonstigen Rechte" i. S. d. § 823 Abs. 1 BGB aufgenommen werden.

b) Schutzgesetzverletzung i. S. d. § 823 Abs. 2 BGB

Im Falle eines Verstoßes gegen strafrechtliche Vorschriften könnte deliktsrechtlicher Schutz von Daten aufgrund einer Schutzgesetzverletzung i. S. d. § 823 Abs. 2 BGB vermittelt werden. Das Strafrecht schützt gespeicherte Daten ebenso wie Daten im Datentransfer unabhängig von ihrem Inhalt vor bestimmten Einwirkungen.[191]

Der § 303a StGB begründet die Strafbarkeit des unberechtigten Löschens, Unterdrückens, Unbrauchbarmachens oder Veränderns von Daten.[192] Eine darüber hinausgehende unberechtigte Nutzung, wie insbesondere die Vervielfältigung oder die Analyse von gespeicherten Daten, ist nicht als Rechtsverstoß anzusehen.[193] Der Tatbestand des § 303a StGB erfordert zudem aufgrund von § 15 StGB eine vorsätzliche Tatbegehung.[194] Schließlich liegt die Datenberechtigung allein in der Person des Skribenten, also des technischen Urhebers der Daten.[195]

Die §§ 202a bis 202c StGB knüpfen an die Verschaffung von gegen unberechtigten Zugang besonders gesicherte und in der Übermittlung befindliche Daten an und zielen darauf ab, vor einer inhaltlichen Kenntnisnahme durch Dritte zu schützen. Entsprechend hohe Anforderungen werden an die zumindest bedingt vorsätzlich begangene Tathandlung gestellt.[196] Vom Schutz erfasst ist der über die

---

die Inanspruchnahme von Software auf fremden Servern zwar als Mietvertrag, lehnt in diesem Fall jedoch einen Besitz an der Software ab: „Der Anwendbarkeit von Mietrecht steht auch nicht entgegen, dass die Bekl. keinen Besitz an den verkörperten Computerprogrammen erlangt, sondern diese ihr nur über das Internet zugänglich sind.", BGH, Urteil vom 15.11.2006 – XII ZR 120/04, NJW 2007, 2394 (2395).

191 *Singelnstein*, ZIS 2016, 432 (434).

192 *Börding/Jülicher/Röttgen/v. Schönfeld*, CR 2017, 134 (135).

193 Taeger/Pohle/*Czychowski/Siesmayer*, ComputerR-HdB Kap. 20.5 Rn. 28.

194 Schönke/Schröder/*Hecker*, § 303a StGB Rn. 9.

195 *Hieke*, InTeR 2017, 10 (15).

196 *Singelnstein*, ZIS 2016, 432 (434); Schönke/Schröder/*Eisele*, § 202a StGB Rn. 27.

Daten (eigentumsähnlich) Verfügungsberechtigte; nicht mitgeschützt ist der vom Dateninhalt Betroffene.[197]

c) Vorsätzliche sittenwidrige Schädigung nach § 826 BGB

Unabhängig vom Datenmedium und von der Rechtsbeziehung zum Speichermedium kann Daten unter den engen Voraussetzungen des § 826 BGB Schutz vermittelt werden.[198] Das Abwehrrecht setzt auf Tatbestandsseite eine vorsätzlich begangene, sittenwidrige Handlung voraus, die zu einem Schaden führt. Anders als § 823 Abs. 1 BGB erfasst die Vorschrift auch reine Vermögensschäden.[199]

4. Geheimnisschutzrecht

Einen weiteren Anknüpfungspunkt für den Schutz von Daten bietet der Schutz von Geschäftsgeheimnissen, denn Daten können Träger von Geschäftsgeheimnissen sein.[200]

a) Gesetzliche Regelung und Schutzrichtung

Mit dem Inkrafttreten des Gesetzes zum Schutz von Geschäftsgeheimnissen (GeschGehG)[201] am 26. April 2019 wurden gleichzeitig die lauterkeitsrechtlichen Straf- und Bußgeldvorschriften der §§ 17 ff. UWG, die zuvor den Schutz von Betriebs- und Geschäftsgeheimnissen geregelt haben, aufgehoben.[202] Der heutige § 23 GeschGehG ist an die Regelungsstruktur der ehemaligen wettbewerbsrechtlichen Vorschriften angelehnt.[203]

Der Schutz von Geschäftsgeheimnissen vermittelt mit Blick auf ein Geschäftsgeheimnis Exklusivität und Integrität; eine güterrechtliche Zuordnung nimmt das

---

197 Lackner/Kühl/*Heger*, StGB § 202a Rn. 1; *Welp*, IuR 1988, 443 (447).

198 *Hieke*, InTeR 2017, 10 (16); Arbeitsgruppe „Digitaler Neustart“, Bericht vom 15.05.2017, S. 55, abrufbar unter: https://www.justiz.nrw/JM/schwerpunkte/digitaler_neustart/zt_bericht_arbeitsgruppe/bericht_ag_dig_neustart.pdf, Seite zuletzt abgerufen am 25.10.2022.

199 MüKoBGB/*Wagner*, Band 7, BGB § 826 Rn. 44.

200 Specht-Riemenschneider/Werry/Werry/*Röttgen*, Datenrecht in der Digitalisierung, S. 371 (380); ausführlich *Leistner/Antoine/Sagstetter*, Big Data, S. 137 ff.

201 Dieses Gesetz dient der Umsetzung der Richtlinie (EU) 2016/943 des Europäischen Parlaments und des Rates vom 8. Juni 2016 über den Schutz vertraulichen Know-hows und vertraulicher Geschäftsinformationen (Geschäftsgeheimnisse) vor rechtswidrigem Erwerb sowie rechtswidriger Nutzung und Offenlegung, BGBl. Jahrgang 2019, Teil I Nr. 13 S. 466.

202 Köhler/Bornkamm/Feddersen/*Köhler*, UWG (39. Aufl.) Vor §§ 17–19 Rn. 1.

203 Köhler/Bornkamm/Feddersen/*Alexander*, GeschGehG § 23 Rn. 2.

GeschGehG auf Rechtsfolgenseite nicht vor, vielmehr dürfte es als „besitzrechtsähnlicher Zugangsschutz“ zu charakterisieren sein.[204] Die §§ 6 bis 14 GeschGehG stellen sonderdeliktische Haftungstatbestände dar, die die Struktur der deliktsrechtlichen Haftung bei unerlaubten Handlungen i. S. d. §§ 823 ff., 1004 Abs. 1 BGB aufgreifen.[205]

Der Legislativvorschlag des *Data Act* soll den bestehenden rechtlichen Schutz von Geschäftsgeheimnissen nicht berühren.[206] Im Zusammenhang mit der Nutzung von Daten soll die Wahrung von Geschäftsgeheimnissen gewährleistet sein.[207] Konkret wird in Erwägungsgrund Nr. 28 betont, dass Geschäftsgeheimnisse bei der Verarbeitung der Daten gewahrt werden müssen, denn es sei „wichtig, Anreize für Investitionen in Produkte mit Funktionen zu erhalten, die auf der Nutzung von Daten von Sensoren basieren, die in dieses Produkt eingebaut sind.“[208] Als entsprechende Maßnahme könnten vertragliche Geheimhaltungsvereinbarungen zwischen dem Dateninhaber und dem Nutzer getroffen werden.[209]

b) Begriffsbestimmung und Voraussetzungen

Die Vorschrift des § 2 Nr. 1 GeschGehG enthält eine Legaldefinition des Begriffs des Geschäftsgeheimnisses, deren Voraussetzungen kumulativ vorliegen müssen.[210] Damit sich semantische Information als Geschäftsgeheimnis qualifiziert, muss es sich um geheime Inhalte handeln. Wann dies der Fall ist, wird in Art. 2 Abs. 1 lit. a Geschäftsgeheimnis-Richtlinie[211] dahingehend präzisiert, dass Informationen geheim sind, wenn sie weder in ihrer Gesamtheit noch in der genauen Anordnung und der Zusammensetzung ihrer Bestandteile den Personen in den Kreisen, die üblicherweise mit dieser Art von Informationen umgehen, allgemein bekannt oder ohne Weiteres zugänglich sind.[212] Weiter muss die Information – gerade weil sie geheim ist – von kommerziellem Wert und Gegenstand von angemessenen Ge-

---

204 *Dorner*, CR 2014, 617 (623); vgl. auch *Grützmacher*, CR 2016, 485 (489).
205 Köhler/Bornkamm/Feddersen/*Alexander*, GeschGehG § 6 Rn. 2.
206 EU-Kommission, „Datengesetz“, COM(2022) 68 final, Begründung S. 6.
207 EU-Kommission, „Datengesetz“, COM(2022) 68 final, Begründung S. 9, vgl. Art. 4 Abs. 3, Art. 5 Abs. 8, Art. 17 Abs. 2 lit. c), Art. 19 Abs. 2 DA-E.
208 EU-Kommission, „Datengesetz“, COM(2022) 68 final, Erwägungsgrund Nr. 28.
209 *Hennemann/Steinrötter*, NJW 2022, 1481 (1484); *Specht-Riemenschneider*, MMR 2022, 809 (816).
210 Köhler/Bornkamm/Feddersen/*Alexander*, GeschGehG § 2 Rn. 22.
211 Richtlinie (EU) 2016/943 des Europäischen Parlaments und des Rates vom 8. Juni 2016 über den Schutz vertraulichen Know-hows und vertraulicher Geschäftsinformationen (Geschäftsgeheimnisse) vor rechtswidrigem Erwerb sowie rechtswidriger Nutzung und Offenlegung, ABl. EU Nr. L 157/1 (i.F.: Geschäftsgeheimnis-Richtlinie, RL (EU) 2016/943).
212 Vgl. Geschäftsgeheimnis-Richtlinie, RL (EU) 2016/943, Erwägungsgrund Nr. 14.

heimhaltungsmaßnahmen sein sowie von einem berechtigten Geheimhaltungsinteresse getragen werden.[213] Ungeschriebenes Erfordernis ist schließlich der Unternehmens- oder Geschäftsbezug der den Daten zugrundeliegenden Information.[214]

Unternehmen sichern ihre Herrschaft über in der Wertschöpfungskette weitergegebene Daten in der Praxis durch vertragliche Gestaltungen ab. Jedenfalls im Verhältnis zum Vertragspartner gewährleisten Geheimhaltungsvereinbarungen, Nichtweitergabepflichten und Verwendungsbeschränkungen hinreichende Kontrolle über die geheim zu haltenden Daten.[215] Dagegen gibt es Fallkonstellationen, in denen eine Geheimhaltung nicht intendiert ist, sondern Unternehmen gerade von einer offenen Auslesemöglichkeit Dritter profitieren. Für diese Fälle scheidet ein Geheimnisschutz von vornherein aus.[216]

Sofern die Nicht-Offenkundigkeit aufgrund angemessener objektiver Geheimhaltungsmaßnahmen angenommen werden kann, liegt in der Regel auch der sich daraus kausal ergebende wirtschaftliche Wert der Information vor. Es genügt bereits ein rein potentieller Wert,[217] sodass strukturierten oder unstrukturierten maschinengenerierten Daten grundsätzlich schon deshalb wirtschaftlicher Wert zukommt, weil diese der Auswertung zu technischen Zwecken zugänglich sind und sich hieraus regelmäßig Erkenntnisse ableiten lassen.[218]

Die Informationen, die sich als Geschäftsgeheimnis qualifizieren können, sind sehr vielschichtig. Naheliegend ist, dass technologisches Wissen ein Geschäftsgeheimnis darstellt. Aber auch Geschäftsdaten wie Informationen über Kunden und Lieferanten, Businesspläne sowie Marktforschung und Marktstrategien können ein Geschäftsgeheimnis sein.[219] Fahrzeugtechnische Verbrauchs- oder Emissionsdaten

---

213 Köhler/Bornkamm/Feddersen/*Alexander*, GeschGehG § 2 Rn. 21.

214 Köhler/Bornkamm/Feddersen/*Alexander*, GeschGehG § 2 Rn. 21.

215 *Berberich/Golla*, PinG 2016, 165 (174).

216 Vgl. Bundesministerium für Digitales und Verkehr, „Eigentumsordnung für Mobilitätsdaten" – eine Studie aus technischer, ökonomischer und rechtlicher Perspektive, März 2017, S. 58, abrufbar unter: https://www.bmvi.de/SharedDocs/DE/Publikationen/DG/eigentumsordnung-mobilitaetsdaten.pdf?__blob=publicationFile, Seite zuletzt abgerufen am 15.11.2020.

217 Geschäftsgeheimnis-Richtlinie, RL (EU) 2016/943, Erwägungsgrund Nr. 14: „Solches Know-how oder solche Informationen sollten so verstanden werden, dass sie einen Handelswert verkörpern, zum Beispiel wenn ihr unbefugter Erwerb oder ihre unbefugte Nutzung oder Offenlegung die Interessen der Person, die rechtmäßig die Kontrolle über sie ausübt, aller Voraussicht nach dadurch schädigt, dass das wissenschaftliche oder technische Potenzial, die geschäftlichen oder finanziellen Interessen, die strategische Position oder die Wettbewerbsfähigkeit dieser Person untergraben werden."; vgl. *Roßnagel*, NJW 2017, 10 (12).

218 *Ohly*, GRUR 2019, 441 (443); *Alexander*, WRP 2017, 1034 (1038); *Leistner/Antoine/Sagstetter*, Big Data, S. 145, 151.

219 Geschäftsgeheimnis-Richtlinie, RL(EU) 2016/943, Erwägungsgrund Nr. 1.

sowie Daten aus dem Fahrzeugumfeld und Kommunikationsdaten stehen zwar nicht jedem Dritten ohne Weiteres frei zur Verfügung, sie können oder sollen Dritten aber zugänglich gemacht werden, sodass es bereits an der Geheimhaltung fehlt: (Real-)Emissionswerte sollen beispielsweise von Prüfdiensten ermittelt werden können oder die Kommunikation des Fahrzeugs mit Infrastruktureinrichtungen soll gerade nicht durch Geheimhaltung bestimmter Daten unterbrochen werden.[220]

Nach § 2 Nr. 2 GeschGehG ist Inhaber eines Geschäftsgeheimnisses jede natürliche oder juristische Person, die die rechtmäßige Kontrolle über das Geschäftsgeheimnis hat. Im Einzelfall kann die Bestimmung des Anspruchsinhabers Schwierigkeiten bereiten, wenn die Person des Herstellers der datengenerierenden Maschine und die Person ihres Nutzers auseinanderfallen.[221] Das Kriterium des Innehabens rechtmäßiger Kontrolle i. S. d. § 2 Nr. 2 GeschGehG kann den potentiellen Konflikt zwischen Hersteller und Nutzer jedenfalls nicht ausräumen.[222] Die Exklusivität und die Integrität von Maschinendaten werden vor diesem Hintergrund weniger über das Recht vermittelt, als über die faktischen Gegebenheiten, also die strikte tatsächliche Geheimhaltung bestimmter Daten vor dem Zugriff Dritter.[223]

Vom Zugangsschutz eines Geschäftsgeheimnisses ausgeschlossen sind solche Geschäftsgeheimnisse, die im Wege des sog. *Reverse Engineering* erlangt wurden.[224] Nach § 3 Abs. 1 Nr. 2 GeschGehG ist das Beobachten, Untersuchen, Rückbauen oder Testen eines Produktes oder Gegenstandes, das oder der öffentlich verfügbar gemacht wurde oder sich im rechtmäßigen Besitz des Beobachtenden, Untersuchenden, Rückbauenden oder Testenden befindet und keiner Pflicht zur Beschränkung der Erlangung des Geschäftsgeheimnisses unterliegt, zulässig. Das vom *Reverse Engineering* betroffene Produkt und der betroffene Gegenstand können dabei körperliche Güter wie ein Fahrzeug selbst oder dessen Teile und unkörperliche Güter wie beispielsweise eine im Fahrzeug genutzte Software sein.[225] Der Inhaber eines Geschäftsgeheimnisses erhält aber die Möglichkeit, beispielsweise durch vertragliche Abreden ein solches *Reverse Engineering* ganz oder teilweise auszu-

220 Vgl. Bundesministerium für Digitales und Verkehr, Informationen zu aktuellen Abgastests, Artikel vom 18.02.2022, abrufbar unter: https://bmdv.bund.de/SharedDocs/DE/Artikel/StV/Strassenverkehr/informationen-zu-wltp-tests.html, Seite zuletzt abgerufen am 24.22.2022.

221 Vgl. *Leistner/Antoine/Sagstetter*, Big Data, S. 156.

222 *Staffler*, NZWiSt 2018, 269 (273); *Ohly*, GRUR 2019, 441 (445).

223 Vgl. *Leistner/Antoine/Sagstetter*, Big Data, S. 157.

224 Köhler/Bornkamm/Feddersen/*Alexander*, GeschGehG § 3 Rn. 23.

225 Köhler/Bornkamm/Feddersen/*Alexander*, GeschGehG § 3 Rn. 29.

schließen, um so eine rechtmäßige Erlangung des Geschäftsgeheimnisses zu unterbinden.[226]

5. Vertragsrecht und technische Schutzmaßnahmen

Ein Schutz von Daten kann im Rahmen vertraglicher Abreden auf die *inter partes*-Wirkung zurückzuführen sein.[227] Welche Konstellationen in Bezug auf Fahrzeug- und Fahrzeugumfelddaten relevant sind und inwiefern eine Kontrolle mittels vertraglicher Lösungen erfolgt, wird im Folgenden beschrieben.

a) „*De facto ownership rights*"

Vor dem Hintergrund, dass der Einzelne seine Privatrechtsverhältnisse grundsätzlich frei gestalten kann, ist es möglich, über nahezu jeden Vermögensgegenstand Verträge abzuschließen: Daten sind als selbstständiges vermögenswertes Gut – auch ohne ein bestehendes Ausschließlichkeitsrecht an ihnen – Gegenstand vertraglicher Vereinbarungen.[228]

Mittels proprietärer Daten-Schnittstellen und unter Anwendung von Verschlüsselungstechnologie stellt ein „Berechtigter" sicher, dass er faktisch exklusiven Zugang zu „seinen" Daten hat und dass er den Kreis der weiteren Zugangsberechtigten effektiv kontrollieren kann, während unberechtigte Dritte zugleich wirksam von der Datennutzung ausgeschlossen werden.[229] Durch die Vereinbarung eines Verbots der Weitergabe von Daten wird die faktische Exklusivität regelmäßig vertraglich besiegelt. Vertragsstrafenregelungen ermöglichen dabei die Sanktionierung eines vertragswidrigen Verhaltens und sichern die Wahrung der faktischen Exklusivität zusätzlich ab.[230]

Die Gemeinsame Forschungsstelle der EU-Kommission zieht nach ihrer Rechtsanalyse das Fazit, dass die Regelung des Zugangs zu maschinengenerierten Daten mangels eines speziell normierten Rechtsrahmens weitgehend dem Vertragsrecht überlassen ist und beschreibt die derzeitigen Rechte an Daten als „*de*

---

226 Köhler/Bornkamm/Feddersen/*Alexander*, GeschGehG § 3 Rn. 37.

227 *Winkler*, Rechte an Daten im Zivilrecht, S. 159; Specht-Riemenschneider/Werry/Werry/*Röttgen*, Datenrecht in der Digitalisierung, S. 371 (389).

228 BGH, Urteil vom 02.07.1996 – X ZR 64/94 Optikprogramm, NJW 1996, 2924 (2926); *Drexl* et al., GRUR Int. 2016, 914 (915); vgl. *Haberstumpf*, NJOZ 2015, 793 (797).

229 Taeger/Pohle/*Czychowski/Siesmayer*, ComputerR-HdB Kap. 20.5 Rn. 49; *Drexl* et al., GRUR Int. 2016, 914 (915); Dutta/Heinze/*Metzger*, „Mehr Freiheit wagen" – Beiträge zur Emeritierung von Jürgen Basedow, S. 131 (140); *Becker*, in: FS Fezer, S. 815 (826).

230 *Drexl* et al., GRUR Int. 2016, 914 (915).

facto ownership rights"[231]: *„I own it when I have the control over it. This seems to be the case for much of data ownership in the digital economy.*"[232]

Fahrzeuggenerierte Daten werden über eingerichtete Fahrzeugmobilfunkschnittstellen an einen herstellereigenen *Backend*-Server übermittelt und dort gespeichert. An welches Rechenzentrum der anfallende Datenstrom geleitet wird, legen diejenigen fest, die die Steuergeräte in das Fahrzeug verbauen, also die Fahrzeughersteller.[233] Dies führt dazu, dass der Fahrzeughersteller die soeben beschriebene faktische Datenhoheit innehat.[234]

b) Das „NEVADA-Share & Secure"- Konzept der Automobilhersteller

Zur Vereinheitlichung des Datenaustauschs hat der Verband der Automobilindustrie (i.F.: VDA) eine Strategie für eine sichere Weitergabe von im Fahrzeug generierten Daten entwickelt, welche den Anforderungen der Fahrzeugsicherheit und des Personendatenschutzes genügt und eine diskriminierungsfreie Innovation ermöglichen soll: Das „NEVADA-Share & Secure"- Konzept.[235] Zum Zweck der Risikominimierung soll danach keine Direktverbindung zugunsten Dritter zum Fahrzeug etabliert werden, vielmehr bleibt der Fernzugriff auf Fahrzeuge dem jeweiligen Fahrzeughersteller vorbehalten. Folglich konzentriert sich das Konzept „NEVADA-Share & Secure" auf die Datenübermittlung mittels einer gesicherten Schnittstelle zwischen dem Fahrzeug und dem *Backend*-Server der Fahrzeughersteller, sodass die Verbindung zwischen dem Fahrzeug und dem Hersteller ein geschlossenes System bildet, welches aus Sicherheitsgründen nur mit der eigenen Software jedes einzelnen Fahrzeugherstellers funktioniert.[236] Die Bereitstellung der Fahrzeugdaten

---

231 *Brown/Martens/Mueller-Langer*, JRC Digital Economy Working Paper 2017–01, S. 13.

232 *Brown/Martens/Mueller-Langer*, JRC Digital Economy Working Paper 2017–01, S. 13; vgl. *Wiebe*, CR 2017, 87 (88).

233 Vgl. *Deuring*, Datenmacht – Zugang als Herausforderung, S. 62.

234 Stiftung Datenschutz/*Reiter/Methner/Schenkel/Kinzler*, Datenschutz im vernetzten Fahrzeug, S. 153 (154, 160).

235 „NEVADA-Share & Secure" ist der Titel eines Konzeptes des Verbandes der Automobilindustrie insbesondere für den Zugang zu im Fahrzeug generierten Daten. Die Abkürzung „NEVADA" steht für *„**N**eutral **E**xtended **V**ehicle for **A**dvanced **D**ata **A**ccess"*, *Smethurst*, Datensicherheit für vernetze Mobilität, Was ist „NEVADA-Share & Secure"?, abrufbar unter: https://www.vda.de/de/themen/innovation-und-technik/datensicherheit/was-ist.html, Seite zuletzt abgerufen am 13.01.2021; zu dem Konzept „NEVADA-Share & Secure" aus personendatenschutzrechtlicher Perspektive: *Jansen/Kreis*, RAW 1/20, 19 (20 ff.).

236 *Smethurst*, Zugang zum Fahrzeug und zu im Fahrzeug generierten Daten, Das Konzept „NEVADA-Share & Secure", VDA-Themenpapier vom 24.10.2017, S. 1, 2, abrufbar unter: https://www.vda.de/de/themen/innovation-und-technik/datensicherheit/fahrzeug-schuetzen.html, Seite zuletzt abgerufen am 14.01.2021.

durch die Hersteller nach diesem Konzept beeinträchtigt weder die Fahrzeugintegrität noch die Verkehrssicherheit und unterstützt zugleich die Entwicklung digitaler Innovationen und neuer Geschäftsmodelle, indem die Informationen öffentlichen Stellen und Unternehmen sicher und diskriminierungsfrei zur Verfügung gestellt werden.[237]

Das Konzept des VDA sieht für die Datenübertragung eine seitens der Fahrzeughersteller zu etablierende zweigleisige Kommunikationsstruktur vor. Diese besteht auf der einen Seite aus einer standardisierten Schnittstelle, der sog. *Business-to-Business-OEM-Interface*, über die Dritte von den Servern der Fahrzeughersteller Daten beziehen können, sowie neutralen Servern auf der anderen Seite, die ebenfalls über eine standardisierte Schnittstelle verfügen.[238] Im ersten Fall übernimmt der Fahrzeughersteller die Funktion eines Systemadministrators und ist für einen sicheren Datentransfer bis zur Schnittstelle sowie deren Wartung verantwortlich.[239] Im zweiten Fall können neutrale Server, deren Betreiber von der Automobilindustrie unabhängig sind, Daten von den Fahrzeugherstellern abfragen und an Dritte weiterleiten. Dies ermöglicht für den datenanfragenden Dritten einen diskriminierungsfreien, standardisierten und anonymen Zugriff auf die Fahrzeugdaten verschiedener Hersteller. Auf diese Weise sollen ein fairer Wettbewerb und die Förderung von Innovation und neuer Geschäftsmodelle gewährleistet werden.[240]

Zwischen den einzelnen Akteuren sind entsprechende vertragliche Abreden nötig. Der Datenaustausch zwischen dem Fahrzeughalter und dem Hersteller kann beispielsweise durch Allgemeine Nutzungsbedingungen geregelt werden. Erfolgt eine Datenübermittlung unmittelbar zwischen dem Fahrzeughersteller und einem Dritten, so muss in diesem Verhältnis unter anderem eine Verpflichtung zum si-

---

237 VDA Jahresbericht 2020 – Die Automobilindustrie in Daten und Fakten, Stand Oktober 2020, S. 97, 162 f., abrufbar unter: https://www.vda.de/de/services/Publikationen/vda-jahresbericht-2020.html, Seite zuletzt abgerufen am 14.01.2021.

238 *Smethurst*, Zugang zum Fahrzeug und zu im Fahrzeug generierten Daten, Das Konzept „NEVADA-Share & Secure", VDA-Themenpapier vom 24.10.2017, S. 2, abrufbar unter: https://www.vda.de/de/themen/innovation-und-technik/datensicherheit/fahrzeug-schuetzen.html, Seite zuletzt abgerufen am 14.01.2021.

239 VDA Positionspapier vom 30.10.2017, Zugang zum Fahrzeug und zu im Fahrzeug generierten Daten, S. 2, abrufbar unter: https://www.vda.de/de/services/Publikationen/zugang-zum-fahrzeug-und-zu-im-fahrzeug-generierten-daten.html, Seite zuletzt abgerufen am 14.01.2021.

240 Stiftung Datenschutz/*Metzger/Mischau*, Datenschutz im vernetzten Fahrzeug, S. 135 (138); *Smethurst*, Zugang zum Fahrzeug und zu im Fahrzeug generierten Daten, Das Konzept „NEVADA-Share & Secure", VDA-Themenpapier vom 24.10.2017, S. 2, abrufbar unter: https://www.vda.de/de/themen/innovation-und-technik/datensicherheit/fahrzeug-schuetzen.html, Seite zuletzt abgerufen am 14.01.2021.

cheren Umgang mit den Daten vereinbart werden. Entsprechende Verträge sind auch im Drei-Personen-Verhältnis mit dem zwischengeschalteten Betreiber des neutralen Servers erforderlich.[241] Der Vertragsinhalt und die Person des potentiellen Vertragspartners variieren in Abhängigkeit von der jeweils betroffenen Datenkategorie. So dürfen beispielsweise Daten für die Fahrzeugkomponentenanalyse und Produktoptimierung ausschließlich dem jeweiligen Komponentenentwickler zu Produktverbesserungszwecken zur Verfügung gestellt werden.[242]

Das NEVADA-Konzept wurde weiterentwickelt und trägt nun die Bezeichnung ADAXO.[243] Im Lichte der europäischen Datenstrategie wird darin die Möglichkeit eines Datenzugangs dritter Servicedienstleister betont. An dem Umstand, dass die Fahrzeugdaten zunächst an den Server des jeweiligen Fahrzeugherstellers übermittelt werden, ändert sich nichts.[244]

c) Cloudbasierte Plattformen für Fahrzeugdaten

Das Konzept der Nutzung von Fahrzeugdaten verschiedener Fahrzeughersteller bieten verschiedene cloudbasierte Datenservice-Plattformen, die als neutrale Datenmakler auftreten, an.[245] Diese erwerben, sichern, anonymisieren und aggregieren die Fahrzeugdaten verschiedener Fahrzeughersteller und Fuhrparks und machen sie wiederum Dritten auf einem Datenmarktplatz zugänglich. Zu den Kunden zählen dabei andere Fahrzeughersteller, Zulieferer, Versicherungen, Kommunen, Datenanalysten und Dienstleister – von Start-ups bis zu Großunternehmen unterschiedlicher Branchen wie Fuhrpark-Services, Leasinganbietern, Navigationsdienstleistern oder App-Entwickler. Diese profitieren davon, dass die zur Verfügung gestellten Daten herstellerunabhängig über eine standardisierte Schnittstelle zu-

---

241 *Jansen/Kreis*, RAW 1/20, 19 (20).

242 VDA Positionspapier vom 30.10.2017, Zugang zum Fahrzeug und zu im Fahrzeug generierten Daten, S. 2, abrufbar unter: https://www.vda.de/de/services/Publikationen/zugang-zum-fahrzeug-und-zu-im-fahrzeug-generierten-daten.html, Seite zuletzt abgerufen am 14.01.2021.

243 Die Abkürzung „ADAXO" steht für ***A**utomotive **D**ata **A**ccess, E**x**tended And **O**pen*, abrufbar unter: https://www.vda.de/de/aktuelles/artikel/eine-schnittstelle-fuer-unzaehlige-informationen, Seite zuletzt abgerufen am 26.10.2022.

244 VDA Positionspapier vom 12.01.2022, S. 10, abrufbar unter: https://www.vda.de/vda/de/aktuelles/publikationen/publication/adaxo-automotive-data-access–extended-and-open, Seite zuletzt abgerufen am 26.10.2022.

245 Insbesondere das Unternehmen *Otonomo Technologies Ltd.* (*Otonomo*) nutzt das Modell des neutralen Servers für den Betrieb der Fahrzeugdatenplattform, vgl. https://otonomo.io/. Sämtliche Informationen hierzu wurden frei zugänglichen Quellen entnommen.

gänglich sind, was den Integrationsaufwand reduziert.[246] Insbesondere gewährleisten Fahrzeugdatenplattformbetreiber wie beispielsweise die *Otonomo Technologies Ltd.* (*Otonomo*), dass die Daten gesetzeskonform zur Verfügung gestellt werden und dass insbesondere datenschutzrechtlichen Anforderungen entsprochen wird. *Otonomo* stellt den datenliefernden Fahrzeugherstellern eine Einwilligungslösung zur Verfügung, damit die Fahrzeugnutzer zum einen darüber informiert werden, welche Daten mit wem ausgetauscht werden und zu welchem Zweck dies erfolgt. Zum anderen können Fahrer so der Nutzung der Fahrzeugdaten ihres Autos zustimmen oder eine erteilte Zustimmung widerrufen.[247] Zum Datenschutz gehört auch, dass nur solche beziehungsweise nur so viele Daten Dritten zur Verfügung gestellt werden, wie es für den jeweiligen Anwendungsbereich erforderlich ist. Beispielsweise genügt für die Nutzbarmachung von Daten zur langfristigen Überwachung des technischen Zustands eines Fahrzeugs anstelle exakter GPS-Echtzeitdaten eine weitläufigere Lokalisierung, die sich zum Beispiel auf einen Stadtteil erstreckt. Ebenso bedarf es für die Geschwindigkeitsüberwachung einer bestimmten Strecke durch einen Navigationsdienstleister nicht der Daten desselben Autos für die Gesamtstrecke. Die Daten können durch viele verschiedene Autos, die jeweils Daten für einen kurzen Streckenabschnitt liefern, zusammengetragen werden.[248]

Anfang des Jahres 2022 wurde eine Kooperation des Fahrzeugherstellers *Audi* als Datenlieferant mit *Otonomo* bekannt gegeben: Ziel ist es, den Wert der Daten vernetzter *Audi*-Fahrzeuge weitestgehend zu erschließen. Damit wird die Entwicklung datengesteuerter Dienstleistungsangebote durch die unterschiedlichen Kunden von *Otonomo* – gegebenenfalls durch mehrere Unternehmen verschiedener Größe und aus verschiedenen Branchen gemeinsam – ermöglicht.[249]

---

246 *Löwer*, Startup Porträt – Otonomo fungiert als Datenmakler für die Autobranche, automotiveIT vom 09.10.2020, abrufbar unter: https://www.automotiveit.eu/exklusiv/otonomo-fungiert-als-datenmakler-der-autobranche-252.html, Seite zuletzt abgerufen am 26.10.2022.

247 Broschüre zur Einwilligungslösung *Otonomo Technologies Ltd.*, *„Consent Management Hub“*, abrufbar unter: https://otonomo.io/wp-content/uploads/2019/07/Otonomo-Consent-Management-Hub.pdf, Seite zuletzt abgerufen am 26.10.2022.

248 Vgl. *Bartneck*, Future of Mobility, Podcast-Folge 32 vom 04.01.2021, *Asaf Weisbrot/ Otonomo – Harnessing the Power of Vehicle Data*, Min. 32:30 – 33:50, verfügbar auf Spotify, Podcast zuletzt abgerufen am 25.01.2022.

249 Pressemitteilung der Otonomo Technologies Ltd. vom 25.01.2022, abrufbar unter: https://otonomo.io/press-releases/otonomo-and-audi-partnership/, Seite zuletzt abgerufen am 26.10.2022.

6. Grundrechte

Sofern maschinengenerierte Daten (potentiell) personenbezogen sind, könnte der Schutzbereich des sog. Rechts auf informationelle Selbstbestimmung nach Art. 2 Abs. 1, 1 Abs. 1 GG eröffnet sein.[250] Dieses könnte zum Zweck der güterrechtlichen Zuordnung eines übertragbaren Herrschaftsrechts an Daten zugunsten des datenschutzrechtlich Betroffenen herangezogen werden.[251]

Zur Begründung dieses Lösungsansatzes erfolgt ein Rückgriff auf das Volkszählungsurteil des BVerfG, wonach es bezüglich Daten mit Personenbezug „unter den Bedingungen der automatischen Datenverarbeitung kein ‚belangloses' Datum" gibt.[252] Der (verfassungsrechtliche) Datenschutz kennt mithin keinen Bagatellvorbehalt, sodass restlos alle personenbezogenen oder personenbeziehbaren Daten vom Schutz erfasst werden dürften, wie beispielsweise Daten, welche lediglich den Verschleißzustand einzelner Komponenten wiedergeben.[253]

Nichtsdestotrotz versagte das BVerfG eine eigentumsrechtliche Einordnung der Rechte von Betroffenen an „ihren Daten".[254] Das Recht auf informationelle Selbstbestimmung sei nicht schrankenlos gewährleistet. Dem Einzelnen komme kein Recht im Sinne einer absoluten, uneinschränkbaren Herrschaft über „seine" Daten zu: Daten, auch soweit sie personenbezogen sind, stellen ein Abbild sozialer Realität dar, sodass sie nicht ausschließlich dem Betroffenen allein zugeordnet werden können. Der Einzelne müsse daher zugunsten der Gemeinschaft im Sinne der Gemeinschaftsbezogenheit und Gemeinschaftsgebundenheit der Person Einschränkungen seines Rechts auf informationelle Selbstbestimmung im überwiegenden Allgemeininteresse hinnehmen.[255]

Selbst wenn die Verbindlichkeit des Volkszählungsurteils mangels Aktualität in Frage gestellt und in diesem nicht zwingend ein Argument gegen eine güterrechtliche Zuordnung der Daten zum Betroffenen gesehen werden würde,[256] dürfte es jedoch so sein, dass der Anwendungsbereich des Rechts auf informationelle Selbstbestimmung bezüglich sicher und vollständig anonymisierter Daten bereits

---

250 *Hornung*, DuD 2015, 359 (361); vgl. *Specht-Riemenschneider*, CR 2016, 288 (291).
251 *Specht-Riemenschneider/Rohmer*, PinG 2016, 127.
252 BVerfG, Urteil vom 15.12.1983 – 1 BvR 209/83 u. a. Volkszählung, NJW 1984, 419 (422).
253 *Hornung*, DuD 2015, 359 (361).
254 BVerfG, Urteil vom 15.12.1983 – 1 BvR 209/83 u. a. Volkszählung, NJW 1984, 419 (422); *Dorner*, CR 2014, 617 (624); *Berberich/Golla*, PinG 2016, 165 (166).
255 BVerfG, Urteil vom 15.12.1983 – 1 BvR 209/83 u. a. Volkszählung, NJW 1984, 419 (422); vgl. BGH, Urteil vom 23.06.2009 – VI ZR 196/08 Spickmich, NJW 2009, 2888 (2891).
256 *Specht-Riemenschneider/Rohmer*, PinG 2016, 127 (130); *Specht-Riemenschneider*, CR 2016, 288 (293).

nicht eröffnet ist. Ungeklärt bleibt zudem die Frage der Zuordnung zu einem konkreten Berechtigten in Fällen sog. Mehrrelationalität personenbezogener Daten, wenn diese also mehrere Personen betreffen, beispielsweise, weil Fahrzeugdaten über die Achslast oder das Anschnallverhalten Aussagen über sämtliche im Fahrzeug befindliche Personen treffen.[257] Unklar bleibt auch, ob der bloße Persönlichkeitsbezug eines Gutes die Beteiligung des Betroffenen am wirtschaftlichen Wert dieses Gutes rechtfertigen würde.[258] Dagegen spricht, dass potentiell vermögenswerte Güter grundsätzlich demjenigen zukommen sollen, der sie aufgrund einer Eigenleistung und damit als Ausdruck seiner Persönlichkeit erbracht hat.[259] Die Eigenleistung wird als konstituierend für die Zuweisung übertragbarer Herrschaftsrechte erachtet, während das Persönlichkeitsrecht, das dem Betroffenen ohne Hinzutun kraft seiner Existenz zusteht, eine Güterzuweisung grundsätzlich nicht rechtfertigen kann.[260]

7. Datenschutzrecht

Das Datenschutzrecht erfasst weder nach seinem sachlichen Anwendungsbereich maschinengenerierte, anonymisierte oder pseudonymisierte Daten ohne jeden Personenbezug[261] noch ist sein Regelungszweck auf den exklusiven Schutz einzelner Daten gerichtet. Das als klassisches Verbotsrecht ausgestaltete Datenschutzrecht bezweckt vielmehr den Schutz von natürlichen Personen vor einer unberechtigten Datenverarbeitung durch Dritte, sodass das Datenschutzrecht *per se* keine güterrechtliche Zuordnung von Maschinendaten im Sinne eines Ausschließlichkeitsrechts vornimmt.[262] Mit anderen Worten bezweckt das Datenschutzrecht, den Einzelnen in die Lage zu versetzen, selbst zu entscheiden, wie die auf seine Person bezogenen Daten verwendet werden. Der Einzelne soll selbst entscheiden können, wem er zu welchem Zweck und wann welche personenbezogenen Daten zur Verfügung stellt. Ihm soll jedoch weder ein Eigentumsrecht an diesen Daten zugewiesen werden, noch sollen die Daten an sich über das Datenschutzrecht geschützt werden.

257 *Specht-Riemenschneider/Rohmer*, PinG 2016, 127 (130).

258 *Wiebe/Schur*, ZUM 2017, 461 (465); *Specht-Riemenschneider/Rohmer*, PinG 2016, 127 (131).

259 *Peukert*, Güterzuordnung als Rechtsprinzip, S. 209.

260 *Specht-Riemenschneider*, Konsequenzen der Ökonomisierung informationeller Selbstbestimmung: Die zivilrechtliche Erfassung des Datenhandels, S. 92.

261 Taeger/Pohle/*Czychowski/Siesmayer*, ComputerR-HdB Kap. 20.5 Rn. 17.

262 *Schroeder*, Numerus clausus der Immaterialgüterrechte?, S. 223 f.

8. Digitale-Inhalte-Richtlinie und Warenkaufrichtlinie

Anknüpfend an vorstehende Erläuterung zum Datenschutzrecht wird nun auf die Digitale-Inhalte-Richtlinie[263] und die Warenkaufrichtlinie[264] eingegangen. Diese regeln den schuldrechtlichen Umgang mit personenbezogenen Daten. Art. 3 Abs. 1 S. 2 Digitale-Inhalte-Richtlinie eröffnet die Möglichkeit, digitale Inhalte oder digitale Dienstleistungen mit der Erteilung einer Einwilligung in die Verwendung personenbezogener Daten zu bezahlen. Diese Vorschrift kann im Zusammenhang mit der Warenkaufrichtlinie gelesen werden, welche durch die Digitale-Inhalte-Richtlinie ergänzt wird, denn der dort verwendete Begriff der Ware soll auch Ware mit digitalen Elementen erfassen.[265] Zu digitalen Dienstleistungen, die mit einer Ware verbunden sind, können demnach Dienstleistungen zählen, die beispielsweise den Zugang zu Daten in digitaler Form erlauben, wie die fortlaufende Bereitstellung von Verkehrsdaten in einem Navigationssystem.[266] Ein Modell, wonach sich der Anbieter eines Navigationssystems die Bereitstellung der nötigen Verkehrsdaten mit der Einwilligung in die Nutzung verschiedener personenbezogener Daten beziehungsweise Fahrzeugdaten mit Personenbezug bezahlen lässt, ist vorstellbar. Gleichzeitig ergibt sich aus den Vorschriften mit Blick auf Maschinendaten keine Zuweisungswirkung zugunsten eines Berechtigten.

II. Regelungsoptionen *de lege ferenda*

Im Folgenden werden die in der juristischen Literatur vorgeschlagenen Ansätze *de lege ferenda* zum Umgang mit Maschinendaten vorgestellt. Diese haben sachenrechtliche und immaterialgüterrechtliche Ausgangspunkte. Zunächst wird auf den Vorschlag eines „Dateneigentums" eingegangen, wobei *Ensthaler* und *Zech* unterschiedliche dogmatische Ansätze vertreten (dazu 1.). Sodann wird der Vorschlag *Fezers*, für Maschinendaten ein originäres Immaterialgüterrecht *sui generis* zu schaffen, erörtert (dazu 2.).

---

263 Digitale-Inhalte-Richtlinie, RL (EU) 2019/770.

264 Richtlinie (EU) 2019/771 des Europäischen Parlaments und des Rates vom 20. Mai 2019 über bestimmte vertragsrechtliche Aspekte des Warenkaufs, zur Änderung der Verordnung (EU) 2017/2394 und der Richtlinie 2009/22/EG sowie zur Aufhebung der Richtlinie 1999/44/EG, ABl. EU Nr. L 136/28 (i.F.: Warenkauf-Richtlinie, RL (EU) 2019/771).

265 Warenkauf-Richtlinie, RL (EU) 2019/771, Erwägungsgrund Nr. 14.

266 Warenkauf-Richtlinie, RL (EU) 2019/771, Erwägungsgrund Nr. 14.

1. „Dateneigentum" *de lege ferenda*

a) Leistungsschutzrecht nach *Ensthaler*

Ensthaler zieht sachenrechtliche Regelungen heran, um die Berechtigung an Daten zu begründen.[267] Die Frage, ob ein etwaiges Datenherstellerrecht *de lege ferenda* in Gestalt eines neuen Leistungsschutzrechts etabliert werden sollte, bejaht *Ensthaler*.[268] Ein solches Leistungsschutzrecht könne sich an § 950 BGB orientieren, sodass derjenige als Datenhersteller anzusehen wäre, der mittels Datenanalysen aus Rohdaten neue Daten gewinnt:[269]

Wenn entlang der Wertschöpfungskette ein Vorprodukt im Folgeprodukt wirtschaftlich aufgeht, gilt im Zivilrecht der Grundsatz, dass die Perpetuierung abzugelten ist. Mit § 950 BGB ist dieser Gedanke in Gesetzesform gegossen worden.[270] Dem Hersteller einer neuen Sache wird danach zum einen für den Wert seiner Bearbeitung ein schuldrechtlicher Ausgleichsanspruch gegen den Eigentümer der Sache eingeräumt, zum anderen erwirbt er an der neuen Sache originär Eigentum.[271] Diese Grundsätze auf Datensachverhalte übertragend folgert *Ensthaler*, dass Hersteller der Daten i. S. d. § 950 BGB das Unternehmen sei, das die technischen Vorrichtungen zur Erfassung und Übermittlung der Daten an der jeweiligen Maschine angebracht hat.[272] Der Nutzer der Maschinen generiere die Daten und liefere das Rohmaterial.[273] Der Hersteller des datengenerierenden Produktes schaffe sodann durch die Bearbeitung der Rohdaten im Rahmen zahlreicher Prozesse erst die semantische Ebene, die den Daten ihren Wert vermittelt.[274] Damit jedoch nicht jeder beliebige Dritte, der die generierten Daten analysiert, daran auch ein „Eigentumsrecht" beziehungsweise das Nutzungsrecht über das neue Produkt erwirbt, verlangt *Ensthaler*, dass die Datengenerierung vom Hersteller der genutzten technischen Einrichtung vorbereitet wurde:[275] Derjenige, der die Rohdatenerhebung seinen Verwendungswünschen entsprechend vorbereitet, habe ein berechtigtes Interesse an der güterrechtlichen Zuordnung der bearbeiteten neuen Daten.[276] Derjenige, der sodann die Rohdaten „nebenbei" durch zweckentspre-

267 *Ensthaler*, NJW 2016, 3473 (3473).
268 *Ensthaler*, NJW 2016, 3473 (3476).
269 *Ensthaler*, NJW 2016, 3473 (3476 f.); vgl. *Drexl*, NZKart 2017, 339 (341).
270 *Berberich/Golla*, PinG 2016, 165 (165).
271 MüKoBGB/*Füller*, Band 8, BGB § 950 Rn. 14.
272 *Ensthaler*, NJW 2016, 3473 (3476).
273 *Ensthaler*, NJW 2016, 3473 (3476).
274 *Ensthaler*, NJW 2016, 3473 (3476); *Ensthaler/Üge*, BB 2022, 2051 (2053).
275 *Ensthaler/Üge*, BB 2022, 2051 (2053).
276 *Ensthaler*, NJW 2016, 3473 (3476 f.).

chende Nutzung der Maschine generiert, erhalte nach §§ 951, 950 BGB einen Ausgleichsanspruch.[277]

Die Anknüpfung an § 950 BGB zur Begründung von Dateneigentum ist fraglich, da diese Vorschrift die Bearbeitung einer Sache voraussetzt, an der bereits Eigentum besteht.[278] Der vorgeschlagene Lösungsansatz sieht aber keine dingliche Berechtigung des Inhabers der Ausgangsdaten vor, sondern begründet eine Berechtigung des Herstellers der bearbeiteten neuen Daten.[279]

b) „Recht des Datenerzeugers" nach *Zech*

Zech plädiert für eine Einführung eines ausschließlichen Rechts des wirtschaftlich verantwortlichen „Datenerzeugers" („Recht des Datenerzeugers"[280]), welches an die Erzeugung von Daten bereits durch Aufnahme beziehungsweise durch Codierung anknüpft.[281] Nach *Zech* sprechen für ein gesetzgeberisches Handeln insbesondere die nachfolgend genannten Gesichtspunkte:[282] Erstens könne von der Gewährung eines Ausschließlichkeitsrechts an Daten ein Anreiz für die Entwicklung und den Einsatz von kostenaufwendigen Aufnahmetechniken ausgehen. Zwar begründe ein solches Recht keinen unmittelbaren Innovationsanreiz, da lediglich ein Anreiz zur Vergrößerung der Menge analysierbarer Daten geschaffen werde.[283] Dies erhöhe jedoch die Chance, die gewonnen Datenmassen auszuwerten oder auswerten zu lassen und könne jedenfalls mittelbar zu einer verstärkten Innovationstätigkeit durch Nutzung dieser Daten führen.[284] Zweitens könne die Gewährung eines übertragbaren Ausschließlichkeitsrechts als Anreiz dienen, potentiell nützliche Daten anderen Marktteilnehmern zur Analyse zur Verfügung zu stellen und so einen gesamtwirtschaftlichen Mehrwert zu erzeugen.[285] In dieselbe Richtung zielt das dritte Argument, wonach derjenige die Möglichkeit erwerbe, die Daten zu analysieren, der aus ihrer Analyse voraussichtlich den größten Nutzen ziehen und deshalb den höchsten Preis zahlen wird.[286] An dem Punkt, an dem nach dem Ansatz von *Ensthaler* noch eine Lücke ausgemacht wurde, bietet *Zech* deren Schließung dergestalt an, dass der wirtschaftlich verantwortliche Datenerzeuger bereits an den

277 *Ensthaler*, NJW 2016, 3473, (3477).
278 *Drexl*, NZKart 2017, 339 (341).
279 *Drexl*, NZKart 2017, 339 (341); *Ensthaler*, NJW 2016, 3473 (3476).
280 *Zech*, CR 2015, 137 ff.
281 *Zech*, CR 2015, 137 (146).
282 *Zech*, CR 2015, 137 (145 f.).
283 *Zech*, CR 2015, 137 (144).
284 *Zech*, CR 2015, 137 (145).
285 *Zech*, CR 2015, 137 (145).
286 *Zech*, CR 2015, 137 (145).

Ausgangsdaten originäres „Eigentum“ erlangen und ihm nicht erst ab dem Zeitpunkt der Datenanalyse ein Ausschließlichkeitsrecht an den neuen, ausgewerteten Daten zugesprochen werden soll.[287] Das vierte Argument liegt daher darin, dass mit der Zuweisung eines Ausschließlichkeitsrechts ein klarer Ausgangspunkt für vertragliche Regelungen geschaffen werden kann, sodass auf diese Weise die Datennutzung rechtlich – und nicht lediglich durch faktische Ausschließlichkeit – geregelt wäre.[288]

2. Originäres Immaterialgüterrecht *sui generis*

Fezer vertritt eine Theorie des immaterialgüterrechtlichen Eigentums an verhaltensgenerierten Daten der Bürger als Datenproduzenten und schlägt die Normierung eines originären Immaterialgüterrechts *sui generis* an verhaltensgenerierten Daten der Bürger nach dem Vorbild des allgemeinen Schutzsystems der Immaterialgüterrechte vor.[289] Ein solches Immaterialgüterrecht *sui generis* lasse das Eigentumsrecht an verhaltensgenerierten Daten selbstständig neben das Vertragsrecht und das Persönlichkeitsrecht treten.[290] Während sich der Normzweck des Datenschutzrechts an der persönlichkeitsrechtlichen Schutzbedürftigkeit einer Person orientiere, werde der Normzweck eines solchen neuen Immaterialgüterrechts nicht von dem Erfordernis eines Personenbezugs begrenzt, sondern allein vom „immaterialgüterrechtlichen Schutzzweck des Funktionseigentums an verhaltensgenerierten Daten“ bestimmt.[291] Dieses gewähre dem Nutzer als Datenproduzenten ein eigentumsrechtliches Abwehr- und Vermögensrecht.[292] Daraus könne zu Gunsten des Nutzers zum einen ein Einwilligungsvorbehalt abgeleitet werden. Zum anderen begründe sein vermögensrechtlicher Charakter eine Ausgleichspflicht zwischen dem Nutzer als Rechtsinhaber der Informationsdaten und dem Unternehmen, dessen Geschäftsmodell die kommerzielle Vermarktung der verhaltensgenerierten Daten ist.[293] Dieser Lösungsvorschlag, bei dem verhaltensgenerierte Daten den Regelungsgegenstand bilden, gehe insofern über die bisher dargestellte Diskussion eines Zuweisungsrechts an Maschinendaten hinaus, als diese

287 Vgl. *Drexl*, NZKart 2017, 339 (341).
288 *Zech*, CR 2015, 137 (145).
289 *Fezer*, ZD 2017, 99 (99, 103); vgl. *Fezer*, MMR 2017, 3 (3 ff.).
290 *Fezer*, ZD 2017, 99 (101); vgl. *Drexl*, NZKart 2017, 339 (340).
291 *Fezer*, ZD 2017, 99 (101).
292 *Fezer*, ZD 2017, 99 (102).
293 *Fezer*, ZD 2017, 99 (102).

den verhaltensgenerierten Daten zeitlich nachgelagert seien.[294] Im Gegensatz zu Maschinendaten seien verhaltensgenerierte Personendaten auf ein Verhalten einer Person zurückzuführen.[295] Wird das Eigentumsrecht auf die zeitlich nachgelagerten Maschinendaten beschränkt, so gehe das Bürgerrecht an den Daten verloren.[296] Das Dateneigentum als Abwehr- und Vermögensrecht des Nutzers solle jedoch selbst durch Anonymisierung der Personendaten nicht verloren gehen.[297] Für die Umsetzung dieses weitreichenden Vorschlags sieht *Fezer* einen Handlungsbedarf des mitgliedstaatlichen und des unionsrechtlichen Gesetzgebers begründet.[298] An dieser Stelle sei bereits vorweggenommen, dass sich die EU-Kommission mit dem *Data Act* gegen den berechtigten Vorschlag eines Immaterialgüterrechts *sui generis* an Daten entschieden hat, vielmehr soll sich der rechtliche Umgang mit Daten durch vertragliche Zugangs- und Nutzungsrechte gestalten.

III. Ausblick: europäisches Datenrecht

Im Folgenden wird geklärt, ob eine Zuordnung von Daten auf Grundlage des *Data Governance Act* (dazu 1.) und perspektivisch eines *Data Act* (dazu 2.) erfolgen kann.

1. *Data Governance Act*

Die am 23. Juni 2022 in Kraft getretene Verordnung über europäische Daten-*Governance*[299] soll die Frage, welche gesetzlichen Regeln dabei unterstützen können, dass Unternehmen die festgestellte Zurückhaltung beim Datenteilen überwinden können, beantworten. Dabei basiert das Daten-*Governance*-Gesetz auf der Annahme, dass der Umgang mit Daten über Datenzugangs- und Datennutzungsrechte zu regeln sei, wobei die Überlegungen zur Schaffung von Ausschließlichkeitsrechten an Daten theoretischer Natur blieben.[300]

Die Verordnung sieht Sonderregeln für Informationen der öffentlichen Hand vor, damit die in einigen Bereichen des öffentlichen Sektors erhobenen Daten besser

294 *Fezer*, ZD 2017, 99 (104).
295 *Fezer*, ZD 2017, 99 (101).
296 *Fezer*, ZD 2017, 99 (104).
297 *Fezer*, ZD 2017, 99 (102).
298 *Fezer*, ZD 2017, 99 (102).
299 VO (EU) 2022/868 (DGA).
300 Vgl. *Richter*, ZEuP 2021, 634 (639).

genutzt werden können.[301] Mit dem Daten-*Governance*-Gesetz wird zudem ein Rahmen zur Förderung des Geschäftsmodells der Datenvermittlungsdienste geschaffen.[302] Art. 12 DGA legt dabei die Regeln fest, nach denen ein vertrauenswürdiges Umfeld für die Nutzung von Daten geschaffen wird. Die Erbringung von Diensten für die gemeinsame Datennutzung unterliegt beispielsweise der Bedingung der Neutralität der Anbieter. Das bedeutet, dass diese lediglich als Mittler tätig werden dürfen und die weitergegebenen Daten nicht für andere Zwecke verwenden dürfen, damit Unternehmen, die Daten teilen, nicht den Verlust eines Wettbewerbsvorteils befürchten müssen.[303] Zudem unterliegt die Erbringung der Vermittlungsdienste nach Art. 10 DGA einem Anmeldeverfahren. Das Daten-*Governance*-Gesetz verankert darüber hinaus Regelungen zum sog. Datenaltruismus.[304]

2. Vorschlag für einen *Data Act*

Nach dem Daten-*Governance*-Gesetz hat die EU-Kommission am 23. Februar 2022 als zweite große Gesetzgebungsinitiative der europäischen Datenstrategie einen Vorschlag für einen *Data Act* vorgelegt.[305] Dieser zielt darauf ab, „eine gerechte Verteilung der Wertschöpfung aus Daten auf die Akteure der Datenwirtschaft zu gewährleisten und den Datenzugang und die Datennutzung zu fördern".[306]

Diesem übergeordneten Zweck werden fünf spezifische Ziele zugeordnet:[307] Die Regelungen in den Art. 3 bis 13 DA-E sind auf die Erleichterung des Datenzugangs und der Datennutzung für Verbraucher und Unternehmen bei gleichzeitiger Aufrechterhaltung von Anreizen für Investitionen in die Wertschöpfungskette durch Daten ausgerichtet.[308] Dem Ziel, öffentlichen Stellen, in bestimmten Situationen, in denen eine außergewöhnliche Notwendigkeit dafür besteht, die Nutzung von im Besitz von Unternehmen befindlichen Daten zu ermöglichen, dienen die Regelungen der Art. 14 bis 22 DA-E.[309] Die Art. 23 bis 26 DA-E bezwecken für Kunden eine

---

301 Art. 3 bis 9 VO (EU) 2022/868 (DGA).

302 Art. 10 bis 15 VO (EU) 2022/868 (DGA).

303 Art. 12 Nr. 1 VO (EU) 2022/868 (DGA) i.V.m. Erwägungsgrund Nr. 33.

304 Art. 16 bis 25 VO (EU) 2022/868 (DGA); Legaldefinition in Art. 2 Nr. 16 VO (EU) 2022/868 (DGA).

305 EU-Kommission, Pressemitteilung vom 23.02.2022, abrufbar unter: https://ec.europa.eu/commission/presscorner/detail/de/ip_22_1113, Seite zuletzt abgerufen am 26.10.2022.

306 EU-Kommission, „Datengesetz", COM(2022) 68 final, Begründung S. 3.

307 EU-Kommission, „Datengesetz", COM(2022) 68 final, Begründung S. 3 ff.

308 EU-Kommission, „Datengesetz", COM(2022) 68 final, Begründung S. 3; *Gerpott*, CR 2022, 271 (272).

309 EU-Kommission, „Datengesetz", COM(2022) 68 final, Begründung S. 3 f.; vgl. zur Regelung der behördlichen Datenabfragen bei Unternehmen: *Schaller/Zurawski*, Staatlicher Kompetenzaufwuchs im Data-Act-Entwurf, ZD-Aktuell 2022, 01169.

Erleichterung des Wechsels zwischen Cloud- und Edge-Diensten, mithin zwischen Anbietern, die von mehreren Anwendern in Echtzeit zur Verarbeitung von Daten nutzbare Rechenressourcen als digitalen Dienst bereitstellen.[310] Art. 27 DA-E zielt darauf ab, dass Schutzvorkehrungen gegen die unrechtmäßige Datenübermittlung implementiert werden.[311] Schließlich wird das Ziel der Schaffung von Voraussetzungen für die Entwicklung von Interoperabilitätsstandards für Daten, die von anderen Sektoren weiterverwendet werden sollen, mit den Regelungen der Art. 28 bis 30 DA-E verfolgt.[312]

Im Folgenden wird allein das erstgenannte Ziel der Stärkung des Datenzugangs und der Datennutzung erörtert. Der von der EU-Kommission gewählte Weg, in der Datenwirtschaft mittels der Gewährung von Zugang zu Daten zu operieren, wird näher betrachtet werden (dazu a) bis e)). Abschließend wird zu einzelnen Aspekten des Gesetzesentwurfs Stellung genommen (dazu f)).

a) Anwendungsbereich: Nutzungsgenerierte Rohdaten

Der Anwendungsbereich der Regelungen zur Datenzugangsgewährung und Datennutzung nach den Art. 3 bis 13 DA-E wird durch die Definitionen nach Art. 2 DA-E sowie die Erwägungsgründe Nr. 14 bis 18, 20 und 22 festgelegt.[313]

aa) Bei der Nutzung von IoT-Produkten erzeugte Daten

Die Pflicht zur Zugänglichmachung von bei der Nutzung von Produkten erzeugten Daten bezieht sich nach Art. 2 Nr. 2 DA-E auf körperliche bewegliche Gegenstände, die erstens auch in einem unbeweglichen Gegenstand enthalten sein können, beispielsweise als Teil einer Fertigungshalle,[314] zweitens Daten über ihre Nutzung oder Umgebung erlangen, erzeugen oder sammeln und Daten über einen öffentlich zugänglichen elektronischen Kommunikationsdienst übermitteln können und drittens deren Hauptfunktion nicht die Speicherung und Verarbeitung von Daten ist. Die Vernetzung der soeben beschriebenen physischen Produkte wird regelmäßig als das Internet der Dinge beziehungsweise *Internet-of-Things* (i.F.: IoT) bezeichnet.[315]

Davon abzugrenzen sind Produkte, die vorrangig dazu bestimmt sind, Inhalte anzuzeigen, abzuspielen oder diese aufzuzeichnen und zu übertragen. Diese Geräte

---

310 EU-Kommission, „Datengesetz", COM(2022) 68 final, Begründung S. 4; *Gerpott*, CR 2022, 271 (272 f.).

311 EU-Kommission, „Datengesetz", COM(2022) 68 final, Begründung S. 4.

312 EU-Kommission, „Datengesetz", COM(2022) 68 final, Begründung S. 4; *Gerpott*, CR 2022, 271 (273).

313 *Gerpott*, CR 2022, 271 (274).

314 *Gerpott*, CR 2022, 271 (274).

315 EU-Kommission, „Datengesetz", COM(2022) 68 final, Erwägungsgrund Nr. 14.

fallen nicht in den Anwendungsbereich des *Data Act*, denn Daten werden durch bewusste Eingaben von Menschen erzeugt.[316] Damit können insbesondere die durch die Nutzung von Smartphones, Scannern und Kameras erzeugten Daten nicht Gegenstand eines Datenzugangs- oder Datennutzungsrechts sein.[317]

bb) Bei der Nutzung von verbundenen Diensten erzeugte Daten

Die Pflicht zur Zugänglichmachung von bei der Nutzung von verbundenen Diensten erzeugten Daten bezieht sich nach Art. 2 Nr. 3 DA-E auf digitale Dienste, einschließlich Software, die so in ein Produkt integriert oder so mit ihm verbunden sind, dass das Produkt bei Fehlen des Dienstes eine seiner Funktionen nicht erfüllen könnte. Diese verbundenen Dienste können selbst, unabhängig von den Datenerhebungsmöglichkeiten des Produktes, mit dem sie verbunden sind, wertvolle Daten erzeugen.[318] Damit dürften beispielsweise Daten, die bei der Nutzung von Zusatzsoftware, die autonomes Fahren vernetzter Autos ermöglicht, erzeugt werden, Gegenstand eines Datenzugangs- und Datennutzungsrechts sein.

cc) Keine abgeleiteten Daten

Die Datenzugangsgewährung erfolgt nach den Erwägungen der EU-Kommission unter der Vorgabe, dass Daten nur in der Form und dem Format zugänglich sein müssen, in denen sie vom Produkt erzeugt wurden. Damit ist der Zugang zu abgeleiteten Daten ausgeschlossen.[319]

b) Normadressaten

Der Gesetzesentwurf bestimmt Rechte und Pflichten im Rahmen des Datenzugangs und der Datennutzung für Nutzer, Dateninhaber und Datenempfänger. Jede dieser drei Gruppen soll angemessen an den Vorteilen, die aus nutzungsgenerierten Daten erwachsen, partizipieren.[320]

aa) Nutzer

Der Begriff des Nutzers bezeichnet nach Art. 2 Nr. 5 DA-E eine natürliche oder juristische Person, die ein IoT-Produkt besitzt, mietet oder least oder eine Dienst-

---

316 EU-Kommission, „Datengesetz", COM(2022) 68 final, Erwägungsgrund Nr. 15; *Gerpott*, CR 2022, 271 (274).

317 EU-Kommission, „Datengesetz", COM(2022) 68 final, Erwägungsgrund Nr. 15.

318 EU-Kommission, „Datengesetz", COM(2022) 68 final, Erwägungsgrund Nr. 16.

319 EU-Kommission, „Datengesetz", COM(2022) 68 final, Erwägungsgrund Nr. 17.

320 *Gerpott*, CR 2022, 271 (275).

leistung in Anspruch nimmt. Der Fahrer eines vernetzten Autos soll damit Nutzer im Sinne des Gesetzesentwurfs sein. Solch ein Nutzer trägt die Risiken und genießt die Vorteile der Nutzung des vernetzten Produktes und soll deshalb nach den Erwägungen der EU-Kommission auch Zugang zu den von ihm erzeugten Daten haben.[321]

bb) Dateninhaber

Als Dateninhaber bezeichnet der Gesetzesentwurf nach Art. 2 Nr. 6 DA-E eine juristische oder natürliche Person, die berechtigt oder verpflichtet beziehungsweise in der Lage ist, bestimmte Daten bereitzustellen. Dateninhaber sind damit in der Regel die Hersteller vernetzter Produkte, mithin auch ein Fahrzeughersteller.[322]

cc) Datenempfänger

Datenempfänger i. S. d. Art. 2 Nr. 7 DA-E ist eine natürliche oder juristische Person, die nicht Nutzer ist und der bestimmte Daten seitens des Dateninhabers, zum Beispiel aufgrund einer Nutzeraufforderung, für einen nicht rein privaten Verwendungszweck zugänglich gemacht werden.[323]

c) Datenzugang und Datennutzung

Ausweislich des Erwägungsgrundes Nr. 5 soll der Gesetzesentwurf sicherstellen, dass die Nutzer eines Produktes in der Union zeitnah auf die Daten zugreifen können, die bei der Nutzung dieses Produktes anfallen, und dass diese Nutzer die Daten verwenden und auch an Dritte ihrer Wahl weitergeben können.[324] Der Gesetzesentwurf sieht damit keine allgemeinen Zugangsrechte vor, sondern begründet ein Datenzugangs- und Datennutzungsrecht für den Nutzer des datengenerierenden IoT-Produktes und ermöglicht Dritten einen nutzerakzessorischen Datenzugang.[325] Damit stellt der *Data Act* die vertraglichen Beziehungen zwischen den Akteuren in den Mittelpunkt.[326]

321 EU-Kommission, „Datengesetz", COM(2022) 68 final, Erwägungsgrund Nr. 18.
322 Vgl. *Kerber*, Governance of IoT Data: Why the EU Data Act will not fulfill its objectives, S. 6; *Klink-Straub/Straub*, ZD-Aktuell 2022, 01076.
323 Vgl. *Gerpott*, CR 2022, 271 (275).
324 EU-Kommission, „Datengesetz", COM(2022) 68 final, Erwägungsgrund Nr. 5.
325 *Bomhard/Merkle*, RDi 2022, 168 (171); *Hennemann/Steinrötter*, NJW 2022, 1481 (1481).
326 *Hennemann/Steinrötter*, NJW 2022, 1481 (1481 f.).

aa) Datenzugang und Datennutzung für Nutzer von IoT-Produkten

Art. 4 DA-E vermittelt Nutzern von IoT-Produkten weitreichende Zugangsrechte bezüglich der durch ihre Produktnutzung generierten personen- und nicht-personenbezogenen Daten.[327] Dieser Mechanismus gilt unabhängig davon, ob der Nutzer eine natürliche oder eine juristische Person ist.[328]

Die Datenbereitstellung durch den Hersteller des vernetzten Produktes soll dabei unter Beachtung bestimmter Regeln erfolgen:[329] Art. 4 Abs. 1 DA-E bestimmt insbesondere für den Fall, dass ein Nutzer nicht direkt vom vernetzten Produkt aus auf die nutzungsgenerierten Daten zugreifen kann, dass der Dateninhaber ihm diese auf dessen Verlangen unverzüglich, kostenlos und gegebenenfalls kontinuierlich und in Echtzeit auf elektronischem Wege zugänglich machen muss. Zudem verpflichtet Art. 4 Abs. 2 und 3 DA-E den Dateninhaber, Nutzern keine Identitätsfeststellungshürden aufzuerlegen und notwendige Maßnahmen zur Wahrung von Geschäftsgeheimnissen, insbesondere von Drittparteien, zu ergreifen.[330] Weiter darf der Nutzer nach Art. 4 Abs. 4 DA-E die auf sein Verlangen erlangten Daten nicht zur Entwicklung eines Produktes nutzen, das mit dem Produkt, von dem die Daten stammen, im Wettbewerb steht. Art. 4 Abs. 5 DA-E begründet ferner für den Dateninhaber die Pflicht, personenbezogene Daten, die sich nicht ausschließlich auf den Nutzer beziehen, nur im Einklang mit der DSGVO zugänglich zu machen.

bb) Nutzerakzessorischer Datenzugang

Mit dem soeben beschriebenen Recht auf Datenzugang ist ein Recht des Nutzers auf Datenteilen verbunden: Art. 5 Abs. 1 DA-E verpflichtet den Dateninhaber, auf Verlangen des Nutzers die nutzungsgenerierten Daten einem Dritten unverzüglich, für den Nutzer kostenlos, in derselben Qualität, die auch dem Dateninhaber zur Verfügung steht, und gegebenenfalls kontinuierlich und in Echtzeit bereitzustellen. Diese Regulierungsmaßnahme soll dazu dienen, die Entwicklung neuer, innovativer Produkte oder verbundener Dienste zu fördern und Innovationen auf den Anschlussmärkten voranzutreiben sowie die Entwicklung völlig neuartiger Dienste – auf der Grundlage von Daten aus einer Vielzahl von Produkten oder verbundenen Diensten – anzuregen.[331] Rein praktisch wird dem Nutzer die Möglichkeit eröffnet,

---

327 *Gerpott*, CR 2022, 271 (276).

328 Vgl. EU-Kommission, „Datengesetz", COM(2022) 68 final, Erwägungsgrund Nr. 18; Art. 2 Nr. 5 DA-E.

329 *Gerpott*, CR 2022, 271 (276).

330 *Gerpott*, CR 2022, 271 (276).

331 EU-Kommission, „Datengesetz", COM(2022) 68 final, Erwägungsgrund Nr. 28.

beispielsweise Dienstleistungen wie Reparatur- oder Beratungsdienstleistungen anderer Unternehmen in Anspruch zu nehmen.[332]

Als wettbewerbspolitisch besonders interessant dürfte Art. 5 Abs. 2 DA-E anzusehen sein. Diese Vorschrift verbietet es Nutzern, sehr große Akteure, die von der EU-Kommission als *Gatekeeper* benannt wurden, als Drittpartei für die Weiterverwendung ihrer nutzungsgenerierten Daten auszuwählen.[333]

Art. 6 DA-E regelt Pflichten, die dem datenempfangenden Dritten auferlegt werden.

d) Datennutzung durch den Dateninhaber

In Art. 4 Abs. 6 S. 1 DA-E trifft der *Data Act* eine interessante Aussage:

> Der Dateninhaber darf nicht personenbezogene Daten, die bei der Nutzung eines Produktes oder verbundenen Dienstes erzeugt werden, nur auf der Grundlage einer vertraglichen Vereinbarung mit dem Nutzer nutzen.

Das bedeutet, dass Hersteller vernetzter Produkte nicht-personenbezogene Nutzungsdaten nur noch verwenden dürfen, soweit der jeweilige Nutzer zugestimmt hat. Die Verwendung von Daten durch den Dateninhaber setzt mithin eine vertragliche Vereinbarung, konkret den Abschluss eines Datenlizenzvertrages, mit dem Nutzer voraus.[334] Die EU-Kommission hat sich folglich dagegen entschieden, zugunsten des Dateninhabers ein neues Recht an Daten zu etablieren. Dem Hersteller einer datengenerierenden Maschine kommt *de jure* kein Recht an den Daten zu.[335] Vielmehr dient diese Vorschrift dem Schutz der wirtschaftlichen Interessen des Nutzers, indem dieser mehr Kontrolle über die Nutzungsdaten gewinnt. Die Einwilligung des Nutzers in die Verwendung der Daten ist ausnahmslos zwingend erforderlich. Damit sind nutzungsgenerierte nicht-personenbezogene Daten strenger geschützt als personenbezogene Daten, deren Verarbeitung unter den Voraussetzungen des Art. 6 Abs. 1 lit. b bis f DSGVO auch ohne Einwilligung der betroffenen Person möglich ist.[336]

Die Nutzungsmöglichkeiten des Dateninhabers reichen so weit wie mit dem Nutzer vereinbart, wobei der Zweck, für den der Dateninhaber die Daten zu ver-

---

332 *Ensthaler/Üge*, BB 2022, 2051 (2054).

333 Vgl. EU-Kommission, „Datengesetz", COM(2022) 68 final, Erwägungsgrund Nr. 36.

334 *Hennemann/Steinrötter*, NJW 2022, 1481 (1483).

335 *Kerber*, Governance of IoT Data: Why the EU Data Act will not fulfill its objectives, S. 7.

336 *Bomhard/Merkle*, RDi 2022, 168 (174).

wenden beabsichtigt, aus der vertraglichen Vereinbarung zwischen dem Nutzer und dem Dateninhaber transparent hervorgehen muss.[337]

e) Bedingungen des Datenzugangs und der Datennutzung

aa) Nichtdiskriminierungsanforderung

Art. 8 Abs. 1 DA-E enthält eine Verpflichtung des Dateninhabers, einem Datenempfänger Daten zu fairen, angemessenen und nichtdiskriminierenden Bedingungen und in transparenter Weise zur Verfügung zu stellen,[338] wobei dem Dateninhaber nach Absatz 3 die Pflicht obliegt, nachzuweisen, dass dies diskriminierungsfrei erfolgt. Daraus ergibt sich für den Dateninhaber, der beispielsweise nach Art. 5 Abs. 1 DA-E verpflichtet ist, einem konkreten Datenempfänger Daten zur Verfügung zu stellen, ein Kontrahierungszwang unter den sog. FRAND-Bedingungen („*fair, reasonable and non-discriminatory terms*“).[339] Damit sollen strukturelle Ungleichgewichte zulasten des Datenempfängers ausgeglichen werden.[340]

bb) Vertragliche Zugangsgewährung

Die Datenzugangs- und Datennutzungsrechte sind in die bestehenden vertraglichen Beziehungen zwischen Dateninhaber und Nutzer eingebettet. Grundvoraussetzung ist die Nutzung eines IoT-Produktes oder eines damit zusammenhängenden Dienstes auf vertraglicher Grundlage, in dessen Zusammenhang Nutzungsdaten generiert werden.[341] Nach den Erwägungen der EU-Kommission soll es den Parteien gemäß dem Grundsatz der Vertragsfreiheit freistehen, die Bedingungen für die Datenbereitstellung auszuhandeln.[342] Die EU-Kommission hat sich mit dem *Data Act* also dafür entschieden, dass Datenzugang und Datennutzung auf der Basis von vertraglichen Vereinbarungen zu gewähren sind. Dies hat zur Folge, dass das Recht auf Zugang zu und der Nutzung von Daten aufgrund der Relativität der Schuldverhältnisse als ein relatives Recht, das lediglich *inter partes* wirkt, ausgestaltet ist.

---

337 EU-Kommission, „Datengesetz“, COM(2022) 68 final, Erwägungsgrund Nr. 24.
338 EU-Kommission, „Datengesetz“, COM(2022) 68 final, Erwägungsgrund Nr. 5.
339 *Bomhard/Merkle*, RDi 2022, 168 (171).
340 *Hennemann/Steinrötter*, NJW 2022, 1481 (1482).
341 *Hennemann/Steinrötter*, NJW 2022, 1481 (1483).
342 EU-Kommission, „Datengesetz“, COM(2022) 68 final, Erwägungsgrund Nr. 39.

cc) Vergütung für die Datenbereitstellung

Art. 9 Abs. 1 DA-E erlaubt es dem Dateninhaber, mit dem Datenempfänger – insbesondere mit einem vom Nutzer eines vernetzten Produktes autorisierten Dritten – eine angemessene Vergütung für die Datenbereitstellung vertraglich zu vereinbaren. Mit dieser Regelung bezweckt die EU-Kommission, Anreize für Dateninhaber zu schaffen, weiter in die Generierung wertvoller Daten vernetzter Produkte zu investieren.[343] Gleichzeitig hat die EU-Kommission die – mit vorstehendem Ziel kaum in Einklang zu bringende – Vorgabe gemacht, dass die Gegenleistung nicht als Bezahlung für die Daten selbst verstanden werden soll, sondern im Fall von Kleinstunternehmen sowie kleinen und mittleren Unternehmen als Ausgleich für die Kosten und Investitionen, die für die Bereitstellung der Daten erforderlich sind, dient.[344] Diese Erwägung findet sich in der Regelung des Art. 9 Abs. 2 DA-E wieder, welche ausschließt, dass Datenhalter aus der Erfüllung ihrer Verpflichtung, Datenzugang und Datennutzung zu gewähren, Gewinne erwirtschaften können, sofern die Daten höchstens mittelgroßen Datenempfängern zugänglich gemacht werden.

f) Stellungnahme

Die EU-Kommission ist dem Umstand, dass die Hersteller vernetzter IoT-Produkte sich faktisch durch die technische Ausgestaltung der Produkte den alleinigen Zugang zu Daten vorbehalten, so begegnet, dass die Rolle des Nutzers des jeweiligen Produktes deutlich gestärkt wurde. Nach dem Gesetzesentwurf zum *Data Act* sollen neue Rechte für die Nutzer von IoT-Geräten dahingehend etabliert werden, dass diese Zugang zu den durch die Nutzung dieser Produkte generierten Daten haben und die Zugangsgewährung zugunsten Dritter veranlassen können. Auf einzelne Facetten dieses Regelungsansatzes wird im Folgenden näher eingegangen.

aa) Unklarheit beim Gegenstand des Zugangsanspruchs

Bei flüchtiger Beurteilung scheint der Anwendungsbereich des *Data Act* mit Blick auf Nutzungsdaten relativ weit zu sein. Welche Daten im konkreten Einzelfall indes „bei der Nutzung eines Produktes oder verbundenen Dienstes erzeugte[n] Daten" i.S.v. Art. 4 Abs. 1 DA-E sein sollen und welcher Zusammenhang zwischen der Nutzung und den Daten bestehen soll, bleibt unklar.[345] Die sich zunächst aufdrängende Frage, wie mit Daten, die erfasst werden, während das Produkt gerade nicht

---

343 EU-Kommission, „Datengesetz", COM(2022) 68 final, Erwägungsgrund Nr. 42; *Gerpott*, CR 2022, 271 (278).

344 EU-Kommission, „Datengesetz", COM(2022) 68 final, Erwägungsgrund Nr. 42; *Gerpott*, CR 2022, 271 (278).

345 *Bomhard/Merkle*, RDi 2022, 168 (170).

aktiv genutzt wird, umzugehen ist, beantwortet Erwägungsgrund Nr. 17. Dieser stellt klar, dass der Gesetzesentwurf einerseits solche Daten erfassen soll, deren Aufzeichnung vom Nutzer intendiert wurde, anderseits aber auch solche Daten, die als Nebenprodukt von Nutzeraktionen anfallen. Darüber hinaus sollen Daten, die ohne jegliche Nutzeraktion – zum Beispiel, wenn sich das Produkt im Bereitschaftszustand befindet – erzeugt werden, sowie Daten, die aufgezeichnet werden, während das Produkt ausgeschaltet ist, vom Anwendungsbereich des *Data Act* erfasst werden.[346] Unklarheit bleibt bezüglich der Beantwortung der Frage, ob die beispielsweise von einem Auto generierten Daten dieses selbst betreffen müssen oder ob auch Daten, die sich nur auf die Fahrzeugumgebung beziehen, vom Anwendungsbereich erfasst sein sollen. So dürften die Daten über die Motorendrehzahl ohne Weiteres als Nutzungsdaten einzustufen sein. Auch die Daten über die Aktivität der Scheibenwischer zu einer bestimmten Zeit an einem bestimmten Ort dürften sich aus der Nutzung des Fahrzeugs selbst ergeben. Dagegen dürfte die Subsumtion beispielsweise von Daten über die das Fahrzeug umgebende Außentemperatur unter den Begriff der Nutzungsdaten schwerfallen.[347] Nutzungsdaten im Sinne des *Data Act* sind zudem von abgeleiteten Daten abzugrenzen.[348] Schwierigkeiten bei der Abgrenzung von Primär- und Sekundärdaten können sich dabei insbesondere beim Einsatz von künstlicher Intelligenz ergeben.[349]

bb) Beschränkung auf von IoT-Produkten generierte Daten

Gegenstand des Zugangsanspruchs nach Art. 4 Abs. 1 DA-E sollen nur solche Daten sein, die bei der Nutzung von IoT-Produkten generiert werden. Damit dürfte der Großteil der Daten vernetzter Fahrzeuge vom Anwendungsbereich des *Data Act* erfasst sein, da das vernetzte Fahrzeug in Bezug auf die Kommunikation mit anderen vernetzten Autos oder mit vernetzter Infrastruktur oder bezüglich der Möglichkeit, Softwareupdates *„over the air"* zu erhalten, Navigationsdienstleitungen durchzuführen oder Bezahlvorgänge selbst durchzuführen, ein Teil des Internets der Dinge ist.[350]

Unklar bleibt, wie mit Daten umzugehen ist, die in einem an sich vernetzten Produkt generiert werden, selbst aber nicht standardmäßig über einen öffentlich zugänglichen elektronischen Kommunikationsdienst übermittelt werden, sondern beispielsweise aus Sicherheitsgründen lokal ausgelesen werden müssen. Offen ist

346 EU-Kommission, „Datengesetz", COM(2022) 68 final, Erwägungsgrund Nr. 17.
347 Vgl. *Bomhard/Merkle*, RDi 2022, 168 (170).
348 EU-Kommission, „Datengesetz", COM(2022) 68 final, Erwägungsgrund Nr. 17.
349 *Bomhard/Merkle*, RDi 2022, 168 (170).
350 *Ensthaler/Üge*, BB 2022, 2051 (2053).

auch, warum Messdaten nicht vernetzter Produkte vom Anwendungsbereich ausgenommen sein sollen und wie mit diesen im Lichte des *Data Act* umgegangen werden müsste.

cc) Exklusivrechte des Nutzers

Der *Data Act* beantwortet die viel diskutierte Frage, wem die Daten „gehören", nicht. Er begründet kein Eigentumsrecht an Daten.[351] Die EU-Kommission hat sich dagegen entschieden, Daten güterrechtlich einem Akteur zuzuordnen. Vielmehr wurde der Weg über vertragliche Zugangs- und Nutzungsrechte zugunsten des Nutzers und berechtigter Dritter gewählt.[352] Dem Nutzer soll jedoch eine gewisse Exklusivitätsstellung gewährt werden, indem diesem gemäß Art. 4 Abs. 6 DA-E die Möglichkeit eingeräumt werden soll, den Dateninhaber von der Nutzung der nicht-personenbezogenen Nutzungsdaten auszuschließen, indem er die Datennutzung nicht oder nicht bedingungslos gestattet.[353] Hätte der Nutzer darüber hinaus die Möglichkeit der zivilrechtlichen Durchsetzung von Ansprüchen aus einer unbefugten Nutzung durch den Dateninhaber, so käme ihm eine eigentümerähnliche Stellung zu.[354] Hierzu schweigt der Gesetzesentwurf jedoch.

Die Entscheidungskompetenzen des Nutzers sollten indes nicht überbewertet werden. Zwar benötigt selbst der Dateninhaber die Einwilligung des Nutzers in die Verwendung der Daten, doch untersagt der *Data Act* nicht, die Erteilung einer solchen Zustimmung zur Bedingung des Verkaufs des datengenerierenden IoT-Produktes zu machen.[355] Einer entsprechenden einseitigen Vorgabe scheint auch die Richtlinie über missbräuchliche Klauseln in Verbraucherverträgen (i.F.: Klauselrichtlinie) [356] nicht entgegenzustehen. Anhand der – vom *Data Act* unberührten[357] – Klauselrichtlinie ist zwar eine AGB-Kontrolle von Verbraucherverträgen vorzunehmen.[358] Die die Erlaubniserteilung der Datennutzung regelnde Klausel dürfte nach Art. 4 Abs. 2 RL 93/13/EWG indes nicht von der Beurteilung der Missbräuchlichkeit der Klausel betroffen sein, wenn es sich hierbei um die Hauptleis-

351 *Specht-Riemenschneider*, ZRP 2022, 137 (137); *Ensthaler/Üge*, BB 2022, 2051 (2055).
352 Vgl. *Hennemann/Steinrötter*, NJW 2022, 1481 (1481).
353 *Bomhard/Merkle*, RDi 2022, 168 (175); *Hennemann/Steinrötter*, NJW 2022, 1481 (1483).
354 *Bomhard/Merkle*, RDi 2022, 168 (175); vgl. *Kerber*, Governance of IoT Data: Why the EU Data Act will not fulfill its objectives, S. 3.
355 *Kerber*, Governance of IoT Data: Why the EU Data Act will not fulfill its objectives, S. 20 f.; *Podszun/Pfeifer*, GRUR 2022, 953 (956); *Specht-Riemenschneider*, MMR 2022, 809 (809).
356 Richtlinie 93/13/EWG des Rates vom 5. April 1993 über mißbräuchliche Klauseln in Verbraucherverträgen, ABl. Nr. L 95/29 (i.F.: Klausel-Richtlinie).
357 EU-Kommission, „Datengesetz", COM(2022) 68 final, Erwägungsgrund Nr. 9, 26, 40.
358 *Staudenmayer*, EuZW 2022, 596 (597).

tungspflicht des Nutzers im Rahmen eines Datenlizenzvertrages handelt.[359] Unter der Prämisse, die Einwilligung in die Datennutzung stelle eine Nebenleistungspflicht des Vertrages über das datengenerierende IoT-Produkt dar, dürfte die Vorgabe der Erteilung einer Einwilligung in die Verwendung der Daten nicht *per se* als missbräuchlich einzustufen sein, zumal die EU-Kommission den Einwilligungsvorbehalt im *Data Act* nicht näher konturiert hat und im Gesamtkontext des Entwurfs davon auszugehen scheint, dass der Nutzer seine Einwilligung sowieso erteilen wird. Die Formulierung im Rahmen der Begründung des *Data Act*, wonach die Einschränkung der Vertragsfreiheit dadurch abgemildert werde, dass der Hersteller die Daten weiterhin ebenfalls nutzen könne, sofern die Nutzung im Einklang mit der Vereinbarung mit dem Nutzer steht, legt diese Interpretation nahe.[360]

dd) Faktische Exklusivität des Dateninhabers

Während dem Nutzer auf der einen Seite weitreichende Kompetenzen vermittelt werden sollen, scheint es auf der anderen Seite so, als ob die Voraussetzungen für eine technisch faktische Exklusivitätsstellung des Dateninhabers rechtlich verankert werden sollen.[361] Ausgangspunkt ist die Kontrolle, die der Dateninhaber tatsächlich oder rechtlich über Daten, die durch Produkte oder verbundene Dienste erzeugt werden, ausübt.[362] Letztlich ist die faktische Exklusivitätsstellung ausschlaggebend für die realen Datennutzungsmöglichkeiten, die mittels des *Data Act* mit rechtlichen Befugnissen unterlegt werden.[363]

Weder das Datenzugangsrecht nach Art. 4 DA-E noch das akzessorische Datenzugangsrecht gemäß Art. 5 DA-E setzen voraus, dass seitens des Dateninhabers eine Datenkopie übermittelt wird. Vielmehr soll es ausweislich des Erwägungsgrundes Nr. 21 genügen, dass die datengenerierenden Produkte so konzipiert sind, dass bestimmte Daten direkt von einem Datenspeicher auf dem IoT-Gerät oder von einem entfernten Server, an den die Daten übermittelt werden, bereitgestellt werden.[364] Solch ein sog. „*in-situ*-Datenzugriff" ermöglicht, dass der Dateninhaber die technische Kontrolle über die Daten behält und nimmt dem Nutzer und Dritten die Option, Daten ohne Weiteres mit anderen Daten zu kombinieren.[365] Die EU-Kommission scheint diese Ausgestaltung der Datenzugangsgewährung mit Blick auf den

---

359 *Specht-Riemenschneider*, MMR 2022, 809 (809).

360 EU-Kommission, „Datengesetz", COM(2022) 68 final, Begründung S. 16; *Kerber*, Governance of IoT Data: Why the EU Data Act will not fulfill its objectives, S. 20.

361 *Specht-Riemenschneider*, ZRP 2022, 137 (137); *Ensthaler/Üge*, BB 2022, 2051 (2055).

362 EU-Kommission, „Datengesetz", COM(2022) 68 final, Erwägungsgrund Nr. 5.

363 *Specht-Riemenschneider*, ZRP 2022, 137 (137).

364 EU-Kommission, „Datengesetz", COM(2022) 68 final, Erwägungsgrund Nr. 21.

365 *Kerber*, Governance of IoT Data: Why the EU Data Act will not fulfill its objectives, S. 9.

Datenschutz und die Datensicherheit sogar zu präferieren, wie Erwägungsgrund Nr. 8 nahelegt. Danach soll neben der Pseudonymisierung und der Verschlüsselung zum Schutze der Grundrechte des Einzelnen „zunehmend verfügbare[r] Technik, die es ermöglicht, Algorithmen direkt am Ort der Datenerzeugung einzusetzen und wertvolle Erkenntnisse zu gewinnen, ohne dass die Daten zwischen den Parteien übertragen bzw. die Rohdaten oder strukturierten Daten selbst unnötig kopiert werden," zum Einsatz kommen.[366]

ee) Schutz gegen unberechtigte Nutzung und Offenlegung

Zudem soll Art. 11 DA-E umfassende Rechte zugunsten des Dateninhabers vermitteln, die auf den Schutz sämtlicher nutzergenerierter Daten gegen unbefugte Nutzung oder Offenlegung der Daten gerichtet sind. Dies vermittelt den Eindruck, dass Daten zugunsten des Dateninhabers – abseits des berechtigten Datenzugangs und der berechtigten Datennutzung durch den Nutzer oder durch von diesem ausgewählte Dritte – in gewisser Weise wie dessen immaterielles Eigentum geschützt werden sollen. Daraus dürfte ferner zu folgern sein, dass Dateninhaber durch technische Maßnahmen und rechtliche Schutzmechanismen auch ohne ein rechtlich verankertes Eigentumsrecht geschützt sind.[367] *Kerber* weist auf die in dem Gesetzesentwurf angelegte Legitimation hin:

> *The Data Act seems to give legitimacy to this exclusive de facto control over the data, and therefore would introduce de facto a protection of these data that has similar economic effects as an IP-like exclusive right.*[368]

ff) Fehlende Standardisierung

Ein praktisches Problem vermag das Recht auf Datenzugang schließlich nicht zu lösen: Viele IoT-Produkte sind technisch als geschlossene Systeme gestaltet und weisen keine technische Interoperabilität auf.[369] Selbst wenn beispielsweise unabhängigen Autowerkstätten Zugang zu Daten vernetzter Fahrzeuge auf Basis der Regelungen des *Data Act* gewährt werden würde, würde dies für eine erfolgreiche

---

366 EU-Kommission, „Datengesetz", COM(2022) 68 final, Erwägungsgrund Nr. 8; *Kerber*, Governance of IoT Data: Why the EU Data Act will not fulfill its objectives, S. 9; *Specht-Riemenschneider*, MMR 2022, 809 (816), vgl. auch EU-Kommission, „Datengesetz", COM(2022) 68 final, Erwägungsgrund Nr. 21, wonach der Datenzugang „so ausgelegt sein [kann],dass der Nutzer oder ein Dritter die Daten auf dem Produkt oder auf einer Rechnerinstanz des Herstellers verarbeiten kann."

367 *Kerber*, Governance of IoT Data: Why the EU Data Act will not fulfill its objectives, S. 15.

368 *Kerber*, Governance of IoT Data: Why the EU Data Act will not fulfill its objectives, S. 15.

369 *Kerber*, Governance of IoT Data: Why the EU Data Act will not fulfill its objectives, S. 13.

Wartung oder Reparatur des Fahrzeugs mangels einer Verpflichtung zur Öffnung technischer Schnittstellen am vernetzen Fahrzeug nicht genügen.[370]

IV. Ergebnis der Bestandsaufnahme

Die beschriebenen Mechanismen bestimmen innerhalb ihres jeweiligen Geltungsbereichs und ihrer jeweiligen Schutzrichtung, unter welchen Umständen Daten zugunsten welcher Akteure Schutz gewährt wird und wie weit dieser reicht.

So ist der Umgang mit Daten, die einen Personenbezug aufweisen, umfassend – zugunsten der betroffenen Person – geregelt. Das Datenschutzrecht vermittelt dem Betroffenen Rechte in Bezug auf den Schutz „seiner" personenbezogenen Daten, jedoch kein dingliches Eigentumsrecht an diesen. Auch der schuldrechtliche Umgang mit personenbezogenen Daten im Rahmen von Verbraucherverträgen, also Verträgen zwischen einem Unternehmer und einem Verbraucher, ist vor dem Hintergrund der Digitale-Inhalte-Richtlinie und Warenkaufrichtlinie klar geregelt.

Sobald es um reine Maschinendaten ohne Personenbezug geht, stoßen die vorgenannten Regelungsregime an ihre Grenzen. Der Hersteller der datengenerierenden Sache kann derzeit nicht auf ein spezielles Datenvertragsrecht zurückgreifen, wenn er mit den sich unter seiner faktischen Kontrolle befindlichen Daten handeln will. *Von Westphalen* bezeichnet das sich allein an faktischen Zugriffsmöglichkeiten, beispielsweise mittels proprietärer Schnittstellen oder der Nutzung von Verschlüsselungstechnologie, orientierende Datenvertragsrecht mangels hinreichender Kontrollmechanismen im Rahmen des AGB-Rechts als „Recht des Stärkeren".[371]

Dingliche Rechte kommen derzeit nur in Bezug auf den physischen Datenträger in Betracht, sodass das Speichermedium zwar eigentumsrechtlich zuordenbar und geschützt ist, die dort gespeicherten Daten indes nicht. Die Integrität der verkörperten Daten wird über das zivilrechtliche Eigentum am Datenträger reflexartig geschützt. „Dateneigentum ist aktuell kein Rechtsbegriff, sondern ein Schlagwort", so *Schroeder*.[372] *Roßnagel* spricht daher unter Hinweis auf die fehlende Eigentumsordnung an Daten von einer „Kommunikationsordnung", die sich nicht durch ein in sich geschlossenes System auszeichnet, sondern aus Regelungen in diversen Rechtsgebieten besteht.[373]

---

370 *Kerber*, Governance of IoT Data: Why the EU Data Act will not fulfill its objectives, S. 13; *Podszun/Pfeifer*, GRUR 2022, 953 (960).

371 *v. Westphalen*, IWRZ 2018, 9 (16).

372 *Schroeder*, Numerus clausus der Immaterialgüterrechte?, S. 225.

373 *Roßnagel*, NJW 2017, 10 (11); vgl. *Zech*, CR 2015, 137 (140).

Das Geheimnisschutzrecht vermittelt zugunsten des Herstellers der datengenerierenden Sache partiellen Schutz von als Geschäftsgeheimnis einzuordnenden Daten. Der Schutz endet, sobald diese nicht mehr geheim gehalten werden oder werden sollen.

Der Datenbankwerkschutz und das *sui generis*-Leistungsschutzrecht an Datenbanken beziehen sich jeweils nur auf die Datenbank als Ganzes und nicht auf einzelne Daten, die (noch) nicht in eine Datenbank eingeordnet wurden. Dort, wo die Struktur des Datenbankwerkes bzw. der Datenbank endet, endet mithin auch der urheberrechtliche Werk- bzw. Investitionsschutz zugunsten des Datenbankherstellers.

In dieses Fazit der Bestandsaufnahme soll der Entwurf des *Data Act* im Rahmen einer Prognose einfließen. Die EU-Kommission hat sich der Herausforderung angenommen, das dynamische Umfeld der Daten zu regulieren.[374] Der Entwurf des *Data Act* sieht weder Eigentumsrechte noch sonstige absolute Rechte an Daten vor, sondern etabliert Datenzugangs- und Datennutzungsrechte basierend auf einer Vertragsbeziehung. Diese Rechtsetzung in eine ungewisse Entwicklung des Datenmarktes der Zukunft hinein ist mit Beschränkungen des Anwendungsbereichs der Datenzugangs- und Datennutzungsrechte verbunden: Die Gewährung von Datenzugang und Datennutzung zugunsten des Nutzers des datengenerierenden Produktes bezieht sich lediglich auf Nutzungsdaten eines IoT-Produktes und bei der Nutzung von verbundenen Diensten erzeugte Daten. Zudem beschränkt die Anknüpfung an ein IoT-Produkt den Anwendungsbereich. Einen von einer Nutzung unabhängigen, allgemeinen und direkten Datenzugangsanspruch von Wettbewerbern sieht der *Data Act* mithin nicht vor. Die zwingende Anknüpfung an ein Vertragsverhältnis begrenzt den Anwendungsbereich der Nutzungs- und Zugangsrechte ebenfalls.[375]

Dabei wäre es übereilt, unmittelbar auf Lösungsoptionen *de lege ferenda* zu fokussieren. Insbesondere der berechtigte Vorschlag, ein originäres Immaterialgüterrecht *sui generis* an verhaltensgenerierten Daten der Bürger durch den unionsrechtlichen Gesetzgeber zu etablieren, wurde von der EU-Kommission nicht aufgegriffen.

Im Lichte dessen erscheint es zutreffend, mit *Grützmacher* und *Becker* den Schutz von Daten mit dem Bild eines bunten Flickenteppichs zu beschreiben.[376] Die vorangegangene Bestandsaufnahme hat gezeigt, dass der Schutz sogar nicht nur

---

374 *Hennemann/Steinrötter*, NJW 2022, 1481 (1485).

375 *Hennemann/Steinrötter*, NJW 2022 ,1481 (1483).

376 *Grützmacher*, CR 2016, 485 (492); *Becker*, ZGE/IPJ 9 (2017), 253 (254).

„flickenteppichhaft", sondern sogar löchrig ist. Dies vermag nach derzeitigem Stand auch der Entwurf des *Data Act* nicht zu ändern.

In Ergänzung zu den bereits erörterten rechtlichen Ansätzen könnte der wettbewerbsrechtliche Leistungsschutz zu befriedigenden Lösungen führen. Die bisherige Diskussion in Wissenschaft und Politik lässt eine umfassende Analyse eines mittelbaren sowie unmittelbaren wettbewerbsrechtlichen Leistungsschutzes an Daten vermissen. Insbesondere gibt es Ergänzungsbedarf mit Blick auf eine wertende und kreative Auseinandersetzung mit dessen einzelnen Merkmalen.[377] Diese Arbeit widmet sich im vierten Teil der Aufgabe, die ausgemachte Lücke im Forschungsstand zu schließen.

377 Bisher insbesondere: *Becker*, GRUR 2017, 346 ff.; Gloy/Loschelder/Danckwerts/*Becker*, Hdb. Wettbewerbsrecht § 64.

Vierter Teil: **Wettbewerbsrechtlicher Leistungsschutz an Daten**

Diese Arbeit verfolgt den Gedanken eines wettbewerbsrechtlichen Leistungsschutzes an Daten weiter, sodass der Fokus des vierten Teils auf der Analyse einer lauterkeitsrechtlichen Schutzposition an Daten liegt. Es wird insbesondere untersucht, ob es gerechtfertigt ist, das Schutzkonzept des wettbewerbsrechtlichen Leistungsschutzes auf Datensachverhalte zu erstrecken. Vor diesem Hintergrund wird der Frage nachgegangen, unter welchen Voraussetzungen und in welchem Umfang Daten wettbewerbsrechtlicher Leistungsschutz vermittelt werden kann.

Bevor die Tatbestandsmerkmale im Einzelnen betrachtet werden, wird der wettbewerbsrechtliche Leistungsschutz als Rechtsinstitut vorgestellt und begründet, warum sich gerade dieser im Umgang mit neuen immateriellen Schutzgütern anbietet (dazu A.). Im Folgekapitel werden die Tatbestandsmerkmale des auf körperliche Gegenstände zugeschnittenen mittelbaren Leistungsschutzes nach § 4 Nr. 3 UWG betrachtet. Es werden Lösungsvorschläge entwickelt, um den Schutz auf unkörperliche Güter wie Fahrzeug- und Fahrzeugumfelddaten zu erstrecken (dazu B.). Das letzte Kapitel widmet sich der Frage, unter welchen Voraussetzungen Fahrzeug- und Fahrzeugumfelddaten unmittelbarer wettbewerbsrechtlicher Leistungsschutz vermittelt werden kann (dazu C.).

https://doi.org/10.1515/9783111369846-012

A. Das Rechtsinstitut des wettbewerbsrechtlichen Leistungsschutzes

In diesem Kapitel wird der wettbewerbsrechtliche Leistungsschutz zunächst begrifflich vorgestellt (dazu I.). Der Schwerpunkt dieses Kapitels liegt auf der Darstellung der Entwicklung des wettbewerbsrechtlichen Leistungsschutzes in der Rechtsprechung sowie der Erörterung der partiellen Kodifikation von Unlauterkeitsfallgruppen im UWG. Mit Blick auf den Schutz von neu entwickelten Gütern wird das besondere Verhältnis zwischen Rechtsprechung und Gesetzgebung, das dem wettbewerbsrechtlichen Leistungsschutz in bestimmten Fällen eine sog. Schrittmacherfunktion[1] zuschreibt, erläutert (dazu II.). Zudem wird die Rechtsfolgenseite des wettbewerbsrechtlichen Leistungsschutzes betrachtet und ermittelt, ob dieser eine positive Güterzuordnungsentscheidung zugunsten einer Person trifft (dazu III.). Abschließend wird geprüft, wem die Ansprüche auf wettbewerbsrechtlichen Leistungsschutz zustehen sollen (dazu IV.). Dieses Kapitel schließt mit einer Zusammenfassung ab (dazu V.).

I. Begriff

Wird einer Person, die ein Arbeitsergebnis hervorgebracht hat, von der Rechtsordnung das subjektive Recht eingeräumt, gegen die Übernahme dieser Leistung durch Dritte vorzugehen, so wird von Leistungsschutz gesprochen.[2] Die Begriffe des wettbewerbsrechtlichen beziehungsweise ergänzenden[3] Leistungsschutzes werden

---

1 *Ulmer*, Urheber- und Verlagsrecht (3. Aufl., 1980), S. 40.

2 *Ohly*, GRUR 2010, 487 (487); Hilty/Henning-Bodewig/*Ohly*, Lauterkeitsrecht und Acquis Communautaire, S. 181 (181).

3 Bereits die Bezeichnung „ergänzender Leistungsschutz" weist auf einen Streit über das Verhältnis von wettbewerbsrechtlichem Leistungsschutz und den Sonderschutzrechten hin. Das Adjektiv „ergänzend" sei dabei darauf zurückzuführen, dass Leistungsergebnisse vorrangig von dem gesetzlichen Sonderschutz der gewerblichen Schutzrechte und des Urheberrechts erfasst sind, Harte-Bavendamm/Henning-Bodewig/*Sambuc* UWG § 4 Nr. 3 Rn. 92. Dies sieht *Köhler* kritisch und erläutert, dass das Verhältnis des Wettbewerbsrechts zum Recht des geistigen Eigentums mit dem Adjektiv „ergänzend" bereits vorweggenommen und dem Wettbewerbsrecht eine „Lückenfüllungsfunktion" zugewiesen werde, die lediglich Raum für eine Diskussion über das Ausmaß der vom Wettbewerbsrecht zu schließenden Schutzlücken ließe. Die Ableitung von Rechtsfolgen allein aus Begriffen (sog. Begriffsjurisprudenz) entspreche nicht den Anforderungen der Methodenlehre, *Köhler*, GRUR 2007, 548 (549). Sachgerecht erscheint *Köhler* die Bezeichnung als lauterkeitsrechtlicher Nachahmungsschutz oder – besser – als wettbewerbsrechtlicher Leistungsschutz, Köhler/Bornkamm/Fed-

https://doi.org/10.1515/9783111369846-013

synonym verwendet, um Sachverhaltskonstellationen, die jedenfalls auch einen Bezug zu den Immaterialgüterrechten aufweisen, zu beschreiben.[4] Von dem Begriff der Leistung ist dabei alles umfasst, was auch Gegenstand der Sonderschutzrechte sein kann.[5]

Es ist zudem zwischen dem unmittelbaren und dem mittelbaren wettbewerbsrechtlichen Leistungsschutz zu differenzieren. In einem Satz zusammengefasst dient der unmittelbare Leistungsschutz dem Schutz der Leistung als solcher, während der mittelbare Leistungsschutz sich gegen bestimmte Umstände der Nachahmung fremder Leistungsergebnisse wendet, die eigenständige Unlauterkeitsmerkmale aufweisen und deren Unterbindung mittelbar auch die sich im Nachahmungsobjekt ausdrückende Leistung schützt.[6] Letzterer wird daher auch als verhaltensbezogener Nachahmungsschutz bezeichnet.[7] Die Begriffsbestimmung des unmittelbaren Leistungsschutzes lässt sich insoweit präzisieren, als damit ein den gesetzlichen Sonderschutzrechten wesensgleicher Schutz geistiger Güter gemeint ist, der aufgrund der Schutzwürdigkeit der sich in diesen konkretisierenden geistig-schöpferischen oder unternehmerisch-wirtschaftlichen Leistung gewährt wird und gegen unbefugte Zugriffe Dritter auf das immaterielle Gut selbst gerichtet ist.[8]

II. Entwicklung des wettbewerbsrechtlichen Leistungsschutzes

Einleitend werden die historischen Anfänge des UWG rekonstruiert (dazu 1.). Auf dessen Grundlage ergingen wegweisende Reichsgerichtsentscheidungen, deren Kernaussagen dargestellt werden (dazu 2.). Die Rechtsprechung des BGH knüpfte an die des Reichsgerichts (i.F.: RG) an. Die für die Entwicklung des wettbewerbsrechtlichen Leistungsschutzes maßgebenden Entscheidungen des BGH werden ebenfalls vorgestellt (dazu 3.). In der Rechtsprechung bildeten sich Fallgruppen unlauteren Handelns heraus, welche partiell mit der Novellierung des UWG im Jahr 2004 eine

dersen/*Köhler*, UWG § 4 Rn. 3.4. Ebenso kritisch betrachtet dies *Büscher:* Zwischen den Ansprüchen aus den Sonderschutzrechten und dem wettbewerbsrechtlichen Leistungsschutz bestehe Anspruchskonkurrenz, denn diese stünden selbstständig nebeneinander. Der Zusatz „ergänzend“ beim wettbewerbsrechtlichen Leistungsschutz bilde dieses Verhältnis nicht zutreffend ab, *Büscher*, GRUR 2018, 1 (1).

4 *Schröer*, Der unmittelbare Leistungsschutz, S. 5.

5 Harte-Bavendamm/Henning-Bodewig/*Sambuc* UWG § 4 Nr. 3 Rn. 92.

6 *Sack*, WRP 2005, 531 (537); *Ohly*, GRUR 2010, 487 (487); Hilty/Henning-Bodewig/*Ohly*, Lauterkeitsrecht und Acquis Communautaire, S. 181 (182).

7 *Weihrauch*, Der unmittelbare Leistungsschutz im UWG, S. 28.

8 *Schröer*, Der unmittelbare Leistungsschutz, S. 5 f.

gesetzliche Kodifikation erhielten. Im Lichte dessen stellte sich die Frage, wie mit weiteren, nicht normierten Fällen unlauteren Handelns umgegangen werden soll (dazu 4.). Mit der Gewährung eines reinen Leistungsschutzes auf wettbewerbsrechtlicher Grundlage stellte sich die Frage, in welchem Verhältnis der unmittelbare wettbewerbsrechtliche und der sondergesetzliche Leistungsschutz zueinander stehen und damit auch, wie sich der Einfluss der Rechtsprechung auf das gesetzgeberische Tätigwerden zum Schutz neuer Leistungsergebnisse bewerten lässt (dazu 5.).

1. Ursprünge

Ein Schutzbedürfnis gegen unlauteren Wettbewerb entwickelte sich parallel zu dem ungebremsten gesellschaftlichen, technischen und wirtschaftlichen Fortschritt, insbesondere im Zusammenhang mit der Einführung der Gewerbefreiheit und der industriellen Revolution in der zweiten Hälfte des 19. Jahrhunderts. In Ermangelung eines speziellen Schutzes gegen unlautere Wettbewerbshandlungen erließ der historische Gesetzgeber das UWG von 1896.[9] Dieses war vor dem Hintergrund der Industrialisierung und der Massenproduktion auf den Schutz von Industrieprodukten ausgerichtet.[10]

Mit dem UWG von 1909 und der sog. großen Generalklausel blieb zunächst die Ansicht vorherrschend, die Unlauterkeit könne nur mit der Irreführung nach § 3 UWG 1909, der Anschwärzung gemäß § 14 UWG 1909 oder der von § 1 UWG 1909 erfassten Herabsetzung durch Meinungsäußerung oder Werturteile begründet werden.[11] Zeitlich nachgelagert verdeutlichten die Arbeiten *Lobes*[12] und *Kohlers*[13] die Unlauterkeit auch der vergleichenden Werbung:[14] Neben der Irreführung stufte *Lobe* die „Benutzung der gewerblichen Arbeitsleistung des Mitbewerbers zur Förderung des eigenen Wettbewerbs“ als unlauter ein.[15] In diesem Zusammenhang prägte er den Satz: „Man darf beim Wettbewerb nicht mit fremden Kalbe pflügen!“.[16] *Lobe* meinte damit die Unlauterkeit des Ausnutzens des Rufs eines Mitbewerbers zur Erregung der Aufmerksamkeit des Publikums im Rahmen verglei-

9 *Gondert*, Der wettbewerbsrechtliche Leistungsschutz, S. 29.
10 *Alexander*, Lauterkeitsrecht, § 4 Rn. 193.
11 Peifer/*Glöckner*, GK-UWG Band 2, § 6 Rn. 19.
12 *Lobe*, MuW 1917, 129 ff.
13 *Kohler*, MuW 1917, 127 ff.
14 Peifer/*Glöckner*, GK-UWG Band 2, § 6 Rn. 19.
15 *Lobe*, MuW 1917, 129 (129).
16 *Lobe*, MuW 1917, 129 (129).

chender Werbung.[17] *Kohler* mahnte an, dass Reklame „im wesentlichen objektiv bleiben" müsse[18] und betonte das Verbot der Herabsetzung sowie der Anmaßung des Richteramtes in eigener Sache.[19] Ausnahmen von der Sittenwidrigkeit sollten nur für bestimmte Fälle vergleichender Werbung gelten.[20]

2. Rechtsprechung des Reichsgerichts

Unter Rückgriff auf die große Generalklausel des UWG von 1909 entwickelte das RG den wettbewerbsrechtlichen Leistungsschutz.[21] Die frühen Urteile betrafen Sachverhaltskonstellationen, in denen sich ein Wettbewerber durch die Nachahmung eines Leistungsergebnisses eine sehr viel bessere Position als der Originalhersteller, der das Produkt erst entwickeln musste, verschaffen konnte.[22] Den Ausgangspunkt der Rechtsprechungsentwicklung bildete die „Schallplatten"-Entscheidung.[23] Das RG befasste sich 1910 mit der Frage der Sittenwidrigkeit des Nachpressens von Schallplatten, die nach damaligem Recht keinen urheberrechtlichen Schutz genossen. Der Entscheidung lag der Sachverhalt zugrunde, dass die Klägerin unter Aufwendung hoher Kosten für Aufnahmetechnik und Künstlerhonorare Schallplatten herstellte, die die Beklagte unter Einsparung dieser Kosten mittels eines technischen Verfahrens vervielfältigte und folglich die technisch gleichwertigen Kopien zu erheblich niedrigeren Preisen in den Handel bringen konnte.[24] Das RG betonte, dass die Nachahmung eines sondergesetzlich nicht geschützten Produktes als solche nicht wettbewerbswidrig sein könne.[25] Dagegen spreche es nach *Hefermehl* für die Unlauterkeit einer Nachahmung, wenn ein mit Kosten und Mühen errungenes Arbeitsergebnis unter gleichzeitiger Einsparung eigener Anstrengungen ausgenutzt und der Originalhersteller durch das Angebot einer Nachahmung seines Produktes zu erheblich niedrigeren Preisen um die Früchte der eigenen Arbeit gebracht

---

17 *Lobe*, MuW 1917, 129 (129); Peifer/*Glöckner*, GK-UWG Band 2, § 6 Rn. 19.

18 *Kohler*, MuW 1917, 127 (128).

19 *Kohler*: „Es muss möglichst vermieden werden, die Ankündigung dahin zuzuspitzen, daß der Gegner weniger gut und weniger preiswert produziere; eine Abwägung dieser Verhältnisse ist Sache des Verkehrs, nicht Sache der Reklameparteien, von denen ja auch jede sich selbst sagen muß, daß sie befangen und nicht in der Lage ist, Richter in eigener Sache zu sein." *Kohler*, MuW 1917, 127 (128).

20 Fezer/Büscher/Obergfell/*Nordemann*, UWG § 4 Nr. 1 Rn. 6.

21 Grundlegend RG, Entscheidung vom 07.04.1910 – VI 344/09 Schallplatten, RGZ 73, 294.

22 *Beater*, Nachahmen im Wettbewerb, S. 2.

23 RG, Entscheidung vom 07.04.1910 – VI 344/09 Schallplatten, RGZ 73, 294.

24 RG, Entscheidung vom 07.04.1910 – VI 344/09 Schallplatten, RGZ 73, 294 (294 f.).

25 RG, Entscheidung vom 07.04.1910 – VI 344/09 Schallplatten, RGZ 73, 294 (297).

wird.[26] Das RG ging unter Berücksichtigung des Spannungsverhältnisses zwischen den lauterkeitsrechtlichen Vorschriften zum Schutz von Arbeitsergebnissen und den Immaterialgüterrechten vom Grundsatz der Zulässigkeit von Nachahmungen aus, deren Unzulässigkeit nur bei zusätzlichem Vorliegen besonderer Umstände angenommen wurde.[27] Im Grunde wurde damit ein relativ weitreichender Nachahmungsschutz gewährt, denn das RG ließ für die Begründung der Sittenwidrigkeit solche Merkmale ausreichen, die bereits dem Wesen der Nachahmung eines fertigen Leistungsergebnisses immanent sind.[28]

Ergänzt wurde die Aussage der „Schallplatten“-Entscheidung durch die „Käthe-Kruse-Puppen“-Entscheidung[29] des RG aus dem Jahr 1925. In dieser Entscheidung wurde die Unlauterkeit der Nachahmung des fremden Leistungsergebnisses insbesondere damit begründet, dass die Nachahmungsprodukte mit den bekannten und einen künstlerischen Ruf genießenden Käthe-Kruse-Puppen verwechselt werden könnten.[30]

In der Entscheidung „Spielzeugsignalscheibe“[31] betonte das RG 1929, dass die in den vorgenannten Urteilen aufgestellten Grundsätze nicht verallgemeinert werden dürfen und wies darauf hin, dass die bloße Nachahmung eines mit Mühe und Kosten errungenen Arbeitsergebnisses nicht *per se* sittenwidrig sei. Vielmehr müssen besondere Umstände hinzukommen, die die Sittenwidrigkeit eigenständig begründen. Als solch ein besonderer Umstand komme insbesondere die Hervorrufung einer Verwechslungsgefahr in Betracht.[32] Damit korrigierte das RG den Trend, eher weitreichenden Nachahmungsschutz zu gewähren, in eine nachahmungsfreundlichere Richtung.[33] Das RG ging seither davon aus, dass stets besondere

26 *Hefermehl* kritisierte die Rechtsprechung des RG insoweit, als nicht die Arbeit selbst, sondern das Arbeitsergebnis schutzwürdig sei, und prägte die sog. „Hosenboden-Theorie“: „Dieses wird aber nicht wertvoller oder weniger wert, weil es unendlich schwer und teuer oder mühelos, hellseherisch und billig vollbracht wurde. Die Beschaffenheit des Erreichten, sein Wert für die Allgemeinheit beruhen nicht auf *Hosenboden-* oder *Geldverbrauch.*“ (Kursive Herv. d. d. Verf.), Baumbach/Hefermehl/*Hefermehl*, UWG (12. Aufl., 1978) § 1 Rn. 380; vgl. Fezer/Büscher/Obergfell/*Götting/Hetmank*, UWG § 4 Nr. 3 Rn. 4.

27 RG, Entscheidung vom 07.04.1910 – VI 344/09 Schallplatten, RGZ 73, 294 (297); *Schröer*, Der unmittelbare Leistungsschutz, S. 12; *Weihrauch*, Der unmittelbare Leistungsschutz im UWG, S. 42.

28 *Weihrauch*, Der unmittelbare Leistungsschutz im UWG, S. 42 f.

29 RG, Urteil vom 11.07.1925 Käthe-Kruse-Puppe, RGZ 111, 254.

30 RG, Urteil vom 11.07.1925 Käthe-Kruse-Puppe, RGZ 111, 254 (256).

31 RG, Urteil vom 13.02.1929 – I 283/1928 Spielzeugsignalscheibe, GRUR 1929, 483.

32 RG, Urteil vom 13.02.1929 – I 283/1928 Spielzeugsignalscheibe, GRUR 1929, 483 (484 f.).

33 *Schröer*, Der unmittelbare Leistungsschutz, S. 13.

Umstände hinzutreten müssen, um das Ausnutzen fremder Arbeit, Erfahrungen oder Begabung sittenwidrig erscheinen zu lassen.[34]

Diese nachahmungsfreundlichere Tendenz wurde mit der „Künstliche Blumen"-Entscheidung[35] aus dem Jahr 1932 gefestigt und eine Begründung vertreten, die den Grundsatz der Nachahmungsfreiheit beschreibt:

> Grundsätzlich steht es dem Gewerbetreibenden allerdings frei, fremde Arbeit und deren Ergebnisse, die mit Mühen, Zeit- und Kostenaufwand errungen worden sind, auszunutzen. Denn Gewerbefleiß, Handel und Verkehr der Gegenwart beruhen auf dem Erbe der Vergangenheit. Neue Arbeiten brauchen vernünftigerweise den bisher errungenen Stand der Dinge nicht unberücksichtigt zu lassen; um unfruchtbare Wiederholungen zu vermeiden, müssen sie an das Erreichte anknüpfen und auf ihm weiterbauen. Erkenntnisse und Fertigkeiten, die bereits gewonnen sind, dürfen, soweit nicht besondere Schutzgesetze entgegenstehen, benutzt werden.[36]

3. Rechtsprechung des Bundesgerichtshofs

a) Sonderfall: Leistungsschutz zwischen 1945 und 1949

Einen Sonderfall stellt die Rechtsprechung des BGH während der sog. patentamtlosen Zeit dar. Der BGH gewährte während der Zeit, in der infolge der Einstellung der Tätigkeit des Patentamtes wegen der Kriegsfolgen zwischen Mai 1945 und Oktober 1949 weder patentrechtlicher noch gebrauchsmusterrechtlicher Schutz zu erlangen war, bereits aufgrund der Schutzwürdigkeit der Leistung selbst wettbewerbsrechtlichen Leistungsschutz für Industrieprodukte.[37] Aufgrund des Ausnahmecharakters dieser Rechtsprechung sollten aus dieser indes keine allgemeingültigen Grundsätze abgeleitet werden.[38]

b) Wechselwirkungslehre

Im Übrigen knüpfte die Rechtsprechung des BGH an die des RG an und der BGH versuchte, den Grundsatz der Nachahmungsfreiheit und den Schutz der Leis-

---

34 Baumbach/Hefermehl/*Hefermehl*, UWG (12. Aufl., 1978) § 1 Rn. 380.

35 RG, Entscheidung vom 19.03.1932 – I 345/31 Künstliche Blumen, RGZ 135, 385.

36 RG, Entscheidung vom 19.03.1932 – I 345/31 Künstliche Blumen, RGZ 135, 385 (394 f.); Fezer/Büscher/Obergfell/*Götting/Hetmank*, UWG § 4 Nr. 3 Rn. 27.

37 BGH, Urteil vom 13.11.1951 – I ZR 111/50 Zelluloidschicht-Sohle, GRUR 1952, 562 (562 f.); *Gondert*, Der wettbewerbsrechtliche Leistungsschutz, S. 39 f.; vgl. auch: KG Berlin, Urteil vom 12.05.1948 – 6 U 896. 47, GRUR 1948, 207 (208 f.); Hanseatisches Oberlandesgericht Hamburg, Urteil vom 03.11.1949 – 3 U 186/49, GRUR 1950, 82 (84 ff.)

38 *Weihrauch*, Der unmittelbare Leistungsschutz im UWG, S. 47.

tungserbringer vor einer Übernahme ihrer Produkte in Einklang zu bringen.[39] Der BGH arbeitete verschiedene Unlauterkeitskriterien heraus und verfeinerte diese; zudem fanden subjektive Unlauterkeitskriterien eine stärkere Berücksichtigung: In der „Hummelfiguren"-Entscheidung[40] gewährte der BGH wettbewerbsrechtlichen Leistungsschutz mit der Begründung, dass die Immaterialgüterrechte das immaterielle Gut als solches schützen, während das UWG sich gegen die Art und Weise der Nachahmung richtet. Die besondere Unlauterkeit ergebe sich dabei aus dem Umstand, dass die Nachahmung planmäßig in der Absicht durchgeführt worden war, den fremden guten Ruf auszunutzen.[41] Zur Begründung der Unlauterkeit wurde somit ein subjektives Kriterium angeführt.[42]

Damit legte der BGH den Grundstein für die Wechselwirkungslehre, deren Anwendung dieser in der „Simili-Schmuck"-Entscheidung[43] wie folgt beschrieb:

> Bei der Frage, ob ein nicht unter Sonderschutz stehendes Erzeugnis wettbewerbsrechtlichen Schutz gegen Nachahmungen genießt, ist zu beachten, daß die objektive Schutzwürdigkeit des Vorbildes und die subjektiven Merkmale der Nachahmungshandlung in einer gewissen Wechselbeziehung zueinander stehen. Je stärker bei der Nachahmungshandlung subjektive Unlauterkeitsmerkmale in Erscheinung treten (hier: zielstrebiges Anklammern an die Gestaltungsform einer Vielzahl von Schmuckstück-Modellen eines Mitbewerbers), um so geringere Anforderungen sind an die Eigenart oder den Grad der Verkehrsdurchsetzung des nachgeahmten Erzeugnisses zu stellen.[44]

Die Wechselwirkungslehre ermöglicht bis heute eine flexible Abwägung der verhaltensbezogenen und der erfolgs- beziehungsweise leistungsergebnisbezogenen Unlauterkeitsaspekte und räumt die erforderliche Flexibilität ein, verschiedene Fallgestaltungen unterschiedlich zu bewerten.[45] Im Rahmen der Prüfung der

39 Fezer/Büscher/Obergfell/*Götting/Hetmank*, UWG § 4 Nr. 3 Rn. 5.

40 Der „Hummelfiguren"-Entscheidung lag ein Sachverhalt zugrunde, wonach die Beklagte drei bunt bemalte Kinderfiguren nachfertigte, wobei die Klägerin von diesen zuvor ca. 180 verschiedene Typen hergestellt hatte. Die Figuren zeichneten sich durch ärmliche, bäuerliche Kleider oder Trachtenanzüge aus, BGH, Urteil vom 22.01.1952 – I ZR 68/51 Hummelfiguren, GRUR 1952, 516 (516).

41 BGH, Urteil vom 22.01.1952 – I ZR 68/51 Hummelfiguren, GRUR 1952, 516 (520): „Unzulässig ist nur, unter Verlassen der eigenen Entwicklungslinie sich an eine andere, allgemein bekannte zugkräftige Linie des Mitbewerbers planmäßig anzunähern, um von dessen Ruf Nutzen zu ziehen."

42 *Schröer*, Der unmittelbare Leistungsschutz, S. 15; in weiteren Entscheidungen wurde die Unlauterkeit ebenso auf subjektive Kriterien gestützt, vgl. nur BGH, Urteil vom 27.11.1959 – I ZR 24/58 Simili-Schmuck, GRUR 1960, 244 (246): „zielbewußtes Anklammern an eigenartige Arbeitsergebnisse eines Mitbewerbers".

43 BGH, Urteil vom 27.11.1959 – I ZR 24/58 Simili-Schmuck, GRUR 1960, 244.

44 BGH, Urteil vom 27.11.1959 – I ZR 24/58 Simili-Schmuck, GRUR 1960, 244 (244).

45 BGH, Urteil vom 11.01.2007 – I ZR 198/04 Damenhandtaschen, GRUR 2007, 795 (797); *Flöter*, Der wettbewerbsrechtliche Schutz von Investitionen vor Marktversagen, S. 246.

Wettbewerbswidrigkeit finden nach der Rechtsprechung des BGH drei Merkmale – wettbewerbliche Eigenart, Art und Weise und Intensität der Übernahme sowie besondere wettbewerbliche Umstände – in ihrer Wechselwirkung zueinander unterschiedliche Gewichtung im jeweiligen Einzelfall: Je größer die wettbewerbliche Eigenart und je höher der Grad der Übernahme, desto geringer sind die Anforderungen an die besonderen Umstände, die die Wettbewerbswidrigkeit der Nachbildung begründen.[46]

c) Herkunftstäuschung und wettbewerbliche Eigenart

Die Unlauterkeitsfallgruppe der vermeidbaren Herkunftstäuschung wurde mit dem Kriterium der Verwechslungsgefahr in der „Radschutz"-Entscheidung[47] fortentwickelt und die wesentlichen Voraussetzungen dieser Fallgruppe formuliert. Der Nachbau eines nicht geschützten, aber eigenartigen und überdurchschnittlichen Leistungsergebnisses ist danach dann sittenwidrig, wenn der Nachbauende das nachgebaute Erzeugnis in den Verkehr bringt, ohne sich um eine mögliche Verwechslungsgefahr zu kümmern oder zumutbare Maßnahmen zu ihrer Vermeidung zu treffen.[48] In der Folge präzisierte der BGH die Anforderungen, die an das Schutzobjekt gestellt werden, und prägte den Begriff der wettbewerblichen Eigenart.[49] Außerdem differenzierte der BGH mit Blick auf das Merkmal der Vermeidbarkeit der Herkunftstäuschung zwischen technisch bedingten und lediglich ästhetisch motivierten Gestaltungen, bei denen eine Abweichung von der Gestaltung zumutbar sei.[50]

Der BGH ging bei der Bejahung wettbewerbsrechtlichen Leistungsschutzes mitunter davon aus, dass die wettbewerbliche Eigenart den Unlauterkeitsmerkmalen der Herkunftstäuschung oder der unangemessenen Ausnutzung oder Beeinträchtigung der Wertschätzung des nachgeahmten Leistungsergebnisses bereits

---

46 BGH, Urteil vom 04.05.2016 – I ZR 58/14 Segmentstruktur, GRUR 2017, 79 (83); BGH, Urteil vom 28.05.2009 – I ZR 124/06 LIKEaBIKE, GRUR 2010, 80 (82); BGH, Urteil vom 24.01.2013 – I ZR 136/11 Regalsystem, GRUR 2013, 951 (953); BGH, Urteil vom 19.11.2015 – I ZR 149/14 Pippi-Langstrumpf-Kostüm II, GRUR 2016 725 (721); BGH, Urteil vom 12.07.2001 – I ZR 40/99 Laubhefter, GRUR 2002, 86 (89); *Wiebe*, in: FS Schricker, S. 773 (775).

47 BGH, Urteil vom 12.03.1954 – I ZR 201/52 Radschutz-Entscheidung, GRUR 1954, 337.

48 BGH, Urteil vom 12.03.1954 – I ZR 201/52 Radschutz-Entscheidung, GRUR 1954, 337 (337, 339).

49 Vgl. nur BGH, Urteil vom 13.07.1956 – I ZR 137/55 Uhrwerke, GRUR 1957, 37; BGH, Urteil vom 14.07.1961 – I ZR 44/59 Buntstreifensatin, GRUR 1962, 144; *Schröer*, Der unmittelbare Leistungsschutz, S. 16 f.

50 Siehe nur BGH, Urteil vom 13.07.1956 – I ZR 137/55 Uhrwerke, GRUR 1957, 37 (38).

immanent ist.[51] In einem Fall, in dem es um eine sklavische Nachahmung eines Pulverbehältnisses ging, sprach der BGH der wettbewerblichen Eigenart ausdrücklich ihre eigenständige Bedeutung ab und gestand ihr nur eine dem Unlauterkeitsvorwurf der Begründung einer Gefahr einer betrieblichen Herkunftsverwechslung entsprechende, klarstellende Funktion zu:[52]

> Das Erfordernis der Eigenart und Überdurchschnittlichkeit setzt nicht voraus, daß es sich um ein Erzeugnis von besonderer Eigenart und überragender technischer Qualität handele; vielmehr soll dieses Erfordernis nur negativ klarstellen, daß einem wettbewerbsrechtlichen Schutz diejenigen Erzeugnisse nicht zugänglich sind, denen jede „wettbewerbliche Eigenart" deshalb fehlt, weil der Verkehr bei ihnen nach allgemeiner Erfahrung keinen Wert auf die Herkunft aus einem bestimmten Betrieb legt. Das trifft im allgemeinen bei Massenware, aber auch bei dieser nicht immer zu. Dieses Erfordernis besagt daher nur, daß für den wettbewerbsrechtlichen Schutz alle diejenigen Erzeugnisse in Betracht kommen, bei denen der Verkehr immerhin Wert auf ihre betriebliche Herkunft legt und gewohnt ist, aus bestimmten Merkmalen, die allerdings auch technischer Natur sein können, auf die betriebliche Herkunft zu schließen.[53]

d) Unmittelbare Leistungsübernahme

Eine schutzfreundlichere Entscheidungstendenz zeigte der BGH, als dieser auf die unmittelbare Leistungsübernahme als sittenwidriges Kriterium abstellte.[54] Bei der unmittelbaren Leistungsübernahme ist das Original unverändert unmittelbarer Ausgangspunkt für die Anfertigung einer Kopie, insbesondere durch technische, physikalische oder sonstige naturwissenschaftlich nachvollziehbare Reproduktionsverfahren.[55] So erläuterte der BGH beispielsweise in der Entscheidung „AKI"[56], dass die Erwägung, wonach die Nachbildung eines Erzeugnisses, das nicht unter Sonderschutz steht, nur bei Vorliegen besonderer unlauterkeitsbegründender Umstände als wettbewerbswidrig angesehen werden könne, dann nicht zum Tragen komme, wenn ein fremdes fertiges Leistungsergebnis unmittelbar in unveränderter Gestalt, ohne dass eine eigene Leistung hinzutritt, von einem Dritten für eigene

---

51 BGH, Urteil vom 03.05.1968 – I ZR 66/66 Pulverbehälter, GRUR 1968, 591 (593); *Sack*, in: FS Büscher, S. 359 (362 f.).

52 BGH, Urteil vom 03.05.1968 – I ZR 66/66 Pulverbehälter, GRUR 1968, 591 (593); *Hubmann*, GRUR 1975, 230 (231).

53 BGH, Urteil vom 03.05.1968 – I ZR 66/66 Pulverbehälter, GRUR 1968, 591 (593).

54 Vgl. nur BGH, Urteil vom 21.11.1958 – I ZR 61/57 Nelkenstecklinge, GRUR 1959, 240 (243); BGH, Beschluss vom 27.02.1962 – I ZR 118/60 AKI, GRUR 1962, 470 (475); *Schröer*, Der unmittelbare Leistungsschutz, S. 15, 18.

55 Ohly/Sosnitza/*Ohly*, UWG § 4.3 Rn. 3/48; Gloy/Loschelder/Danckwerts/*Eck*, Hdb. Wettbewerbsrecht § 51 Rn. 44 f; BGH, Urteil vom 06.05.1999 – I ZR 199/96 Tele-Info-CD, GRUR 1999, 923 (927).

56 BGH, Beschluss vom 27.02.1962 – I ZR 118/60 AKI, GRUR 1962, 470.

Erwerbszwecke ausgebeutet und damit demjenigen ein Schaden zugefügt wird, auf den dieses Leistungsergebnis, das den Einsatz beträchtlicher Arbeit und Kosten voraussetzt, allein zurückzuführen ist.[57] Ein solches Verhalten sei vielmehr von vornherein als wettbewerbswidrig anzusehen.[58]

Eine Distanzierung von dieser Rechtsprechung erfolgte im Jahr 1968: Mit der Entscheidung „Reprint“[59] gab der BGH die unmittelbare Leistungsübernahme als eigenständigen unlauterkeitsbegründenden Umstand auf.[60] In einer späteren Entscheidung hieß es lediglich, dass eine unmittelbare Übernahme eines Leistungsergebnisses „eher als unlauteres zielstrebiges Schmarotzen zu werten“ sei, als eine nachschaffende Nachbildung.[61]

e) Saisonschutz für Modeneuheiten

Eine neue Phase der Rechtsprechungsentwicklung leitete der BGH mit der Entscheidung „Modeneuheit“[62] ein und etablierte den Saisonschutz als eigenständige Unlauterkeitsfallgruppe. Der Sachverhalt der „Modeneuheit“-Entscheidung zeichnete sich dadurch aus, dass ein Hersteller von Konfektionsware eine Stoffkombination eines *Haute Couture*-Unternehmens nachgeahmt und seine Nachahmungsstücke noch in derselben Modesaison auf den Markt gebracht hatte, in der auch das Originalerzeugnis vermarktet wurde.[63] Der BGH gewährte Modeerzeugnissen von wettbewerblicher Eigenart, „deren Gesamteindruck durch individuelle ästhetische Gestaltungsmerkmale geprägt“ ist, einen auf eine Modesaison befristeten Nachahmungsschutz.[64] Der Hersteller eines solchen Modeerzeugnisses könne erwarten, dass seine Mitbewerber zumindest in der Saison, in der er mit der Modeneuheit auf den Markt kommt, keine Nachahmungen anbieten.[65] Er sei nämlich darauf angewiesen, den aus seinen Modeerzeugnissen zu realisierenden Gewinn möglichst in

57 BGH, Beschluss vom 27.02.1962 – I ZR 118/60 AKI, GRUR 1962, 470 (475).

58 Vgl. bereits BGH, Urteil vom 31.05.1960 – I ZR 64/58 Figaros Hochzeit, GRUR 1960, 614; BGH, Urteil vom 21.11.1958 – I ZR 61/57 Nelkenstecklinge, GRUR 1959, 240; BGH, Urteil vom 24.05.1963 – Ib ZR 62/62 Vortragsabend, GRUR 1963, 575.

59 BGH, Urteil vom 30.10.1968 – I ZR 52/66 Reprint, GRUR 1969, 186.

60 BGH, Urteil vom 30.10.1968 – I ZR 52/66 Reprint, GRUR 1969, 186 (188).

61 BGH, Urteil vom 02.07.1969 – I ZR 118/67 Kunststoffzähne, GRUR 1969, 618 (629).

62 BGH, Urteil vom 19.01.1973 – I ZR 39/71 Modeneuheit, GRUR 1973, 478.

63 BGH, Urteil vom 19.01.1973 – I ZR 39/71 Modeneuheit, GRUR 1973, 478 (478).

64 BGH, Urteil vom 19.01.1973 – I ZR 39/71 Modeneuheit, GRUR 1973, 478 (480).

65 BGH, Urteil vom 19.01.1973 – I ZR 39/71 Modeneuheit, GRUR 1973, 478 (480).

einer Saison zu erwirtschaften. Die Schnelllebigkeit des Modemarktes führe dazu, dass die Mode in der kommenden Saison schon als veraltet gelten könnte.[66]

In der Entscheidung „Brombeermuster"[67] hat der BGH die Unlauterkeit des Verhaltens eines Wettbewerbers damit begründet, dass dieser das ihm im Rahmen von Vertragsverhandlungen entgegengebrachte Vertrauen des Originalherstellers gebrochen habe, indem er die ihm anvertrauten Informationen nach dem Scheitern der Vertragsverhandlungen für sich ausgebeutet habe.[68]

4. Partielle Kodifikation von Unlauterkeitsfallgruppen im UWG

In der Rechtsprechung herausgebildete Unlauterkeitsfallgruppen wurden mit der Novellierung des UWG im Jahr 2004 erstmals gesetzlich geregelt (dazu a)). Damit stellt sich die Frage, ob von den normierten Fallgruppen nicht erfasstes Wettbewerbshandeln weiterhin mittels der Generalklausel als unlauter eingestuft werden kann (dazu b)). Anschließend wird der Einfluss des europäischen Lauterkeitsrechts auf das UWG skizziert (dazu c)).

a) Normierte Fallgruppen unlauteren Handelns

Nachdem der BGH die Fallgruppen unlauteren Handelns präzisiert hatte, wurden im Schrifttum Forderungen nach einer gesetzlichen Normierung derselben erhoben.[69] Der Gesetzgeber hat mit § 4 Nr. 9 UWG 2004 sodann die frühere Rechtsprechung zu § 1 UWG 1909 – insbesondere drei der schon bisher anerkannten Fallgruppen der Unlauterkeit – in ihren Grundlinien kodifiziert und die Generalklausel durch einen offenen Katalog von Beispielen unlauteren Handelns ergänzt.[70] In der Begründung des Gesetzesentwurfes heißt es zu § 4 Nr. 9 UWG 2004:

> Die Generalklausel als Kernstück des geltenden UWG (§ 1) bleibt als § 3 („Verbot unlauteren Wettbewerbs") erhalten. Sie wird durch einen *nicht abschließenden* Katalog von Beispielsfällen ergänzt, der sowohl durch die Rechtsprechung *seit langem gefestigte Fallgruppen aufnimmt als auch aktuelle Probleme aufgreift.* Die gewählte Konstruktion führt dazu, dass das UWG

---

66 BGH, Urteil vom 19.01.1973 – I ZR 39/71 Modeneuheit, GRUR 1973, 478 (480); *Schröer*, Der unmittelbare Leistungsschutz, S. 22; vgl. zum Saisonschutz: BGH, Urteil vom 10.11.1983 – I ZR 158/81 Hemdblusenkleid, GRUR 1984, 453.; BGH, Urteil vom 06.11.1997 – I ZR 102/95 Trachtenjanker, GRUR 1998, 477.

67 BGH, Urteil vom 27.01.1983 – I ZR 177/80 Brombeermuster, GRUR 1983, 377.

68 BGH, Urteil vom 27.01.1983 – I ZR 177/80 Brombeermuster, GRUR 1983, 377 (379).

69 So z.B. *Köhler*, WRP 1999, 1075 (1080 ff.); Köhler/Bornkamm/Feddersen/*Köhler*, UWG § 4 Rn. 3.1.

70 Köhler/Bornkamm/Feddersen/*Köhler*, UWG § 4 Rn. 3.1.; Götting/Nordemann/*Nordemann*, UWG § 4 Rn. 3.9; *Ohly*, GRUR 2004, 889 (895).

> transparenter wird, ohne dass gleichzeitig die Möglichkeit, neu auftretende Problemfälle im Wege der richterlichen Rechtsfortbildung zu lösen, verbaut wird.[71] (Kursive Herv. d. d. Verf.)

Ferner heißt es in der Begründung zu § 4 Nr. 9 UWG 2004:

> Die Nachahmung einer fremden Leistung wird nur unter besonderen, die Wettbewerbswidrigkeit begründenden Umständen wettbewerbswidrig sein. In den Fallgruppen a) bis c) werden *die wichtigsten Fälle* genannt, wobei diese Aufzählung – entsprechend der allgemeinen Regelungsstruktur der Beispielstatbestände – *nicht abschließend* sein kann.[72] (Kursive Herv. d. d. Verf.)

In der Folge nahm auch der BGH an, dass sich lediglich die gesetzliche Grundlage, nicht aber der Inhalt des mittelbaren wettbewerbsrechtlichen Leistungsschutzes geändert habe, sodass eine Differenzierung nach neuem und altem Recht nicht erforderlich sei.[73]

b) Weitere Fälle unlauteren Handelns

Auch nach der Gesetzesnovelle von 2004 hielt das UWG regelungssystematisch mit dem neuen § 3 UWG 2004 an der Generalklausel als zentraler Norm fest. Der Gesetzgeber begründete ausdrücklich, dass ein solches allgemein gehaltenes Verbot sinnvoll sei, weil er nicht alle denkbaren Fälle unlauteren Handelns im Einzelnen regeln könne. Auch solle der Rechtsanwender die Möglichkeit haben, neuartige Wettbewerbsmaßnahmen sachgerecht zu beurteilen. Zudem könne dadurch den sich wandelnden Anschauungen und Wertmaßstäben in der Gesellschaft besser Rechnung getragen werden.[74]

aa) Wortlaut

Der Wortlaut des § 4 Nr. 9 UWG 2004 steht der Anwendbarkeit der Generalklausel nicht entgegen, denn durch die Formulierung „insbesondere" wird klar, dass der Gesetzgeber keine abschließende Regelung treffen wollte. Das Wort „insbesondere" stellt eine gesetzestypische Formulierung dar, die verdeutlicht, dass neben den in § 4 Nr. 9 UWG 2004 kodifizierten Unlauterkeitstatbeständen weitere Unlauterkeitstatbestände denkbar sind, die im Rahmen der Generalklausel des § 3 UWG 2004

---

71 Entwurf eines Gesetzes gegen den unlauteren Wettbewerb (UWG) BT-Drucks. 15/1487, S. 13 (i.F.: BT-Drucks. 15/1487 S.).

72 BT-Drucks. 15/1487, S. 18.

73 Siehe nur BGH, Urteil vom 26.06.2008 – I ZR 170/05 ICON, GRUR 2008, 1115 (1116).

74 BT-Drucks. 15/1487, S. 16.

beziehungsweise des heutigen § 3 Abs. 1 UWG Berücksichtigung finden können.[75] Weder der Begründung des Gesetzesentwurfs noch dem Wortlaut der Regelung lässt sich entnehmen, dass der unmittelbare Leistungsschutz über die Generalklausel gegenüber dem normierten mittelbaren Leistungsschutz nach § 4 Nr. 9 UWG 2004 subsidiär sein sollte.[76] Zwar ist das Wort „insbesondere" nach der Gesetzesnovelle von 2015 nicht mehr in dem im Übrigen wortlautidentisch formulierten § 4 Nr. 3 UWG enthalten, doch dürfte der Gesetzgeber damit keine inhaltliche Änderung der Vorschrift intendiert haben. Konsequenterweise blieb dieser Aspekt in der juristischen Kommentarliteratur, soweit ersichtlich, auch unerwähnt. Vielmehr soll ein Rückgriff auf die mit Blick auf die Vorgängernorm entwickelten Grundsätze möglich sein.[77]

bb) Transparenz

Bei Anerkennung des unmittelbaren wettbewerbsrechtlichen Leistungsschutzes als einen transparenten und flexiblen Lösungsansatz besteht für die Gerichte in Fällen, die im Recht des geistigen Eigentums bisher nicht geregelt wurden, praktisch kein Anlass, erforderlichen und als gerecht empfundenen unmittelbaren Leistungsschutz unter dem Deckmantel der vermeidbaren Herkunftstäuschung oder Rufausbeutung zu gewähren und so die Konturen der Unlauterkeitsmerkmale zu verwässern. Der Rückgriff auf die Generalklausel ermöglicht die offene Erörterung der Argumente des Für und Wider beim Leistungsschutz im Einzelfall.[78]

cc) Auffangfunktion der Generalklausel

Die Argumentation, mit der das Bundesverfassungsgericht (i.F.: BVerfG) die Generalklausel im Jahr 1972 für verfassungsrechtlich unbedenklich erklärte, spricht für die Anwendbarkeit der Generalklausel neben normierten Unlauterkeitstatbeständen. Die Aussagen sind auch heute noch aktuell:

> Der Gesetzgeber hat die von ihm mißbilligten Wettbewerbshandlungen, an die er die Rechtsfolgen des Unterlassungs- und Schadensersatzanspruchs knüpft, mit der Generalklausel des § 1 UWG allgemein umschrieben, weil die unübersehbare Vielfalt möglicher Verhaltensweisen im geschäftlichen Wettbewerb die Bildung eines erschöpfenden Katalogs von Einzeltatbeständen nicht zuläßt. Verfassungsrechtlich ist dies unbedenklich. Eine gewisse Freiheit des Richters in der Beurteilung wettbewerblicher Sachverhalte muß dabei in Kauf genommen

---

75 *Gondert*, Der wettbewerbsrechtliche Leistungsschutz, S. 27.

76 Vgl. BT-Drucks. 15/1487, S. 17 ff.

77 Ohly/Sosnitza/*Ohly*, § 4.3 Rn. 3/6; Fezer/Büscher/Obergfell/*Götting/Hetmank*, UWG § 4 Nr. 3, Rn. 12.

78 Ohly/Sosnitza/*Ohly*, UWG § 4.3 Rn. 3/78b; *Ohly*, GRUR 2010, 487 (494); Hilty/Henning-Bodewig/*Ohly*, Lauterkeitsrecht und Acquis Communautaire, S. 181 (192).

werden; sie beeinträchtigt zwar die Berechenbarkeit gerichtlicher Entscheidungen und damit die Rechtssicherheit, doch wird dieser Nachteil dadurch gemindert, daß die langjährige Rechtsprechung des RG und des BGH den Rechtsgehalt der Generalklausel nach vielen Richtungen breit entfaltet hat.[79]

dd) Rechtsprechung und Lehre

In der Rechtsprechung ist zwar anerkannt, dass die Aufzählung der Fallgruppen in § 4 Nr. 3 lit. a bis c UWG nicht abschließend ist. Liegt keiner der Fälle des § 4 Nr. 3 lit. a bis c UWG vor, könne das Nachahmen eines fremden Produktes – vor dem Hintergrund der grundsätzlich bestehenden Nachahmungsfreiheit – aber nur in Ausnahmefällen wettbewerbswidrig sein.[80]

In der Lehre ist es inzwischen herrschende Meinung, dass ein Rückgriff auf die Generalklausel bei Nicht-Vorliegen der Voraussetzungen des § 4 Nr. 3 lit. a bis c UWG – jedenfalls in Ausnahmefällen – möglich ist.[81] Ein ausnahmsweises Eingreifen der Generalklausel wird wie folgt begründet: Der Gesetzgeber habe mit der Neustrukturierung des UWG im Jahr 2004 grundsätzlich eine Entscheidung für die Beschränkung des Unlauterkeitstatbestandes des § 4 Nr. 9 UWG 2004 auf die darin genannten drei Unterfallgruppen des wettbewerbsrechtlichen Leistungsschutzes getroffen. Die Regelungstechnik des neuen UWG begründe ein Spezialitätsverhältnis des § 4 Nr. 9 UWG 2004 gegenüber der Generalklausel.[82] Konsequenterweise dürfe für die nicht von Beispielstatbeständen erfassten geschäftlichen Handlungen nicht *per se* eine Alternativlösung mittels der Generalklausel gefunden werden. Vielmehr sei in jedem Einzelfall zu prüfen, ob und warum ein Eingreifen der Generalklausel ausnahmsweise sachgerecht erscheint.[83]

c) Einfluss des europäischen Lauterkeitsrechts

Kaum ein Jahr nach der UWG-Reform trat am 12. Mai 2005 die Richtlinie über unlautere Geschäftspraktiken (i.F.: UGP-Richtlinie) in Kraft.[84] Im Verhältnis *Business-*

79 BVerfG, Beschluss vom 08.02.1972 – 1 BvR 170/71 Grabsteinwerbung, GRUR 1972, 358 (360); vgl. *Ohly*, Richterrecht und Generalklausel im Recht des unlauteren Wettbewerbs, S. 236.

80 BGH, Urteil vom 26.06.2008 – I ZR 170/05 ICON, GRUR 2008, 1115 (1118); BGH, Urteil vom 11.01.2007 – I ZR 198/04 Handtaschen, GRUR 2007, 795 (799); BGH, Urteil vom 15.07.2004 – I ZR 142/01 Metallbett, GRUR 2004, 941 (943); OLG Düsseldorf, Urteil vom 24.07.2012 – I-20 U 35/12 Tablet PC II, GRUR-RR 2012, 352 (356).

81 A.A. Götting/Nordemann/*Nordemann*, UWG § 4 Rn. 3.8.

82 BT-Drucks. 15/1487, S. 13; MüKoUWG/*Wiebe*, UWG § 4 Nr. 3 Rn. 7; *Wiebe*, in: FS Schricker S. 773 (778 f.).

83 *Henning-Bodewig*, GRUR 2004, 713 (716).

84 Richtlinie 2005/29/EG des Europäischen Parlaments und des Rates vom 11. Mai 2005 über unlautere Geschäftspraktiken im binnenmarktinternen Geschäftsverkehr zwischen Unternehmen und

to-Consumer strebte die UGP-Richtlinie eine Vollharmonisierung des Lauterkeitsrechts der europäischen Mitgliedstaaten an.[85] Zur Umsetzung der Richtlinie trat verspätet am 30. Dezember 2008 das Erste Gesetz zur Änderung des Gesetzes gegen den unlauteren Wettbewerb in Kraft und brachte zwar grundlegende Modifikationen des UWG mit sich, ließ den wettbewerbsrechtlichen Leistungsschutz jedoch unverändert.[86] Durch das zweite UWG-Änderungsgesetz von 2015 wurde die Vorschrift des § 4 Nr. 9 UWG 2004, ohne dass an ihr eine inhaltliche Veränderung vorgenommen wurde, als neue Ziffer 3 in den mitbewerberschützenden Tatbestand des heutigen § 4 UWG eingeordnet.[87] Die Kategorisierung als rein mitbewerberschützende Vorschrift brachte bei der Auslegung keine Veränderung mit sich, da bereits § 4 Nr. 9 UWG 2004 auf den Mitbewerberschutz gerichtet war, sodass ein Rückgriff auf dessen Grundsätze möglich blieb.[88]

5. Wettbewerbsrechtlicher Leistungsschutz und Sonderschutzrechte

Die wettbewerbsrechtliche Rechtsprechung beeinflusste nicht nur die Kodifikation der Unlauterkeitsfallgruppen des wettbewerbsrechtlichen Leistungsschutzes. Gerade mit Blick auf den Schutz neu entwickelter Güter gab es eine Verknüpfung zwischen Rechtsprechung und Gesetzgebung im Bereich der Sonderschutzrechte (dazu a)). Aufgrund dieses besonderen Verhältnisses wird dem wettbewerbsrechtlichen Leistungsschutz teilweise eine Schrittmacherfunktion zugeschrieben (dazu b)). Darüber hinaus wird erörtert, ob ein unmittelbarer Leistungsschutz über die Generalklausel neben den Sonderschutzrechten vor dem Hintergrund der historischen Entwicklung weiterhin möglich ist (dazu c)).

a) Verhältnis zwischen Rechtsprechung und Gesetzgebung

Wenn in der gerichtlichen Praxis neue tatsächliche Gegebenheiten, die als solche noch nicht vom geltenden Recht erfasst werden, auftraten, – wie beispielsweise die

---

Verbrauchern und zur Änderung der Richtlinie 84/450/EWG des Rates, der Richtlinien 97/7/EG, 98/27/EG und 2002/65/EG des Europäischen Parlaments und des Rates sowie der Verordnung (EG) Nr. 2006/2004 des Europäischen Parlaments und des Rates (Richtlinie über unlautere Geschäftspraktiken), ABl. EG Nr. L 149/22.

85 Vgl. Art. 4 UGP-Richtlinie; EuGH (Große Kammer), Urteil vom 09.11.2010 – C-540/08 Mediaprint/„Österreich"-Zeitungsverlag, GRUR 2011, 76 (77 f.).

86 Bundesgesetzblatt Jahrgang 2008 Teil I Nr. 64, S. 2949 ff.; Gloy/Loschelder/Danckwerts/*Eck*, Hdb. Wettbewerbsrecht § 51 Rn. 17.

87 Bundesgesetzblatt Jahrgang 2015 Teil I Nr. 49 S. 2158 (2159).

88 Ohly/Sosnitza/*Ohly*, § 4.3 Rn. 3/6; Fezer/Büscher/Obergfell/*Götting/Hetmank*, UWG § 4 Nr. 3 Rn. 12.

(technische) Entwicklung neuer Güter – konnten Gerichte einen wahrgenommenen Regulierungsbedarf beseitigen, indem sie über den wettbewerbsrechtlichen Leistungsschutz gestützt auf die Generalklausel Einzelfallgerechtigkeit herstellten.[89] Der Gesetzgeber befand sich in der Position, die Entwicklung des betroffenen Marktes zunächst beobachten und Erfahrung sammeln zu können, während gleichzeitig durch die Rechtsprechung effektiv regulierend eingegriffen wurde. Wenn sich die Lösung über den wettbewerbsrechtlichen Leistungsschutz bewährt hat, konnte der Gesetzgeber reagieren, indem er das Recht des geistigen Eigentums entsprechend ergänzte.[90]

b) Schrittmacher- und Begleitfunktion

Die Verbindung von erstens einer Neuerung, die sondergesetzlich (noch) nicht erfasst war, zweitens der Reaktion durch die Rechtsprechung unter Rückgriff auf den wettbewerbsrechtlichen Leistungsschutz mit Hilfe der Generalklausel als Interimslösung und drittens legislativer Schritte, namentlich der entsprechenden Ergänzung des Rechts des geistigen Eigentums, führte teilweise zu der Interpretation, dass dem lauterkeitsrechtlichen Schutz eine Schrittmacherfunktion zukomme.[91] Der Begriff der Schrittmacherfunktion ist auf *Ulmer* zurückzuführen, der beschreibt, dass sich der „ergänzende wettbewerbsrechtliche Leistungsschutz [...] als Schrittmacher für die Anerkennung anderer mit dem Urheberrecht verwandter Schutzrechte" erweist.[92]

Der Einfluss der Rechtsprechung auf die Gesetzgebung fiel dabei je nach Fallkonstellation unterschiedlich intensiv aus: So hatten höchstrichterliche Entscheidungen, in denen zum Beispiel ausübenden Künstlern ein Leistungsschutzrecht zugesprochen wurde,[93] eine herausragende Bedeutung im Gesetzgebungsprozess, denn solche wurden der amtlichen Begründung des Regierungsentwurfs für ein Gesetz über Urheberrecht und verwandte Schutzrechte unmittelbar als Anlage

89 Vgl. Ohly/Sosnitza/*Ohly*, UWG § 4.3. Rn. 3/78b.

90 Gloy/Loschelder/Danckwerts/*Becker*, Hdb. Wettbewerbsrecht § 64 Rn. 16; *Ohly*, Richterrecht und Generalklausel im Recht des unlauteren Wettbewerbs, S. 241.

91 Ohly/Sosnitza/*Ohly*, UWG § 4.3 Rn. 3/77; LG Oldenburg, Urteil vom 31.01.1996 – 5 O 3578/93 Subventions-Analyse-System, GRUR 1996, 481 (485): „Dem Wettbewerbsrecht kommt [...] eine Auffangfunktion für die Fälle zu, in denen ein Sonderrechtsschutz (noch) nicht besteht. Es hat zugleich eine Schrittmacher- und Ergänzungsfunktion zum Immaterialgüterrecht.".

92 *Ulmer*, Urheber- und Verlagsrecht (3. Aufl., 1980), S. 40.

93 BGH, Urteil vom 24.06.1955 – I ZR 88/54, GRUR 1955, 544; BGH, Urteil vom 31.05.1960 – I ZR 87/58 Künstlerlizenz bei öffentlicher Wiedergabe von Rundfunksendungen, GRUR 1960, 627; BGH, Urteil vom 31.05.1960 – I ZR 64/58 Figaros Hochzeit, GRUR 1960, 614; BGH, Urteil vom 18.05.1955 – I ZR 8/54, GRUR 1955, 492.

beigefügt.[94] Teilweise war der Gestaltungsspielraum des deutschen Gesetzgebers limitiert, wenn wie im Fall von Datenbanken und Computerprogrammen Richtlinien der Europäischen Union umgesetzt werden mussten.[95] Ob eine Kausalität zwischen der Gewährung von wettbewerbsrechtlichem Leistungsschutz und gesetzgeberischem Tätigwerden vorliegt, kann also bezweifelt werden, sodass in manchen Fallgestaltungen eher von einer den Legislativprozess begleitenden Funktion des wettbewerbsrechtlichen Leistungsschutzes über die Generalklausel die Rede sein sollte. Im Folgenden werden verschiedene solcher Fallkonstellationen näher betrachtet.

aa) Schutz des Herstellers von Tonträgern

Mit der Entscheidung „Schallplatten"[96] reagierte das RG auf eine technologische Neuerung und begründete die Annahme eines Verstoßes gegen § 826 BGB und gegen § 1 UWG 1909 mit den besonderen Umständen des Einzelfalles:

> Die Beklagten [...] benutzen vielmehr die fertige Arbeitsleistung der Klägerin, um dieser eine gefährliche Konkurrenz zu machen. Diese Arbeitsleitung ist, wie ihnen bekannt, das Ergebnis erheblicher Mühen und Kosten, die der Klägerin durch die Beschäftigung eigener Aufnahmeingenieure, wie durch Zahlung hoher Honorare und Tantiemen an die von ihr gedungenen Künstler entstehen. Diese Mühen und Kosten ersparen sie bei der Herstellung ihrer Platten durch die Ausnutzung der Arbeitsleistung der Klägerin; nur die technischen Unkosten haben sie aufzuwenden, die im Vergleich zu jenen Kosten gering sind. Hierdurch setzen sie sich in die Lage, die von ihnen hergestellten und in vollendeter Weise nachgeahmten Platten zu erheblich niedrigeren Preisen in den Handel zu bringen, als die Klägerin es tun kann, so daß diese mit ihnen nicht zu konkurrieren vermag. Ein solches Vorgehen, das die Klägerin um die Früchte ihrer eigenen Arbeit bringt, und das das Berufungsgericht zutreffend als ein zu Erwerbszwecken erfolgtes Bekämpfen der Klägerin mit ihren eigenen Waffen bezeichnet, verstößt, mag es auch formell berechtigt sein, gegen die guten Sitten des anständigen Geschäftsverkehrs.[97]

Damit schloss das RG eine Lücke, die seinerzeit durch das Fehlen eines Leistungsschutzrechts für Tonträgerhersteller bestand und ebnete bereits früh den Weg für den Schutz von Herstellern eines Tonträgers nach den §§ 85 f. UrhG. Mit dem Urheberrechtsgesetz von 1965 wurde die Argumentation der „Schallplatten"-Ent-

---

94 Entwurf eines Gesetzes über Urheberrecht und verwandte Schutzrechte BT-Drucks. IV/270 (i.F.: BT-Drucks. IV/270, S.).

95 *Ohly*, Richterrecht und Generalklausel im Recht des unlauteren Wettbewerbs, S. 251.

96 RG, Entscheidung vom 07.04.1910 – VI 344/09 Schallplatten, RGZ 73, 294.

97 RG, Entscheidung vom 07.04.1910 – VI 344/09 Schallplatten, RGZ 73, 294 (297 f.).

scheidung in Gesetzesform gegossen und Tonträgerherstellern für ihre unternehmerische Leistung schließlich eigene Leistungsschutzrechte zugebilligt:[98]

> Das Schutzrecht des Tonträgerherstellers soll für das technische Können und die wirtschaftlichen Aufwendungen gewährt werden, die für die erstmalige Aufnahme einer Werkdarbietung oder einer sonstigen Tonfolge auf einen Tonträger erforderlich sind, nicht für die Herstellung eines Tonträgers durch Kopieren einer bereits vorhandenen Aufnahme.[99]

bb) Schutz des ausübenden Künstlers

Mit der Entscheidung „Figaros Hochzeit"[100] nahm der BGH Einfluss auf die Ausgestaltung des heutigen Schutzes der ausübenden Künstler nach §§ 73 ff. UrhG.[101] Der Sachverhalt gestaltete sich so, dass das beklagte Sendeunternehmen die Aufführung einer Oper mit Zustimmung der Bühnenleitung und des Gastdirigenten auf Tonband aufgenommen und gesendet sowie weiteren Rundfunkanstalten zur Sendung überlassen hat. Vor der Aufführung wurde allen deutschen Sendeanstalten mitgeteilt, dass Tonbandaufnahmen für Sendezwecke und Rundfunksendungen nur mit Zustimmung der mitwirkenden Musiker erfolgen dürfen. Die Zustimmung aller mitwirkenden Musiker hatte sich das beklagte Sendeunternehmen indes nicht eingeholt.[102] Nach Ansicht des BGH sei für die Festlegung einer Opernaufführung auf Tonband zu Sendezwecken grundsätzlich die Zustimmung jedes einzelnen ausübenden Künstlers, der unmittelbar an der Aufführung mitwirkte, erforderlich. Dies begründete der BGH unter anderem damit, dass es einen besonders einschneidenden Eingriff in die Erwerbsmöglichkeiten des ausübenden Künstlers darstelle, wenn seine Leistungen gegen seinen Willen auf Ton- oder Bildträger festgelegt und damit ohne seine erneute persönliche Inanspruchnahme beliebig oft wiederholbar sind und einem theoretisch unbegrenzten Hörerkreis zugänglich gemacht werden können.[103]

Der historische Urheberrechtsgesetzgeber rekurrierte in der Gesetzesbegründung auf dieses Urteil und fügte es sogar ausschnittsweise als Anlage an.[104] Damit schloss der wettbewerbsrechtliche Leistungsschutz übergangsweise die Lücke des fehlenden Schutzes für ausübende Künstler und erwies sich als Schrittmacher im Gesetzgebungsprozess.

---

98 BT-Drucks. IV/270, S. 96; *Ohly*, Richterrecht und Generalklausel im Recht des unlauteren Wettbewerbs, S. 242; *Ohly*, GRUR-Int. 2015, 693 (695).

99 BT-Drucks. IV/270, S. 96.

100 BGH, Urteil vom 31.05.1960 – I ZR 64/58 Figaros Hochzeit, GRUR 1960, 614.

101 Vgl. Gloy/Loschelder/Danckwerts/*Eck*, Hdb. Wettbewerbsrecht § 51 Rn. 135a.

102 BGH, Urteil vom 31.05.1960 – I ZR 64/58 Figaros Hochzeit, GRUR 1960, 614 (614).

103 BGH, Urteil vom 31.05.1960 – I ZR 64/58 Figaros Hochzeit, GRUR 1960, 614 (617).

104 BT-Drucks. IV/270, S. 90, Anlage 10.

cc) Schutz des Sendeunternehmens

Die historischen Wurzeln eines eigenen Schutzes des Sendeunternehmens finden sich im Wettbewerbsrecht.[105] Der BGH betrachtete in der Entscheidung „AKI“[106] die gewerbsmäßige Wiedergabe von Fernsehsendungen in Lichtspieltheatern mittels Großprojektoren vor einem großen Zuschauerkreis als unlauteres Wettbewerbsverhalten gegenüber demjenigen Sendeunternehmen, welches diese Sendungen im Fernsehen ausstrahlt, und gewährte wettbewerbsrechtlichen Leistungsschutz an diesen.[107]

Der Schutz des Sendeunternehmens nach § 87 UrhG fand 1965 Eingang in das Urheberrechtsgesetz, wobei dieser bereits in Übereinstimmung mit dem Europäischen Abkommen zum Schutz von Fernsehsendungen vom 22. Juni 1960 und dem Internationalen Abkommen über den Schutz der ausübenden Künstler, der Hersteller von Tonträgern und der Sendeunternehmen vom 26. Oktober 1961 als Bestandteil des Gesetzesentwurfs vorgesehen war.[108] Der BGH schloss mit der Entscheidung „AKI“ mittels wettbewerbsrechtlichen Leistungsschutzes eine Schutzlücke für Sendeunternehmen, an deren Schließung durch den europäischen Gesetzgeber bereits gearbeitet wurde. Der wettbewerbsrechtliche Leistungsschutz lässt sich insoweit als vorangehender Schrittmacher mit Begleitfunktion beschreiben.

dd) Schutz des Veranstalters

In gleicher Weise wie die Rundfunkanstalten gegen eine unmittelbare Ausbeutung ihrer Sendungen durch Mitbewerber im Sinne der Entscheidung „AKI“ wettbewerbsrechtlichen Leistungsschutz in Anspruch nehmen können, steht der UWG-Leistungsschutz nach der BGH-Entscheidung „Vortragsabend“[109] den gewerblichen Veranstaltern von Unterhaltungsdarbietungen gegenüber den Rundfunkanstalten zur Seite: Wer eine von einem gewerblichen Veranstalter durchgeführte Unterhaltungsdarbietung auf einem Tonband festhalten will, um die Tonbandaufnahme im Falle ihrer Eignung für eine Rundfunksendung zu verwenden, benötige bereits für die Herstellung der Tonbandaufnahme die Erlaubnis des Veranstalters.[110] Dieser müsse nach der Gesetzesbegründung davor geschützt werden, dass die von ihm mit Mühe und Kosten durchgeführten Darbietungen von anderen ohne seine Er-

---

105 Dreier/Schulze/*Dreier*, UrhG § 87 Rn. 1.

106 BGH, Beschluss vom 27.02.1962 – I ZR 118/60 AKI, GRUR 1962, 470.

107 BGH, Beschluss vom 27.02.1962 – I ZR 118/60 AKI, GRUR 1962, 470 (475).

108 BT-Drucks. IV/270, S. 97.

109 BGH, Urteil vom 24.05.1963 – Ib ZR 62/62 Vortragsabend, GRUR 1963, 575.

110 BGH, Urteil vom 24.05.1963 – Ib ZR 62/62 Vortragsabend, GRUR 1963, 575 (576).

laubnis durch Bildschirm- oder Lautsprecherübertragung in Räume außerhalb der Veranstaltung, durch Aufnahme auf Bild- oder Tonträger und deren Vervielfältigung oder durch Funksendung ausgenutzt werden.[111] Auch in diesem Fall bestätigte die Rechtsprechung die dem Gesetzesentwurf zugrundeliegende Begründung und begleitete den bereits vor Veröffentlichung der Gerichtsentscheidung begonnenen Legislativprozess.

ee) Schutz von Computerprogrammen

Wettbewerbsrechtlichen Leistungsschutz für Computerprogramme gewährte das OLG Frankfurt 1983 insbesondere in den Entscheidungen „Donkey Kong Junior I"[112] und „Donkey Kong Junior II"[113]. In diesen Fällen hat die Antragstellerin glaubhaft gemacht, dass sie als erste das von einem japanischen Hersteller geschaffene Spiel mit dem Namen „Donkey Kong Junior" in der Bundesrepublik auf dem Markt einführte. Unstreitig hing der Absatzerfolg weitgehend davon ab, dass das Computerspiel beim Publikum gerade in der Anlaufzeit Anklang findet. Auch war durch die Gestaltung der Figuren eine wettbewerbliche Eigenart gegeben, denn diese waren in ihrer Originalität geeignet, auf die Antragstellerin und die japanische Herstellerin als Erzeugerin hinzuweisen. Die Antragstellerin wehrte sich gegen den Vertrieb eines inhaltsgleichen Spiels mit dem Namen „JUNIOR KING" durch die Antragsgegnerin. Dieses Spiel war aufgrund einer unmittelbaren Leistungsübernahme durch „Raubkopie" von Platinen für Videospielgeräte bezüglich der Ausgestaltung, der verwendeten Figuren und des Spielablaufs mit dem Spiel der Antragstellerin identisch.[114] Wettbewerbsrechtlicher Leistungsschutz sollte dabei jedoch zeitlich begrenzt bleiben, da der Verstoß gegen § 1 UWG 1909 gerade auch in der Verkürzung des „Amortisationszeitraumes" durch das Inverkehrbringen der Nachahmung lag.[115]

Solange, bis der Schutz von Computerprogrammen mit den §§ 69a ff. UrhG im Jahr 1993 eine sondergesetzliche Regelung im Urheberrechtsgesetz gefunden hatte,[116] erfuhr die Entwicklungsleistung des für ein Computerprogramm verantwortlichen Programmierers mithin wettbewerbsrechtlichen Leistungsschutz. Dies

---

111 BT-Drucks. IV/270, S. 94.

112 OLG Frankfurt am Main, Beschluss vom 21.07.1983 – 6 U 16/83 Donkey Kong Junior I, GRUR 1983, 757.

113 OLG Frankfurt, Urteil vom 04.08.1983 – 6 U 19/83 Donkey Kong Junior II, GRUR 1984, 509.

114 OLG Frankfurt am Main, Beschluss vom 21.07.1983 – 6 U 16/83 Donkey Kong Junior I, GRUR 1983, 757 (757).

115 OLG Frankfurt, Urteil vom 04.08.1983 – 6 U 19/83 Donkey Kong Junior II, GRUR 1984, 509 (509).

116 Entwurf eines Zweiten Gesetzes zur Änderung des Urheberrechtsgesetzes BT-Drucks. 12/4022 (i.F.: BT-Drucks. 12/4022 S.).

lässt die Bewertung zu, dass der wettbewerbsrechtliche Leistungsschutz insoweit eine Schrittmacherfunktion hatte. Die Tatsache, dass es sich bei den §§ 69a ff. UrhG in ihrem Kern um europäisches Urheberrecht, welches eine richtlinienkonforme Auslegung erfordert, handelt,[117] stellt die den Takt angebende Rolle des wettbewerbsrechtlichen Leistungsschutzes dabei nicht in Frage.

ff) Schutz des Datenbankherstellers

Der Schutz des Datenbankherstellers wurde der Deutschen Telekom AG im Revisionsverfahren aufgrund des zwischenzeitlich in Kraft getretenen Schutzes von Datenbanken zuteil; der BGH-Entscheidung „Tele-Info-CD"[118] lag zusammengefasst der folgende Sachverhalt zugrunde: Die Deutsche Telekom AG gab jährlich sämtliche sog. amtliche Telefonbücher in Deutschland heraus. Die Beklagten boten erstmals im Jahr 1990 unter der Bezeichnung „Tele-Info-CD" Telefonverzeichnisse auf CD-ROM an, die allesamt auf den Telefonbüchern der Klägerin, aus denen die Teilnehmerdaten durch Einscannen übernommen wurden, beruhten. Seit 1992 bot die Klägerin dann selbst unter dem Titel „Teleauskunft 1188" ein elektronisches Verzeichnis der Telefonteilnehmer auf CD an. Die Beklagten wurden unter anderem auf Unterlassung in Anspruch genommen.[119]

Für die Beurteilung des in die Zukunft gerichteten Unterlassungsanspruchs hatte sich die Rechtslage im Laufe des Revisionsverfahrens geändert. Nachdem zum 1. Januar 1998 die Richtlinie über den rechtlichen Schutz von Datenbanken[120] umgesetzt worden ist, stand der Klägerin als Herstellerin einer Datenbank ein Leistungsschutzrecht nach § 87b Abs. 1 UrhG zu, das sich auch auf Datenbanken erstreckte, die vor dem 1. Januar 1998 hergestellt worden waren. Vor diesem Hintergrund konnte die Klägerin Unterlassung nach § 97 Abs. 1 UrhG beanspruchen.[121]

Wie auch schon das OLG Frankfurt[122] in der Vorinstanz, beschäftigten den BGH die Ansprüche aus wettbewerbsrechtlichem Leistungsschutz, die der Klägerin als Herstellerin der übernommenen Leistung zustehen könnten. Neben dem Unterlassungsanspruch nach § 1 UWG 1909 – gerichtet auf Unterlassung der Verbreitung der auf der Leistungsübernahme beruhenden Produkte – war aus Sicht des BGH

117 Richtlinie 91/250/EWG, ABl. EG Nr. L 122/42.

118 BGH, Urteil vom 06.05.1999 – I ZR 199/96 Tele-Info-CD, GRUR 1999, 923.

119 BGH, Urteil vom 06.05.1999 – I ZR 199/96 Tele-Info-CD, GRUR 1999, 923 (923).

120 Richtlinie 96/9/EG des Europäischen Parlaments und des Rates vom 11. März 1996 über den rechtlichen Schutz von Datenbanken, ABl. EG Nr. L 77/20 (i.F.: RL 96/9/EG).

121 BGH, Urteil vom 06.05.1999 – I ZR 199/96 Tele-Info-CD, GRUR 1999, 923 (925).

122 OLG Frankfurt am Main, Urteil vom 29.11.1996 – 11 U (Kart) 44/95 Übernahme von Telefonbüchern auf CD-ROM, ZUM-RD 1997, 221.

insbesondere der Antrag, mit dem die Klägerin die Feststellung der Verpflichtung der Beklagten zur Leistung von Schadensersatz begehrte, begründet.[123]

Vor dem Hintergrund, dass zum Zeitpunkt der Entscheidung des BGH bereits keine Lücke in den Sonderschutzrechten mehr bestand, kam der Entscheidung „Tele-Info-CD“ mit Blick auf die Gewährung wettbewerbsrechtlichen Leistungsschutzes neben dem *sui generis*-Leistungsschutzrecht des Datenbankherstellers keine lückenfüllende Funktion (mehr) zu. Der BGH hat aber die Ansprüche aus wettbewerbsrechtlichem Leistungsschutz mit der Wertungsentscheidung des (europäischen) Gesetzgebers synchronisiert und – entgegen der Auffassung des Berufungsgerichts – wettbewerbsrechtlichen Leistungsschutz gewährt.

gg) Schutz bekannter Marken

Auch in Bezug auf das Markenrecht kam dem wettbewerbsrechtlichen Leistungsschutz im Rahmen der Entscheidung „DIMPLE“[124] insoweit eine Schrittmacherfunktion zu, als der gewährte Schutz gegen wettbewerbswidrige Rufausbeutung einer Marke auf der Grundlage des Markenrechtsreformgesetzes von 1994[125] heute in § 14 Abs. 2 Nr. 3 MarkenG als Schutz bekannter Marken, insbesondere gegen Rufausbeutung durch gleichartige Waren oder Dienstleistungen, kodifiziert ist.

hh) Schutz neuer Pflanzensorten

Im Rahmen der Entscheidung „Nelkenstecklinge“[126] gewährte der BGH im Jahr 1958 wettbewerbsrechtlichen Leistungsschutz einer Pflanzenzüchtungsleistung. Der Beklagte hatte von der Klägerin gezüchtete Pflanzenstecklinge erworben, diese selbst vermehrt und zum Kauf angeboten. Dadurch entzog er der Klägerin die Früchte ihrer unter großen Mühen und Kosten erlangten Züchtungsleistung. Ein solches Verhalten sei nach Ansicht des BGH jedenfalls dann wettbewerbswidrig, wenn es zielbewusst geschieht, um die Gütevorstellung des Verkehrs von den eigenartigen und den Verkehrskreisen bekannten Merkmalen zur Empfehlung der eigenen Vermehrungen auszubeuten.[127]

Mit dem Gesetz über den Schutz von Pflanzensorten vom 20. Mai 1968 sollte das bisher geltende Gesetz über Sortenschutz und Saatgut reformiert werden. Anstoß für die Reform waren im Jahr 1957 aufgegriffene Bestrebungen, ein internationales Abkommen auf dem Gebiet des Sortenschutzes abzuschließen. In vierjähriger Ar-

123 BGH, Urteil vom 06.05.1999 – I ZR 199/96 Tele-Info-CD, GRUR 1999, 923 (928).
124 BGH, Urteil vom 29.11.1984 – I ZR 158/82 DIMPLE, GRUR 1985, 550.
125 Bundesgesetzblatt Jahrgang 1994 Teil I Nr. 74, S. 3082 (3087).
126 BGH, Urteil vom 21.11.1958 – I ZR 61/57 Nelkenstecklinge, GRUR 1959, 240.
127 BGH, Urteil vom 21.11.1958 – I ZR 61/57 Nelkenstecklinge, GRUR 1959, 240 (243).

beit, bei der die Bundesrepublik maßgebend beteiligt war, wurde das Internationale Übereinkommen zum Schutz von Pflanzenzüchtungen (Konvention), das am 2. Dezember 1961 von der Bundesrepublik unterzeichnet wurde, geschaffen.[128] Um die Konvention in der Bundesrepublik durchzuführen, war eine Änderung des Sortenschutzrechts notwendig, deren Ergebnis das Sortenschutzgesetz vom 20. Mai 1968 war, das dem Schutz der Leistung, die in der Schaffung und Entdeckung einer neuen Pflanzensorte liegt, dient.[129]

Die Wertungsentscheidung, die der BGH mit dem „Nelkenstecklinge"-Urteil in Bezug auf Züchtungsleistungen auf Grundlage des wettbewerbsrechtlichen Leistungsschutzes getroffen hatte, wurde durch den Gesetzgeber mit der Reform des Sortenschutzrechts bekräftigt. Die Entscheidung erging dabei zeitlich parallel zu den in Gang gesetzten internationalen Reformbestrebungen.

ii) Saisonschutz für Modeneuheiten

Ferner gewährte der BGH einen Saisonschutz für Modeneuheiten[130], ohne dass es überhaupt auf die Modalitäten und die Begleitumstände der Nachahmungshandlung entscheidend ankam. Dabei handelte es sich um einen reinen – zeitlich limitierten – Leistungsschutz.[131] Die Rechtsprechung griff insoweit dem heutigen Gemeinschaftsgeschmacksmusterrecht vor und schloss für den Bereich der Modeneuheiten eine Schutzlücke.[132]

c) Unmittelbarer Leistungsschutz neben den Sonderschutzrechten

In Ergänzung zu der bereits geklärten Frage, ob dem wettbewerbsrechtlichen Leistungsschutz nach der partiellen Kodifizierung der Unlauterkeitsfallgruppen noch eine eigenständige Bedeutung bei der Erfassung weiterer Fälle potentiell unlauterer Wettbewerbshandlungen zukommt,[133] wird im Folgenden die Frage erörtert, ob ein wettbewerbsrechtlicher Leistungsschutz neben den Sonderschutzrechten denkbar ist.[134]

---

128 Entwurf eines Gesetzes über den Schutz von Pflanzensorten (Sortenschutzgesetz) BT-Drucks. V/1630, S. 46.

129 Bundesgesetzblatt Jahrgang 1968 Teil I Nr. 31, S. 429 ff.

130 BGH, Urteil vom 19.01.1973 – I ZR 39/71 Modeneuheit, GRUR 1973, 478; zum Sachverhalt: Vierter Teil Kapitel A. II. 3. e).

131 Ohly/Sosnitza/*Ohly*, UWG § 4.3 Rn. 3/76 f.

132 Fezer/Büscher/Obergfell/*Götting/Hetmank*, UWG § 4 Nr. 3 Rn. 33, 132.

133 Siehe Vierter Teil Kapitel A. II. 4. b).

134 Götting/Nordemann/*Nordemann*, UWG § 4 Rn. 3.3.

aa) Rechtsprechung

Der BGH differenzierte in der Entscheidung „Klemmbausteine III"[135] zwar zwischen den Fällen des mittelbaren Leistungsschutzes und dem wettbewerbsrechtlichen Schutz einer Leistung als solcher, lehnte letzteren jedoch aufgrund der Umstände des Einzelfalles ab.[136] Ferner hat der BGH im Jahr 2010 mit der Entscheidung „Hartplatzhelden.de"[137] und im Jahr 2016 mit der Entscheidung „Pippi-Langstrumpf-Kostüm II"[138] die Frage ausdrücklich offen gelassen, ob ein unmittelbarer Leistungsschutz nach § 3 Abs. 1 UWG auch in Zukunft möglich sei – es jedoch im konkreten Einzelfall jeweils abgelehnt, auf der Grundlage der Generalklausel ein eigenes Leistungsschutzrecht für Sportveranstalter beziehungsweise für die Verwertung einer fiktiven Figur zu gewähren.[139]

bb) Nachahmungsfreiheit

Unterstützer des Grundsatzes der Nachahmungsfreiheit lehnen den unmittelbaren wettbewerbsrechtlichen Leistungsschutz mit dem Argument ab, dass es nicht Aufgabe des Lauterkeitsrechts sei, faktisch weitere Immaterialgüterrechte zu schaffen, handle es sich bei dem UWG doch um ein reines Marktverhaltensrecht.[140] Unmittelbarer Leistungsschutz wird mit der Begründung versagt, dass der Gesetzgeber in § 4 Nr. 9 UWG 2004 diejenigen verhaltensbezogenen Fallgruppen aufgenommen habe, bei deren Einschlägigkeit Leistungsschutz über das UWG gewährt werden dürfe, während auf eine Normierung eines unmittelbaren Leistungsschutzes bewusst verzichtet worden sei.[141]

cc) Schutz unter strengen Voraussetzungen

Teleologischer und ökonomischer Hintergrund des Grundsatzes der Nachahmungsfreiheit sei der für die Marktwirtschaft zentrale Gedanke der Wettbewerbsfreiheit.[142] Zwar können zur Förderung des Innovationswettbewerbs zeitlich

---

135 BGH, Urteil vom 02.12.2004 – I ZR 30/02 Klemmbausteine III, GRUR 2005, 349.

136 BGH, Urteil vom 02.12.2004 – I ZR 30/02 Klemmbausteine III, GRUR 2005, 349 (352).

137 BGH, Urteil vom 28.10.2010 – I ZR 60/09 Hartplatzhelden.de, GRUR 2011, 436 (437): „Es kann dahinstehen, ob und gegebenenfalls unter welchen Voraussetzungen unmittelbarer Leistungsschutz auf der Grundlage von § 3 Abs. 1 UWG gewährt werden kann, wenn die Voraussetzungen der in § 4 Nr. 9 UWG geregelten Unlauterkeitstatbestände nicht vorliegen."

138 BGH, Urteil vom 19.11.2015 – I ZR 149/14 Pippi-Langstrumpf-Kostüm II, GRUR 2016, 725 (728).

139 BGH, Urteil vom 19.11.2015 – I ZR 149/14 Pippi-Langstrumpf-Kostüm II, GRUR 2016, 725 (728); BGH, Urteil vom 28.10.2010 – I ZR 60/09 Hartplatzhelden.de, GRUR 2011, 436 (438).

140 *Nemeczek*, WRP 2010, 1204 (1209); vgl. *Nemeczek*, GRUR 2011, 292 (295).

141 *Wiebe*, in: FS Schricker S. 773 (778 f.); MüKoUWG/*Wiebe*, UWG § 4 Nr. 3 Rn. 24.

142 Ohly/Sosnitza/*Ohly*, UWG § 4.3 Rn. 3/15.

begrenzte Ausschließlichkeitsrechte gewährt werden, diese stellen aber eine Ausnahme vom Grundsatz der Nachahmungsfreiheit dar und seien nicht die Regel.[143] Konsequenterweise sei aus den zeitlichen, sachlichen und formalen Grenzen des geistigen Eigentums zu folgern, dass jenseits dieser Grenzen die Imitation zulässig sein müsse.[144]

Daraus folge mit Blick auf den mittelbaren Leistungsschutz nach § 4 Nr. 3 UWG, dass dieser gegenüber den Immaterialgüterrechten nicht subsidiär ist, da die darin enthaltenen unlauteren Verhaltensweisen vom Recht des geistigen Eigentums nicht vollständig erfasst werden. Wird von der Rechtsprechung mittelbarer Leistungsschutz gewährt, so müssen die Unlauterkeitsmerkmale selbstredend tatsächlich vorliegen und auf sie dürfe nicht unter dem Deckmantel der Wechselwirkungslehre verzichtet werden.[145]

Mit Blick auf den unmittelbaren Leistungsschutz, der über die Nachahmung hinaus kein unlauteres Verhalten voraussetzt, sei dagegen von Subsidiarität gegenüber den Immaterialgüterrechten auszugehen.[146] Unmittelbarer Leistungsschutz über die Generalklausel komme nur in Betracht, wenn der betreffende Interessenkonflikt im Recht des geistigen Eigentums nicht abschließend geregelt ist.[147] Zwar seien Lücken beim Schutz kreativer Leistungen im technischen und ästhetischen Bereich sowie der hierfür erforderlichen Investitionen aufgrund der Ausdehnung des geistigen Eigentums derzeit nicht ohne Weiteres ersichtlich, doch habe die Vergangenheit gezeigt, dass derartige Schutzlücken auch für die Zukunft nicht ausgeschlossen werden könnten.[148] Insbesondere durch neue technische und wirtschaftliche Entwicklungen könne ein Bedürfnis nach einem Schutz neuer Arbeitserzeugnisse entstehen, weshalb ein Rückgriff auf den unmittelbaren Leistungsschutz auch in Zukunft angezeigt sein könne.[149]

Vor diesem Hintergrund seien Ausnahmen vom Grundsatz der Nachahmungsfreiheit nur unter folgenden Voraussetzungen denkbar: Zum einen dürfe der betreffende Interessenkonflikt nicht bereits – insbesondere in den Immaterialgüterrechten – erschöpfend geregelt sein.[150] Zum anderen dürfe der Leistungsschutz

---

143 Ohly/Sosnitza/*Ohly*, UWG § 4.3 Rn. 3/15.

144 Hilty/Henning-Bodewig/*Ohly*, Lauterkeitsrecht und Acquis Communautaire, S. 181 (190); Ohly/Sosnitza/*Ohly*, UWG § 4.3 Rn. 3/15.

145 Ohly/Sosnitza/*Ohly*, UWG § 4.3 Rn. 3/15.

146 Ohly/Sosnitza/*Ohly*, UWG § 4.3 Rn. 3/15.

147 Ohly/Sosnitza/*Ohly*, UWG § 4.3 Rn. 3/15.

148 Ohly/Sosnitza/*Ohly*, UWG § 4.3 Rn. 3/78b; *Gondert*, Der wettbewerbsrechtliche Leistungsschutz, S. 30.

149 Ohly/Sosnitza/*Ohly*, UWG § 4.3 Rn. 3/78b; *Gondert*, Der wettbewerbsrechtliche Leistungsschutz, S. 31.

150 Ohly/Sosnitza/*Ohly*, UWG § 4.3 Rn. 3/79.

nicht einseitig den Interessen des Originalherstellers dienen, vielmehr müssen auch die Interessen der Allgemeinheit an Wettbewerbs-, Meinungs- und Informationsfreiheit und an der Förderung der Innovation und des Imitationswettbewerbs sowie die Interessen der Mitbewerber in eine Interessenabwägung einbezogen werden.[151] Daraus folge, dass unmittelbarer Leistungsschutz nur geboten sei, wenn ohne diesen Schutz ein Marktversagen drohen würde.[152]

Wenn Gerichte nur bei Vorliegen vorstehender Voraussetzungen unmittelbaren wettbewerbsrechtlichen Leistungsschutz gewähren, ermögliche dieser, den sondergesetzlichen Schutz auf seinen „berechtigten Kernbereich zurückzuführen" und den so eindeutig umrissenen Umfang der Immaterialgüterrechte durch einen lauterkeitsrechtlichen Schutz geringerer Dauer und geringerer Intensität zu ergänzen.[153]

dd) Eigenständiger Schutz vor unlauteren Nachahmungen

Das Lauterkeitsrecht stelle nach *Fezer* einen „Jungbrunnen des Immaterialgüterrechts"[154] dar. Im Vorfeld entstehenden und im Umfeld bestehenden Immaterialgüterrechtsschutzes beanspruche das Wettbewerbsrecht ergänzende Geltung; die autonome Anwendung des UWG bestehe neben den Sonderrechtsgesetzen des Immaterialgüterschutzes.[155] Die Verschiedenheit der Normzwecke, Schutzvoraussetzungen, Sanktionen und Zuständigkeiten rechtfertige eine an dem normspezifischen Schutzzweck orientierte Anwendung des UWG neben den sondergesetzlichen Regelungen.[156] Dogmatisch sei der wettbewerbsrechtliche Leistungsschutz entsprechend der allgemeinen Struktur des UWG als Marktverhaltensregelung einzuordnen.[157] Als solche fokussiere der wettbewerbsrechtliche Leistungsschutz vielmehr auf die Art und Weise, wie fremde Leistungen im Wettbewerb genutzt und verwertet werden, anstatt – wie die Immaterialgüterrechte – auf den Schutz der konkreten fremden Leistungen selbst.[158] Der wettbewerbsrechtliche Leistungsschutz beziehe sich also nicht auf das „ob" der Nachahmung, sondern auf das „wie"

151 Ohly/Sosnitza/*Ohly*, UWG § 4.3 Rn. 3/79; *Ohly*, GRUR 2010, 487 (493).

152 *Ohly*, GRUR 2010, 487 (493); Ohly/Sosnitza/*Ohly*, UWG § 4.3 Rn. 3/79; vgl. *Peukert*, WRP 2010, 316 (320); *Peukert*, Güterzuordnung als Rechtsprinzip, S. 813; a.A. Köhler/Bornkamm/Feddersen/*Köhler*, UWG § 3 Rn. 2.28.

153 Hilty/Henning-Bodewig/*Ohly*, Lauterkeitsrecht und Acquis Communautaire, S. 181 (193).

154 *Fezer*, WRP 1993, 63 (65); *Fezer*, WRP 2008, 1 (9).

155 *Fezer*, WRP 2008, 1 (9).

156 *Fezer*, WRP 2008, 1 (9); vgl. Fezer/Büscher/Obergfell/*Götting/Hetmank*, UWG § 4 Nr. 3 Rn. 28.

157 BGH, Urteil vom 02.12.2004 – I ZR 30/02 Klemmbausteine III, GRUR 2005, 349 (352); vgl. Köhler/Bornkamm/Feddersen/*Köhler*, UWG § 4 Rn. 3.4.

158 Fezer/Büscher/Obergfell/*Götting/Hetmank*, UWG § 4 Nr. 3 Rn. 28.

der Nachahmung, mithin auf das Verhalten im Zusammenhang mit der Herstellung und Vermarktung der Nachahmung, das sog. Handlungsunrecht.[159] Im Rahmen der wettbewerbsrechtlich gebotenen Abwägung müsse weiter das Prinzip der Leistungsmotivation Berücksichtigung finden. Konkret müsse bedacht werden, dass sich die Leistungserbringung für einen Wettbewerber, dem die Früchte seiner Leistung durch bestimmte geschäftliche Handlungen der Konkurrenz entschädigungslos entzogen werden, nicht mehr lohnen könnte.[160] Es wäre mit ökonomischen Zielvorstellungen und Funktionen eines freien Wettbewerbs unvereinbar, wenn Wettbewerber ihre Ressourcen für Abschöpfungshandlungen und Überwindungen etwaiger Schutzmaßnahmen verwenden, anstatt sie in wertschöpfende Tätigkeiten zu investieren.[161]

Zudem ergebe sich eine völlige Nachahmungsfreiheit auch nicht aus einem Umkehrschluss zu den Immaterialgüterrechten.[162] Im Gegenteil schließe die Beschränkung des freien Wettbewerbs durch die Sondergesetze nicht aus, den Wettbewerb auch aus anderen Gründen zu beschränken.[163] Aus dem Sonderrechtsschutz lasse sich *e contrario* allenfalls schließen, dass die Übernahme oder Nachahmung einer fremden Leistung soweit zulässig ist, wie es die Wertungen der Immaterialgüterrechte – wie beispielsweise im Urheberrecht die freie Bearbeitung und das Zitat oder im Patentrecht die Benutzung der patentierten Erfindung nach Ablauf der Schutzfrist – anordnen. Weitergehende Schlüsse könnten aus den Sonderschutzrechten indes nicht gezogen werden.[164]

Anstatt mit dem vorgebrachten *argumentum e contrario* von dem Sonderschutzrecht auf eine grundsätzliche Nachahmungsfreiheit zu schließen, solle der sondergesetzliche Leistungsschutz vielmehr als Spezialfall des allgemeinen Leistungsschutzes auf lauterkeitsrechtlicher Grundlage verstanden werden.[165] Die Schutzrichtung, also im Konkreten die wettbewerbsschädigende Ausbeutung einer Leistung durch Dritte zu verhindern, sei sowohl dem sondergesetzlichen als auch dem wettbewerbsrechtlichen Leistungsschutz immanent; vor diesem Hintergrund erscheine die Annahme, der wettbewerbsrechtliche Leistungsschutz würde ge-

---

159 Fezer/Büscher/Obergfell/*Götting/Hetmank*, UWG § 4 Nr. 3 Rn. 28; Köhler/Bornkamm/Feddersen/*Köhler*, UWG § 4 Rn. 3.4.

160 Fezer/Büscher/Obergfell/*Götting/Hetmank*, UWG § 4 Nr. 3 Rn. 32c.

161 Fezer/Büscher/Obergfell/*Götting/Hetmank*, UWG § 4 Nr. 3 Rn. 32c.

162 Fezer/Büscher/Obergfell/*Götting/Hetmank*, UWG § 4 Nr. 3 Rn. 29.

163 *Lubberger*, in: FS Ullmann, S. 737 (742 f.); vgl. BGH, Urteil vom 18.12.1968 – I ZR 85/65 Hummel III, GRUR 1970, 250 (252 f.).

164 *Köhler*, WRP 1999, 1075 (1078).

165 *Glöckner*, Europäisches Lauterkeitsrecht, S. 595.

genüber den Sonderschutzrechten eine Lückenbüßerfunktion einnehmen, als verfehlt.[166]

Aus verfassungsrechtlicher Perspektive dürfe schließlich nicht vergessen werden, dass die Imitationsfreiheit Ausfluss der allgemeinen Handlungs- und Berufsfreiheit nach Art. 2 Abs. 1, 12 Abs. 1 GG ist und damit unter einem Gesetzesvorbehalt steht.[167] Die Nachahmungsfreiheit unterliege wie alle Freiheitsgrundrechte Einschränkungen in Form gesetzlicher Schranken; damit stehe die Nachahmungsfreiheit nicht nur unter dem Gesetzesvorbehalt der Immaterialgüterrechte, sondern gleichermaßen des Lauterkeitsrechts.[168] Anstatt dogmatisch von einem vermeintlichen Grundsatz der Nachahmungsfreiheit auszugehen, sollte im Rahmen der Auslegung der lauterkeitsrechtlichen Vorschriften vielmehr versucht werden, mit Blick auf den zu gewährenden Leistungsschutz praktische Konkordanz zwischen dem Schutz der Freiheitsrechte der Nachahmer einerseits und dem Allgemeininteresse an der Förderung von Innovationen andererseits herzustellen.[169]

ee) Ergänzende Aspekte zu der schutzfreundlichen Ansicht

Dem wettbewerbsrechtlichen Leistungsschutz sollte neben den sondergesetzlichen Regelungen grundsätzlich eine eigenständige Bedeutung zukommen, um unlauteres Wettbewerbshandeln zu erfassen. Der wettbewerbsrechtliche Leistungsschutz kann gerade dann zu sachgerechten Lösungen führen, wenn spezifisch im Wege systematischer Auslegung begründet wird, welche schutzausschließenden Wertungen der bestehenden Sonderschutzrechte auf welche Bereiche des wettbewerbsrechtlichen Leistungsschutzes zu erstrecken sind, um eine Aushöhlung der Sonderschutzrechte auszuschließen.[170] Ausgangspunkt ist nach *Beater* die Überlegung, dass das Wettbewerbsrecht vor Leistungsübernahmen schütze, soweit der Schutz aus wettbewerbsfunktionaler Sicht angebracht sei und sinnvoll auf die Wertungen der Schutztatbestände des gewerblichen Rechtsschutzes und des Urheberrechts abgestimmt werden könne.[171] Ob schließlich für einen wettbewerbsrechtlichen Leistungsschutz Raum ist, hänge entscheidend davon ab, aus welchen Gründen der sondergesetzliche Schutz unterbleibe.[172] Zunächst komme es darauf an, inwieweit die gesetzgeberische Interessenabwägung der Immaterialgüterrechte abschließend intendiert sei, denn abschließende sondergesetzliche Wertungen

166 *Glöckner*, Europäisches Lauterkeitsrecht, S. 595.
167 *Glöckner*, Europäisches Lauterkeitsrecht, S. 594 f.
168 *Glöckner*, Europäisches Lauterkeitsrecht, S. 595.
169 *Glöckner*, Europäisches Lauterkeitsrecht, S. 595.
170 Teplitzky/Peifer/Leistner/*Leistner*, GK-UWG Band 2, § 4 Nr. 9 Rn. 65.
171 *Beater*, Unlauterer Wettbewerb, Rn. 1964.
172 *Beater*, Nachahmen im Wettbewerb, S. 396; *Beater*, Unlauterer Wettbewerb, Rn. 1964.

stünden einem unmittelbaren Leistungsschutz zwingend entgegen.[173] Derartige Wertungen finden sich primär in den Bestimmungen über die erforderliche Leistungs- und Gestaltungshöhe[174] und über die Schutzdauer[175]. Nach dem Zweck dieser Regelungen seien Beschränkungen der Konkurrenten nur hinzunehmen, wenn die Leistung die sondergesetzlich erforderliche Schutzschwelle erreicht habe und die Schutzfrist noch andauere.[176] Der wettbewerbsrechtliche Leistungsschutz werde insbesondere in Fallkonstellationen relevant, in denen eine Leistung nicht in den sachlichen Anwendungsbereich der einzelnen Sondergesetze falle.[177] Sondergesetze regeln jeweils nur bestimmte Anwendungsbereiche, über deren Grenzen hinaus der Gesetzgeber keine Aussage getroffen habe.[178] Damit bestehen nach der überzeugenden Ansicht *Beaters* zum einen keine abschließenden sondergesetzlichen Regelungen bezüglich solcher Leistungen, die der Gesetzgeber bei Erlass der Regelungen beispielsweise aufgrund deren Neuartigkeit nicht vor Augen hatte und deren Schutzwürdigkeit und Schutzbedürftigkeit er nicht abschätzen konnte.[179] Zum anderen könne das Wettbewerbsrecht ergänzend eingreifen, wenn sich aufgrund neuer technischer Möglichkeiten neue Formen von Leistungsübernahmen ergeben, die dem Gesetzgeber zuvor unbekannt waren und von ihm nicht geregelt wurden.[180] Innovationsgekennzeichnete Bereiche sollen nicht schutzlos gestellt sein, nur weil der Gesetzgeber mit der Geschwindigkeit neuer Entwicklungen nicht Schritt halten kann.[181] Für die Gewährung wettbewerbsrechtlichen Leistungsschutzes dürfe einschränkend weiter vorausgesetzt werden, dass nur solche Leistungen Schutz genießen sollen, die zwar von den Sondergesetzen nicht erfasst werden, aber doch so hohen Anforderungen genügen, dass sie sondergesetzlich schutzwürdigen Leistungen gleichstehen.[182] Die Leistungshöhe müsse einen Standard erreichen, der die mit dem Nachahmungsverbot einhergehenden marktabschottenden Wirkungen rechtfertige.[183] Vor dem Hintergrund, dass der Schutz durch sondergesetzliche Regelungen nach einer bestimmten Zeitspanne ende, um die faktische Monopolstellung des Originalherstellers auf ein definiertes Maß zu beschränken, könne eine

---

173 *Beater*, Unlauterer Wettbewerb, Rn. 1965.

174 Z. B. § 2 Abs. 1, 2 UrhG „persönliche geistige Schöpfung" (Schöpfungshöhe); §§ 1 Abs. 1, 4 PatG „erfinderische Tätigkeit" (Erfindungshöhe); § 1 Abs. 1 GebrMG „erfinderischer Schritt".

175 Z. B. § 64 UrhG, § 23 GebrMG, § 47 MarkenG, § 16 PatG.

176 *Beater*, Unlauterer Wettbewerb, Rn. 1965.

177 *Beater*, Unlauterer Wettbewerb, Rn. 1967.

178 *Beater*, Unlauterer Wettbewerb, Rn. 1967.

179 *Beater*, Unlauterer Wettbewerb, Rn. 1967.

180 *Beater*, Unlauterer Wettbewerb, Rn. 1970.

181 *Beater*, Unlauterer Wettbewerb, Rn. 1970.

182 *Beater*, Unlauterer Wettbewerb, Rn. 1975.

183 *Beater*, Unlauterer Wettbewerb, Rn. 1975.

zeitliche Begrenzung des wettbewerbsrechtlichen Leistungsschutzes erwogen werden.[184]

III. Immaterialgüterrechtsähnlicher Leistungsschutz auf Rechtsfolgenseite

Zu Beginn dieser Arbeit wurde konstatiert, dass die Untersuchung der Zuordnung und des Schutzes von Daten die Prüfung eines wettbewerbsrechtlichen Leistungsschutzes unter wertender und kreativer Auseinandersetzung mit dessen einzelnen Merkmalen vermissen lässt. Es ist nur dann zielführend, in die Begutachtung der Tatbestandsseite des wettbewerbsrechtlichen Leistungsschutzes einzusteigen, wenn dieser auf Rechtsfolgenseite überhaupt eine Güterzuordnungsentscheidung zugunsten einer Person treffen kann. Vor diesem Hintergrund wird die Rechtsfolgenseite sowohl des mittelbaren Leistungsschutzes nach § 4 Nr. 3 UWG (dazu 1.) als auch des unmittelbaren Leistungsschutzes (dazu 2.) betrachtet.

1. Rechtsfolgen des mittelbaren Leistungsschutzes

In Bezug auf die Rechtsfolgenseite des mittelbaren Leistungsschutzes nach § 4 Nr. 3 UWG wird zunächst der schuldrechtliche Rechtsfolgenkanon skizziert (dazu a)). Sodann wird aufgezeigt, dass auf der Rechtsfolgenseite unter verstärkter Berücksichtigung immaterialgüterrechtlicher Wertungen die Grenzen verschwimmen, sodass auch der mittelbare Leistungsschutz nach § 4 Nr. 3 UWG immaterialgüterrechtsähnliche Rechtsfolgen vermitteln kann (dazu b)), wobei ein überschießender Schutz nicht zu befürchten ist (dazu c)). Abschließend wird ein Zwischenergebnis festgehalten (dazu d)).

a) Unterlassung, Beseitigung und Schadensersatz

Grundsätzlich hält das UWG bei einer Verletzung des § 4 Nr. 3 UWG den Anspruchskanon aus Unterlassung und Beseitigung nach § 8 Abs. 1 UWG sowie Schadensersatz im Verschuldensfall nach § 9 Abs. 1 UWG bereit. Der verschuldensunabhängige Unterlassungsanspruch richtet sich allein gegen das Anbieten und nicht bereits gegen das Importieren, das Herstellen oder den Gebrauch des nachgeahmten Produktes, da der klare Wortlaut des § 4 Nr. 3 UWG tatbestandlich das Angebot

184 *Beater*, Unlauterer Wettbewerb, Rn. 1976; ebenso für eine zeitliche Beschränkung der Dauer des wettbewerbsrechtlichen Leistungsschutzes: *Köhler*, WRP 1999, 1075 (1079).

des nachgeahmten Produktes voraussetzt.[185] Die schuldrechtlichen Ansprüche richten sich mithin gegen die Art und Weise der Verwertung einer fremden Leistung.[186]

b) Annäherung an die Immaterialgüterrechte

Während das UWG wettbewerbsrechtliche Ansprüche gegen ein bestimmtes Wettbewerbshandeln individueller Konkurrenten bereithält, gewähren die Sonderschutzrechte dingliche, gegen jedermann wirkende Rechte.[187] Die vermeintlich deutliche Abgrenzung verschwimmt indes in der Praxis. Soweit über den mittelbaren Leistungsschutz faktische Ausschlussrechte geschaffen werden, finden immaterialgüterrechtliche Wertungen auf Rechtsfolgenseite stärker Berücksichtigung.[188]

aa) Dreifache Art der Schadensberechnung und Lizenzierung

Der Rückgriff der Rechtsprechung auf die – bei der Verletzung von Immaterialgüterrechten etablierte – Berechnungsmethode der dreifachen Art der Schadensberechnung zur Ermittlung des Umfangs des Schadensersatzes bei Gewährung von wettbewerbsrechtlichem Leistungsschutz rückt diesen auf Rechtsfolgenseite in die Nähe der Sonderschutzrechte.[189]

Nach der dreifachen Schadensberechnung kann der Verletzte zwischen der konkreten Schadensberechnung nach der Differenzhypothese einschließlich des entgangenen Gewinns und der Zahlung einer angemessenen Lizenzgebühr nach der sog. Lizenzanalogie und der Geltendmachung des Verletzergewinns wählen und sich die ihm günstigste Schadensberechnungsmethode aussuchen.[190]

Die Übertragbarkeit der dreifachen Schadensberechnung auf Fälle wettbewerbswidriger Leistungsübernahme stützen verschiedene Argumente: Immaterielle Leistungsergebnisse erweisen sich einerseits als besonders verletzlich, ande-

---

185 Ohly/Sosnitza/*Ohly*, UWG § 4.3 Rn. 3/86; MüKoUWG/*Wiebe*, UWG § 4 Nr. 3 Rn. 266; Köhler/Bornkamm/Feddersen/*Köhler* UWG § 4 Rn. 3.80.

186 Fezer/Büscher/Obergfell/*Götting/Hetmank*, UWG § 4 Nr. 3 Rn. 28.

187 Fezer/Büscher/Obergfell/*Götting/Hetmank*, UWG § 4 Nr. 3 Rn. 28.

188 *Wiebe*, in: FS Schricker, S. 773 (775); Fezer/Büscher/Obergfell/*Götting/Hetmank*, UWG § 4 Nr. 3 Rn. 3.

189 Vgl. BGH, Urteil vom 08.10.1971 – I ZR 12/70 Wandsteckdose II, GRUR 1972, 189 (191); BGH, Urteil vom 21.09.2006 – I ZR 6/04 Steckverbindergehäuse, GRUR 2007, 431 (433); BGH, Urteil vom 17.06.1992 – I ZR 107/90 Tchibo/Rolex II, GRUR 1993, 55 (57); Fezer/Büscher/Obergfell/*Götting/Hetmank*, UWG § 4 Nr. 3 Rn. 137; *Heil/Roos*, GRUR 1994, 26 (29 ff.).

190 Ohly/Sosnitza/*Ohly*, UWG § 4.3 Rn. 3/88; Teplitzky/Peifer/Leistner/*Leistner*, GK-UWG Band 2, § 4 Nr. 9 Rn. 252; Peifer/*Dornis*, GK-UWG Band 2, § 4 Nr. 3 Rn. 283.

rerseits ist ihr Schutz mangels Körperlichkeit erschwert.[191] Soweit eine Lizenzierung des Arbeitsergebnisses möglich ist, rechtfertigen Billigkeitserwägungen die Anwendbarkeit der dreifachen Schadensberechnung, denn niemand sollte bei einem rechtswidrigen Eingriff besser stehen, als er bei einer rechtmäßigen Übernahme gestanden hätte.[192] Die Berechnungsmethode der fiktiven Lizenzierung kann umgekehrt nur in solchen Fällen zu sachgerechten Ergebnissen führen, in denen einer berechtigten Person eine positive Benutzungsbefugnis und ein negatives Abwehrrecht gegenüber jedermann zuerkannt wird.[193] Mit der Entscheidung „Kollektion Holiday“[194] hat der BGH klargestellt, dass die Methode der dreifachen Schadensberechnung in allen Fällen der wettbewerbswidrigen Leistungsübernahme zuzubilligen ist.[195] Ob das nachgeahmte Produkt eine besondere wettbewerbliche Eigenart aufweist oder sich die Wettbewerbswidrigkeit vornehmlich aus subjektiven Unlauterkeitselementen ergibt, ist für die Schadensberechnungsmethode nicht von Bedeutung.[196] Entscheidend ist vielmehr, dass es allein in der Rechtsmacht desjenigen liegt, dessen Leistung nachgeahmt wird, das Verhalten des Dritten zu unterbinden oder zu dulden.[197]

Mit dem Rückgriff der Rechtsprechung auf die Grundsätze der dreifachen Schadensberechnung bei wettbewerbswidrigen Eingriffen in Leistungspositionen wurde ein Zuweisungsgehalt anerkannt, der den Rechtsinhaber berechtigt, eine Verletzungshandlung zu verbieten oder die Nutzung des Gutes gegen Entgelt zu gestatten.[198]

bb) Bereicherungsrechtliche Abwicklung

An die dreifache Art der Schadensberechnung knüpft unmittelbar die Gewährung eines verschuldensunabhängigen Bereicherungsanspruchs nach § 812 Abs. 1 S. 1 Alt. 2 BGB bei Verletzung des § 4 Nr. 3 UWG an.[199] Die Immaterialgüterrechtsähn-

---

191 BGH, Urteil vom 08.10.1971 – I ZR 12/70 Wandsteckdose II, GRUR 1972, 189 (190); *Heil/Roos*, GRUR 1994, 26 (29).

192 BGH, Urteil vom 08.10.1971 – I ZR 12/70 Wandsteckdose II, GRUR 1972, 189 (190); *Heil/Roos*, GRUR 1994, 26 (29); vgl. *Stieper*, WRP 2010, 624 (629), *Köhler*, GRUR 2007, 548 (554).

193 *Götte*, Die Schutzdauer im wettbewerbsrechtlichen Leistungsschutz, S. 118.

194 BGH, Urteil vom 22.04.1993 – I ZR 52/91 Kollektion Holiday, GRUR 1993, 757.

195 BGH, Urteil vom 22.04.1993 – I ZR 52/91 Kollektion Holiday, GRUR 1993, 757 (759 f.)

196 *Heil/Roos*, GRUR 1994, 26 (30); vgl. *Götte*, Die Schutzdauer im wettbewerbsrechtlichen Leistungsschutz, S. 41, 43.

197 BGH, Urteil vom 22.04.1993 – I ZR 52/91 Kollektion Holiday, GRUR 1993, 757 (759 f.); *Lochmann*, Die Einräumung von Fernsehübertragungsrechten an Sportveranstaltungen, S. 211.

198 *Sack*, in: FS Hubmann, S. 373 (379); *Lochmann*, Die Einräumung von Fernsehübertragungsrechten an Sportveranstaltungen, S. 211.

199 Ohly/Sosnitza/*Ohly*, UWG § 4.3 Rn. 3/89.

lichkeit ergibt sich dabei aus dem vermögensrechtlichen Zuweisungsgehalt des erlangten Vorteils als Voraussetzung der Eingriffskondiktion.[200] Solch ein Zuweisungsgehalt wird auch aus der bereicherungsrechtlichen Perspektive beim wettbewerbsrechtlichen Leistungsschutz nach § 4 Nr. 3 UWG anerkannt.[201]

cc) Breitenwirkung

Zwar wird der mittelbare wettbewerbsrechtliche Leistungsschutz nur gegenüber einzelnen Wettbewerbern ausgesprochen, doch entfaltet er insoweit Breitenwirkung, als er mit der Schutzwürdigkeit des Leistungsergebnisses als solchem und nicht mit dem individuellen Verhalten des Wettbewerbers begründet wird.[202] Dies stellt eine weitere Parallele zu den Rechtsfolgen bei Immaterialgüterrechtsverletzungen dar.

dd) Ausschluss der Verbandsklage

Verbände i. S. d. § 8 Abs. 3 Nr. 2 UWG sind nicht berechtigt, Ansprüche aus wettbewerbsrechtlichem Leistungsschutz geltend zu machen. Dies ist aufgrund des mitbewerberschützenden Charakters des wettbewerbsrechtlichen Leistungsschutzes sachgerecht.[203] Die originär beim Originalhersteller liegende Entscheidung, ob dieser gegen eine Nachahmung vorgeht, sie duldet oder ihr beispielsweise im Wege der Lizenzierung nachträglich zustimmt, soll nicht durch einen Mitbewerber oder einen Verband vorweggenommen werden.[204] Die Einschränkung der Klagebefugnis auf den Hersteller in der Entscheidung „Finnischer Schmuck"[205] unterstreicht, dass es beim wettbewerbsrechtlichen Leistungsschutz primär nicht um den Schutz von Allgemeininteressen geht, sondern um den Schutz der individuellen wirtschaftlichen Interessen desjenigen, dessen Leistung wettbewerbswidrig nachgeahmt wird.[206] Die Feststellung des BGH, dass es sich beim wettbewerbsrechtlichen Leistungsschutz um einen Individualanspruch handelt, impliziert, dass dieser eine

---

200 Ohly/Sosnitza/*Ohly*, UWG § 4.3 Rn. 3/89; MüKoUWG/*Wiebe*, UWG § 4 Nr. 3 Rn. 283.

201 Ohly/Sosnitza/*Ohly*, UWG § 4.3 Rn. 3/89; MüKoUWG/*Wiebe*, UWG § 4 Nr. 3 Rn. 283; vgl. Köhler/Bornkamm/Feddersen/*Köhler* UWG § 4 Rn. 3.84.

202 Harte-Bavendamm/Henning-Bodewig/*Sambuc*, UWG § 4 Nr. 3 Rn. 113; *Schröer*, Der unmittelbare Leistungsschutz, S. 81.

203 *Köhler*, GRUR 2019, 123 (125).

204 *Köhler*, GRUR 2009, 445 (451); Köhler/Bornkamm/Feddersen/*Köhler*, UWG § 4 Rn. 3.86.

205 BGH, Urteil vom 18.10.1990 – I ZR 283/88 Finnischer Schmuck, GRUR 1991, 223.

206 Vgl. bereits BGH, Urteil vom 14.04.1988 – I ZR 35/86 Vespa-Roller, GRUR 1988, 620 (621); *Lochmann*, Die Einräumung von Fernsehübertragungsrechten an Sportveranstaltungen, S. 208.

subjektive Rechtsposition vermittelt, was seinen Charakter als individuelles Ausschließlichkeitsrecht, als Quasi-Immaterialgüterrecht, betont.[207]

c) Kalkulierbarkeit

Der immaterialgüterrechtsähnliche Leistungsschutz nach § 4 Nr. 3 UWG weist gegenüber den Immaterialgüterrechten nichtsdestotrotz ein gewisses „Minus" auf. Dieses „Minus" ist darauf zurückzuführen, dass der mittelbare Leistungsschutz lediglich Schutz gegen bestimmte Formen der Leistungsübernahme gewährt:[208] Die Gewährung von mittelbarem Leistungsschutz ist auf einen Schutz gegen nach § 4 Nr. 3 UWG als unlauter befundene Formen der Leistungsübernahme beschränkt, sodass im Einzelfall nachvollzogen werden muss, ob eine fremde Leistung im Sinne eines Nachahmens, Aneignens oder Ausnutzens fremder Originalleistungen übernommen wurde.[209] Vor diesem Hintergrund erscheint der mittelbare Leistungsschutz kalkulierbar und überschießender Schutz von Gütern über § 4 Nr. 3 UWG ausgeschlossen.

d) Zwischenergebnis

Dogmatisch ist der über den mittelbaren wettbewerbsrechtlichen Leistungsschutz gewährte Schutz reflexartig und nicht als ein subjektives Ausschließlichkeitsrecht ausgestaltet. Die aufgezeigte Annäherung der Rechtsfolgen an die Sonderschutzrechte insbesondere im Bereich der Schadensberechnung zeigt, dass die dogmatische Unterscheidung in der Rechtspraxis immer weiter zurücktritt.[210]

2. Rechtsfolgen des unmittelbaren Leistungsschutzes

Der unmittelbare Leistungsschutz vermittelt denselben Anspruchskanon wie der verhaltensgebundene mittelbare Leistungsschutz. Zwar begründet dieser weder rechtlich noch faktisch weitere Immaterialgüterrechte, doch hält der unmittelbare Leistungsschutz einen immaterialgüterrechtsähnlichen Schutz bereit.[211] Unter Verzicht auf zusätzliche, die Unlauterkeit begründende Merkmale wird die unter-

207 *Götte*, Die Schutzdauer im wettbewerbsrechtlichen Leistungsschutz, S. 37 f.
208 Gloy/Loschelder/Danckwerts/*Becker*, Hdb. Wettbewerbsrecht § 64 Rn. 17.
209 *Becker*, GRUR 2017, 346 (352, 355).
210 Gloy/Loschelder/Danckwerts/*Eck*, Hdb. Wettbewerbsrecht § 51 Rn. 14.
211 *Sack*, GRUR 2016, 782 (783); *Sack*, WRP 2005, 531 (537); weitergehend, aber i.E. ablehnend: *Nemeczek*, GRUR 2011, 292 (292): „Durch den Verzicht auf die besonderen Umstände wird deshalb insgesamt ein Immaterialgüterrecht auf lauterkeitsrechtlicher Grundlage geschaffen."

nehmerische Leistung nicht erst reflexartig beziehungsweise mittelbar geschützt – vielmehr wird das Leistungsergebnis als solches *per se* geschützt.[212] Der unmittelbare Leistungsschutz weist somit den Charakter eines Ausschließlichkeitsrechts auf und vermittelt eine absolute Schutzposition.[213] Im Lichte des immaterialgüterrechtsähnlichen Rechtsschutzes, den der unmittelbare Leistungsschutz gewährt, ist auch die Rechtsfolge der Zuordnung eines Gutes auf den unmittelbaren Leistungsschutz übertragbar.[214] Der unmittelbare Leistungsschutz sichert mithin eine subjektive Berechtigung zur Nutzung und Verwertung rechtlich ab, indem er dem Leistungserbringer ein negatives Ausschlussrecht und eine positive Benutzungsbefugnis zuweist.[215]

3. Dauer des Leistungsschutzes

Die Dauer eines immaterialgüterrechtlichen Schutzes hängt vom Vorliegen formaler Voraussetzungen wie der Registereintragung oder der Zahlung einer Schutzgebühr ab und ist aus Gründen der Rechtssicherheit auch einheitlich abstrakt als gesetzlich typisierte Amortisationsfrist festgelegt.[216] Der wettbewerbsrechtliche Leistungsschutz dauert dagegen gerade so lange an, wie die Anspruchsvoraussetzungen tatsächlich vorliegen.[217] Sobald ein Merkmal wegfällt oder die Schwäche anderer Voraussetzungen im Rahmen der Wechselwirkung nicht mehr kompensiert werden kann, entfällt der wettbewerbsrechtliche Leistungsschutz.[218] Bestehen die Tatbestandsvoraussetzungen des wettbewerbsrechtlichen Leistungsschutzes dagegen fort, kommt eine zeitliche Begrenzung der sich daraus ergebenden Ansprüche nach der Rechtsprechung des BGH grundsätzlich nicht in Betracht.[219]

Gerade bei Daten, bei denen die Dauer der Schutzbedürftigkeit stark variiert, erscheint ein Schutz, dessen zeitlicher Umfang einzelfallabhängig ist, sachgerecht: Zu denken ist beispielsweise an Messdaten, die eine Momentaufnahme liefern

---

212 *Nemeczek*, GRUR 2011, 292 (292).

213 *Ohly*, GRUR 2010, 487 (494); *Nemeczek*, WRP 2010, 1204 (1209); *Schröer*, Der unmittelbare Leistungsschutz, S. 173.

214 Vgl. *Keller*, in: FS Erdmann, S. 595 (605).

215 *Schröer*, Der unmittelbare Leistungsschutz, S. 174, 78 ff.

216 Fezer/Büscher/Obergfell/*Götting/Hetmank*, UWG § 4 Nr. 3 Rn. 119; *Ohly*, GRUR 2007, 731 (738).

217 Köhler/Bornkamm/Feddersen/*Köhler*, UWG § 4 Rn. 3.70; Ohly/Sosnitza/*Ohly*, UWG § 4.3. Rn. 3/81; *Büscher*, GRUR 2018, 1 (7).

218 Ohly/Sosnitza/*Ohly*, UWG § 4.3. Rn. 3/81.

219 BGH, Urteil vom 04.05.2016 – I ZR 58/14 Segmentstruktur, GRUR 2017, 79 (93).

sollen und die im nächsten Augenblick schon an Aktualität verloren haben. Für diese (Echtzeit-)Daten ist – wenn sie überhaupt die Voraussetzungen des wettbewerbsrechtlichen Leistungsschutzes erfüllen – eine kurze Schutzdauer ausreichend. Anders dürfte die Bewertung zum Beispiel bei Daten ausfallen, die sich zum Einsatz als Trainingsdaten eignen. Deren Integrität und exklusive Zuordnung zu einem Berechtigten kann für einen deutlich längeren Zeitraum gerechtfertigt sein.[220] Eine längere Schutzdauer lässt sich möglicherweise auch bei grundsätzlich nicht oder nur kurz schutzfähigen Daten rechtfertigen, wenn diese in ihrer Gesamtheit eine umfangreiche Datenmenge darstellen und als Trainingsdaten genutzt werden können.

IV. Aktivlegitimation beim Leistungsschöpfer

Nachdem festgestellt wurde, dass Daten an sich ein zuordenbares Wirtschaftsgut darstellen[221] und sowohl Fahrzeug- als auch Fahrzeugumfelddaten dem Fahrzeughersteller zuzuordnen sind[222], kann mit Blick auf den wettbewerbsrechtlichen Leistungsschutz im Folgenden untersucht werden, wem der entsprechende Anspruch zustehen soll.

1. Mitbewerber

Dem Begriff des Mitbewerbers kommt eine doppelte Bedeutung zu, denn das Vorliegen der Mitbewerbereigenschaft begründet nicht nur die Aktivlegitimation für Ansprüche auf Beseitigung, Unterlassung und Schadensersatz nach §§ 8 Abs. 3 Nr. 1, 9 Abs. 1 UWG, sondern stellt auch eine materielle Tatbestandsvoraussetzung des wettbewerbsrechtlichen Leistungsschutzes dar.[223]

Ausweislich der Begriffsbestimmungsvorschrift des § 2 Nr. 4 UWG kann ein Mitbewerber jeder Unternehmer sein, der mit einem oder mehreren Unternehmern als Anbieter oder Nachfrager von Waren oder Dienstleistungen in einem konkreten Wettbewerbsverhältnis steht. Der Begriff des Unternehmers ist weit auszulegen.[224] Geboten ist eine wirtschaftliche Betrachtungsweise, die auf die tat-

220 Vgl. Specht-Riemenschneider/Werry/Werry/*Röttgen*, Datenrecht in der Digitalisierung, S. 371 (389).

221 Siehe Dritter Teil Kapitel A. III.

222 Siehe Dritter Teil Kapitel A. IV.

223 Harte-Bavendamm/Henning-Bodewig/*Keller*, UWG § 2 Rn. 113.

224 Köhler/Bornkamm/Feddersen/*Köhler/Feddersen*, UWG § 8 Rn. 3.27b.

sächliche Stellung im Wettbewerb abstellt.[225] Erforderlich ist eine auf Dauer angelegte selbstständige wirtschaftliche Betätigung, die darauf gerichtet ist, Waren oder Dienstleistungen gegen Entgelt zu vertreiben.[226] Eine Mitbewerberstellung ist dann zu bejahen, wenn durch eine geschäftliche Handlung eines Unternehmers lauterkeitsrechtlich schützenswerte Interessen eines anderen Unternehmers negativ betroffen werden können und der zwischen den Unternehmern bestehende Wettbewerb dadurch verfälscht beziehungsweise beeinträchtigt werden kann.[227] Das konkrete Wettbewerbsverhältnis ist dadurch gekennzeichnet, dass zwischen den Vorteilen, die jemand durch eine Maßnahme für ein Unternehmen oder das eines Dritten zu erreichen sucht, und den Nachteilen, die ein anderer dadurch erleidet, eine Wechselbeziehung in dem Sinne besteht, dass der eigene Wettbewerb gefördert und der fremde Wettbewerb beeinträchtigt werden kann.[228] Im Interesse eines wirksamen wettbewerbsrechtlichen Individualschutzes sind an das Bestehen eines Wettbewerbsverhältnisses keine hohen Anforderungen zu stellen, vielmehr genügt es zur Begründung der Aktivlegitimation, dass zwischen Verletzer und Verletztem ein konkretes Wettbewerbsverhältnis im weiten Sinne besteht.[229] Die beteiligten Unternehmer müssen sich auf demselben sachlich, räumlich und zeitlich relevanten Markt betätigen, sodass das beanstandete Wettbewerbsverhalten den Mitbewerber beeinträchtigen kann.[230] Dies kann insbesondere bei Unternehmen verschiedener Wirtschaftsstufen oder Branchen angenommen werden, sofern der gleiche Kundenkreis angesprochen wird.[231] Letztlich ist der Begriff des Wettbewerbsverhältnisses nicht statusbezogen, sondern handlungsbezogen zu verstehen, sodass es ausreicht, dass das konkrete Wettbewerbsverhältnis erst durch die beanstandete geschäftliche Handlung induziert wird.[232] Ein Wettbewerbsverhältnis

---

225 Köhler/Bornkamm/Feddersen/*Köhler/Feddersen*, UWG § 8 Rn. 3.27b.

226 Köhler/Bornkamm/Feddersen/*Köhler/Feddersen*, UWG § 8 Rn. 3.27b; vgl. nur BGH, Urteil vom 04.12.2008 – I ZR 3/06 Ohrclips, GRUR 2009, 871 (874).

227 Siehe nur BGH, Urteil vom 19.04.2018 – I ZR 154/16 Werbeblocker II, GRUR 2018, 1251 (1252); Harte-Bavendamm/Henning-Bodewig/*Keller*, UWG § 2 Rn. 127.

228 Siehe nur BGH, Urteil vom 05.11.2020 – I ZR 234/19 Zweitmarkt für Lebensversicherungen, GRUR 2021, 497 (499); Harte-Bavendamm/Henning-Bodewig/*Keller*, UWG § 2 Rn. 132; Götting/Nordemann/*Götting*, UWG § 2 Rn. 34.

229 Vgl. BGH, Urteil vom 28.10.2010 – I ZR 60/09 Hartplatzhelden.de, GRUR 2018, 436 (436); MüKoUWG/*Bähr*, UWG § 2 Rn. 236; *Köhler*, GRUR 2019, 123 (128).

230 Vgl. nur BGH, Urteil vom 29.03.2007 – I ZR 122/04 Bundesdruckerei, GRUR 2007, 1079 (1080 f.); Götting/Nordemann/*Götting*, UWG § 2 Rn. 36.

231 Götting/Nordemann/*Götting*, UWG § 2 Rn. 40; MüKoUWG/*Bähr*, UWG § 2 Rn. 250, 259.

232 BT-Drucks. 15/1487, S. 16; *Schröer*, Der unmittelbare Leistungsschutz, S. 75; so kann sich das erforderliche Wettbewerbsverhältnis beispielsweise aus einer Werbung mit einer Surrogationsmöglichkeit trotz Branchenverschiedenheit der betroffenen Unternehmen ergeben, vgl. BGH, Urteil vom 12.01.1972 – I ZR 60/70 Statt Blumen ONKO-Kaffee, GRUR 1972, 553; BGH, Urteil vom 24.06.2004 – I ZR kann auch durch die bewusste Übernahme eines fremden Immaterialgutes begründet werden, soweit sich die wettbewerbliche Beziehung zwischen den betroffenen Unternehmern auf die lizenzvertragliche Verwertung des guten Rufes bezieht.[233] Darüber hinaus kann auch der Ruf einer geschützten geographischen Ursprungsbezeichnung ausgebeutet werden. Das konkrete Wettbewerbsverhältnis besteht dabei im Hinblick auf die wirtschaftliche Verwertbarkeit des Werbewertes der Ursprungsbezeichnung.[234]

Der Mitbewerberbegriff verdeutlicht schließlich, dass bei der Bestimmung des Wettbewerbsverhältnisses im Einzelfall stets der jeweilige Schutzzweck der Norm, die den Begriff des Mitbewerbers verwendet, zu berücksichtigen ist.[235] Vorschriften, die Verbraucher und sonstige Marktteilnehmer im Vertikalverhältnis zu Unternehmen schützen, wie beispielsweise die §§ 4a, 5 UWG, haben kollektivschützenden Charakter.[236] Mitbewerber und damit anspruchsberechtigt sind nur solche Unternehmer, die zu dem Verletzer in einem konkreten Wettbewerbsverhältnis im engen Sinne stehen, also Waren oder Dienstleistungen vertreiben, die aus Sicht der Abnehmer substituierbar sind.[237] Vorschriften, die die Mitbewerber schützen, wie § 4 UWG, haben individualschützenden Charakter. Insoweit sind die konkret betroffenen Mitbewerber – aber auch nur diese – anspruchsberechtigt.[238] Die Auslegung des Mitbewerberbegriffs in den §§ 8 Abs. 3 Nr. 1, 9 Abs. 1 UWG folgt insoweit der Auslegung dieses Begriffs in den Tatbeständen des § 4 UWG.[239]

Durch das Gesetz zur Stärkung des fairen Wettbewerbs[240] wurde § 8 Abs. 3 UWG neu gefasst und ab dem 1. Dezember 2021 der Kreis der anspruchsberechtigten Mitbewerber nach Ziffer 1 beschränkt. Die Anforderungen an die Anspruchsberechtigung der Mitbewerber wurden dadurch verschärft, dass der Mitbewerber Waren oder Dienstleistungen in nicht unerheblichem Maße und nicht nur gelegentlich vertreiben oder nachfragen muss. Dabei dürfen an Umfang und

---

26/02 (KG) Zulässigkeit von Fernseh-Werbeblockern, GRUR 2004, 877; BGH, Urteil vom 07.12.1989 – I ZR 3/88 Steuersparmodell, GRUR 1990, 375.

233 BGH, Urteil vom 09.12.1982 – I ZR 133/80 Rolls-Royce, GRUR 1983, 247 (249); BGH, Urteil vom 29.11.1984 – I ZR 158/82 DIMPLE, GRUR 1985, 550 (552); *Schröer*, Der unmittelbare Leistungsschutz, S. 77; Schricker/Loewenheim/*Ohly*, UrhG Einl. Rn. 71.

234 BGH, Urteil vom 04.06.1987 – I ZR 109/85 Ein Champagner unter den Mineralwässern, GRUR 1988, 453 (454).

235 *Köhler*, GRUR 2019, 123 (128).

236 *Köhler*, GRUR 2019, 123 (124 f., 128).

237 *Köhler*, GRUR 2019, 123 (128).

238 *Köhler*, GRUR 2019, 123 (128).

239 *Köhler*, GRUR 2019, 123 (128).

240 Bundesgesetzblatt Jahrgang 2020 Teil I Nr. 56, S. 2568 (2568).

Dauer der Geschäftstätigkeit mit Blick auf die Effektivität der Durchsetzung des Wettbewerbsrechts keine zu hohen Anforderungen gestellt werden.[241]

2. Hersteller

Die Auslegung des Mitbewerberbegriffs nach § 2 Abs. 1 Nr. 4 UWG sowie des Begriffs des konkreten Wettbewerbsverhältnisses erfolgt nicht für sämtliche Vorschriften des UWG unterschiedslos: Aufgrund des vorrangig individualschützenden Charakters des § 4 Nr. 3 UWG ist bei der Anspruchsberechtigung insoweit eine Konkretisierung vorzunehmen, als grundsätzlich nur derjenige anspruchsberechtigt ist, der die Leistung erbracht hat.[242] Diese sog. Engführung der Aktivlegitimation führt dazu, dass nur der von der unlauteren Nachahmung betroffene Originalhersteller oder allenfalls der ausschließliche Vertriebsberechtigte anspruchsberechtigt ist.[243] Dies ist insoweit sachgerecht, als es gerade die Leistung des Originalherstellers ist, die im Verletzungsfall wettbewerbswidrig nachgeahmt und vermarktet wird. Ferner hat es nur der Originalhersteller in der Hand, die Nachahmung zu gestatten und damit zulässig zu machen.[244] Bei arbeitsteiliger Entwicklung oder Fertigung ist nicht jeder als Originalhersteller anzusehen, der einen kreativen Beitrag zum Entstehen des Erzeugnisses geleistet hat, sondern derjenige, der Herr des Produktionsvorgangs und vor allem Herr der Entscheidung über das Inverkehrbringen des betreffenden Erzeugnisses ist.[245] Ausnahmsweise kann ein Händler anspruchsberechtigt sein, wenn dieser selbst beispielsweise durch die Auswahl und Zusammenstellung einer Kollektion eine schutzwürdige Leistung erbracht hat, die nachgeahmt wird.[246] Hierin liegt ein Indiz, dass der wettbewerbsrechtliche Leistungsschutz einem auf die Zuweisung eines subjektiven Rechts angelegten Immaterialgüterrecht sehr nahe kommt.[247]

---

241 Entwurf eines Gesetzes zur Stärkung des fairen Wettbewerbs, BT- Drucks. 19/12084 S. 26; Köhler/Bornkamm/Feddersen/*Köhler/Feddersen*, UWG § 8 Rn. 3.29b.

242 *Köhler*, GRUR 2019, 123 (123 f.).

243 *Köhler*, GRUR 2009, 445 (450 f.); Teplitzky/Peifer/Leistner/*Leistner*, GK-UWG Band 2, § 4 Nr. 9 Rn. 239; Peifer/*Dornis*, GK-UWG Band 2, § 4 Nr. 3 Rn. 276; Ohly/Sosnitza/*Ohly*, UWG § 4.3 Rn. 3/83; Harte-Bavendamm/Henning-Bodewig/*Sambuc*, UWG § 4 Nr. 3 Rn. 265.

244 Köhler/Bornkamm/Feddersen/*Köhler*, UWG § 4 Rn. 3.85.

245 Köhler/Bornkamm/Feddersen/*Köhler*, UWG § 4 Rn. 3.85; OLG München, Urteil vom 30.10.2003 – 29 U 2691/03 Stricktop, GRUR-RR 2004, 85 (85).

246 Fezer/Büscher/Obergfell/*Götting/Hetmank*, UWG § 4 Nr. 3, Rn. 134; BGH, Urteil vom 18.10.1990 – I ZR 283/88 Finnischer Schmuck, GRUR 1991, 223 (224).

247 Fezer/Büscher/Obergfell/*Götting/Hetmank*, UWG § 4 Nr. 3 Rn. 134.

Sonstige Mitbewerber i. S. d. § 8 Abs. 3 Nr. 1 UWG sowie insbesondere Verbände i. S. d. § 8 Abs. 3 Nr. 2 UWG sind nicht berechtigt, Ansprüche aus wettbewerbsrechtlichem Leistungsschutz geltend zu machen.[248]

V. Zusammenfassung des Kapitels

Ziel dieses Kapitels war es insbesondere, den wettbewerbsrechtlichen Leistungsschutz vorzustellen und dessen historische Entwicklung anhand der Rechtsprechung des RG und des BGH – im Verhältnis zu gesetzgeberischem Tätigwerden – nachzuzeichnen. Zudem sollte überprüft werden, ob sich der wettbewerbsrechtliche Leistungsschutz auf der Rechtsfolgenseite für einen sachgerechten Umgang mit dem immateriellen Gut der Daten eignet.

Unter Rückgriff auf die Generalklausel des UWG von 1909 entwickelte das RG den wettbewerbsrechtlichen Leistungsschutz. Dieser diente dem Schutz eines mit Kosten und Mühen errungenen Arbeitsergebnisses, gleichgültig, ob dieses auf den Einsatz von Kreativität, Arbeitskraft, Zeit, finanziellen Mitteln oder sonstige Investitionen zurückzuführen war. Ausgehend von dem Grundsatz, wonach die Nachahmung eines sondergesetzlich nicht geschützten Produktes nicht als wettbewerbswidrig angesehen wurde, verlangte das RG für die Annahme der Unzulässigkeit zusätzliche, die Unlauterkeit begründende Umstände.

Der BGH nahm diesen Grundsatz auf und präzisierte die denkbaren Unlauterkeitskriterien. Unter Berücksichtigung subjektiver Kriterien entwickelte der BGH insbesondere die Wechselwirkungslehre, mittels derer eine flexible Abwägung der verhaltensbezogenen und der erfolgs- beziehungsweise leistungsergebnisbezogenen Unlauterkeitsaspekte möglich wurde.

Die in der Rechtsprechung herausgearbeiteten Unlauterkeitskriterien wurden teilweise mit der Novellierung des UWG im Jahr 2004 durch § 4 Nr. 9 UWG 2004 gesetzlich geregelt. Ein Rückgriff auf die Generalklausel als zentrale Norm sollte nach der Gesetzesnovelle möglich bleiben, sodass nicht ausdrücklich als unlauter eingestufte Fallkonstellationen vom Rechtsanwender gleichermaßen sachgerecht beurteilt werden konnten.

Die wettbewerbsrechtliche Rechtsprechung beeinflusste nicht nur die Kodifikation der Unlauterkeitsfallgruppen; mit Blick auf den Schutz neuer Güter wirkte sich diese auch auf die Entwicklung der Sonderschutzrechte aus. Anhand der verschiedenen Leistungsergebnisse, die Gegenstand der Rechtsprechung zum wettbe-

248 Siehe Vierter Teil Kapitel A. III. 1. b) dd); *Götte*, Die Schutzdauer im wettbewerbsrechtlichen Leistungsschutz, S. 39; vgl. *Köhler*, GRUR 2019, 123 (124 f.).

werbsrechtlichen Leistungsschutz waren, wurde erörtert, welche Rolle der Rechtsprechung in Bezug auf den Gesetzgebungsprozess zukam. Teilweise hat die Rechtsprechung eine dem Gesetzgeber den Takt vorgebende Rolle eingenommen, sodass von einer Schrittmacherfunktion des unmittelbaren wettbewerbsrechtlichen Leistungsschutzes gesprochen werden kann (Entscheidung „Schallplatten": Schutz des Herstellers von Tonträgern; Entscheidung „Figaros Hochzeit": Schutz des ausübenden Künstlers; Entscheidungen „Donkey Kong Junior I und II": Schutz von Computerprogrammen; Entscheidung „DIMPLE": Schutz bekannter Marken; Entscheidung „Modeneuheit": Schutz von Designleistungen). In anderen Fällen wurde die Rechtsprechung von einem bereits in Gang gesetzten Gesetzgebungsprozess begleitet, weshalb es passender erscheint, von einer Begleitfunktion des unmittelbaren Leistungsschutzes zu sprechen (Entscheidung „AKI": Schutz des Sendeunternehmens; Entscheidung „Vortragsabend": Schutz des Veranstalters; Entscheidung „Tele-Info-CD": Schutz des Datenbankherstellers; Entscheidung „Nelkensteckling": Sortenschutzgesetz).

Nach überzeugender Ansicht kommt dem wettbewerbsrechtlichen Leistungsschutz neben den sondergesetzlichen Regelungen grundsätzlich eine eigenständige Bedeutung zu, um unlauteres Wettbewerbshandeln zu erfassen.

Die Erörterung der Rechtsfolgenseite sowohl des mittelbaren als auch des unmittelbaren Leistungsschutzes hat gezeigt, dass der wettbewerbsrechtliche Leistungsschutz immaterialgüterrechtsähnliche Rechtsfolgen bereithält. Der unmittelbare Leistungsschutz vermittelt sogar einen *per se*-Schutz der Leistung selbst, ohne dass zusätzliche unlauterkeitsbegründende Tatbestandsvoraussetzungen erfüllt sein müssen.

B. Schutzgewährung durch den mittelbaren Leistungsschutz

Nachdem festgestellt wurde, dass der mittelbare wettbewerbsrechtliche Leistungsschutz einem Leistungsergebnis umfassenden Schutz vermitteln kann, wird im Folgenden geprüft, ob beziehungsweise unter welchen Umständen die Tatbestandsvoraussetzungen des mittelbaren wettbewerbsrechtlichen Leistungsschutzes (dazu I. bis V.) in Datensachverhalten erfüllt sind. Auch dieses Kapitel schließt mit einer Zusammenfassung ab (dazu VI.).

I. Geschäftliche Handlung und Mitbewerberbezug

Der Unlauterkeitstatbestand des § 4 Nr. 3 UWG setzt eine geschäftliche Handlung i. S. d. § 2 Abs. 1 Nr. 2 UWG voraus, deren Vorliegen eine unerlässliche und vorab zu prüfende Voraussetzung sämtlicher Unlauterkeitstatbestände ist.[249]

Nach § 2 Abs. 1 Nr. 2 Hs. 1 UWG ist die geschäftliche Handlung als jedes Verhalten einer Person zugunsten des eigenen oder eines fremden Unternehmens vor, bei oder nach einem Geschäftsabschluss, das mit der Förderung des Absatzes oder des Bezugs von Waren oder Dienstleistungen oder mit dem Abschluss oder der Durchführung eines Vertrags über Waren oder Dienstleistungen unmittelbar und objektiv zusammenhängt, legaldefiniert. Mit § 2 Abs. 1 Nr. 2 Hs. 2 UWG erfolgte eine Klarstellung dahingehend, dass als Waren auch Grundstücke und digitale Inhalte gelten, dass Dienstleistungen auch digitale Dienstleistungen sind und dass als Dienstleistungen auch Rechte und Verpflichtungen gelten.[250]

Der Begriff der geschäftlichen Handlung ist weit auszulegen und bei jedem unternehmerisch-marktbezogenen Verhalten einer natürlichen oder juristischen Person anzunehmen, das auf die Förderung eines beliebigen – auch fremden – Geschäftszwecks gerichtet ist.[251] Mit der Umsetzung der UGP-RL[252] in das UWG

249 Ohly/Sosnitza/*Sosnitza*, UWG § 2 Rn. 6; Harte-Bavendamm/Henning-Bodewig/*Keller*, UWG § 2 Nr. 1 Rn. 2; Gloy/Loschelder/Danckwerts/*Erdmann/Pommerening*, Hdb. Wettbewerbsrecht § 31 Rn. 34; BGH, Urteil vom 26.01.2006 – I ZR 83/03 Abschleppkosten-Inkasso, GRUR 2006, 428 (428 f.).

250 Harte-Bavendamm/Henning-Bodewig/*Keller*, UWG § 2 Rn. 2.

251 Ohly/Sosnitza/*Sosnitza*, UWG § 2 Rn. 10; Teplitzky/Peifer/Leistner/*Pahlow*, GK-UWG Band 2, § 4 Nr. 1 Rn. 27; BGH, Urteil vom 11.05.2000 – I ZR 28/98 Abgasemission, GRUR 2000, 1076 (1077).

252 Europäische Richtlinie über unlautere Geschäftspraktiken 2005/29/EG.

https://doi.org/10.1515/9783111369846-014

wurde die subjektive Komponente der Wettbewerbsförderungsabsicht aufgegeben und gegen objektive Kriterien ausgetauscht.[253]

Das Erfordernis, wonach das Verhalten mit der Förderung des Absatzes oder des Bezugs von Waren oder Dienstleistungen oder mit dem Abschluss oder der Durchführung eines Vertrags über Waren oder Dienstleistungen unmittelbar und objektiv zusammenhängen muss, dient der Abgrenzung zu nicht-geschäftlichen Handlungen.[254] Die ausdrückliche Aufnahme des Unmittelbarkeitserfordernisses in die ab 28. Mai 2022 geltende Fassung des UWG soll die bisherige Auslegung des Kriteriums „objektiv" gesetzlich klarstellen.[255] Daraus ergibt sich, dass die maßgebliche Tätigkeit einen Marktbezug aufweisen, mithin nach außen in Erscheinung treten muss.[256] Damit indes nicht jedes Handeln im Zusammenhang mit einer Vertragsabwicklung zum Anknüpfungspunkt von Lauterkeitsverstößen wird, sollte der geschäftlichen Handlung eine gewisse Breitenwirkung und damit auch eine objektive Wettbewerbsrelevanz zukommen.[257] Im Umkehrschluss bedeutet dies, dass keine geschäftliche Handlung anzunehmen ist, wenn es sich um rein weltanschauliche, wissenschaftliche, redaktionelle oder verbraucherpolitische Handlungen handelt.[258] Nimmt die öffentliche Hand öffentliche Aufgaben wahr, bewegt sich dabei aber außerhalb des ihr durch eine Ermächtigungsgrundlage zugewiesenen öffentlich-rechtlichen Aufgabenbereichs, kann ihr Handeln als geschäftliche Handlung anzusehen sein mit der Folge, dass sie sich an den Regeln des Wettbewerbsrechts messen lassen muss.[259] Es muss im Einzelfall geprüft werden, ob eine rein hoheitliche Tätigkeit zur Erfüllung öffentlicher Aufgaben oder eine eigene erwerbswirtschaftliche Tätigkeit wahrgenommen wird.[260] Vor diesem Hintergrund fehlt es an einer geschäftlichen Handlung, wenn Fahrzeugdaten zur Verfolgung von

253 Harte-Bavendamm/Henning-Bodewig/*Keller*, UWG § 2 Nr. 1 Rn. 15; Ohly/Sosnitza/*Sosnitza*, UWG § 2 Rn. 8; Teplitzky/Peifer/Leistner/*Pahlow*, GK-UWG Band 2, § 4 Nr. 1 Rn. 29; Peifer/*Peukert*, GK-UWG Band 1, § 2 Rn. 23.

254 BeckOK UWG/*Alexander* UWG § 2 Rn. 94.

255 Entwurf eines Gesetzes zur Stärkung des Verbraucherschutzes im Wettbewerbs- und Gewerberecht BT-Drucks. 19/27873, S. 32 (i.F.: BT-Drucks. 19/27873, S.); Harte-Bavendamm/Henning-Bodewig/*Keller*, UWG § 2 Rn. 4; BeckOK UWG/*Alexander* UWG § 2 Rn. 120.

256 BGH, Urteil vom 25.09.1970 – I ZR 47/69 Branchenverzeichnis, GRUR 1971, 119 (119 f.); Köhler/Bornkamm/Feddersen/*Köhler*, § 2 Rn. 2.38; BeckOK UWG/*Alexander* UWG § 2 Rn. 96.

257 *Glöckner*, WRP 2009, 1175 (1181); *Isele*, GRUR 2009, 727 (729 f.); a.A. Köhler/Bornkamm/Feddersen/*Köhler*, § 2 Rn. 2.38.

258 Teplitzky/Peifer/Leistner/*Pahlow*, GK-UWG Band 2, § 4 Nr. 1 Rn. 29.

259 BGH, Urteil vom 12.03.2020 – I ZR 126/18 WarnWetter-App, GRUR 2020, 755 (760).

260 BGH, Urteil vom 27.07.2017 – I ZR 162/15 Eigenbetrieb Friedhöfe, GRUR 2018, 196 (197); BGH, Urteil vom 12.03.2020 – I ZR 126/18 WarnWetter-App, GRUR 2020, 755 (760); BeckOK UWG/*Alexander* UWG § 2 Rn. 169.

Ordnungswidrigkeiten oder Straftaten von den Strafverfolgungsbehörden ausgelesen werden.

Das eigene oder fremde Unternehmen, für das gehandelt wird, muss im Zeitpunkt des Handelns schon existent sein. Allerdings ist dafür eine Aufnahme des eigentlichen Geschäftsbetriebes nicht erforderlich.[261] Es reicht mithin aus, dass konkrete Vorbereitungshandlungen zur Aufnahme des Geschäftsbetriebes getroffen wurden, also ein Markteintritt unmittelbar bevorsteht.[262] Zu beachten ist aber, dass nicht bereits die Vorbereitungshandlung, sondern erst die Handlung, die sich auf die künftige unternehmerische Tätigkeit bezieht, eine geschäftliche Handlung ist.[263] Soweit Maßnahmen Außenwirkung entfalten sollen, stellen diese Vorbereitungshandlungen dar, die eine Erstbegehungsgefahr und damit einen vorbeugenden Unterlassungsanspruch begründen, nicht aber als solche verboten werden können.[264]

Die Vorschrift des § 4 Nr. 3 UWG verlangt zudem, dass sich das Angebot einer Nachahmung auf Waren oder Dienstleistungen eines Mitbewerbers bezieht. Zwischen dem Nachahmer und dem Originalhersteller muss ein konkretes Wettbewerbsverhältnis bestehen, wobei eine Tätigkeit auf unterschiedlichen Wirtschafts-, Handels- oder Absatzstufen ebenso ausreichend ist wie potentieller Wettbewerb.[265] Obwohl Unternehmen verschiedener Branchen nicht in einem Wettbewerbsverhältnis stehen, kann ein solches durch die geschäftliche Handlung begründet werden. So entstehen Wettbewerbsverhältnisse zwischen Akteuren ganz unterschiedlicher Branchen.[266]

Für Fahrzeugdaten sowohl mit als auch ohne Personenbezug interessieren sich verschiedene Marktakteure, zwischen welchen (*ad hoc*-) Wettbewerbsverhältnisse bestehen können. Der Markt für Fahrzeugdaten ist für Fahrzeughersteller, Autohändler, Werkstätten, Zulieferer, Versicherer und Automobilclubs, ebenso wie für Anbieter von fahrzeugdatengestützten Angeboten beispielsweise im Bereich der Datenkonnektivität und des Infotainments, sei es mit oder ohne Bezug zur Mobi-

---

261 Köhler/Bornkamm/Feddersen/*Köhler*, § 2 Rn. 2.32.

262 BGH, Urteil vom 04.04.1984 – I ZR 222/81 Charterfluggesellschaften, GRUR 1984, 823 (823 f.); Köhler/Bornkamm/Feddersen/*Köhler*, § 2 Rn. 2.32.

263 Köhler/Bornkamm/Feddersen/*Köhler*, § 2 Rn. 2.32.

264 Köhler/Bornkamm/Feddersen/*Köhler*, § 2 Rn. 2.39.

265 Peifer/*Dornis*, GK-UWG Band 2, § 4 Nr. 3 Rn. 173.

266 MüKoUWG/*Wiebe*, UWG § 4 Nr. 3 Rn. 46; vgl. BGH, Urteil vom 31.05.1960 – I ZR 64/58 Figaros Hochzeit, GRUR 1960, 614 (617).

lität, und auch für Kommunen, zum Beispiel zum Zweck der Planung einer *Smart City*, von wirtschaftlicher Relevanz.[267]

II. Waren oder Dienstleistungen

Die Ausführungen zur geschäftlichen Handlung basieren auf der Prämisse, dass Daten als Waren oder Dienstleistungen eingestuft werden können, da UWG-Leistungsschutz nur für die konkrete Gestaltung eines Erzeugnisses – weder für die dahinterstehende abstrakte gemeinfreie Idee noch für allgemeine Gedanken oder Lehren, die sich in der konkreten Formgestaltung nicht manifestiert haben, – in Betracht kommt.[268] Daten sind regelmäßig Ware, integrierte Bestandteile eines als Ware angebotenen Endproduktes (dazu 1.) oder Teil beziehungsweise Grundlage einer am Markt angebotenen Dienstleistung (dazu 2.).[269]

1. Daten als Waren

Der Warenbegriff umfasst sowohl körperliche als auch unkörperliche Gegenstände.[270] Zu den unkörperlichen Gütern zählen insbesondere Energie und Immaterialgüter, wobei letztere neben immaterialgüterrechtlich geschützten Gegenständen auch solche immateriellen Wirtschaftsgüter umfassen, die keinen immaterialgüterrechtlichen Schutz genießen wie insbesondere Daten.[271] Was bereits nach bisherigem Recht anerkannt war, wurde nun in § 2 Abs. 1 Nr. 2 Hs. 2 UWG ausdrücklich klargestellt: Danach umfasst der Warenbegriff auch digitale Inhalte in einer Unterkategorie.[272] Digitale Inhalte i. S. d. Digitale-Inhalte-Richtlinie sind Daten, die in digitaler Form erstellt und bereitgestellt werden.[273] Daten können mithin Ware sein, wenn sie unmittelbar gehandelt werden und so Gegenstände von Kaufverträgen sind oder wenn auf einer einem Endprodukt vorgelagerten Stufe eine

---

267 Vgl. Dpa-Meldung, Alle wollen an Autodaten verdienen, SZ vom 15.06.2017, abrufbar unter: https://www.sueddeutsche.de/wirtschaft/dienstleistungen-alle-wollen-an-autodaten-verdienen-dpa.urn-newsml-dpa-com-20090101-170615-99-859813, Seite zuletzt abgerufen am 26.10.2022.

268 Ohly/Sosnitza/*Sosnitza*, UWG § 4.3 Rn. 3/30; Köhler/Bornkamm/Feddersen/*Köhler*, § 4 Rn. 3.23.

269 Gloy/Loschelder/Danckwerts/*Becker*, Hdb. Wettbewerbsrecht § 64 Rn. 32.

270 MüKoUWG/*Wiebe*, UWG § 4 Nr. 3 Rn. 52.

271 MüKoUWG/*Wiebe*, UWG § 4 Nr. 3 Rn. 52.

272 BT-Drucks. 19/27873, S. 32.

273 Vgl. Zweiter Teil Kapitel B I.

Transaktion stattgefunden hat.[274] Fahrzeugdaten sind beispielsweise dann selbst Ware, wenn diese von einem Technologieunternehmen direkt beim Fahrzeughersteller erworben werden, damit dieses Dritten Zugang zu den anonymisierten Daten auf der eigenen Plattform verschaffen kann.[275]

Wenn Daten entscheidende Teile eines Endproduktes sind, können sie als Produktteil dem Warenbegriff unterfallen.[276] Ob Daten eine entscheidende Funktion in dem Gesamtprodukt zukommt, bemisst sich danach, ob Kunden ein Produkt gerade wegen der Quantität oder Qualität der verwendeten Daten – beispielsweise in einem Navigationssystem oder einem Spracherkennungssystem – kaufen.[277]

2. Datenbasierte digitale Dienstleistungen

Daten stellen keine Dienstleistung dar, sondern können Gegenstand einer Dienstleistung sein.[278] Als datenbasierte Dienstleistung wurde beispielsweise die Herausgabe des DAX auf Basis eines selbst zusammengesetzten und errechneten Aktienindexes eingestuft.[279] Die ausdrückliche Einbeziehung der digitalen Dienstleistungen als Unterkategorie von Dienstleistungen nach § 2 Abs. 1 Nr. 2 Hs. 2 UWG ist daher rein klarstellender Natur.[280]

Seit 1. Januar 2022 finden sich zu digitalen Dienstleistungen als Gegenstand von Verbraucherverträgen spezielle Regelungen in den §§ 327 ff., 475a ff. BGB. § 327 Abs. 2 S. 2 BGB nennt zwei Unterformen digitaler Dienstleistungen: Ziffer 1 stellt auf die Ermöglichung der Erstellung, der Verarbeitung und Speicherung von Daten in digitaler Form sowie des Datenzugangs durch den Verbraucher ab. Ziffer 2 dagegen rückt die gemeinsame Datennutzung mit anderen Nutzern, die nicht zwangsläufig Verbraucher sein müssen, in den Vordergrund.[281] Der Begriff der digitalen Dienstleistungen wurde im Lichte von Art. 3 Digitale-Inhalte-Richtlinie bewusst weit

---

274 Gloy/Loschelder/Danckwerts/*Becker*, Hdb. Wettbewerbsrecht § 64 Rn. 38, 43 f.

275 Vgl. *Löwer*, Startup-Porträt: Otonomo fungiert als Datenmakler der Autobranche, automotiveIT vom 09.10.2020, abrufbar unter: https://www.automotiveit.eu/exklusiv/otonomo-fungiert-als-daten makler-der-autobranche-252.html, Seite zuletzt abgerufen am 26.10.2022.

276 BGH, Urteil vom 22.03.2012 – I ZR 21/11 Sandmalkasten, GRUR 2012, 1155 (1156); Harte-Bavendamm/Henning-Bodewig/*Sambuc*, UWG § 4 Nr. 3 Rn. 128.

277 Gloy/Loschelder/Danckwerts/*Becker*, Hdb. Wettbewerbsrecht § 64 Rn. 45; *Becker*, GRUR 2017, 346 (347).

278 Gloy/Loschelder/Danckwerts/*Becker*, Hdb. Wettbewerbsrecht § 64 Rn. 55.

279 BGH, Urteil vom 30.04.2009 – I ZR 42/07 DAX, GRUR 2009, 1162; zum Sachverhalt: Vierter Teil Kapitel B. IV. 2. a) cc).

280 BT-Drucks. 19/27873, S. 32.

281 MüKoBGB/*Metzger*, Band 3, BGB § 327 Rn. 8.

gefasst, damit digitale Angebote unabhängig von der konkreten technischen Ausgestaltung hiervon erfasst sind.[282]

Die Anwendungsfälle für den Einsatz von Fahrzeug- und Fahrzeugumfelddaten in digitalen Dienstleistungen sind nahezu unbegrenzt. Fahrzeugdaten sind beispielsweise Grundlage für Navigationsdienstleistungen, Dienste zur vorausschauenden Wartung von Individualfahrzeugen und Flotten oder für Bezahldienste in Bezug auf Parkgebühren. Auch wenn Fahrzeughersteller ihren Kunden, die Verbraucher sind, *Over-the-Air*-Softwareupdates zur Verfügung stellen, werden digitale Dienstleistungen i. S. d. § 327 Abs. 1, 2 BGB bereitgestellt.[283]

III. Wettbewerbliche Eigenart

1. Begriff

Im Rahmen der Rechtsprechung zu § 1 UWG 1909 wurde das ungeschriebene Tatbestandsmerkmal der wettbewerblichen Eigenart für Waren und Dienstleistungen entwickelt.[284] Vor dem Hintergrund, dass eine Irreführung des Verkehrs über die betriebliche Herkunft eines Leistungsergebnisses nur zu befürchten ist, wenn der Gegenstand des Nachbaus oder der Nachahmung Merkmale aufweist, die wettbewerblich eigenartig sind, hat sich in ständiger Rechtsprechung die folgende Formel herausgebildet:[285] Wettbewerbliche Eigenart liegt vor, wenn die konkrete Ausgestaltung oder bestimmte Merkmale des Erzeugnisses geeignet sind, die angesprochenen Verkehrskreise auf seine betriebliche Herkunft oder seine Besonderheiten hinzuweisen.[286]

Die wettbewerbliche Eigenart hat zuvorderst – und dies sei an dieser Stelle vorweggenommen – mit Blick auf den unmittelbaren Leistungsschutz eine den Schutzvoraussetzungen des geistigen Eigentums vergleichbare Funktion, denn sie dient der Abgrenzung von „Allerweltserzeugnissen“ und „alltäglicher Dutzendwa-

---

282 Entwurf eines Gesetzes zur Umsetzung der Richtlinie über bestimmte vertragsrechtliche Aspekte der Bereitstellung digitaler Inhalte und digitaler Dienstleistungen, BT-Drucks. 19/27653 S. 37; Digitale-Inhalte-Richtlinie, RL (EU) 2019/770, Erwägungsgrund Nr. 19.

283 *Söbbing/Groß*, CR 2022, 613 (615).

284 Vgl. nur RG, Urteil vom 11.07.1925 Käthe-Kruse-Puppe, RGZ 111, 254.

285 Fezer/Büscher/Obergfell/*Götting/Hetmank*, UWG § 4 Nr. 3 Rn. 53.

286 Siehe nur BGH, Urteil vom 28.05.2009 – I ZR 124/06 LIKEaBIKE, GRUR 2010, 80 (82); BGH, Urteil vom 12.05.2011 – I ZR 53/10 Seilzirkus GRUR 2012, 58 (63); BGH, Urteil vom 02.12.2015 – I ZR 176/14 Herrnhuter Stern, GRUR 2016, 730 (733).

re“[287], deren Herkunft und Besonderheiten dem Verkehr in der Regel gleichgültig sind, sodass sie aus dessen Sicht gerade nicht nur von einem bestimmten Anbieter stammen können.[288] Bei dieser Abgrenzung ist zu beachten, dass Massenproduktionsware nicht automatisch mit Allerweltsware ohne wettbewerbliche Eigenart gleichzusetzen ist.[289]

Im Hinblick auf den mittelbaren Leistungsschutz müssen gerade die übernommenen Gestaltungsmerkmale die wettbewerbliche Eigenart des Erzeugnisses, für das Schutz beansprucht wird, ausmachen: Diese müssen geeignet sein, im Verkehr auf dessen bestimmte betriebliche Herkunft hinzuweisen.[290] Die Eignung ist anzunehmen, wenn sich das Produkt von anderen Produkten im Marktumfeld so abhebt, dass der Verkehr es einem bestimmten Hersteller zuordnet.[291] Es genügt, dass der angesprochene Verkehr auf Grund der Ausgestaltung oder der Merkmale des Erzeugnisses die Vorstellung hat, es könne nur von einem bestimmten Anbieter oder einem mit diesem verbundenen Unternehmen stammen.[292]

2. Schwierigkeit

Das Merkmal der wettbewerblichen Eigenart ist auf den Nachahmungstatbestand zugeschnitten, der Fälle erfasst, bei denen der Nachahmer eigene Erzeugnisse mit Merkmalen versieht, die auf den Originalhersteller hinweisen.[293] Vor diesem Hintergrund wird deutlich, dass das Kriterium der wettbewerblichen Eigenart für physische, mithin sichtbare Leistungsergebnisse entwickelt wurde und sich daher zuvorderst an optischen Merkmalen orientiert.[294]

Mangels Körperlichkeit und optischer Wahrnehmbarkeit erfüllen Daten nicht ohne Weiteres die Voraussetzung der wettbewerblichen Eigenart. Diese Feststellung sollte indes nicht dazu führen, die Prüfung an dieser Stelle zu beenden und Daten pauschal eine Schutzgewährung durch den mittelbaren wettbewerbsrecht-

287 BGH, Urteil vom 28.01.1988 – I ZR 34/86 Wäsche-Kennzeichnungsbänder, GRUR 1988, 386 (386).

288 Ohly/Sosnitza/*Ohly*, UWG § 4.3 Rn. 3/32; Teplitzky/Peifer/Leistner/*Leistner*, GK-UWG Band 2, § 4 Nr. 9 Rn. 123; Peifer/*Dornis*, GK-UWG Band 2, § 4 Nr. 3 Rn. 176.

289 BGH, Urteil vom 03.05.1968 – I ZR 66/66 Pulverbehälter, GRUR 1968, 591 (593); Götting/Nordemann/*Nordemann*, UWG § 3 Nr. 3 Rn. 3.33.; Fezer/Büscher/Obergfell/*Götting/Hetmank*, UWG § 4 Nr. 3 Rn. 8.

290 BGH, Urteil vom 06.05.1999 – I ZR 199/96 Tele-Info-CD, GRUR 1999, 923 (927); BGH, Urteil vom 11.01.2007 – I ZR 198/04 Handtaschen, GRUR 2007, 795 (798).

291 BGH, Urteil vom 24.01.2013 – I ZR 136/11 Regalsystem, GRUR 2013, 951 (954).

292 BGH, Urteil vom 24.05.2007 – I ZR 104/04 Gartenliege, GRUR 2007, 984 (986).

293 *Becker*, GRUR 2017, 346 (348).

294 *Becker*, GRUR 2017, 346 (347 f.).

lichen Leistungsschutz zu versagen. Im Gegenteil ist nach Möglichkeiten zu suchen, wie Daten und körperliche Gegenstände gleichbehandelt werden könnten.[295]

3. Lösungsansätze

Einerseits ist in Betracht zu ziehen, ob das Merkmal der wettbewerblichen Eigenart so weit ausgelegt werden kann, dass es auch auf Datensachverhalte passt (dazu a)). Andererseits ist zu erwägen, ob auf die Voraussetzung wettbewerblicher Eigenart in Datensachverhalten verzichtet werden kann (dazu b)).

a) Auslegung: Qualitative Wertungen statt optischer Merkmale

Fraglich ist, ob das Qualitätsmerkmal der wettbewerblichen Eigenart so ausgelegt werden kann, dass die Besonderheiten unkörperlicher Gegenstände wie Daten ausreichend Berücksichtigung finden.

aa) Einzelfallspezifische Qualitätsmerkmale

Das Tatbestandsmerkmal der wettbewerblichen Eigenart könnte in Datensachverhalten datenspezifisch ausgelegt werden. Solch eine einzelfallspezifische Auslegung könnte die Rechtsprechung des BGH nahelegen, der zum Teil auf nicht-optische Qualitätsmerkmale abstellte, um die wettbewerbliche Eigenart in Fällen zu bejahen, in denen das Leistungsergebnis die Voraussetzungen der wettbewerblichen Eigenart ansonsten nicht erfüllt hätte:

Beispielsweise hat der BGH in der „Tele-Info-CD“-Entscheidung[296] im Rahmen der Bewertung der wettbewerblichen Eigenart von Daten aus Telefonbüchern angenommen, dass sich die wettbewerbliche Eigenart aus optischen Merkmalen wie dem Layout und der Schrift gedruckter Daten ergeben könne, sich besondere Gütevorstellungen aber auch mit dem Vertrauen in die weitgehende Vollständigkeit, Richtigkeit und Aktualität des in den Telefon- und Telefaxbüchern veröffentlichten Datenbestandes sowie dem Umstand, dass der Verkehr den Datenbestand für „amtlich“ hält, begründen lassen. Mit diesen Qualitätsmerkmalen von Daten verbinde der Verkehr, dass diese von der Originalherstellerin, der Telekom, stammen,

295 *Becker*, GRUR 2017, 346 (348).

296 BGH, Urteil vom 06.05.1999 – I ZR 199/96 Tele-Info-CD, GRUR 1999, 923; zum Sachverhalt: Vierter Teil Kapitel A. II. 5. b) ff).

sodass sie als solche geeignet seien, auf eine bestimmte betriebliche Herkunft hinzudeuten.[297]

In der „Informationsdienst"-Entscheidung[298] bejahte der BGH die wettbewerbliche Eigenart von seitens der Klägerin in Informationsblättern für die Bauwirtschaft aufwändig zusammengestellten Daten über neue Bauvorhaben. Im Rahmen dieser Informationsblätter veröffentlichte die Klägerin monatlich etwa achttausend Informationen über die Planung von Baumaßnahmen, Submissionsergebnisse, Teilnahmewettbewerbe und Ausschreibungen. Die Klägerin entnahm diese Informationen zum Teil Zeitungen, Zeitschriften und Amtsblättern, wobei sie täglich etwa eintausend Exemplare auswerten ließ. Ergänzend standen die Mitarbeiter der Klägerin in Kontakt zu Bauherren, Planern und anderen Baubeteiligten. Sie arbeitete mit etwa sechzehntausend inländischen Architekten zusammen, um die relevanten Informationen zu erhalten und zusammenstellen zu können.[299] Im Lichte dessen stellte der BGH zur Begründung der wettbewerblichen Eigenart der zusammengestellten Daten weniger auf die äußere Anordnung der Daten, mithin optisch wahrnehmbare Kriterien, ab. Vielmehr kam es insbesondere auf den erheblichen Personal- und Kostenaufwand an:[300]

> Nach den Feststellungen des BerG stellen die „i-Planungsinformationen" der Kl. ein schutzwürdiges Leistungsergebnis von wettbewerblicher Eigenart dar. Es handelt sich um einen fortlaufenden Informationsdienst, der mit monatlich 8 000 neuen Daten einen umfassenden, stets aktuellen Überblick über die wirtschaftlich interessanten Ereignisse der Branche verschafft. Er erfordert einen erheblichen Personal- und Kostenaufwand. Die Kl. beschäftigt eine größere Anzahl von Hilfskräften zur Durchsicht der Presse und unterhält Kontakte mit 16 000 Architekten, um über neue Planungs- und Bauvorhaben informiert zu werden. Für die Auswertung der Meldungen und die Durchführung der Recherchen hat sie über 40 Redakteure beschäftigt. Die monatlichen Aufwendungen für den Redaktionsbetrieb einschließlich der Personalkosten betragen nach der Aussage eines Zeugen etwa 100 000, – DM.[301]

297 BGH, Urteil vom 06.05.1999 – I ZR 199/96 Tele-Info-CD, GRUR 1999, 923 (926 f.); im Gegensatz dazu verneinte der BGH die wettbewerbliche Eigenart von Daten zur Nutzung von Musik („Musikcharts"), um daraus in Buchform oder auf CD-ROM sog. HIT BILANZEN, eine alphabetisch geordnete Liste von Interpreten und ihrer Hits über einen längeren Zeitraum, zu erstellen. Den übernommenen Daten aus den Musikcharts komme für sich genommen keine wettbewerbliche Eigenart zu. Sie seien als solche nicht geeignet, auf eine bestimmte betriebliche Herkunft hinzudeuten, BGH, Urteil vom 21.07.2005 – I ZR 290/02 HIT BILANZ, MMR 2005, 754 (757).

298 BGH, Urteil vom 10.12.1987 – I ZR 221/85 Informationsdienst, GRUR 1988, 308.

299 BGH, Urteil vom 10.12.1987 – I ZR 221/85 Informationsdienst, GRUR 1988, 308 (309).

300 BGH, Urteil vom 10.12.1987 – I ZR 221/85 Informationsdienst, GRUR 1988, 308 (309); Fiedler/Ullrich/*Wiebe*, Information als Wirtschaftsgut, S. 92 (125 f.).

301 BGH, Urteil vom 10.12.1987 – I ZR 221/85 Informationsdienst, GRUR 1988, 308 (309).

In der „Segmentstruktur"-Entscheidung[302] musste der BGH die wettbewerbliche Eigenart von Daten des pharmazeutischen Marktes, die als regionale Marktberichte aufbereitet wurden, beurteilen und stellte ebenfalls auf qualitative Aspekte des Leistungsergebnisses ab. Dessen wettbewerbliche Eigenart lag „in dieser besonderen, die konkreten Gegebenheiten vor Ort berücksichtigenden und sich deshalb von einer bloßen Orientierung an Postleitzahlgebieten abhebenden geografischen Segmentierung".[303] Wettbewerbsrechtlichen Leistungsschutz gewährte der BGH letztlich jedoch nicht, da aus dem Berufungsurteil „die konkrete geografische Abgrenzung dieser Segmente" nicht ersichtlich gewesen sei.[304]

Mit Blick auf technisch nicht zwingend erforderliche Gestaltungsmerkmale hat der BGH in der Entscheidung „Gartenliege"[305] klargestellt, dass bei der Beurteilung der wettbewerblichen Eigenart eines Leistungsergebnisses auch Besonderheiten zu berücksichtigen seien, die eine Gestaltung im Gebrauch aufweist, wobei es „[n]icht erforderlich [sei] […], dass die Verbraucher die Besonderheiten, die eine Gestaltung gerade auch im Gebrauch aufweist, bereits auf den ersten Blick erkennen."[306]

bb) Begriff der wettbewerblichen Eigenart

Neben der Rechtsprechung legt es auch der Begriff der wettbewerblichen Eigenart nahe, auf qualitative Wertungen des Leistungsergebnisses anstelle optisch wahrnehmbarer Merkmale zu fokussieren.[307] Die erforderliche Eignung eines Gegenstandes, die angesprochenen Verkehrskreise auf seine betriebliche Herkunft oder seine Besonderheiten hinzuweisen, beinhaltet zwei Elemente, einen Zurechnungs- und einen Leistungsgedanken.[308] Das Zurechnungselement steht im Vordergrund, wenn der Verkehr mit dem Produkt besondere Gütevorstellungen verbindet, die es von den Produkten anderer Hersteller unterscheidet.[309] Das Leistungselement ist dagegen entscheidend, wenn das Leistungsergebnis überdurchschnittlich, also etwas Besonderes, ist.[310] Diese beiden Elemente müssen nicht kumulativ vorliegen, damit ein Leistungsergebnis wettbewerbliche Eigenart aufweist; vielmehr genügt es, wenn eines der beiden Elemente erfüllt ist.[311] Dies ergibt sich auch aus dem

302 BGH, Urteil vom 04.05.2016 – I ZR 58/14 Segmentstruktur, GRUR 2017, 79.
303 BGH, Urteil vom 04.05.2016 – I ZR 58/14 Segmentstruktur, GRUR 2017, 79 (85).
304 BGH, Urteil vom 04.05.2016 – I ZR 58/14 Segmentstruktur, GRUR 2017, 79 (85).
305 BGH, Urteil vom 24.05.2007 – I ZR 104/04 Gartenliege, GRUR 2007, 984.
306 BGH, Urteil vom 24.05.2007 – I ZR 104/04 Gartenliege, GRUR 2007, 984 (986).
307 Zum Begriff: Vierter Teil Kapitel B. III. 1.
308 *Beater*, Nachahmen im Wettbewerb, S. 96.
309 *Beater*, Nachahmen im Wettbewerb, S. 96.
310 *Beater*, Nachahmen im Wettbewerb, S. 96.
311 *Sack*, in: FS Büscher, S. 359 (360).

Wortlaut der Definition[312], in der ausdrücklich die Konjunktion „oder" verwendet wird.[313]

Der Zurechnungsgedanke kann bei Daten mangels optischer Anknüpfungspunkte nicht fruchtbar gemacht werden, denn der Verbraucher kann Daten nicht nach deren Erscheinungsbild bestimmten Herstellern zuordnen oder nach einer betrieblichen Herkunft voneinander unterscheiden.[314]

Das Leistungselement der wettbewerblichen Eigenart dagegen unterliegt einem weiten Verständnis und ist anzunehmen, wenn ein Leistungsergebnis so besonders ist, dass es eine Gewinnchance für den Leistungserbringer eröffnet.[315] Dies setzt voraus, dass das Leistungsergebnis unter erheblichem Aufwand an Zeit, Mühe und Kosten entwickelt wurde und deshalb im Markt einer Verwertung zugänglich ist.[316] Gewinnchancen sind mit Blick auf Daten dann anzunehmen, wenn diese unter Einsatz von Kosten und Mühen, erheblichem Forschungsaufwand, Einsatz der neuesten Technologie oder einer großen Zahl an Messgeräten gewonnen wurden und so etwa das Interesse anderer Wirtschaftszweige wie der Werbewirtschaft geweckt wurde oder auch das Vertrauen des Leistungserbringers in die eigenen Daten steigt.[317] Daraus ist abzuleiten, dass nicht jedes Bit wettbewerbliche Eigenart aufweist, sondern grundsätzlich nur solche Daten, die unter Kosten- und Forschungsaufwand generiert wurden und an welchen ein wirtschaftliches Interesse besteht.

b) Ersatzloser Verzicht

Die folgenden Aspekte rechtfertigen es, das ungeschriebene Tatbestandsmerkmal der wettbewerblichen Eigenart bei der Beurteilung von Datensachverhalten auszuklammern.

---

312 Zum Begriff: Vierter Teil Kapitel B. III. 1.

313 *Sack*, in: FS Büscher, S. 359 (360).

314 Vgl. Gloy/Loschelder/Danckwerts/*Becker*, Hdb. Wettbewerbsrecht § 64 Rn. 51.

315 *Lehmann-Schmidtke*, Das Erfordernis der wettbewerblichen Eigenart im ergänzenden wettbewerbsrechtlichen Leistungsschutz, S. 82; *Lochmann*, Die Einräumung von Fernsehübertragungsrechten an Sportveranstaltungen, S. 159.

316 *Lehmann-Schmidtke*, Das Erfordernis der wettbewerblichen Eigenart im ergänzenden wettbewerbsrechtlichen Leistungsschutz, S. 82; *Lochmann*, Die Einräumung von Fernsehübertragungsrechten an Sportveranstaltungen, S. 159.

317 Vgl. *Lochmann*, Die Einräumung von Fernsehübertragungsrechten an Sportveranstaltungen, S. 159.

aa) Übernahme durch technische Reproduktionsverfahren

Ein Blick in das Schweizer Lauterkeitsrecht zeigt, dass auf die wettbewerbliche Eigenart eines Leistungsergebnisses beziehungsweise auf sonstige Anforderungen an eine bestimmte Leistungshöhe im Sinne einer besonderen Individualität, Eigenartigkeit oder Schutzwürdigkeit ebenso verzichtet werden kann.[318]

Nach Art. 5 lit. c UWG-CH handelt insbesondere unlauter, wer das marktreife Arbeitsergebnis eines anderen ohne angemessenen eigenen Aufwand durch technische Reproduktionsverfahren als solches übernimmt und verwertet. Die verhaltensbezogene Vorschrift des Art. 5 lit. c UWG-CH definiert die Unlauterkeit der Verwertung fremder Arbeitsergebnisse oder Leistungen durch die Art und Weise der Übernahme.[319] Die Verwertung fremder Arbeitsergebnisse ist unter den Voraussetzungen verboten, dass das Ergebnis marktreif ist und es als solches übernommen sowie verwertet wird, wobei die Übernahme durch ein technisches Reproduktionsverfahren erfolgt und zwar ohne angemessenen eigenen Aufwand.[320] Zu den technischen Reproduktionsverfahren zählen insbesondere die elektronische Erfassung von Daten durch optisches Abtasten, sog. Scannen, oder das Überspielen von Ton- und Bildträgern oder von Computerprogrammen.[321] Diese Handlungen belegen das Fehlen der Eigenleistung des Nachahmers.[322] Da der Unlauterkeitsvorwurf gerade mit der Übernahme durch technische Reproduktionsmittel begründet wird, betrifft ein Großteil der Rechtsprechung zu Art. 5 lit. c UWG-CH die Übernahme fremder Informationen.[323]

Die Unlauterkeit der typischen Fälle parasitären Wettbewerbs mit den Mitteln technischer Reproduktionsverfahren ergibt sich mithin daraus, dass weder bei der Übernahme des fremden Arbeitsergebnisses durch technische Reproduktion noch bei der Verwertung ein angemessener eigener Aufwand betrieben wird.[324] Nach der bundesrätlichen Botschaft verlangt das Kriterium der Angemessenheit des Aufwands eine Abwägungsentscheidung:[325]

> Das Kriterium des ‚angemessenen eigenen Aufwands' erlaubt es, den ungerechtfertigten Wettbewerbsvorteil des Zweitbewerbers abzuwägen. Zur Beurteilung der Angemessenheit ist

---

318 Hilty/Arpagaus/*Frick*, Basler Kommentar, Art. 5 Rn. 26; Gloy/Loschelder/Danckwerts/*Becker*, Hdb. Wettbewerbsrecht § 64 Rn. 79.

319 Hilty/Arpagaus/*Arpagaus*/*Frick*, Basler Kommentar, Art. 5 Rn. 10.

320 Schweizer Bundesgericht, Urteil vom 04.02.2005, BGE 131 III 384 (389, Rn. 4.1).

321 Schmidt-Kessel/Schubmehl/*Baudenbacher*, Lauterkeitsrecht in Europa, S. 624.

322 Gloy/Loschelder/Danckwerts/*Becker*, Hdb. Wettbewerbsrecht § 64 Rn. 79.

323 Gloy/Loschelder/Danckwerts/*Becker*, Hdb. Wettbewerbsrecht § 64 Rn. 79; Hilty/Arpagaus/*Arpagaus*, Basler Kommentar, Art. 5, Rn. 35 ff.

324 Schweizer Bundesgericht, Urteil vom 04.02.2005, BGE 131 III 384 (391, Rn. 4.3).

325 Vgl. Schweizer Bundesgericht, Urteil vom 04.02.2005, BGE 131 III 384 (391 f., Rn. 4.4.1).

einerseits die Leistung des Erstkonkurrenten mit der des Zweitbewerbers und andererseits die Leistung des Zweitbewerbers bei Übernahme durch technische Reproduktionsverfahren mit seinem hypothetischen Aufwand bei Nachvollzug der einzelnen Produktionsschritte zu vergleichen. Das Kriterium des angemessenen eigenen Aufwands erlaubt auch die Berücksichtigung der Amortisierung des Aufwands des Erstkonkurrenten für die Schaffung des übernommenen Produktes.[326]

bb) Berufsfreiheit

Ein Verzicht auf das Tatbestandsmerkmal der wettbewerblichen Eigenart lässt sich zudem mit der Verankerung des Leistungsschutzes in der Berufsfreiheit rechtfertigen.[327]

Die allgemeine Handlungsfreiheit i. S. d. Art. 2 Abs. 1 GG und die Berufsfreiheit nach Art. 12 GG begründen zusammen mit sondergesetzlichen Regelungen einerseits den Grundsatz der Nachahmungsfreiheit.[328] Andererseits schützt die Berufsfreiheit das Recht zur wirtschaftlichen Verwertung der beruflich erbrachten Leistung.[329] Vor diesem Hintergrund wird der Berufsfreiheit in Einzelfällen sogar die Gewährung unmittelbaren Leistungsschutzes zugestanden.[330] Die Berufsfreiheit knüpft mit Blick auf den Leistungsschutz also an die beruflich erbrachte Leistung an und die wettbewerbliche Eigenart dient dazu, diese Leistung für die erforderliche Interessenabwägung zu bemessen.[331] Die Wechselwirkungslehre verdeutlicht, dass der wettbewerbsrechtliche Leistungsschutz für ein Leistungsergebnis sogar von dessen wettbewerblicher Eigenart unabhängig sein kann: Je stärker die Art und Weise und die Intensität der Übernahme sowie die besonderen wettbewerblichen Umstände ausgestaltet sind, desto geringere Anforderungen werden an den Grad der wettbewerblichen Eigenart gestellt.[332]

---

326 Botschaft zu einem Bundesgesetz gegen den unlauteren Wettbewerb (UWG) v. 18. Mai 1983, BBl 1983 II 1009 (1071).

327 Gloy/Loschelder/Danckwerts/*Becker*, Hdb. Wettbewerbsrecht § 64 Rn. 84.

328 Köhler/Bornkamm/Feddersen/*Köhler*, § 4 Rn. 3.3; Gloy/Loschelder/Danckwerts/*Becker*, Hdb. Wettbewerbsrecht § 64 Rn. 85.

329 BVerfG, Urteil vom 17.02.1998 – 1 BvF 1–91 Nachrichtenmäßige Kurzberichterstattung im Fernsehen, NJW 1998, 1627 (1628); BGH, Urteil vom 12.11.2009 – I ZR 183/07 WM-Marken, GRUR 2010, 642 (646).

330 *Büscher*, GRUR 2018, 1 (5); Gloy/Loschelder/Danckwerts/*Becker*, Hdb. Wettbewerbsrecht § 64 Rn. 85.

331 Gloy/Loschelder/Danckwerts/*Becker*, Hdb. Wettbewerbsrecht § 64 Rn. 85; vgl. BVerfG, Urteil vom 17.02.1998 – 1 BvF 1–91 Nachrichtenmäßige Kurzberichterstattung im Fernsehen, NJW 1998, 1627 (1628).

332 Gloy/Loschelder/Danckwerts/*Becker*, Hdb. Wettbewerbsrecht § 64 Rn. 85.

cc) Anknüpfung an die Produktnachahmung

Schließlich spricht der Umstand, dass die wettbewerbliche Eigenart stets an eine Produktnachahmung anknüpft, dafür, dass im Rahmen des mittelbaren Leistungsschutzes auf die wettbewerbliche Eigenart als eigenständiges ungeschriebenes Tatbestandsmerkmal verzichtet werden kann.[333] Den Fallgruppen der § 4 Nr. 3 lit. a und lit. b UWG, die eine Produktnachahmung voraussetzen, ist das Kriterium der wettbewerblichen Eigenart bereits immanent, während bei der Fallgruppe des § 4 Nr. 3 lit. c UWG die wettbewerbliche Eigenart systematisch sogar obsolet ist:[334]

Die betriebliche Herkunftstäuschung i. S. d. § 4 Nr. 3 lit. a UWG setzt voraus, dass das nachgeahmte Produkt Merkmale aufweist, die geeignet sind, die interessierten Verkehrskreise auf seine betriebliche Herkunft hinzuweisen.[335] Dieses Verständnis findet eine Bestätigung in der Gesetzesbegründung des UWG aus dem Jahr 2004, in der das Kriterium der wettbewerblichen Eigenart nur im Zusammenhang mit der vermeidbaren Herkunftstäuschung nach § 4 Nr. 9 lit. a UWG 2004 erwähnt wird und gerade kein zusätzliches Kriterium zu den Voraussetzungen der vermeidbaren Herkunftstäuschung selbst darstellt: „Dies setzt eine gewisse wettbewerbliche Eigenart des Vorbilds, *das nachgeahmt worden ist*, voraus, da der Verkehr andernfalls nicht auf die Herkunft achtet."[336] (Kursive Herv. d. d. Verf.)

Da das Tatbestandsmerkmal der vermeidbaren Herkunftstäuschung dem Zurechnungselement der wettbewerblichen Eigenart bereits vollständig entspricht, kommt es auf die Frage, ob das Leistungselement der wettbewerblichen Eigenart, also die Eignung auf Besonderheiten hinzuweisen, erfüllt wird, bei dieser Unlauterkeitsfallgruppe nicht mehr an.

Die Fallgruppe des § 4 Nr. 3 lit. b UWG enthält zwar kein Tatbestandsmerkmal, das dem Zurechnungs- oder Leistungsgedanken der Definition der wettbewerblichen Eigenart entspricht; für die Fallgruppe der Ausnutzung oder Beeinträchtigung der Wertschätzung des nachgeahmten Produktes i. S. d. § 4 Nr. 3 lit. b UWG weist die Voraussetzung der wettbewerblichen Eigenart jedoch trotzdem keine eigenständige Bedeutung auf, da bereits die Voraussetzungen des guten Rufs und des Image-

333 BGH, Urteil vom 04.05.2016 – I ZR 58/14 Segmentstruktur, GRUR 2017, 79 (83): „Das Anbieten einer Nachahmung kann nach § 4 Nr. 9 UWG a.F. und § 4 Nr. 3 UWG wettbewerbswidrig sein, wenn *das nachgeahmte Produkt wettbewerbliche Eigenart aufweist* und besondere Umstände – wie eine vermeidbare Täuschung über die betriebliche Herkunft (Buchst. a) oder eine unangemessene Beeinträchtigung oder Ausnutzung der Wertschätzung des nachgeahmten Produktes (Buchst. b) – hinzutreten, aus denen die Unlauterkeit folgt." (Kursive Herv. d. d. Verf.).

334 *Sack*, in: FS Büscher, S. 359 (362 ff.); Ohly/Sosnitza/*Ohly*, UWG § 4.3 Rn. 3/33, 3/72.

335 *Sack*, in: FS Büscher, S. 359 (364).

336 BT-Drucks. 15/1487, S. 18; *Sack*, in: FS Büscher, S. 359 (364).

transfers den Schutz von Allerweltserzeugnissen und alltäglicher Dutzendware ausschließen.[337]

Ein Blick auf die Fallgruppe der unredlichen Erlangung von Kenntnissen i. S. d. § 4 Nr. 3 lit. c UWG führt zum gleichen Ergebnis, jedoch mit einer anderen Begründung: Bei dieser Fallgruppe geht es nicht um den Schutz des Nachahmungsgegenstandes, sondern um die Verwerflichkeit der Nachahmungshandlung. Der Unlauterkeitsvorwurf der Verwertung unredlich erlangten, erschlichenen Know-hows ist von den Herkunfts- und Gütevorstellungen der Abnehmer unabhängig, sodass das Merkmal der wettbewerblichen Eigenart mit Blick auf die für die Nachahmung erforderlichen Kenntnisse und Unterlagen systematisch nicht passt.[338] Es genügt, dass das unlauter erlangte und verwertete Arbeitsergebnis für den Nachahmer einen wirtschaftlichen Wert im Hinblick auf die Nachahmung aufweist.[339] Konsequenterweise ist keine Entscheidung ersichtlich, in der der BGH im Rahmen dieser Fallgruppe das Tatbestandsmerkmal der wettbewerblichen Eigenart überhaupt für erforderlich gehalten hätte.[340]

4. Zwischenergebnis

Der mittelbare Leistungsschutz stellt vor dem Hintergrund der Verwechslungsgefahr bei der Herkunftstäuschung und der Rufausnutzung beziehungsweise Rufbeeinträchtigung vor allem auf das Zurechnungselement der wettbewerblichen Eigenart ab. Dieses ist bei dem immateriellen Gut der Daten mangels optischer Anknüpfungspunkte nicht erfüllt. Diese Schwierigkeit bei der Prüfung eines mittelbaren wettbewerbsrechtlichen Leistungsschutzes begründet nicht den erfolglosen Abbruch der Prüfung. Vielmehr wurden Lösungsansätze erörtert, die es rechtfertigen, entweder das Kriterium wettbewerblicher Eigenart so auszulegen, dass es auf Datensachverhalte passt oder auf dieses als eigenständiges Tatbestandsmerkmal zu verzichten.

---

337 Ohly/Sosnitza/*Ohly*, UWG § 4.3 Rn. 3/33; *Sack*, in: FS Büscher, S. 359 (363).

338 Ohly/Sosnitza/*Ohly*, UWG § 4.3 Rn. 3/33, 3/71 f.; Fezer/Büscher/Obergfell/*Götting/Hetmank*, UWG § 4 Nr. 3 Rn. 106; *Sack*, in: FS Büscher, S. 359 (367); a.A. Köhler/Bornkamm/Feddersen/*Köhler*, § 4 Rn. 3.61; Teplitzky/Peifer/Leistner/*Leistner*, GK-UWG Band 2, § 4 Nr. 9 Rn. 200.

339 Harte-Bavendamm/Henning-Bodewig/*Sambuc*, UWG § 4 Nr. 3 Rn. 250 f.

340 *Sack*, in: FS Büscher, S. 359 (363).

IV. Angebot einer Nachahmung

Nachahmungen können in unterschiedlicher Gestalt auftreten, von der rechtlich unbeachtlichen bloßen Zweitentwicklung[341] bis zur (nahezu) identischen Kopie eines Leistungsergebnisses.[342] Nicht alle Formen der Übernahme, des Abkupferns oder Abschreibens sind als Nachahmung im Sinne des heute normierten mittelbaren Leistungsschutzes einzuordnen.[343] Im Folgenden werden zunächst die verschiedenen Erscheinungsformen der Nachahmung erläutert (dazu 1.). Vor dem Hintergrund der beschriebenen Nachahmungsformen ist sodann zu hinterfragen, ob Daten überhaupt von Wettbewerbern nachgeahmt werden, wenn diese doch tatsächlich schlicht verwendet werden (dazu 2.). Anschließend wird erörtert, ob eine analoge Anwendung von § 4 Nr. 3 UWG über das Fehlen einer Nachahmung hinweghelfen kann (dazu 3.). Die Untersuchung endet mit einem Zwischenergebnis (dazu 4.)

1. Abstufungen der Nachahmung

Eine Nachahmung setzt voraus, dass der Nachahmer das Original kannte und er es so als Vorbild für sein Produkt nutzte, dass dieses mit dem Original – zumindest teilweise – übereinstimmt.[344] Aus Sicht des Durchschnittsverbrauchers müssen sich die gegenüberstehenden Erzeugnisse nach ihrem Gesamteindruck so ähnlich sein, dass das Original in dem angebotenen Produkt wiedererkennbar ist.[345] Bei einer nur teilweisen Nachahmung des Originals muss sich die wettbewerbliche Eigenart des Originals gerade in dem übernommenen Teil abzeichnen.[346]

Anhand der übernommenen Gestaltungsmittel, die die wettbewerbliche Eigenart des nachgeahmten Produktes ausmachen, muss der Umfang der Nachahmung bemessen werden.[347] Je nach Ausmaß und Intensität der Nachahmung lassen sich graduelle Abstufungen der Nachahmung unterscheiden, wobei der Grad der

341 BGH, Urteil vom 26.06.2008 – I ZR 170/05 ICON, GRUR 2008, 1115 (1117).

342 Vgl. nur BGH, Urteil vom 15.04.2010 – I ZR 145/08 Femur-Teil, GRUR 2010, 1125 (1127).

343 Vgl. BGH, Urteil vom 11.01.2018 – I ZR 187/16 Ballerinaschuh, GRUR 2018, 832 (837).

344 Köhler/Bornkamm/Feddersen/*Köhler*, § 4 Rn. 3.34.

345 BGH, Urteil vom 11.01.2018 – I ZR 187/16 Ballerinaschuh, GRUR 2018, 832 (837); BGH, Urteil vom 23.09.2015 – I ZR 105/14 Goldbären, GRUR 2015, 1214 (1222); Köhler/Bornkamm/Feddersen/*Köhler*, § 4 Rn. 3.34; MüKoUWG/*Wiebe*, UWG § 4 Nr. 3 Rn. 65.

346 BGH, Urteil vom 15.12.2016 – I ZR 197/15 Bodendübel, GRUR 2017, 734 (738 f.); Köhler/Bornkamm/Feddersen/*Köhler*, § 4 Rn. 3.34; Gloy/Loschelder/Danckwerts/*Eck*, Hdb. Wettbewerbsrecht § 51 Rn. 44e.

347 Gloy/Loschelder/Danckwerts/*Eck*, Hdb. Wettbewerbsrecht § 51 Rn. 44e.

Übereinstimmung in einer Wechselwirkung zu den übrigen Tatbestandsmerkmalen des § 4 Nr. 3 UWG steht.[348]

a) Identische Nachahmung und unmittelbare Übernahme

Wird eine Kopie unter Benutzung des Originals als Vorlage mittels eines originären Herstellungsprozesses so nachgeschaffen – mithin abgekupfert –, dass diese im Ergebnis mit dem Original identisch ist, wird von einer identischen beziehungsweise sklavischen Nachahmung gesprochen.[349]

Mangels eines selbstständigen Herstellungsvorgangs ist hiervon die unmittelbare Übernahme mittels eines Reproduktionsverfahrens zu unterscheiden: Bei der unmittelbaren Leistungsübernahme ist das Original unverändert unmittelbarer Ausgangspunkt für die Anfertigung einer Kopie, insbesondere durch technische oder physikalische Reproduktionsverfahren wie durch das Einscannen der Einträge aus den Telefon- und Telefaxbüchern in der „Tele-Info-CD"-Entscheidung.[350] Weitere Beispiele einer unmittelbaren Übernahme aus der älteren Rechtsprechung sind der fotomechanische Nachdruck[351], das Nachpressen von Schallplatten[352], das elektronische Kopieren von Videospielen[353] oder das Kopieren der Hälfte der von einem Konkurrenten geschaffenen Serie von Kunststoffzähnen durch Abguss und Umguss[354]. Pflanzenstecklinge lassen sich auf der Grundlage der ihnen innewohnenden Erbinformation nachziehen.[355] Diese Fälle haben die Gemeinsamkeit, dass der Konkurrent Entwicklungs- und Herstellungsaufwendungen einsparen kann und nur durch den letzten Herstellungsschritt belastet wird.[356] Da eine unmittelbare Übernahme im Sinne einer Anfertigung eines Duplikats durch technische Vervielfältigungsverfahren exakt ist und ohne großen finanziellen und zeitlichen Aufwand

348 BGH, Urteil vom 21.03.1991 – I ZR 158/89 Betonsteinelemente, GRUR 1992, 523 (524); BGH, Urteil vom 06.05.1999 – I ZR 199/96 Tele-Info-CD, GRUR 1999, 923 (927); Ohly/Sosnitza/*Ohly*, UWG § 4.3 Rn. 3/47; Fezer/Büscher/Obergfell/*Götting/Hetmank*, UWG § 4 Nr. 3 Rn. 66.

349 Gloy/Loschelder/Danckwerts/*Eck*, Hdb. Wettbewerbsrecht § 51 Rn. 44 g.

350 BGH, Urteil vom 06.05.1999 – I ZR 199/96 Tele-Info-CD, GRUR 1999, 923 (927); Ohly/Sosnitza/*Ohly*, UWG § 4.3 Rn. 3/48; Gloy/Loschelder/Danckwerts/*Eck*, Hdb. Wettbewerbsrecht § 51 Rn. 44 f.

351 BGH, Urteil vom 30.10.1968 – I ZR 52/66 Reprint, GRUR 1969, 186; BGH, Urteil vom 06.02.1986 – I ZR 98/84 Notenstichbilder, GRUR 1986, 895.

352 RG, Urteil vom 07.04.1910 – VI 344/09 Schallplatten, RGZ 73, 294.

353 OLG Frankfurt, Urteil vom 04.08.1983 – 6 U 19/83 Donkey Kong Junior II, GRUR 1984, 509.

354 BGH, Urteil vom 02.07.1969 – I ZR 118/67 Kunststoffzähne, GRUR 1969, 618.

355 BGH, Urteil vom 21.11.1958 – I ZR 61/57 Nelkenstecklinge, GRUR 1959, 240.

356 *Beater*, Nachahmen im Wettbewerb, S. 150.

erfolgen kann, sind an die Unlauterkeit der Tathandlung keine hohen Anforderungen zu stellen.[357]

b) Nahezu identische Nachahmung
Von einer nahezu identischen Nachahmung ist die Rede, wenn nach dem Gesamteindruck der sich gegenüberstehenden Erzeugnisse die Nachahmung nur geringfügige Abweichungen vom Original aufweist.[358]

c) Nachschaffende Nachahmung
Bei der nachschaffenden Nachahmung dient die fremde Leistung lediglich als Vorbild und das Original wird nachschaffend unter Einsatz eigener Leistung wiederholt.[359] Folglich liegt bei der nachschaffenden Nachahmung eine bloße Annäherung an das Originalprodukt, nicht jedoch eine identische oder fast identische Nachahmung vor.[360] Im Rahmen der Beurteilung der Unlauterkeit der Nachahmung kommt es maßgeblich darauf an, ob die Nachahmung wiedererkennbare, prägende Gestaltungselemente des Originals aufweist oder sich deutlich davon absetzt.[361] Auf dieser Stufe müssen die Unlauterkeitsmerkmale in ausgeprägter Form vorliegen.[362]

2. Bloße Verwendung statt Nachahmung von Daten

Daten werden nicht nachgeahmt (dazu a)), sondern von Wettbewerbern verwendet (dazu b)).

a) Keine Nachahmung von Daten
aa) Keine automatisierte Nachbildung
Im Falle einer automatisierten Nachbildung eines Produktes eines Wettbewerbers wird eine fremde Leistung in ihrer ursprünglichen Funktion und Form übernom-

357 BGH, Urteil vom 06.05.1999 – I ZR 199/96 Tele-Info-CD, GRUR 1999, 923 (927); BGH, Urteil vom 24.05.2007 – I ZR 104/04 Gartenliege, GRUR 2007, 984 (987); MüKoUWG/*Wiebe*, UWG § 4 Nr. 3 Rn. 69.

358 BGH, Urteil vom 11.01.2018 – I ZR 187/16 Ballerinaschuh, GRUR 2018, 832 (837); BGH, Urteil vom 15.04.2010 – I ZR 145/08 Femur-Teil, GRUR 2010, 1125 (1127).

359 BGH, Urteil vom 21.03.1991 – I ZR 158/89 Betonsteinelemente, GRUR 1992, 523 (524); Köhler/Bornkamm/Feddersen/*Köhler*, § 4 Rn. 3.37.

360 BGH, Urteil vom 11.01.2007 – I ZR 198/04 Handtaschen, GRUR 2007, 795 (798).

361 Köhler/Bornkamm/Feddersen/*Köhler*, § 4 Rn. 3.37; Fezer/Büscher/Obergfell/*Götting/Hetmank*, UWG § 4 Nr. 3 Rn. 69.

362 Ohly/Sosnitza/*Ohly*, UWG § 4.3 Rn. 3/49.

men.[363] Wird die Struktur des einen Datenträgers von einem Computer ausgelesen und auf einem anderen Datenträger automatisiert reproduziert, so handelt es sich zwar um eine Vervielfältigung von Daten.[364] Genau genommen wurde aber lediglich das Medium des Datenträgers automatisiert kopiert – ganz unabhängig von dessen Inhalt.[365]

Die automatisierte Kopie eines Unfalldatenschreibers – der „Blackbox" für das Auto – stellt daher lediglich eine Kopie des Datenträgers dar, nicht dagegen eine „Nachahmung" der ereignisbezogen aufgezeichneten Daten wie die Fahrgeschwindigkeit und die Aktivität von Brems- und Gaspedal. Eine Nachahmung von Daten kann bei der Kopie des Datenträgers mithin nicht angenommen werden.

bb) Keine Übernahme von Informationsinfrastrukturen

Eine Nachahmung einer fremden Leistung in ihrer ursprünglichen Funktion und Form ist in Fällen denkbar, in denen Informationsinfrastrukturen übernommen werden.[366] Als Informationsinfrastrukturen kommen beispielsweise Schnittstellen oder Nummernsysteme in Betracht.[367] In der „Markenheftchen"-Entscheidung[368] stellte der BGH klar, dass die vollständige und unveränderte Übernahme eines Nummernsystems in einen eigenen Katalog, wenn auch lediglich als Zusatzinformation von Klammern umschlossen, eine Nachahmung der Leistung eines Mitbewerbers ist, die als Teil einer eigenen Ware, die in direkter Konkurrenz zu den Produkten des Originalherstellers stehen, angeboten wird.[369]

Diese Konstellation beschränkt sich auf die überschaubaren Fälle, in denen nicht irgendwelche Daten verwendet werden, sondern solche, die sich als Informationsinfrastruktur qualifizieren. Nur dann ist eine Übernahme von Informationsinfrastrukturen theoretisch denkbar. In Bezug auf Fahrzeugdaten ist kein praktischer Anwendungsbereich ersichtlich.

cc) Verhältnis zwischen Daten und neuem Produkt

Es sind verschiedene Konstellationen denkbar, wie fremde Daten im Zusammenhang mit einem später angebotenen Produkt stehen können.[370] So können Daten,

363 Peifer/*Dornis*, GK-UWG Band 2, § 4 Nr. 3 Rn. 199.
364 Gloy/Loschelder/Danckwerts/*Becker*, Hdb. Wettbewerbsrecht § 64 Rn. 63.
365 *Martini* et al., MMR-Beil. 2021, 3 (17).
366 Peifer/*Dornis*, GK-UWG Band 2, § 4 Nr. 3 Rn. 199.
367 Peifer/*Dornis*, GK-UWG Band 2, § 4 Nr. 3 Rn. 199.
368 BGH, Urteil vom 19.05.2010 – I ZR 158/08 Markenheftchen, GRUR 2011, 79.
369 BGH, Urteil vom 19.05.2010 – I ZR 158/08 Markenheftchen, GRUR 2011, 79 (80).
370 *Becker*, GRUR 2017, 346 (349).

die Teil oder Grundlage eines bestimmten Originalerzeugnisses sind, als Grundlage für andere Waren oder Dienstleistungen, die auf einem anderen Markt als das Originalerzeugnis angeboten werden, dienen. Solch eine Datennutzung ist keine „Nachahmung" der Daten des Originalerzeugnisses.[371] Bietet beispielsweise ein meteorologischer Dienstleister Niederschlagsvorhersagen auf Basis von fremden Echtzeit-Scheibenwischerdaten an, so wurden diese zwar verwendet, aber nicht nachgeahmt. Ebenso wenig ist eine Nachahmung der Originaldaten gegeben, wenn eigenständig erworbene Erkenntnisse, die auf fremden Daten beruhen, für eigene Endprodukte verwendet werden. So fehlt es beispielweise an einer Nachahmung, wenn ein Automobilzulieferer an Daten von Materialtests eines Mitbewerbers gelangt und daraus für seine Produkte Verbesserungsmöglichkeiten ableitet. Dessen Endprodukte auf dem Markt, die auf der eigenen Auswertung der Testdaten beruhen, stellen keine Nachahmung in Bezug auf die fremden Daten dar.[372] Die Auswertung der Testdaten im Rahmen einer Eigenleistung schafft die nötige Distanz, um eine Zuweisung des Folgeprodukts zum Originalanbieter zu verneinen.[373]

Ein solches Verständnis lässt sich aus der Rechtsprechung des BGH ableiten, obgleich die ergangenen Entscheidungen andere Schutzgüter als Daten, nämlich einen Aktienindex, Fußballspielszenen einer Amateurliga beziehungsweise eine literarische Figur, betrafen:

In der „DAX"-Entscheidung[374] gestaltete sich der Sachverhalt zusammengefasst wie folgt: Beklagte ist die Deutsche Börse AG, die den Deutschen Aktienindex (DAX), der sich zum bekanntesten und wichtigsten deutschen Aktienindex entwickelt hat, berechnet, veröffentlicht und stetig anpasst. Sie ist Inhaberin insbesondere der Wortmarke DAX. Klägerin ist die Geschäftsbank Commerzbank. Sie emittiert und handelt mit Wertpapieren, zu denen auf den DAX bezogene Optionsscheine gehören. Diese enthalten neben der Angabe des jeweiligen Optionsscheins oder Zertifikats die Formulierung „bezogen auf den DAX®" und den Hinweis, dass „DAX®" eine eingetragene Marke der Beklagten ist. Die Klägerin beantragte, festzustellen, dass die Beklagte der Klägerin nicht untersagen kann, Wertpapiere anzubieten, in den Verkehr zu bringen oder zu bewerben, die Zahlungsansprüche in Abhängigkeit von dem jeweiligen Stand des DAX verbriefen, und zwar auch dann nicht, wenn die Klägerin hierbei diesen als Bezugsgröße benannten Index mit „DAX®" bezeichnet, nämlich in der Werbung „bezogen auf den DAX®" (wobei die Klägerin darauf hinweist, dass „DAX®" eine eingetragene Marke der Beklagten ist).[375] In der Ent-

371 *Becker*, GRUR 2017, 346 (349).
372 *Becker*, GRUR 2017, 346 (349).
373 *Becker*, GRUR 2017, 346 (349 f.).
374 BGH, Urteil vom 30.04. 2009 – I ZR 42/07 DAX, GRUR 2009, 1162.
375 BGH, Urteil vom 30.04. 2009 – I ZR 42/07 DAX, GRUR 2009, 1162 (1162).

scheidung „DAX“ verneinte der BGH das Vorliegen einer Nachahmung. Bei der Verwendung eines Aktienindex als Bezugspunkt für eigene Finanzprodukte fehle es bereits an der Übernahme des Original-Index als Leistungsergebnis, weil die fremde Leistung lediglich als Orientierung und Bezugsgröße für ein anders geartetes, nicht vergleichbares Produkt verwendet und gerade kein neuer, eigener Aktienindex herausgegeben werde.[376] Wird mithin nicht die Leistung eines Dritten vermarktet, sondern eine eigenständige Leistung angeboten, liege keine Nachahmung vor.[377]

Der „Hartplatzhelden.de“-Entscheidung[378] lag folgender Sachverhalt zugrunde: Kläger ist der Württembergische Fußballverband e.V. (WFV), dem mehrere Vereine mit Fußballabteilungen angehören. Der WFV plant und veranstaltet Fußballspiele im Amateurbereich. Zu den satzungsmäßigen Aufgaben des WFV gehört es auch, „über Fernseh- und Hörfunkübertragungen von Verbands- und Freundschaftsspielen Verträge zu schließen und die Vergütungen aus solchen Verträgen für die Vereine treuhänderisch zu vereinnahmen und an diese zu verteilen“.[379] Beklagte ist die Hartplatzhelden GmbH, die unter der Domain hartplatzhelden.de ein werbefinanziertes Internetportal, auf das registrierte Nutzer insbesondere kurze Videoaufnahmen von Fußballspielen einstellen können, betreibt. Die Videoausschnitte können von jedermann kostenlos aufgerufen und angesehen werden. Aus Sicht des Klägers standen ihm die ausschließlichen Rechte an der gewerblichen Verwertung der von ihm veranstalteten Fußballspiele zu und er sah sich durch die Beklagte in dieser Verwertung behindert. Der Kläger verlangte die Unterlassung der Wiedergabe der von ihm veranstalteten Fußballspiele auf dem Internetportal der Beklagten.[380] Der BGH verneinte in der „Hartplatzhelden.de“-Entscheidung das Vorliegen einer Nachahmung und betrachtete die Verwendung von Aufzeichnungen und die Zugänglichmachung von Spielszenen einer Amateurliga auf einer Internet-Plattform als eine an den Original-Spielbetrieb anknüpfende eigenständige Leistung, die die Leistung der Veranstaltung und Durchführung des Spielbetriebes nicht nachahme.[381]

Der „Pippi-Langstrumpf-Kostüm II“-Entscheidung[382] lag folgender Sachverhalt zugrunde: Klägerin ist die Inhaberin der urheberrechtlichen Nutzungsrechte am künstlerischen Schaffen der verstorbenen Autorin Astrid Lindgren, die Verfasserin

---

376 BGH, Urteil vom 30.04.2009 – I ZR 42/07 DAX, GRUR 2009, 1162 (1164 ff.); Peifer/*Dornis*, GK-UWG Band 2, § 4 Nr. 3 Rn. 200.

377 BGH, Urteil vom 30.04.2009 – I ZR 42/07 DAX, GRUR 2009, 1162 (1165).

378 BGH, Urteil vom 28.10.2010 – I ZR 60/09 Hartplatzhelden.de, GRUR 2011, 436.

379 LG Stuttgart, Urteil vom 08.05.2008 – 41 O 3/08 KfH, MMR 2008, 551 (552).

380 LG Stuttgart, Urteil vom 08.05.2008 – 41 O 3/08 KfH, MMR 2008, 551 (552).

381 BGH, Urteil vom 28.10.2010 – I ZR 60/09 Hartplatzhelden.de, GRUR 2011, 436 (437).

382 BGH, Urteil vom 19.11.2015 – I ZR 149/14 Pippi-Langstrumpf-Kostüm II, GRUR 2016, 725.

der „Pippi Langstrumpf"-Romane war. Die Hauptfigur „Pippi Langstrumpf" zeichnet sich durch ein charakteristisches Erscheinungsbild aus. Die Beklagte ist Betreiberin einer Supermarktkette. Sie warb in Verkaufsprospekten, Plakaten und auf ihrer Internetseite mit Abbildungen von Personen in einem Karnevalskostüm, das die charakteristischen Merkmale der „Pippi Langstrumpf" aufwies. Die Klägerin war der Auffassung, die Beklagte habe mit ihrer Werbung die urheberrechtlichen Nutzungsrechte an der literarischen Figur „Pippi Langstrumpf" verletzt, die für sich genommen urheberrechtlichen Schutz genieße und begehrte Schadensersatz. Sie stützte ihr Klagebegehren hilfsweise auf wettbewerbsrechtlichen Leistungsschutz. Der BGH verneinte in der „Pippi-Langstrumpf-Kostüm II"-Entscheidung das Vorliegen einer Nachahmung im Fall eines Angebots einer eigenen, andersartigen Leistung unter Ausnutzung einer fremden Leistung als Vorspann: Die Klägerin ging vorliegend weder gegen die Übernahme der von ihr als Schutzgegenstand geltend gemachten literarischen Figur „Pippi Langstrumpf" in einem literarischen Erzeugnis vor, noch stützte sie ihre Klage auf den Vorwurf, die Beklagte habe ein von der Klägerin selbst oder von einem Lizenznehmer hergestelltes und vertriebenes Kostüm nachgeahmt. Im Interesse der Wettbewerbsfreiheit seien an die Nachahmung einer Romanfigur durch Übernahme von wettbewerblich eigenartigen Merkmalen in eine fremde Produktart keine geringeren Anforderungen zu stellen, um die Nachahmungsfreiheit nicht unangemessen einzuschränken.[383]

b) Bloße Datenverwendung

Wenn von einem „Kopieren von Daten" die Rede ist, dann meint dies die Handlung, allein den Datenträger, unabhängig von dessen Inhalt, zu kopieren. Davon zu unterscheiden ist das Verschaffen von Datenzugriff, mithin die Fähigkeit, das originäre Datum auszulesen, es sich anzeigen zu lassen und dieses auszuwerten. Diese Fähigkeit ist darauf gerichtet, das Datum auch zu öffnen, um die enthaltenen Informationen zu entnehmen. Mit dem bloßen Datenzugriff erwirbt der Nutzende keine „Rechte an Daten". Die Verwendung der Daten bildet schlicht einen tatsächlichen Zustand ab. [384]

---

383 BGH, Urteil vom 19.11.2015 – I ZR 149/14 Pippi-Langstrumpf-Kostüm II, GRUR 2016, 725 (727); vgl. Peifer/*Dornis*, GK-UWG Band 2, § 4 Nr. 3 Rn. 201.

384 *Martini* et al., MMR-Beil. 2021, 3 (17).

3. Analoge Anwendung

Dass die (unberechtigte) Verwendung fremder Daten keine Form der Nachahmung darstellt, sollte nicht dazu führen, Daten generell mittelbaren wettbewerbsrechtlichen Leistungsschutz zu versagen. Fraglich ist vielmehr, ob eine unberechtigte Datennutzung als datenspezifische Verletzungshandlung für die Gewährung mittelbaren Leistungsschutzes an Daten ausreicht, gesetzt den Fall, dass die besonderen Unlauterkeitsumstände des § 4 Nr. 3 lit. a und lit. b UWG hinzutreten, die die Datennutzung unlauter erscheinen lassen.

Im Folgenden wird geprüft, ob mittels einer analogen Anwendung des § 4 Nr. 3 lit. a und lit. b UWG das Fehlen der Tatbestandsvoraussetzungen der Nachahmung und dessen Angebot überwunden werden könnte. Zunächst werden die Voraussetzungen für eine Analogie abstrakt vorgestellt (dazu a)). Sodann wird erläutert, warum in Datennutzungsfällen eine analoge Anwendung des § 4 Nr. 3 lit. a und lit. b UWG im Wege der doppelten Analogiebildung erfolgen müsste (dazu b)). Abschließend wird geprüft, ob die Voraussetzungen einer Analogiebildung vorliegen (dazu c)).

a) Voraussetzungen einer Analogie

Der Analogieschluss bleibt in der Praxis als Rechtsfortbildung dem Richter überlassen.[385] Im Wege der Analogie kann dieser eine Kurskorrektur des Geltungsbereichs eines Gesetzes[386] aussprechen, indem er eine an sich nicht einschlägige Rechtsvorschrift mit anderen Tatbestandsvoraussetzungen auf einen ähnlichen, jedoch gesetzlich nicht geregelten Sachverhalt anwendet.[387] Ein Analogieschluss im Rahmen der Rechtsprechung setzt eine planwidrige Regelungslücke voraus und erfordert, dass sich der erfasste und der nicht erfasste Sachverhalt hinreichend ähnlich sind, um im Hinblick auf die gesetzliche Regelung als „gleich" bewertet werden zu können.[388] Liegen diese Voraussetzungen vor, so können mittels einer Analogie der Anwendungsbereich einer Norm erweitert und letztlich Lücken geschlossen werden, die der Gesetzgeber nicht erkennen konnte.[389] Je nach Umfang der Korrektur kann sich die analoge Gesetzesanwendung unterschiedlich weit vom normierten Gesetzestext entfernen, bleibt aber stets innerhalb seines Sinnge-

---

385 BVerfG, Urteil vom 03.04.1990 – 1 BvR 1186/89, NJW 1990, 1593 (1594).

386 *Wiedemann*, NJW 2014, 2407 (2409).

387 *Danwerth*, ZfPW 2017, 230 (232).

388 *Lindner*, NVwZ 2008, 170 (172).

389 *Danwerth*, ZfPW 2017, 230 (233 f.).

halts.[390] Die Schlussfolgerung einer Analogie gründet letztlich auf verfassungsrechtlichen Gleichheitserwägungen: Wenn sich zwei Sachverhalte derart ähnlich sind, dass sie entgegen der Regelungsstruktur auch gleich behandelt werden müssten, drängt das Gerechtigkeitsempfinden die Bildung einer Analogie förmlich auf.[391]

b) Doppelte Analogiebildung

Eine Erweiterung des Anwendungsbereichs des § 4 Nr. 3 lit. a und lit. b UWG könnte auf dem methodischen Weg der doppelten Analogie erreicht werden, denn es wären mehrere Analogieschlüsse kombiniert vorzunehmen.[392] Für einen entsprechenden Schutz von unkörperlichen Gütern müsste auf diejenigen Merkmale verzichtet werden, aufgrund derer der Anwendungsbereich des mittelbaren Leistungsschutzes auf das Angebot einer Nachahmung eines (körperlichen) Gutes beschränkt ist. Der Anwendungsbereich der Vorschrift müsste so erweitert werden, dass auch gegen eine unberechtigte Daten*verwendung* Ansprüche aus mittelbarem Leistungsschutz gewährt werden können. Vor diesem Hintergrund wären sowohl das Erfordernis des „Anbietens" einer Nachahmung auf dem Markt als auch das Merkmal der „Nachahmung" des Schutzgegenstandes zu reduzieren. An deren Stelle müsste das viel weitere Merkmal der „Nutzung" *per se* im Sinne einer schlichten Verwendung treten.[393]

c) Keine Analogie eines Konkretisierungstatbestandes

Während die Nachahmung eines körperlichen Arbeitsergebnisses und deren Angebot vom Anwendungsbereich des mittelbaren Leistungsschutzes erfasst sind, lässt sich die bloße Verwendung eines immateriellen Leistungsergebnisses wie Daten nicht unter die Tatbestandsmerkmale des § 4 Nr. 3 lit. a und lit. b UWG subsumieren. Eine planwidrige Regelungslücke, die eine analoge Anwendung des Konkretisierungstatbestandes rechtfertigen könnte, wäre nur dann anzunehmen, wenn in dieser Fallgestaltung ein Rückgriff auf die Generalklausel ausgeschlossen wäre. Es wurde jedoch bereits festgestellt, dass auf die Generalklausel zurückgegriffen werden kann, wenn andere als die von den normierten Unlauterkeitsfallgruppen erfassten Umstände eine Nachahmung unlauter erscheinen lassen.[394] Darüber hinaus erlaubt es die Auffangfunktion der Generalklausel, auf diese zu-

---

390 *Wiedemann*, NJW 2014, 2407 (2409).
391 *Danwerth*, ZfPW 2017, 230 (234); *Wiedemann*, NJW 2014, 2407 (2409).
392 *Regenfus*, JA 2009, 579 (579).
393 Vgl. *Regenfus*, JA 2009, 579 (582).
394 Siehe Vierter Teil Kapitel A. II. 4.

rückzugreifen, wenn das zu missbilligende Verhalten in einer anderen als der normierten Verletzungshandlung – mithin in der Nutzung statt in der Nachahmung – liegt. Der Rückgriff auf die Generalklausel gewährleistet auch den gebotenen restriktiven Einsatz eines Verbotes, denn das Wettbewerbsrecht soll nicht Teile einer Leistung der Nutzung durch Dritte entziehen, sondern unter engen Voraussetzungen Leistungsergebnisse schützen.[395]

4. Zwischenergebnis

Im Lichte der verschiedenen Nachahmungsformen wurde festgestellt, dass Daten unter keinem Aspekt nachgeahmt werden. Vielmehr werden diese schlicht verwendet. Damit sind die Tatbestandsmerkmale des Angebots einer Nachahmung in Datensachverhalten nicht erfüllt. Dieses Ergebnis leitete die Prüfung einer möglichen Analogiebildung mit Blick auf die Unlauterkeitsfallgruppen des § 4 Nr. 3 und 4 UWG ein. Da es sich hierbei indes um Konkretisierungstatbestände handelt, die einen Rückgriff auf die Generalklausel erlauben, scheidet eine analoge Anwendung aus. Damit ist ein mittelbarer Leistungsschutz nach § 4 Nr. 3 lit. a und lit. b UWG in Datennutzungsfällen ausgeschlossen.

V. Vorliegen zusätzlicher unlauterkeitsbegründender Umstände

Nachdem eine Anwendbarkeit des mittelbaren wettbewerbsrechtlichen Leistungsschutzes nach § 4 Nr. 3 lit. a und lit. b UWG in Datennutzungsfällen verneint wurde, steht noch die Untersuchung des mittelbaren Leistungsschutzes für Daten nach § 4 Nr. 3 lit. c UWG aus (dazu 1.). Anschließend wird erörtert, welche Unlauterkeitshandlungen speziell in Datensachverhalten in Betracht kommen könnten (dazu 2.).

1. § 4 Nr. 3 lit. c UWG

Die Vorschrift des § 4 Nr. 3 lit. c UWG weist im Vergleich zu den Konkretisierungstatbeständen der Buchstaben a) und b) einen Unterschied auf: Der Schutz des § 4 Nr. 3 lit. c UWG richtet sich gegen das Angebot nachgeahmter Leistungsergeb-

395 Vgl. BGH, Urteil vom 28.10.2010 – I ZR 60/09 Hartplatzhelden.de, GRUR 2011, 436 (438 f.).

nisse, die auf unredlich erlangten Kenntnissen und Unterlagen beruhen. Anders als bei § 4 Nr. 3 lit. a und lit. b UWG, im Rahmen derer Daten selbst die angebotene Ware beziehungsweise Dienstleistung oder Teil derselben sein müssten, stellen Daten nicht selbst das angebotene Produkt i. S. d. § 4 Nr. 3 lit. c UWG dar, sondern sind für dessen Nachahmung erforderlich. Daten liegen in den Fällen des § 4 Nr. 3 lit. c UWG den angebotenen Waren beziehungsweise Dienstleistungen also zugrunde.[396] Damit gewährt § 4 Nr. 3 lit. c UWG Schutz gegen eine bestimmte Datenverwendung, nämlich die Verwendung für die Nachahmung von Waren und Dienstleistungen.[397] Bei dem Konkretisierungstatbestand des § 4 Nr. 3 lit. c UWG handelt es sich – anders als bei § 4 Nr. 3 lit. a und lit. b UWG – um eine Art reflexartigen Nutzungsschutz für Daten.[398]

Im Lichte dessen könnte dem mittelbaren Leistungsschutz mit der Fallgruppe der unredlichen Erlangung von Kenntnissen und Unterlagen nach § 4 Nr. 3 lit. C UWG eine Restanwendbarkeit zukommen. Dies wird im Folgenden geprüft.

a) Anwendungsbereich neben dem Geschäftsgeheimnisgesetz

Der Konkretisierungstatbestand des § 4 Nr. 3 lit. c UWG bleibt nach dem Inkrafttreten des GeschGehG unverändert bestehen und findet neben dem GeschGehG Anwendung, wenn Originalhersteller gegen Nachahmungen von Erzeugnissen vorgehen, die zugleich ganz oder teilweise auf eine Verletzung von Geschäftsgeheimnissen zurückzuführen sind.[399] Sofern die genutzten Kenntnisse und Unterlagen, beispielsweise mangels angemessener Geheimhaltungsmaßnahmen i. S. d. § 2 Nr. 1 GeschGehG, kein Geschäftsgeheimnis darstellen, scheidet die Anwendbarkeit des § 4 Nr. 3 lit. c UWG aus, um einen Wertungswiderspruch zum GeschGehG zu vermeiden.[400]

b) Tatbestandsvoraussetzungen

aa) Kausalität

Gegenstand der unredlichen Erlangung sind Informationen, Know-how und Unterlagen, die für eine konkret erfolgte Nachahmung eines Leistungsergebnisses

---

396 Vgl. *Becker*, GRUR 2017, 346 (347).

397 Gloy/Loschelder/Danckwerts/*Becker*, Hdb. Wettbewerbsrecht § 64 Rn. 91.

398 *Becker*, GRUR 2017, 346 (351); Gloy/Loschelder/Danckwerts/*Becker*, Hdb. Wettbewerbsrecht § 64 Rn. 90.

399 Peifer/*Dornis*, GK-UWG Band 2, § 4 Nr. 3 Rn. 245; Köhler/Bornkamm/Feddersen/*Alexander*, GeschGehG Vorbemerkungen Rn. 64; *Alexander*, WRP 2019, 673 (679).

400 Köhler/Bornkamm/Feddersen/*Köhler*, § 4 Rn. 3.64.; a.A. Harte-Bavendamm/Henning-Bodewig/*Sambuc*, UWG § 4 Nr. 3c Rn. 252.

kausal – und nicht nur nützlich – sind.[401] Ob Kausalität im Sinne einer *conditio sine qua non* zwischen den Kenntnissen oder Unterlagen und der tatsächlich erfolgten Nachahmung besteht, ist mittels einer *ex post*-Betrachtung zu ermitteln.[402]

Von § 4 Nr. 3 lit. c UWG erfasst sind vor allem konkrete Produktionsvorgaben, die eine Anleitung für die Konstruktion und den Nachbau des nachgeahmten Leistungsergebnisses enthalten.[403] Als konkrete Produktionsvorgabe könnte das im Rahmen von Verhandlungen über den Abschluss eines Lizenzvertrages offengelegte, sehr umfangreiche Wissen über die Herstellung der erforderlichen Formen einzelner Betonsteine sowie eines Bausystems und deren Materialien einzustufen gewesen sein, auf Basis derer sowohl die einzelnen Betonsteine als auch das Bausystem sklavisch nachgeahmt werden konnten.[404] Zu den von § 4 Nr. 3 lit. c UWG erfassten Kenntnissen und Unterlagen zählte die Rechtsprechung zudem eine anvertraute Bemusterung (Brombeermuster) zur Herstellung bedruckter Stoffe[405], entwendete Konstruktionsunterlagen, um das eigene erlangte Wissen „aufzufrischen, zu sichern und als in diesen Unterlagen verkörpertes Know-how für eigene Zwecke zu bewahren und weiterzuverwenden“[406] sowie Schaltpläne[407].[408] Darüber hinaus werden in der Literatur auch Messdaten zu den von § 4 Nr. 3 lit. c UWG erfassten Unterlagen gezählt[409] – unbeschadet dessen, dass diese keine unmittelbaren Informationen für die Konstruktion und den Nachbau von Waren oder für die Ausgestaltung von Dienstleistungen enthalten.[410] Neben konkreten Produktionsvorgaben dürfe der Schutz des § 4 Nr. 3 lit. c UWG nämlich auch Daten erfassen, auf Basis derer entscheidende Herstellungsschritte abgeleitet werden können, sofern diese für die konkret erfolgte Nachahmung kausal wurden.[411] Beispielsweise erlauben technische Sensordaten aus Maschinen im Produktionsbereich – nicht zuletzt vor dem Hintergrund der steigenden Datendichte – nach einer Auswertung exakte Rückschlüsse auf Produktionsprozesse, sodass sie für den Nachbau eines Leistungsergebnisses selbst relevant sind und für die Nachahmung kausal werden

---

401 Gloy/Loschelder/Danckwerts/*Becker*, Hdb. Wettbewerbsrecht § 64 Rn. 92.
402 *Becker*, GRUR 2017, 346 (351).
403 *Becker*, GRUR 2017, 346 (351).
404 Vgl. BGH, Urteil vom 21.03.1991 – I ZR 158/89 Betonsteinelemente, GRUR 1992, 523.
405 BGH, Urteil vom 27.01.1983 – I ZR 177/80 Brombeermuster, GRUR 1983, 377 (379).
406 BGH, Urteil vom 07.11.2002 – I ZR 64/00 Präzisionsmessgeräte, GRUR 2003, 356 (358).
407 BGH, Urteil vom 13.12.2007 – I ZR 71/05 Schweißmodulgenerator, GRUR 2008, 727 (728).
408 Gloy/Loschelder/Danckwerts/*Becker*, Hdb. Wettbewerbsrecht § 64 Rn. 99.
409 Ohly/Sosnitza/*Ohly*, UWG § 4.3 Rn. 3/72.
410 Vgl. Gloy/Loschelder/Danckwerts/*Becker*, Hdb. Wettbewerbsrecht § 64 Rn. 101.
411 *Becker*, GRUR 2017, 346 (351).

können.[412] Sensordaten aus Produktionsmaschinen einer vernetzten Fabrik beispielsweise dienen in der Regel der Produktionsoptimierung und lassen detaillierte Rückschlüsse auf Herstellungsprozesse zu, welche kausal für eine Produktnachahmung sein können.[413]

bb) Kein Erfordernis wettbewerblicher Eigenart

Wettbewerbliche Eigenart ist bezüglich der einem nachgeahmten Erzeugnis zugrundeliegenden Kenntnisse und Unterlagen nicht erforderlich.[414] Auch in Bezug auf das nachgeahmte Erzeugnis erweist sich das Erfordernis der wettbewerblichen Eigenart als obsolet, denn der Unlauterkeitsvorwurf der Nachahmungshandlung – das Erschleichen und die durch Vertrauensbruch erleichterte Nachahmung – ist im Unterschied zu den übrigen Fallvarianten von Herkunfts- und Gütevorstellungen der Verbraucher unabhängig.[415] Weiter besteht mit Blick auf den Schutzzweck der „Austrocknung des Marktes im Nachgang zu einer unredlichen Informationserlangung“ kein Erfordernis für das Tatbestandsmerkmal der wettbewerblichen Eigenart.[416] Vielmehr genügt die Inkriminierung der Erkenntniserlangung, um der anschließenden Vermarktung Unlauterkeit zu attestieren.[417]

cc) Geheimhaltung

Gegenstand der unredlichen Erlangung ist geheimes und vertrauliches Wissen in Gestalt von Unterlagen und Know-how. An die Geheimhaltung werden keine allzu strengen Anforderungen gestellt; so ist es beispielsweise nicht erforderlich, dass der Originalhersteller als Einziger über das entsprechende Wissen verfügt oder sich die Informationen nicht mit vertretbarem Aufwand anderweitig herausfinden lassen.[418] Auch wenn kein Geheimnis i. S. d. § 17 UWG 2004 vorliegen muss, so dürfen die Informationen weder offenkundig noch Dritten frei zugänglich sein, denn was allgemein bekannt ist oder ohne Aufwand herausgefunden werden kann, kann

---

412 Gloy/Loschelder/Danckwerts/*Becker*, Hdb. Wettbewerbsrecht § 64 Rn. 101; MüKoUWG/*Wiebe*, UWG § 4 Nr. 3 Rn. 211.

413 Gloy/Loschelder/Danckwerts/*Becker*, Hdb. Wettbewerbsrecht § 64 Rn. 40.

414 Gloy/Loschelder/Danckwerts/*Becker*, Hdb. Wettbewerbsrecht § 64 Rn. 50.

415 Harte-Bavendamm/Henning-Bodewig/*Sambuc*, UWG § 4 Nr. 3 Rn. 250 f.; Gloy/Loschelder/Danckwerts/*Becker*, Hdb. Wettbewerbsrecht § 64 Rn. 102; Ohly/Sosnitza/*Ohly*, UWG § 4.3 Rn. 3/72; Fezer/Büscher/Obergfell/*Götting/Hetmank*, UWG § 4 Nr. 3 Rn. 106; a.A.: Köhler/Bornkamm/Feddersen/*Köhler*, § 4 Rn. 3.61.

416 Peifer/*Dornis*, GK-UWG Band 2, § 4 Nr. 3 Rn. 244.

417 Peifer/*Dornis*, GK-UWG Band 2, § 4 Nr. 3 Rn. 183; *Sack*, in: FS Büscher, S. 359 (367).

418 Peifer/*Dornis*, GK-UWG Band 2, § 4 Nr. 3 Rn. 247.

nicht unlauter i. S. d. § 4 Nr. 3 lit. c UWG erlangt werden.[419] Nach § 2 Nr. 1 lit. b GeschGehG ist der Inhaber eines Geschäftsgeheimnisses nicht verpflichtet, optimale Maßnahmen zum Schutz des Geheimnisses zu ergreifen. Vielmehr sollen angemessene Geheimhaltungsmaßnahmen ergriffen werden, wobei an die Angemessenheit der Schutzvorkehrungen ein variabler Maßstab anzusetzen ist.[420]

Einer Geheimhaltung steht es nicht entgegen, wenn Unterlagen und Know-how im Rahmen eines Vertrauensverhältnisses preisgegeben werden.[421] Eine (Geschäfts-)Beziehung, die an die Voraussetzung geknüpft ist, dass Informationen und Unterlagen vertraulich behandelt werden und allein im Interesse oder nach Weisung des Überlassenden zu nutzen sind, basiert auf einem Vertrauensverhältnis.[422] Ein solches Vertrauensverhältnis wird insbesondere durch die Anbahnung oder die Durchführung eines Vertrages wie beispielsweise eines Dienst-, Werk-, Lizenz-, Geschäftsbesorgungs- oder Gesellschaftsvertrages begründet.[423] Die entsprechenden Unterlagen sind dann regelmäßig mit einem Vertraulichkeitsvermerk versehen.[424]

Vor diesem Hintergrund steht es einer Geheimhaltung von bestimmten Fahrzeugdaten nicht entgegen, wenn diese über die OBD-Schnittstelle bestimmungsgemäß von Werkstätten ausgelesen werden können. Ebenso wenig schadet es dem Geheimhaltungserfordernis, wenn fahrzeugtechnische Daten beispielsweise Ingenieuren zum Zweck der Produktentwicklung oder sonstige Fahrzeug- und Fahrzeugumfelddaten zum Beispiel IT-Dienstleistern im Rahmen eines Vertrauensverhältnisses zur Verfügung gestellt werden.

dd) Unredlichkeit durch Erschleichen oder Vertrauensbruch

§ 4 Nr. 3 lit. c UWG setzt weiter voraus, dass die erforderlichen Unterlagen und Kenntnisse unredlich erlangt wurden. Das Erfordernis der Unredlichkeit kann auf zwei Arten erfüllt werden – durch Erschleichen und durch Vertrauensbruch.[425] Unredlichkeit aufgrund Erschleichens liegt vor, wenn sich jemand die für die Nachahmung erforderlichen Kenntnisse mit verwerflichen Mitteln wie einer Be-

---

419 Fezer/Büscher/Obergfell/*Götting/Hetmank*, UWG § 4 Nr. 3 Rn. 109 f.; MüKoUWG/*Wiebe*, UWG § 4 Nr. 3 Rn. 209.

420 *Maaßen*, GRUR 2019, 352 (353 f.).

421 Köhler/Bornkamm/Feddersen/*Köhler*, § 4 Rn. 3.60.

422 Köhler/Bornkamm/Feddersen/*Köhler*, § 4 Rn. 3.61b.

423 BGH, Urteil vom 02.10.2008 – I ZR 48/06 Küchentiefstpreis-Garantie, GRUR 2009, 416 (417); Köhler/Bornkamm/Feddersen/*Köhler*, § 4 Rn. 3.61b.

424 Köhler/Bornkamm/Feddersen/*Köhler*, § 4 Rn. 3.61b.

425 Fezer/Büscher/Obergfell/*Götting/Hetmank*, UWG § 4 Nr. 3 Rn. 108; BT-Drucks. 15/1487, S. 18.

triebsspionage verschafft.[426] Ein unredlicher Vertrauensbruch ist anzunehmen, wenn Kenntnisse, die im Rahmen eines vertraglichen oder vorvertraglichen Vertrauensverhältnisses zunächst redlich erlangt wurden, unter Vertrauensbruch und daher missbräuchlich zur Nachahmung eingesetzt werden.[427] Ein Vertrauensbruch liegt auch dann vor, wenn der Nachahmer die Unterlagen und Kenntnisse von einem Dritten erlangt und er – beispielsweise aufgrund eines Vertraulichkeitsvermerks auf den Unterlagen – weiß, dass die Weitergabe an ihn unter Vertrauensbruch erfolgte.[428]

Wenn dagegen mittels des sog. *Reverse Engineering* gewonnener Information die Produkte des Originalherstellers nachgebaut und vertrieben werden, liegt bei richtlinienkonformer Auslegung von § 4 Nr. 3 lit. c UWG grundsätzlich kein Fall einer unredlichen Erlangung von Kenntnissen vor.[429]

c) Zwischenergebnis

Der Fallgruppe der unredlichen Erlangung von Kenntnissen und Unterlagen nach § 4 Nr. 3 lit. c UWG zur Nachahmung eines Arbeitsergebnisses eines Mitbewerbers kommt ein eigenständiger Anwendungsbereich in Datensachverhalten zu. Zwar betreffen die wettbewerbsrechtlichen Rechtsfolgen nur das Arbeitsergebnis, jedoch werden die unredlich erlangten Daten reflexartig vor unberechtigter Nutzung geschützt.

2. Entwicklung neuer Unlauterkeitsfallgruppen

a) Gesetzeskonkretisierung über die Generalklausel

Aufbauend auf den akademischen Errungenschaften insbesondere von *Hefermehl*, der über Jahrzehnte in seiner UWG-Kommentierung Fallgruppen herausbildete,[430] wurden im Zuge der UWG-Novelle von 2004 wesentliche Fallgruppen und Teilbereiche der bisherigen Rechtsprechung zum wettbewerblichen Leistungsschutz kodifiziert und mit den Vorschriften §§ 4 bis 7 UWG 2004 ein Katalog von Beispielstatbeständen neben der Generalklausel in das Gesetz integriert. Insbesondere wurde mit § 4 Nr. 9 UWG 2004 die Rechtsprechung zum Nachahmungsschutz in eine

---

426 Fezer/Büscher/Obergfell/*Götting/Hetmank*, UWG § 4 Nr. 3 Rn. 109.

427 Fezer/Büscher/Obergfell/*Götting/Hetmank*, UWG § 4 Nr. 3 Rn. 110; Peifer/*Dornis*, GK-UWG Band 2, § 4 Nr. 3 Rn. 249; Köhler/Bornkamm/Feddersen/*Köhler*, § 4 Rn. 3.61b.

428 Köhler/Bornkamm/Feddersen/*Köhler*, § 4 Rn. 3.61b.

429 *Ohly*, GRUR 2019, 441 (447); OLG Hamm, Urteil vom 15.09.2020 – 4 U 177/19 Stopfaggregat, GRUR-RS 2020, 34822 Rn. 134.

430 Vgl. Baumbach/Hefermehl/*Hefermehl*, UWG (8. Aufl., 1960) Einl. Rn. 99 ff.

Norm gegossen.[431] Es wurde bereits begründet, dass neben den in den Buchstaben a) bis c) des heutigen § 4 Nr. 3 UWG erfassten Fallgruppen unter Rekurs auf die Generalklausel noch weitere Fallgruppen in Betracht kommen, da der normierte Unlauterkeitstatbestand nicht abschließend ist.[432] Mit Hilfe der Generalklausel wäre es für den gesetzeskonkretisierenden Richter mithin möglich, neue Unlauterkeitsfallgruppen zu etablieren, die dem Schutzgut der Daten gerecht werden, und bislang atypische Eingriffe wie bloße Verwendungen zu erfassen.[433]

b) Unlautere Datennutzung

Im Folgenden werden – potentiell unlautere – Formen von Datennutzungen beschrieben, welche durch den gesetzeskonkretisierenden Richter als neue, eigenständige Unlauterkeitsfallgruppen eingeführt werden könnten. Vor dem Hintergrund, dass der BGH den verhaltensbezogenen Charakter des § 4 Nr. 3 UWG hervorhebt und betont, dass diese Vorschrift ausschließlich das Marktverhalten regeln soll, knüpfen die nachstehenden Fallkonstruktionen an ein Verhalten im Wettbewerb an.[434]

aa) Zweckentfremdung redlich erlangter Daten

Als datenspezifische Unlauterkeitshandlung kommt die Zweckentfremdung zunächst redlich erlangter Daten in Betracht. Ein Beispiel soll darstellen, welche Sachverhaltskonstellationen von dieser Fallgruppe erfasst sein könnten: Wenn Fahrzeughersteller Daten auf einer Plattform zur Verfügung stellen, hat dies den Zweck, die Daten zur Entwicklung von fahrzeugdatenbasierten Dienstleistungen wie Infotainment, vorausschauender Wartung, Navigationsdienstleistungen, meteorologischen Dienstleistungen oder Projekten wie *Smart Cities*, Parkraumlösungen oder Straßeninstandhaltung mit Dritten auszutauschen. Im Vertragsverhältnis zwischen Plattformbetreiber und Datennutzer wird ein Entgelt für die Datennutzung zu einem konkret festgelegten Zweck entrichtet und eine zweckgebundene Nutzungserlaubnis erteilt. Der Unlauterkeitsvorwurf könnte daran anknüpfen, dass die für einen bestimmten Zweck „A" zur Verfügung gestellten Daten für einen anderen Zweck „B" verwendet wurden, der nicht von der vertraglichen Nutzungsbefugnis abgedeckt war. So könnten beispielsweise einem Entwickler von Wisch-

---

431 Entwurf eines Gesetzes gegen den unlauteren Wettbewerb (UWG), BR-Drucks. 301/03, S. 22; vgl. *Schröer*, Der unmittelbare Leistungsschutz, S. 28.

432 Siehe Vierter Teil Kapitel A. II. 4.

433 Gloy/Loschelder/Danckwerts/*Lubberger/Weller*, Hdb. Wettbewerbsrecht § 43 Rn. 19, 23, 50.

434 BGH, Urteil vom 02.12.2004 – I ZR 30/02 Klemmbausteine III, GRUR 2005, 349 (352); vgl. MüKoUWG/*Wiebe*, UWG § 4 Nr. 3 Rn. 26.

gummis die Daten über die Aktivität der Scheibenwischanlage eines bestimmten Fahrzeugmodells zur Verfügung gestellt werden, damit dieser die Qualität seines Produktes dem tatsächlichen Einsatz der Scheibenwischer entsprechend anpassen kann. Es könnte zudem die Nutzung der Scheibenwischeraktivitätsdaten und weiterer Fahrzeug- und Fahrzeugumfelddaten verschiedener Modelle durch eine Kommune zu dem Zweck, im Winter den Einsatz von Räumfahrzeugen bedarfsgerecht planen zu können, vertraglich vereinbart werden. Eine Nutzung zu einem anderen Zweck läge dann vor, wenn der Wischgummi-Hersteller oder die Kommune die Daten über die Scheibenwischeraktivität nutzen würden, um kurzfristige Echtzeitregenprognosen zu erstellen und diese Informationen für das Angebot meteorologischer Dienstleistungen zu nutzen. Diese Datenverwendung wäre von der vertraglichen Nutzungserlaubnis nicht abgedeckt oder für diese weitere Datennutzung würde zumindest ein zusätzliches Entgelt anfallen. Während unter den Vertragspartnern, dem Plattformbetreiber und dem Datennutzer, die Nutzung zu anderen als den abgestimmten Zwecken vertragliche Ansprüche auslösen könnte, käme im Verhältnis zwischen dem Fahrzeughersteller, „dessen" Daten verwendet wurden, und dem Datennutzer eine Lösung über den wettbewerbsrechtlichen Leistungsschutz aus Wertungsgesichtspunkten in Betracht.

Das vernetzte Fahrzeug ist mit zahlreichen Schnittstellen zur Infrastruktur, zu anderen Verkehrsteilnehmern und zu cloudbasierten Plattformen, für die einheitliche Standards erforderlich sind, ausgestattet. Nur wenn die verschiedenen Fahrzeughersteller und andere Marktteilnehmer dieselbe Plattform zum Datenaustausch, ein einheitliches Kommunikationsprotokoll sowie ein gemeinsames Datenformat nutzen, sind fortschrittliche Leistungsangebote überhaupt erst möglich.[435] Die Unlauterkeit der vorgeschlagenen Fallgruppe knüpft mithin an die Annahme an, dass technischer Fortschritt einen kooperativen Datenaustausch zwischen unterschiedlichen Akteuren erfordert und daher eine effektive Abschottung der Daten vor dem Zugriff Dritter in bestimmten Fällen nicht gewollt ist. Wird der Austausch der jeweiligen Fahrzeugdaten auf Basis eines einheitlichen Datenformats aber von Wettbewerbern dazu missbraucht, um sich selbst einen unberechtigten Wettbewerbsvorsprung zu verschaffen, erscheint es gerechtfertigt, dem Fahrzeughersteller ein Instrument an die Hand zu geben, um eine unlautere geschäftliche Handlung eines Mitbewerbers – hier das Angebot meteorologischer Dienstleistungen unter Ausnutzung eines einheitlichen Datenformats für eine vertragszweckwidrige Verwendung – effektiv abzuwehren.

435 Vgl. McKinsey&Company, Wettlauf um den vernetzten Kunden – Überblick zu den Chancen aus Fahrzeugvernetzung und Automatisierung, S. 27, abrufbar unter: http://www.forschungsnetzwerk.at/downloadpub/mckinsey-connected-customer_deutsch.pdf, Seite zuletzt abgerufen am 25.10.2022.

bb) Unredlicher Umgang mit Sicherheitslücken

Ein Fahrzeughersteller kann ein berechtigtes Interesse an der Monopolisierung von Fahrzeugdaten haben, wenn diese Daten aus Sicherheitsgründen dritten Marktakteuren unzugänglich sein sollen. Das betrifft in erster Linie fahrzeugtechnische Daten. Ein entsprechender Monopolisierungswille zeigt sich darin, dass Fahrzeughersteller den Zugang Dritter zu der OBD-Schnittstelle im Personenkraftfahrzeug, entgegen dem Bestreben der Europäischen Union, freien Werkstätten einen diskriminierungsfreien Zugang zu Reparatur- und Wartungsinformationen zu geben[436], zumeist kontrollieren, um Angriffe über die OBD-Schnittstelle möglichst zu vermeiden.[437]

Ein die Anwendbarkeit mittelbaren Leistungsschutzes rechtfertigender Unlauterkeitsumstand könnte vor diesem Hintergrund aus einem verantwortungslosen Umgang eines Mitbewerbers mit sicherheitsrelevanten Daten geschlussfolgert werden. Deckt dieser im Rahmen einer an sich berechtigten Datenauswertung beispielsweise Sicherheitslücken in den Unterhaltungssystemen des Fahrzeugs auf, welche es ermöglichen, *remote* und unbemerkt die Infotainment-Mikrofone im Auto an- und abzuschalten, so wären Verbietungsrechte des Fahrzeugherstellers nicht gerechtfertigt, wenn der Dritte dem Sicherheitsrisiko entsprechend verantwortlich mit seinen Erkenntnissen umgeht und insbesondere den Fahrzeughersteller informiert, damit dieser die Schwachstelle beheben kann. Nutzt der Mitbewerber die Erkenntnisse indes, um seinerseits eine fehlerbehaftete Software auf das Fahrzeug zu spielen, die herstellereigene Software selbst zu manipulieren oder veröffentlicht er diese, damit wiederum andere Personen sicherheitsschädliche Handlungen vornehmen, so erscheint es sachgerecht, wenn der Fahrzeughersteller die Datenverwendung abwehren kann, weil sich der Umgang des Mitbewerbers mit den Fahrzeugdaten als unlauter erweist.

cc) Unredlicher Umgang mit personenbezogenen Daten

Als weitere Unlauterkeitsfallgruppe kommt der unredliche Umgang mit personenbezogenen Daten in Betracht. Ein Mitbewerber dürfte sich unlauter verhalten, wenn er versucht, zur Verfügung gestellte Daten, die vor der Bereitstellung anonymisiert wurden, zu entschlüsseln, sodass ein Rückschluss auf Individuen möglich wäre. Zudem dürfte es sich als unlauter erweisen, wenn er ein festgestelltes Datenleck, aufgrund dessen ohne zusätzlichen Aufwand Rückschlüsse auf Personen

---

436 Vgl. Verordnung (EU) Nr. 168/2013, Art. 57 ff.

437 Vgl. *Becker*, Immer online, immer angreifbar, SZ vom 21.08.2018, abrufbar unter: https://www.sueddeutsche.de/auto/datensicherheit-im-auto-immer-online-immer-angreifbar-1.4092678, Seite zuletzt abgerufen am 26.10.2022.

möglich sind, nicht gegenüber dem Fahrzeughersteller anzeigt, sondern zum eigenen Vorteil nutzt, indem er beispielsweise an die identifizierten Personen unmittelbar Werbung adressiert.[438]

dd) Vertuschen der Identität des Datennutzers

Unlauter erscheint zudem eine Datennutzung unter Vorgabe einer falschen Identität. Die Fahrzeughersteller beziehungsweise die Plattformbetreiber haben ein Interesse daran, zu wissen, wem sie welche Daten zur Verfügung stellen, um entscheiden zu können, ob und welche Daten bereitgestellt werden. Dieses Wahlrecht besteht nur, sofern die Fahrzeughersteller nicht gesetzlich verpflichtet sind, Dritten wie Werkstätten die Nutzung bestimmter Fahrzeugdaten zu ermöglichen. Wenn sich nun ein Mitbewerber des Fahrzeugherstellers beispielsweise als Anbieter von Pannendiensten ausgibt, um Fahrzeugdaten nutzen zu können, so dürfte dies die Unlauterkeit der Datennutzung begründen.[439] Ebenso dürfte die Unlauterkeit begründet sein, wenn ein vom Fahrzeughersteller akzeptierter Datennutzer einem unbefugten Dritten Zugriff zu diesen Daten gewährt, indem er beispielsweise seine Zugangsdaten für die Nutzung einer Plattform mit diesem teilt. In diesem Fall dürften sich sowohl der ursprünglich berechtigte Nutzer als auch derjenige, der sich unberechtigt Zugang zu den Daten verschafft, um diese zu verwenden, unredlich verhalten.

---

438 Ziffer 11 der AGB von *Otonomo* beispielsweise lautet wie folgt: „*Customer may not derive, or attempt to derive, either directly or indirectly, the identity of an Individual from any data-set included in the Marketplace Data. Customer will promptly notify Otonomo if Customer discovers that it has received access to Marketplace Data of a different scope than that described in these Terms and the respective Service created. Customer will promptly notify Otonomo, if Customer received any Marketplace Data containing information defined as personally identifiable information or personal data under the applicable laws of the jurisdiction in which the relevant Individual resides or the data is processed and will promptly follow Otonomo's instructions to completely and permanently delete such data.*“, abrufbar unter: https://otonomo.io/platform-terms-of-use/, Seite zuletzt abgerufen am 25.10.2022.

439 Ziffer 12.2. der AGB von *Otonomo* beispielsweise lautet: „*Customer acknowledges and agrees that Otonomo is entitled to disclose its name and the fact that he is a Customer of Otonomo in order to enable provision of Sample Data and/or Marketplace Data and if applicable get required approval from Otonomo's Data Providers.*“, abrufbar unter: https://otonomo.io/platform-terms-of-use/, Seite zuletzt angerufen am 26.10.2022.

c) Kein überschießender Schutz

Neue Fallgruppen unlauteren Verhaltens müssten sich so in das System eingliedern, dass Daten im Vergleich zu körperlichen Gütern kein überschießender Schutz gewährt wird.

Bei körperlichen Gütern dient das ungeschriebene Merkmal der wettbewerblichen Eigenart als Schutzschwelle.[440] Sofern neue Unlauterkeitsfallgruppen entwickelt werden würden, müsste sichergestellt werden, dass eine vergleichbare Hürde eingebaut wird, damit nicht jedem beliebigen Datenbit wettbewerbsrechtlicher Leistungsschutzes zukommen könnte. Eine entsprechende Schwelle könnte sich auch aus den Unlauterkeitsfallgruppen selbst ergeben, sodass im Sinne der Wechselwirkungslehre gegebenenfalls auch auf eine besondere Qualität verzichtet werden könnte.

Diese Gesichtspunkte wurden bei dem vorstehendem Gedankenspiel berücksichtigt: So dürfte einerseits bereits der Umstand, dass die Daten in den entwickelten Fallgruppen anonymisiert und sortiert wurden, um von Dritten gegen Entgelt genutzt werden zu können, für deren Werthaltigkeit sprechen. Andererseits dürften keine zu hohen Ansprüche an die Qualität der Daten gestellt werden, wenn im Einzelfall bereits das beschriebene Verhalten seiner Art und Weise und Intensität nach als schwerwiegend eingestuft werden könnte.

VI. Zusammenfassung des Kapitels

Ziel dieses Kapitels war es, zu untersuchen, ob Daten mittelbarer wettbewerbsrechtlichen Leistungsschutz gewährt werden könnte.

Nachdem das Erfordernis des Vorliegens einer geschäftlichen Handlung und eines Mitbewerberverhältnisses festgestellt und Daten als Waren (digitale Inhalte) oder Gegenstand einer Dienstleistung (digitale Dienstleistung) eingestuft wurden, wurde die Frage diskutiert, ob das Merkmal der wettbewerblichen Eigenart auf das immaterielle Gut der Daten übertragen werden könnte. Dabei liegt die Herausforderung darin, dass die wettbewerbliche Eigenart als ungeschriebenes Tatbestandsmerkmal für physisch wahrnehmbare Leistungsergebnisse entwickelt wurde und sich daher primär an optischen Merkmalen orientiert. Zur Problemlösung könnten im Einzelfall nicht-optische Merkmale des schutzwürdigen Leistungsergebnisses die wettbewerbliche Eigenart oder das besondere Leistungsergebnis selbst das Leistungselement der wettbewerblichen Eigenart begründen. Darüber hinaus wurde erläutert, warum es sachgerecht sein kann, auf das Erfordernis der

440 vgl. Fezer/Büscher/Obergfell/*Götting/Hetmank*, UWG § 4 Nr. 3 Rn. 53.

wettbewerblichen Eigenart gänzlich zu verzichten. Insbesondere der Umstand, dass die wettbewerbliche Eigenart stets an eine Produktnachahmung anknüpft, legt einen Verzicht mit Blick auf Datensachverhalte nahe. Nach Erläuterung der verschiedenen Nachahmungsformen wurde festgestellt, dass Daten unter keinem Aspekt nachgeahmt werden. Vielmehr werden diese schlicht verwendet. Damit fehlt es in Datensachverhalten an einer Nachahmung, die angeboten werden könnte, weshalb erörtert wurde, ob eine Analogiebildung mit Blick auf die Unlauterkeitsfallgruppen des § 4 Nr. 3 lit. a und b UWG möglich ist. Da es sich hierbei indes um Konkretisierungstatbestände handelt, neben welchen ein Rückgriff auf die Generalklausel grundsätzlich möglich ist, scheidet eine analoge Anwendung aus. Mittelbarer Leistungsschutz nach § 4 Nr. 3 lit. a und lit. b UWG ist folglich in Datennutzungsfällen ausgeschlossen. Eine Restanwendbarkeit des mittelbaren wettbewerbsrechtlichen Leistungsschutzes bleibt mit Blick auf die Fallgruppe der unredlichen Erlangung von Kenntnissen und Unterlagen nach § 4 Nr. 3 lit. c UWG. Insoweit betrifft das Nachahmungserfordernis nicht die Daten selbst, sondern den Gegenstand, der auf Basis der unredlich erlangten Daten nachgeahmt werden konnte. In Bezug auf diese Daten erweist sich der Schutz als reflexartig.

Da die Aufzählung der normierten Fallgruppen des mittelbaren Leistungsschutzes nicht abschließend ist, wurde Verhalten im Wettbewerb beschrieben, das speziell in Bezug auf die Nutzung fremder Daten als unlauter eingestuft und vom gesetzeskonkretisierenden Richter über die Generalklausel aufgefangen werden könnte. Das beschriebene Verhalten im Zusammenhang mit einer Datennutzung setzt bereits voraus, dass die Daten bestimmte Qualitätsstandards erfüllen, zumindest anonymisiert und sortiert wurden, sodass ein möglicher Leistungsschutz von Daten jedenfalls nicht überschießend sein dürfte.

C. Schutzgewährung durch den unmittelbaren Leistungsschutz

In diesem letzten Kapitel wird untersucht, ob Daten unmittelbarer Leistungsschutz gewährt werden könnte.

Der BGH hat signalisiert, dass ein unmittelbarer Leistungsschutz auf der Grundlage des § 3 Abs. 1 UWG als Ergebnis einer Interessenabwägung denkbar ist.[441] Zuletzt hat sich der BGH in den Entscheidungen „Hartplatzhelden.de"[442], „Pippi-Langstrumpf-Kostüm II"[443] und „Segmentstruktur"[444] mit dem unmittelbaren Leistungsschutz befasst, ohne diesen jedoch im Einzelfall – für die Organisation von Amateurfußballspielen, für die Verwertung einer literarischen Figur beziehungsweise für pharmazeutische Marktberichte – zu gewähren. Nichtsdestotrotz können diesen Entscheidungen Kriterien entnommen werden, bei deren Vorliegen der BGH den Schutz eines Leistungsergebnisses als solches in Betracht zieht.[445]

Die Entscheidung, ob die Befugnis, ein bestimmtes Leistungsergebnis zu verwerten (dazu I.), allein dem ursprünglichen Leistungserbringer zustehen soll, erfordert eine umfassende Interessenabwägung. Aufgrund der damit verbundenen Einschränkung der Wettbewerbsfreiheit ist unmittelbarer Leistungsschutz nur bei einem überwiegenden Interesse des ursprünglichen Leistungserbringers gerechtfertigt.[446] In die Abwägung ist einzubeziehen, inwiefern dem Erbringer der Originalleistung bereits ausreichende Schutzmöglichkeiten zur Verfügung stehen.[447] Der betreffende Interessenkonflikt darf nicht bereits anderweitig, insbesondere im Recht des geistigen Eigentums oder im Sacheigentum, erschöpfend geregelt sein (dazu II.).[448] Anschließend wird ermittelt, welche Kriterien darüber hinaus in Da-

441 Vgl. BGH, Urteil vom 28.10.2010 – I ZR 60/09 Hartplatzhelden.de, GRUR 2011, 436 (438); BGH, Urteil vom 19.11.2015 – I ZR 149/14 Pippi-Langstrumpf-Kostüm II, GRUR 2016, 725 (728); BGH, Urteil vom 04.05.2016 – I ZR 58/14 Segmentstruktur, GRUR 2017, 79 (89).

442 BGH, Urteil vom 28.10.2010 – I ZR 60/09 Hartplatzhelden.de, GRUR 2011, 436; zum Sachverhalt: Vierter Teil Kapitel B. IV. 2. a) cc).

443 BGH, Urteil vom 19.11.2015 – I ZR 149/14 Pippi-Langstrumpf-Kostüm II, GRUR 2016, 725; zum Sachverhalt: Vierter Teil Kapitel B. IV. 2. a) cc).

444 BGH, Urteil vom 04.05.2016 – I ZR 58/14 Segmentstruktur, GRUR 2017, 79; zum Sachverhalt: Vierter Teil Kapitel B. III. 3. a) aa).

445 Ohly/Sosnitza/*Ohly*, UWG § 4.3 Rn. 3/79; Gloy/Loschelder/Danckwerts/*Eck*, Hdb. Wettbewerbsrecht § 51 Rn. 135c.

446 Ohly/Sosnitza/*Sosnitza*, UWG § 3 Rn. 53.

447 Ohly/Sosnitza/*Ohly*, UWG § 4.3 Rn. 3/79; Gloy/Loschelder/Danckwerts/*Eck*, Hdb. Wettbewerbsrecht § 51 Rn. 135c.

448 Ohly/Sosnitza/*Ohly*, UWG § 4.3 Rn. 3/79.

https://doi.org/10.1515/9783111369846-015

tensachverhalten in die Interessenabwägung eingebracht werden können. Um speziell auf Daten zugeschnittene Kriterien entwickeln zu können, wird eine historische Herangehensweise gewählt. Es wird zunächst untersucht, wie die Rechtsprechung vor Normierung des Datenbankschutzes und des Schutzes von Computerprogrammen mit einer unberechtigten Nutzung dieser Schutzgüter umging, um hieraus Ableitungen für Daten vorzunehmen. Anschließend werden die bereits von der Rechtsprechung festgelegten, unmittelbaren Leistungsschutz rechtfertigenden Umstände – die Gefahr eines Marktversagens sowie die Gefährdung bereits getätigter erheblicher Investitionen – auf Daten übertragen (dazu III.).[449] Mit der vom BGH verlangten Interessenabwägung wird dem Rechtsanwender einerseits ein Rahmen vorgegeben, innerhalb dessen in Datensachverhalten unmittelbarer Leistungsschutz gewährt werden könnte, andererseits muss innerhalb dieses Rahmens dem Einzelfall flexibel begegnet werden.[450] Es werden ebenso mögliche Beschränkungen des unmittelbaren Leistungsschutzes in zeitlicher Hinsicht sowie unter Beachtung wettbewerbsfunktionaler Erwägungen besprochen (dazu IV.). Eine Zusammenfassung schließt das Kapitel ab (dazu V.).

I. Verletzungshandlung

Unmittelbarer Leistungsschutz kann bei einer Übernahme der Leistung eines Dritten, unabhängig vom Hinzutreten zusätzlicher Unlauterkeitsmerkmale, gewährt werden.[451] In der Entscheidung „Figaros Hochzeit" ging es nicht um eine Nachahmung der Leistungen der Orchestermitglieder, sondern um deren unmittelbare Ausnutzung in unveränderter Form.[452] Der Entscheidung „AKI"[453] lag keine Nachahmung zugrunde, sondern es ging um eine unmittelbare Ausnutzung fremder Leistung zur Förderung des eigenen Erwerbs unter Schädigung der wettbewerblichen Position desjenigen, der diese Leistung erbracht hat. Der BGH führte aus:

> Dies aber ist der typische Tatbestand eines wettbewerbswidrigen sog. „Schmarotzens" an fremder Leistung. Denn derjenige, der die fremde Leistung ohne Einholung einer Erlaubnis des Leistenden oder Zahlung eines Entgelts benutzt, um damit eine Wettbewerbsposition zu erringen, die ihm ohne Ausnutzung dieser Leistung nicht erreichbar wäre, bereichert nicht etwa

---

449 BGH, Urteil vom 19.11.2015 – I ZR 149/14 Pippi-Langstrumpf-Kostüm II, GRUR 2016, 725 (728).

450 Gloy/Loschelder/Danckwerts/*Eck*, Hdb. Wettbewerbsrecht § 51 Rn. 135d-145.

451 Gloy/Loschelder/Danckwerts/*Eck*, Hdb. Wettbewerbsrecht § 51 Rn. 135a.

452 BGH, Urteil vom 31.05.1960 – I ZR 64/58 Figaros Hochzeit, GRUR 1960, 614 (617); zum Sachverhalt: Vierter Teil Kapitel A II. 5. b) bb).

453 BGH, Beschluss vom 27.02.1962 – I ZR 118/60 AKI, GRUR 1962, 470; zum Sachverhalt: Vierter Teil Kapitel A II. 5. b) cc).

die Allgemeinheit um eigene Leistungsergebnisse, die auf früheren Erkenntnissen aufbauen, wie dies bei der Nachbildung der Fall sein kann. Er nutzt vielmehr ohne eigene Zutat kostenlos im eigenen Erwerbsinteresse die Vorteile aus, die ihm die unmittelbare Benutzung der fremden Leistung bietet.[454]

Daran anknüpfend steht nach der „Vortragsabend"-Entscheidung des BGH auch den gewerblichen Veranstaltern von Unterhaltungsdarbietungen gegenüber den Rundfunkanstalten ein Unterlassungsanspruch zur Seite, wenn diese durch eine nicht gestattete Übertragung der Veranstaltung auf Tonband eine Wettbewerbsposition erringen, die ihnen in gleicher Weise nicht – oder doch jedenfalls nicht ohne Aufwand zusätzlicher Kosten und Mühen – erreichbar gewesen wäre.[455]

Unter Verweis auf die vorstehend genannten Entscheidungen differenziert der BGH in der „Hartplatzhelden.de"-Entscheidung[456] zwischen der Nachahmung einer Leistung oder eines Teils derselben und der hiervon zu unterscheidenden unmittelbaren Übernahme des Leistungsergebnisses eines Dritten.[457] In dem Internetangebot der Hartplatzhelden GmbH lag aus Sicht des BGH eine – von der Nachahmung zu unterscheidende – unmittelbare Übernahme der Leistungen der an der Durchführung des Fußballspiels Beteiligten.[458]

Wie die Verletzungshandlung im Einzelfall ausgestaltet ist, richtet sich nach der betroffenen Leistung selbst; in Datensachverhalten dürfte der unmittelbare Leistungsschutz an Datenzugriffe beziehungsweise Datennutzungen anknüpfen.

II. Fehlen sonstiger Schutzmöglichkeiten

Unmittelbarer Leistungsschutz nach der Generalklausel ist denkbar, wenn dem Erbringer der Originalleistung nicht bereits andere Schutzmöglichkeiten, insbesondere im Recht des geistigen Eigentums oder des Sacheigentums, zur Verfügung stehen und der Interessenkonflikt nicht erschöpfend geregelt ist.[459] Derartige sonstige Schutzmöglichkeiten habe beispielsweise ein Sportveranstalter, der seine ausschließliche wirtschaftliche Verwertung dadurch sichern könne, dass er sich auf

454 BGH, Beschluss vom 27.02.1962 – I ZR 118/60 AKI, GRUR 1962, 470 (475).

455 BGH, Urteil vom 24.05.1963 – Ib ZR 62/62 Vortragsabend, GRUR 1963, 575 (576); zum Sachverhalt: Vierter Teil Kapitel A II. 5. b) dd).

456 BGH, Urteil vom 28.10.2010 – I ZR 60/09 Hartplatzhelden.de, GRUR 2011, 436; zum Sachverhalt: Vierter Teil Kapitel B. IV. 2. a) cc).

457 *Ruess/Slopek*, WRP 2011, 834 (840).

458 BGH, Urteil vom 28.10.2010 – I ZR 60/09 Hartplatzhelden.de, GRUR 2011,436 (437).

459 Ohly/Sosnitza/*Ohly*, UWG § 4.3 Rn. 3/79.

sein Hausrecht beruft und Filmaufnahmen nicht oder nur gegen Entgelt zulässt.[460] Durch eine Versagung unmittelbaren Leistungsschutzes entstünden einem Erbringer der Originalleistung nach der engen Ansicht des BGH auch bezüglich seiner Merchandising-Produkte keine Nachteile, denn diese seien neben dem Schutz nach Marken- und Designrecht auch über den mittelbaren Leistungsschutz nach § 4 Nr. 3 UWG ausreichend geschützt.[461]

Wie bereits festgestellt wurde, genießen Daten keinen umfassenden Schutz.[462] Gleichzeitig wurde erkannt, dass an Daten *de facto property rights* bestehen, sodass sich die Frage stellt, ob diese – einem Hausrecht vergleichbar – Schutz im Sinne von „sonstigen Schutzmöglichkeiten" vermitteln. Die „Hartplatzhelden.de"-Entscheidung, nach der ein Sportveranstalter sein Hausrecht heranziehen könne, um Dritte von der unberechtigten Wahrnehmung des von ihm veranstalteten Fußballspiels auszuschließen,[463] dürfte zur Folge gehabt haben, dass Sportveranstalter vertragliche Verbote von Film- und Fotoaufnahmen eingeführt und deren Einhaltung entsprechend kontrolliert haben. Die Datennutzung dagegen ist insoweit kontrollier- und überschaubar, als im Sinne eines „virtuellen Hausrechts" der Zugang zu Daten beispielsweise mittels Verschlüsselung kontrolliert werden kann. So kann zum Beispiel der erleichterte Zugang zu solchen Fahrzeug- und Fahrzeugumfelddaten, die für die Planung des Einsatzes eines Winterdienstes erforderlich sind, für eine bestimmte Personengruppe – wie eine Kommune oder einen privaten Räumdienst – beabsichtigt sein. Nicht gewollt ist dagegen die wirtschaftliche Verwendung der Daten durch diese für einen eigenen Navigationsdienst, mittels dessen besonders verschneite und vereiste Routen zugunsten bereits geräumter Routen vermieden werden können. Die Nutzung der eigenen Fahrzeugdaten für datenbasierte Angebote sollte dem Fahrzeughersteller vorbehalten sein. Dieses Beispiel zeigt, dass der Fahrzeughersteller, der Daten zur Verfügung stellt, die Nutzung „seiner" Daten weniger gut als der Sportveranstalter kontrollieren kann, wenn Dritten grundsätzlich eine niederschwellige Datennutzung ermöglicht werden soll. Zwar birgt jede Zurverfügungstellung von Daten das Risiko, dass diese für andere als die vertragsmäßigen Zwecke verwendet werden, doch würden erhöhte Schutzvorkehrungen den Zweck des erleichterten Datenaustauschs konterkarieren.

---

460 BGH, Urteil vom 28.10.2010 – I ZR 60/09 Hartplatzhelden.de, GRUR 2011, 436 (437 f.).

461 BGH, Urteil vom 19.11.2015 – I ZR 149/14 Pippi-Langstrumpf-Kostüm II, GRUR 2016, 725 (728); Peifer/*Dornis*, GK-UWG Band 2, § 4 Nr. 3 Rn. 83.

462 Siehe Dritter Teil Kapitel B.

463 BGH, Urteil vom 28.10.2010 – I ZR 60/09 Hartplatzhelden.de, GRUR 2011, 436 (437).

III. Interessenabwägung: datenspezifische Kriterien

Zunächst wird aus historischer Sicht betrachtet, wie die Rechtsprechung mit neuen unkörperlichen Gegenständen unter der Geltung des § 1 UWG 1909 umgegangen ist. Auf Basis der seinerzeit ergangenen Entscheidungen wird erörtert, welche Wertungsgesichtspunkte sich – nach einem Abgleich mit der geltenden Rechtslage – als beständig erweisen (dazu 1.). Vor diesem Hintergrund werden für Datensachverhalte Fallgruppen entwickelt, die unmittelbaren Leistungsschutz auf Grundlage der Generalklausel sachgerecht erscheinen lassen (dazu 2.).

1. Historische Begründung

Die Untersuchung, unter welchen Voraussetzungen von der wettbewerbsrechtlichen Generalklausel unmittelbarer Leistungsschutz abgeleitet werden kann, um Daten einen sachgerechten Schutz zu gewähren, wird unter Rückgriff auf Entscheidungen vor 2004 vorgenommen, da sich mit der Kodifikation der Fallgruppe des wettbewerbsrechtlichen Leistungsschutzes im Jahr 2004 die Anwendungsfälle der Generalklausel stark reduzierten. Das Urheberrecht eignet sich besonders gut für die Untersuchung des Umgangs mit informationellen unkörperlichen Gütern, denn das Werk als urheberrechtlicher Schutzgegenstand tritt seit jeher mit oder ohne körperliche Festlegung in Erscheinung, obgleich unkörperliche Güter nur in ihrer äußerlich wahrnehmbaren Gestalt existent werden und für das Recht nur in ihr greifbar sind.[464]

Im Folgenden wird also untersucht, unter welchen Voraussetzungen die Gerichte Leistungsschutz nach § 1 UWG 1909 an neuen Gütern gewährten, bevor diese von einem normierten urheberrechtlichen Schutz erfasst wurden. Während der Geltung des UWG von 1909 stellten sich mit Blick auf die unkörperlichen Schutzgüter der Computerprogramme und der Datenbanken ähnliche Fragen wie heute im Umgang mit Daten: Wie wurde die Gewährung wettbewerbsrechtlichen Leistungsschutzes an Computerprogrammen gemäß § 1 UWG 1909 begründet, bevor diese von § 69a UrhG, der 1993[465] eingeführt wurde, erfasst wurden (dazu a) und b))? Unter welchen Voraussetzungen wurden Datenbanken mittels § 1 UWG 1909 geschützt, bevor ihr Schutz 1997[466] in den §§ 87a-e UrhG kodifiziert

464 *Ulmer*, Urheber- und Verlagsrecht (2. Aufl., 1960), Einl. S. 13.
465 Bundesgesetzblatt Jahrgang 1993 Teil I Nr. 29, S. 910.
466 Bundesgesetzblatt Jahrgang 1997 Teil I Nr. 52, S. 1870.

wurde (dazu c) und d))? Die Untersuchung schließt mit einer Zusammenfassung der Ergebnisse ab (dazu e)).

a) Leistungsschutz nach § 1 UWG 1909 für Computerprogramme

Deutlich vor der Einführung der besonderen Bestimmungen für Computerprogramme in das Urheberrechtsgesetz im Jahr 1993 befassten sich die Rechtsprechung und die juristische Literatur mit deren Schutzmöglichkeiten.[467] Die Möglichkeiten des urheberrechtlichen Schutzes von Computerprogrammen erwiesen sich nach der „Inkasso-Programm"-Entscheidung des BGH[468] als überschaubar, da diese regelmäßig den Anforderungen an eine deutlich über dem Durchschnitt liegende geistige Schöpfung nicht genügten.[469] Die Frage des Umgangs mit sondergesetzlich nicht umfassend geschützten immateriellen Leistungsergebnissen, wie sie sich heute bei Daten stellt, ist mithin keineswegs eine neue, sondern mit Blick auf Computerprogramme aus den Jahren vor der Einführung der §§ 69a ff. UrhG bereits bekannt.

Im Jahr 1969 erläuterte *v. Gamm*, dass abseits eines etwaigen urheberrechtlichen Schutzes „das Schwergewicht eines Schutzes der Rechenprogramme im Wettbewerbsrecht zu suchen" sein wird.[470] Die „Inkasso-Programm"-Entscheidung von 1985[471] war dementsprechend nicht als kategorische Versagung von Rechtsschutz an Computerprogrammen zu verstehen. Vielmehr wurde deutlich, dass der BGH den Schutz von Computerprogrammen in das Wettbewerbsrecht verlagern

---

467 Vgl. beispielsweise OLG Frankfurt am Main, Urteil vom 13.06.1983 – 6 W 34/83 Pengo, GRUR 1983, 753 (755): Da insbesondere der Algorithmus als wissenschaftliche Anweisung nicht urheberrechtsfähig sei, seien dem Urheberrechtsschutz zugängliche Werke insbesondere „die Entwicklungsstadien von der Aufgabenstellung über die Problemanalyse, den Datenflußplan bis zum Primär-Programm, auch Quellen-Programm genannt, und dessen Codierung". Da die Gestaltung der Software von der Aufgabenstellung abhänge, sei sie durch die möglichen Lösungen und technischen Möglichkeiten der benutzen Hardware begrenzt. Grundsätzlich seien deshalb der schöpferischen Individualität Grenzen gesetzt. Da wissenschaftliche Lehren gemeinfrei bleiben müssten, ergeben sich zusätzliche Beschränkungen des urheberrechtlichen Schutzes für Darstellung und Gestaltung des Programmes.

468 BGH, Urteil vom 09.05.1985 – I ZR 52/83 Inkasso-Programm, NJW 1986, 192.

469 BGH, Urteil vom 09.05.1985 – I ZR 52/83 Inkasso-Programm, NJW 1986, 192 (197 f.): „Das Können eines Durchschnittsgestalters, das rein Handwerksmäßige, die mechanisch-technische Aneinanderreihung und Zusammenfügung des Materials liegt außerhalb jeder Schutzfähigkeit. Erst in einem erheblich weiteren Abstand beginnt die untere Grenze der Urheberrechtsschutzfähigkeit, die ein deutliches Überragen der Gestaltungstätigkeit in Auswahl, Sammlung, Anordnung und Einteilung der Informationen und Anweisungen gegenüber dem allgemeinen Durchschnittskönnen voraussetzt."; *Loewenheim*, CR 1988, 799 (799); BT-Drucks. 12/4022, S. 6.

470 *v. Gamm*, WRP 1969, 96 (99); vgl. *v. Gamm*, Wettbewerbsrecht, Kap. 21 Rn. 55.

471 BGH, Urteil vom 09.05.1985 – I ZR 52/83 Inkasso-Programm, NJW 1986, 192.

wollte.[472] Mit diesem Urteil wurde insbesondere das OLG Frankfurt bestätigt, welches Programmen für Videospiele wettbewerbsrechtlichen Leistungsschutz gegen Raubkopien zuerkannt hatte.[473] Das OLG Frankfurt führte in der „Donkey Kong Junior I"-Entscheidung aus, dass das Wettbewerbsrecht nicht dazu genutzt werden dürfe, nicht bestehenden urheberrechtlichen Schutz zu ersetzen, wenngleich dies nicht ausschließe, „eine wettbewerbliche Leistung gegen eine im Wege der Nachahmung erfolgte Ausnutzung zu schützen, wenn besondere Umstände hinzutreten, die außerhalb des urheberrechtlichen Tatbestands liegen und die die Ausnutzung als einen Verstoß gegen die guten kaufmännischen Sitten erscheinen lassen."[474]

aa) Wettbewerbliche Eigenart eines Programms

Überall dort, wo „ein deutliches Überragen der Gestaltungstätigkeit in Auswahl, Sammlung, Anordnung und Einteilung der Informationen und Anweisungen gegenüber dem allgemeinen Durchschnittskönnen"[475] im urheberrechtlichen Sinne nicht festgestellt werden kann, kann eine für Softwareexperten erkennbare Besonderheit und Eigenart des Leistungsergebnisses aus der – vom verantwortlichen Programmierer aus einer Vielfalt von Lösungsmöglichkeiten – gewählten Lösung gefolgert werden[476], die ihm einen Vorsprung im Wettbewerb verschafft.[477] Ein hohes Maß an Zeit- und Kosteninvestition, an Idee und Individualität begründet die wettbewerbliche Schutzbedürftigkeit mithin nicht *per se*, hat jedoch indizielle Bedeutung.[478]

bb) Zeitlich begrenzter Schutz

Der wettbewerbsrechtliche Leistungsschutz gegen Übernahmen wettbewerblich eigenartiger Programme war seiner Zweckbestimmung nach als zeitlich begrenzter Schutz ausgestaltet.[479] Da wettbewerblich eigenartige Computerprogramme einen schützenswerten Besitzstand verkörpern, erschien deren unmittelbare Übernahme und Verwertung zu einer Zeit, zu der es dem Programmgestalter noch nicht möglich

---

472 *Loewenheim*, CR 1988, 799 (801).

473 OLG Frankfurt am Main, Beschluss vom 21.07.1983 – 6 U 16/83 Donkey Kong Junior I, GRUR 1983, 757; OLG Frankfurt, Urteil vom 04.08.1983 – 6 U 19/83 Donkey Kong Junior II, GRUR 1984, 509.

474 OLG Frankfurt am Main, Beschluss vom 21.07.1983 – 6 U 16/83 Donkey Kong Junior I, GRUR 1983, 757 (758).

475 BGH, Urteil vom 09.05.1985 – I ZR 52/83 Inkasso-Programm, NJW 1986, 192 (197 f.).

476 BGH, Urteil vom 06.02.1986 – I ZR 243/83 Beschlagprogramm, GRUR 1986, 673 (675).

477 LG Oldenburg, Urteil vom 31.01.1996 – 5 O 3578/93 Subventions-Analyse-System, GRUR 1996, 481 (485).

478 *Harte-Bavendamm*, CR 1986, 615 (617).

479 *v. Gamm*, Wettbewerbsrecht, Kap. 21 Rn. 55.

war, seine Aufwendungen und Leistungen zu amortisieren, in der Regel als wettbewerbswidrig.[480] Konsequenterweise war der wettbewerbsrechtliche Leistungsschutz von Computerprogrammen grundsätzlich als ein von einer angemessenen Amortisation und Realisierung des zeitlichen Wettbewerbsvorsprungs abhängiger Wettbewerbsschutz ausgestaltet.[481] Vor diesem Hintergrund gewährte das OLG Frankfurt wettbewerbsrechtlichen Schutz gegen Nachahmung nur für den Zeitraum, den der Originalhersteller benötigt, um seine Kosten zu amortisieren und passte die Schutzdauer an Art und Bedeutung des zu schützenden Computerprogramms individuell an: Für das streitgegenständliche Videospiel „Donkey Kong Junior" wurde ein Zeitraum von etwa sechs Monaten bis zu einem Jahr ab der Einführung angenommen, in dem sich der eigentliche Wert des Spiels auswirkt:[482]

> Der Schutz ist auf sechs Monate bis ein Jahr beschränkt, da erfahrungsgemäß die Publikums-Faszination nach diesem Zeitraum erlischt, der Aufwand für die Herstellung des Spiels also innerhalb des genannten Zeitraums ‚lukriert' ist. In der Verkürzung des ‚Amortisationszeitraums' liegt der Verstoß gegen § 1 UWG.[483]

cc) Verletzungshandlung

Bei informationellen Schutzgütern ist bereits die schlichte Verwendung im Sinne einer Benutzung von Computerprogrammen, als Verletzungshandlung relevant, ohne dass eine Nachahmung im Sinne einer Nachschaffung vorliegen müsste.[484] Computerprogramme werden praktisch durch schlichte Kopie übernommen und einfach verwendet.[485]

Für die wettbewerbsrechtliche Beurteilung ist es dabei unerheblich, ob der Verwender das gesamte Computerprogramm übernimmt oder lediglich einen wesentlichen Teil desselben, wenn der übernommene Teil eigenständige wettbewerbliche Eigenart aufweist.[486] Das LG Hamburg konkretisierte dies in Bezug auf die Übernahme eines besonderen Schlüsselbefehlssatzes als Teil eines neuen sog. Mailbox-Systems wie folgt:

---

480 *v. Gamm*, Wettbewerbsrecht, Kap. 21 Rn. 55.

481 *v. Gamm*, Wettbewerbsrecht, Kap. 21 Rn. 55.

482 *Loewenheim*, CR 1988, 799 (801); OLG Frankfurt am Main, Beschluss vom 21.07.1983 – 6 U 16/83 Donkey Kong Junior I, GRUR 1983, 757 (758).

483 Leitsatz Nr. 8 des OLG in der Nachfolgeentscheidung, OLG Frankfurt, Urteil vom 04.08.1983 – 6 U 19/83 Donkey Kong Junior II, GRUR 1984, 509 (509).

484 *Loewenheim*, CR 1988, 799 (802).

485 Vgl. LG Hamburg, Urteil vom 22.07.1988 – 74 O 253/88 Benutzeroberfläche, CR 1989, 697 (698); *Loewenheim*, CR 1988, 799 (802).

486 Vgl. nur Köhler/Bornkamm/Feddersen/*Köhler*, § 4 Rn. 3.34.

> Bei der Frage nach der wettbewerbswidrigen Leistungsübernahme kommt es [...] nicht darauf an, welchen Zeichenanteil etwa der Befehlssatz im gesamten Softwareprogramm ausmacht; dies mag [...] lediglich eine Promille sein. Maßgeblich ist vielmehr, dass dieser Befehlssatz eine eigenständige wettbewerbliche Eigenart aufweist und darüber hinaus letztlich den Schlüssel zum gesamten System darstellt.[487]

Ergänzungen und Änderungen nur einer von mehreren Komponenten eines Programms führen nicht zu einem Verlust der charakteristischen Eigenschaften des Originalprogramms und stehen deshalb einer jedenfalls fast identischen Übernahme nicht entgegen.[488] In der vorstehend genannten Entscheidung hat das LG Hamburg dem Originalhersteller einen Unterlassungsanspruch aus § 1 UWG 1909 gegen die Verwendung eines aus seinem Mailbox-System übernommenen Schlüsselbefehlssatzes zugesprochen, obgleich an diesem Ergänzungen vorgenommen wurden, denn es war der Originalhersteller, der „die hier maßgebliche Erstleistung in Form des Befehlssatzes als Teil eines Softwareprogramms erbracht hat".[489]

dd) Unlauterkeit

In der Entscheidung „Donkey Kong Junior I" wurde das Vorliegen besonderer wettbewerbswidriger Umstände, die die Ausnutzung als Verstoß gegen die guten kaufmännischen Sitten erscheinen lassen, darin gesehen, dass der Absatzerfolg des Originalspiels, der sich typischerweise in der Anlaufzeit zeigt, durch Mitbewerber, die noch während der Einführung des Spiels mit einem kopierten Konkurrenzprodukt auf den Markt drängten, gestört wurde.[490] Bei der unmittelbaren Leistungsübernahme stellt die Rechtsprechung weniger auf die verwandten Mittel als auf die Auswirkungen des Vorgehens ab, sodass es im Rahmen der Interessenab-

---

487 LG Hamburg, Urteil vom 22.07.1988 – 74 O 253/88 Benutzeroberfläche, CR 1989, 697 (699).

488 Vgl. LG Oldenburg, Urteil vom 31.01.1996 – 5 O 3578/93 Subventions-Analyse-System, CR 1996, 217 (223 f.): Es ging in diesem Fall um ein sog. Expertensystem, mit dessen Hilfe Subventionsmöglichkeiten ermittelt werden konnten. Der Beklagte hat das Expertensystem der Klägerin lediglich mit einem geänderten Datenbestand in der Wissensbasis genutzt und vermarket, während die Bildschirmmasken, die Benutzerführung und die Fragen an den Nutzer und die Struktur der Programme identisch waren; vgl. BGH, Urteil vom 26.10.1989 – I ZR 216/87 Programmbearbeitung, NJW-RR 1990, 361 (362): Ein Übernehmer eines Programms kann sich nicht darauf berufen, er habe fünf Prozent der Fehler des Originalprogramms beseitigt, wenn er das Programm im Übrigen (fast) identisch verwertet: „Derartige Fehlerkorrekturen lassen das Programm in seinen charakteristischen Eigenheiten unverändert und stehen daher der Annahme einer jedenfalls nahezu identischen Übernahme nicht entgegen."

489 LG Hamburg, Urteil vom 22.07.1988 – 74 O 253/88 Benutzeroberfläche, CR 1989, 697 (698).

490 OLG Frankfurt am Main, Beschluss vom 21.07.1983 – 6 U 16/83 Donkey Kong Junior I, GRUR 1983, 757 (758).

wägung vorrangig auf die Frage ankommt, ob der Hersteller durch die Übernahme seiner Leistung unbillig um die Früchte seiner erbrachten Entwicklungsarbeit, um seine Erwerbsaussichten oder seine wettbewerbliche Stellung gebracht wird und der Übernehmer seinerseits unter Ersparnis eigener Aufwendungen eine Wettbewerbsstellung erringt, die ihm üblicherweise nur gegen Zahlung eines Entgeltes oder durch eigene Leistung zugänglich wäre und die ihm gegenüber dem Originalhersteller, der im Rahmen des Entwicklungsprozesses mit einem Zeit- und Kostenaufwand belastet war, einen Wettbewerbsvorsprung verschafft.[491]

Werden informationelle Schutzgüter wie Computerprogramme ohne eine eigene Verbesserung oder Zutat in unveränderter Form mit Hilfe eines technischen Verfahrens kopiert und vermarktet, lässt sich die Unlauterkeit stets wie vorstehend begründen.[492] Eine Besonderheit, welche gerade die unmittelbare elektronische Reproduktion und Verwendung wettbewerbswidrig erscheinen lässt, folgt aus dem Umstand, dass die Kopie eines Computerprogramms ohne Weiteres und fehlerfrei durchgeführt werden kann, während es für den Originalhersteller wegen des vom Übernehmenden errungenen Wettbewerbsvorsprungs umso schwerer wird, die Früchte seiner Arbeit zu ernten.[493]

b) Abgleich mit der Rechtsprechung auf Basis der §§ 69a ff. UrhG

aa) Europäische Gesetzgebung

Vorstehende Ausführungen haben gezeigt, dass Computerprogrammen nach der bis 1993 geltenden Rechtslage bis auf wenige Ausnahmen Urheberrechtsschutz versagt blieb, obgleich diese seit der Urheberrechtsnovelle von 1985 nach dem Willen des Gesetzgebers gemäß § 2 Abs. 1 Nr. 1 UrhG urheberrechtlichen Schutz genießen sollten. Computerprogramme waren mithin nicht *per se* vom sondergesetzlichen Schutz ausgeschlossen. Abseits von systemnahen Programmen sowie speziell gefertigten Programmen für Großanlagen, für die der Gesetzgeber eine Einstufung als Werk i. S. d. § 2 Abs. 1 Nr. 1 UrhG ausdrücklich vorsah,[494] wurde von der Rechtsprechung indes kein urheberrechtlicher Schutz gewährt. Die Anforderungen wurden in der Praxis so hoch gesetzt, dass der Durchschnittsprogrammierer le-

---

491 *v. Gamm*, Wettbewerbsrecht, Kap. 21 Rn. 20; vgl. LG Oldenburg, Urteil vom 31.01.1996 – 5 O 3578/93 Subventions-Analyse-System, CR 1996, 217 (224).

492 LG Oldenburg, Urteil vom 31.01.1996 – 5 O 3578/93 Subventions-Analyse-System, CR 1996, 217 (223); *Loewenheim*, CR 1988, 799 (802); LG Hamburg, Urteil vom 22.07.1988 – 74 O 253/88 Benutzeroberfläche, CR 1989, 697 (699).

493 *Harte-Bavendamm*, CR 1986, 615 (617).

494 Bericht über die Auswirkungen der Urheberrechtsnovelle 1985 und Fragen des Urheber- und Leistungsschutzrecht BT-Drucks. 11/4929, S. 43.

diglich nach § 1 UWG 1909 gegen sittenwidriges Wettbewerbsverhalten seiner Mitbewerber geschützt war; das Computerprogramm genoss mittelbaren Schutz.[495]

Der Schutz vor Handlungsunrecht nach § 1 UWG 1909 vermittelte einen immaterialgüterrechtsähnlichen Leistungsschutz und erfüllte eine Schrittmacherfunktion[496] mit Blick auf den Schutz von durchschnittlichen Computerprogrammen: Anstatt durchschnittlichen Computerprogrammen – unter Herabsenkung der etablierten Anforderungen an die Schöpfungshöhe eines Werkes – urheberrechtlichen Schutz zu gewähren, wurde diesen Werken wettbewerbsrechtlicher Leistungsschutz gegen Handlungsunrecht gewährt und so wurde mittels des Wettbewerbsrechts dem Gesetzgeber gleichzeitig die sondergesetzliche Schutzlücke für Durchschnittsprogramme aufgezeigt und diesem Gelegenheit gegeben, die Lücke zu schließen. Die Kommission der Europäischen Gemeinschaften legte im Januar 1989 einen Vorschlag für eine Richtlinie über den Rechtsschutz von Computerprogrammen vor.[497] Sie erkannte damit frühzeitig, dass, um die unterschiedlichen Anforderungen, die die Gerichte der einzelnen Mitgliedstaaten bei der Auslegung der einschlägigen Rechtsvorschriften an die Schöpfungshöhe stellten, zu beseitigen, eine Richtlinie über den Rechtsschutz von Computerprogrammen im Hinblick auf die Vollendung des Binnenmarktes erforderlich war.[498]

Mit der Urheberrechtsnovelle vom 24. Juni 1993, welche die EG-Richtlinie vom 14. Mai 1991 über den Rechtsschutz von Computerprogrammen[499] in deutsches Recht umsetzte, wurden die Vorschriften der §§ 69a ff. UrhG als achter Abschnitt in das heutige Urheberrechtsgesetz eingefügt.[500] Knapp einen Monat später beschäftigten diese bereits den BGH, der mit der Entscheidung „Buchhaltungsprogramm“[501] auf den neu eingeführten § 69a Abs. 3 UrhG reagierte und – ohne sich von den Entscheidungen „Inkasso-Programm“[502] und „Betriebssystem“[503] ausdrücklich zu distanzieren – feststellte, dass „künftig bei Computerprogrammen geringere Schutzanforderungen“ anzustellen sein werden.[504]

---

495 BGH, Urteil vom 04.10.1990 – I ZR 139/89 Betriebssystem, GRUR 1991, 449 (452).

496 Siehe Vierter Teil Kapitel A. II. 5. b) ee).

497 Kommission der Europäischen Gemeinschaften, Vorschlag für eine Richtlinie des Rates über den Rechtsschutz von Computerprogrammen, COM/1988/816/FINAL, ABl. EG Nr. C 91/4.

498 Kommission der Europäischen Gemeinschaften, Vorschlag für eine Richtlinie des Rates über den Rechtsschutz von Computerprogrammen, COM/1988/816/FINAL, ABl. EG Nr. C 91/4, S. 2 f.; Richtlinie 91/250/EWG, ABl. EG Nr. L 122/42 Erwägungsgründe S. 1 f.; siehe auch BT-Drucks. 12/4022, S. 7.

499 Richtlinie 91/250/EWG, ABl. EG Nr. L 122/42.

500 Bundesgesetzblatt Jahrgang 1993 Teil I Nr. 29, S. 910.

501 BGH, Urteil vom 14.07.1993 – I ZR 47/91 Buchhaltungsprogramm, GRUR 1994, 39.

502 BGH, Urteil vom 09.05.1985 – I ZR 52/83 Inkasso-Programm, NJW 1986, 192.

503 BGH, Urteil vom 04.10.1990 – I ZR 139/89 Betriebssystem, GRUR 1991, 449.

504 BGH, Urteil vom 14.07.1993 – I ZR 47/91 Buchhaltungsprogramm, GRUR 1994, 39 (39).

bb) Schutzanforderungen nach § 69a UrhG

Um welche geringeren Schutzanforderungen es sich im Einzelnen handeln sollte, zeichnete sich in der Folgezeit ab. Anstelle einer persönlichen geistigen Schöpfung i. S. d. § 2 Abs. 2 UrhG, verlangt § 69a Abs. 3 UrhG als *lex specialis* eine eigene geistige Schöpfung, was von der Rechtsprechung – wie bereits in der „Buchhaltungsprogramm"-Entscheidung als *obiter dictum* angekündigt[505] – dahingehend ausgelegt wurde, dass Computerprogramme nach den als Schutz der „kleinen Münze" abgesenkten Anforderungen Leistungsschutz genießen.[506] Der BGH führte bezüglich des herabgesetzten Schutzes Folgendes aus:

> Das Gesetz setzt für die Schutzfähigkeit eines Computerprogramms keine besondere schöpferische Gestaltungshöhe voraus, [...]. Damit unterstellt es auch die kleine Münze des Programmschaffens dem urheberrechtlichen Schutz und lässt lediglich die einfache, routinemäßige Programmierleistung, die jeder Programmierer auf dieselbe oder ähnliche Weise erbringen würde, schutzlos [...].[507]

Obgleich die „kleine Münze" des Programmschaffenden nun den Schutzanforderungen genügt, muss die Schutzfähigkeit eines Computerprogramms im Einzelfall positiv festgestellt werden. Dies legt auch § 69a Abs. 3 S. 2 UrhG nahe, der ein Verbot der Berücksichtigung anderer, insbesondere qualitativer oder ästhetischer Kriterien bei der Bestimmung der Schutzfähigkeit eines Computerprogramms aufstellt und eine Herabsetzung der hohen Anforderungen an die Gestaltungshöhe zum Ausdruck bringt.[508] Ferner darf bei der Beurteilung der Urheberschutzfähigkeit weder auf Kriterien wie Effizienz und Funktionalität, Umfang des Programms, Aufwand und Kosten des Programmherstellers noch auf Kriterien wie objektive Neuheit, gewerbliche Verwertbarkeit oder die Gesetzes- und Sittenwidrigkeit abgestellt werden.[509]

Die Rechtsprechung legte anhand einer Vielzahl von Kriterien fest, ob ein Computerprogramm ein individuelles Werk im Sinne einer eigenen geistigen Schöpfung darstellt: Das OLG München stellte klar, dass Individualität nicht mit statistischer Einmaligkeit zu verwechseln sei; es genüge, dass das zu schützende,

---

505 BGH, Urteil vom 14.07.1993 – I ZR 47/91 Buchhaltungsprogramm, GRUR 1994, 39 (39).

506 BGH, Urteil vom 03.03.2005 – I ZR 111/02 Fash 2000, GRUR 2005, 860 (861); BGH, Urteil vom 20.09.2012 – I ZR 90/09 UniBasic-IDOS, GRUR 2013, 509 (510); OLG Hamburg, Urteil vom 29.11.2001 – 3 U 288/00 CT Klassenbibliothek, CR 2002, 485 (485); OLG Frankfurt am Main, Urteil vom 27.01.2015 – 11 U 94/13, CR 2015, 715 (715); Wandtke/Bullinger/*Grützmacher*, UrhG § 69a Rn. 35.

507 BGH, Urteil vom 03.03.2005 – I ZR 111/02 Fash 2000, GRUR 2005, 860 (861).

508 BT-Drucks. 12/4022, S. 9 f.; OLG Düsseldorf, Urteil vom 27.03.1997 – 20 U 51/96 Dongle, CR 1997, 337 (337).

509 Wandtke/Bullinger/*Grützmacher*, UrhG § 69a Rn. 44.

nicht völlig banale Computerprogramm neben solidem handwerklichem Können, individuelle analytisch-konzeptionelle Fähigkeiten, Geschick, Einfallsreichtum und planerisch-konstruktives Denken seines Programmierers erfordert.[510] An der nötigen Individualität könne es wiederum fehlen, wenn der Gestaltungsspielraum des Programmierers durch betriebswirtschaftliche, technische und funktionale Zwänge wie beispielweise das Diktat der Effizienz erheblich eingeschränkt ist.[511]

cc) Wertungstransfer aus dem UWG in das UrhG

Vor der Einführung des urheberrechtlichen Programmschutzes kam wettbewerblicher Leistungsschutz in Betracht, wenn das zu schützende Computerprogramm die Schwelle zur schöpferischen Leistung nicht überschritt.[512] Nachdem die Schließung dieser sondergesetzlichen Schutzlücke über § 1 UWG 1909 in der Rechtsprechung erprobt wurde, wurde ein ausdrückliches urheberrechtliches Ausschließlichkeitsrecht für den Programmierer geschaffen. Insoweit dürfte sich die Schrittmacherfunktion des wettbewerbsrechtlichen Leistungsschutzes realisiert haben.[513] Ungeachtet der Ausgestaltung des Leistungsschutzrechts als Ausschließlichkeitsrecht verdeutlicht vorstehende Gegenüberstellung, dass Wertungsgesichtspunkte, die die Rechtsprechung einst zur Gewährung von wettbewerbsrechtlichem Leistungsschutz bewogen, durch die §§ 69a ff. UrhG aufrechterhalten bleiben:

Die Wertungsentscheidung, auch Computerprogrammen, die sich unterhalb der Schwelle der urheberrechtlichen Schöpfung befinden, Schutz zu gewähren, setzte der nationale Gesetzgeber im Rahmen der §§ 69a ff. UrhG so um, dass die Schutzvoraussetzungen herabgesetzt wurden.

Die die Unlauterkeit begründenden Umstände werden in § 69d UrhG widergespiegelt: Die beim wettbewerbsrechtlichen Leistungsschutz vorherrschende Frage, ob der Leistungserbringer die Früchte seiner Entwicklungsarbeit ernten konnte, wird in § 69d UrhG insoweit aufgegriffen, als unter Berücksichtigung der Partizipationsinteressen des Rechtsinhabers allein die bestimmungsgemäße Benutzung erlaubt ist.[514] Entsprechend ist für eine bestimmungsgemäße Benutzung eine Zustimmung im Einzelfall nicht erforderlich.[515]

---

510 OLG München, Urteil vom 25.11.1999 – 29 U 2437/97, CR 2000, 429 (430).

511 Wandtke/Bullinger/*Grützmacher*, UrhG § 69a Rn. 38.

512 Vgl. OLG Frankfurt am Main, Beschluss vom 21.07.1983 – 6 U 16/83 Donkey Kong Junior I, GRUR 1983, 757; OLG Frankfurt, Urteil vom 04.08.1983 – 6 U 19/83 Donkey Kong Junior II, GRUR 1984, 509.

513 Siehe Vierter Teil Kapitel A. II. 5. b) ee).

514 Wandtke/Bullinger/*Grützmacher*, UrhG § 69d Rn. 3.

515 Wandtke/Bullinger/*Grützmacher*, UrhG § 69d Rn. 4.

c) Leistungsschutz nach § 1 UWG 1909 für Datenbanken

Während potentielle Rechtsschutzmöglichkeiten von Computerprogrammen bereits lange thematisiert wurden, entwickelte sich eine parallele Diskussion bezogen auf eine andere Art von informationellen Gütern, den elektronischen Informationssammlungen, also Datenbanken, erst mit zunehmender Nutzung von Online-Datenbanken oder CD-ROMs.[516] Für Datenbanken stellte sich die Frage, wie mit der unberechtigten Übernahme großer Datenbestände aus einer öffentlich zugänglichen Datenbank durch Download zur Erstellung von Konkurrenzprodukten umgegangen werden sollte.[517]

Ein praktisches Regelungsbedürfnis ergab sich bei Datenbanken daraus, dass diese als Hilfsmittel für eine effektive Nutzung von Fachinformationen unerlässlich und so zunehmend Gegenstand wirtschaftlicher Vermarktung wurden.[518] Das Bedürfnis, einen rechtlichen Rahmen für Datenbanken als neue Wirtschaftsgüter innerhalb eines politisch angestrebten Informationsmarktes zu schaffen, um die Vermarktung von Datenbanken wirtschaftlich attraktiv zu gestalten, rührte insbesondere daher, dass die Erstellung und Pflege von Datenbanken mit einem hohen zeitlichen, finanziellen, personellen und technischen Aufwand verbunden waren, während Datenbanken gleichzeitig ohne Weiteres kopiert werden und zur Entwicklung preisgünstiger Konkurrenzprodukte genutzt werden konnten.[519]

Der urheberrechtliche Werkschutz knüpft nicht an beträchtliche Investitionen in Aufbau und Bereithaltung von Datenbanken an, sondern schützt die in dem Werk niedergeschlagene persönliche geistige Schöpfung des Urhebers. Eine persönliche geistige Schöpfung liegt vor, wenn Auswahl und Anordnung der einzelnen Daten im Vergleich zu vorbekannten Datenbanken individuelle Eigenheiten aufweisen, welche sich nicht bloß in einer rein handwerksmäßigen, mechanisch-technischen Aneinanderreihung der Daten erschöpfen.[520] Sollte eine Datenbank jedoch vollständig und nach alphabetischen, numerischen oder nach sonstigen logisch zwingenden oder praktisch notwendigen Kriterien gegliedert sein, sodass für eine individuelle Eigenart entfaltende Gestaltung bei Auswahl und Anordnung der Daten kein Raum ist, so blieb der Mehrheit der Datenbanken urheberrechtlicher Werkschutz versagt.[521]

---

516 *Mehrings*, CR 1990, 305 (305).

517 *Mehrings*, CR 1990, 305 (305); Lehmann/*Hoebbel*, Rechtsschutz und Verwertung von Computerprogrammen, S. 1015 (1016).

518 *Scheller*, CR 1988, 806 (806).

519 *Heinrich*, WRP 1997, 275 (275); *Scheller*, CR 1988, 806 (806).

520 *Heinrich*, WRP 1997, 275 (276).

521 *Heinrich*, WRP 1997, 275 (276 f.); Lehmann/*Hoebbel*, Rechtsschutz und Verwertung von Computerprogrammen, S. 1015 (1020); vgl. zur urheberrechtlichen Schutzfähigkeit von Telefonverzeich-

Wenn die Anwendbarkeit des UWG nicht bereits durch die speziellen Immaterialgüterrechte oder das Urheberrecht ausgeschlossen war, wurde der wettbewerbsrechtliche Leistungsschutz nach § 1 UWG 1909 für Datenbanken relevant, soweit die Benutzung einer fremden Leistung dem Prinzip des Leistungswettbewerbs widersprach.[522]

aa) Wettbewerbliche Eigenart einer Datenbank

Der BGH hat bereits im Jahr 1987 die Anforderungen an die wettbewerbliche Eigenart eines Informationsdienstes definiert.[523] Gemessen daran lag in aller Regel bei auf CD-ROM oder auf anderen Datenträgern angebotenen Datenbanken sowie bei online-Datenbanken wie Adressdatenbanken oder Telefonbüchern aufgrund ihrer konkreten Gestaltung und bestimmter Merkmale ein Mindestmaß an wettbewerblicher Eigenart vor, zumal eine erhebliche Anzahl von Datensätzen laufend unter hohem personellen und finanziellen Aufwand geändert und aktualisiert wurde.[524] Der Annahme einer wettbewerblichen Eigenart stand es nicht entgegen, wenn die äußere Gestaltung der Datenbank nicht übernommen wurde, solange sich bei einer nur teilweisen Übernahme die wettbewerbliche Eigenart gerade aus dem übernommenen Teil – den übernommenen Daten selbst – ergab.[525] Der BGH sah es als ausreichend an, dass es sich „um die ‚amtlichen' Daten der Deutschen Telekom handelt, also gewissermaßen um den Datenbestand aus erster Hand, auf den er [= der Verkehr] sich hinsichtlich der Vollständigkeit und Richtigkeit der Einträge uneingeschränkt verlassen kann", sodass mit den Daten besondere Gütevorstellungen verbunden werden konnten.[526]

bb) Verletzungshandlung

Da eine Datenbank regelmäßig der Gliederungsstruktur des von ihr abgedeckten Fachgebietes folgt, kann eine Nachahmung darin liegen, dass nach ihrem Vorbild

nissen: OLG Frankfurt am Main, Urteil vom 29.10.1996 – 11 U (Kart) 44/95 Telefonauskunft-CD-ROM, WRP 1996, 1175; Versagung eines urheberrechtlichen Werkschutzes notwendiger äußerer Darstellungsmittel wie Tabellen, Nummern, Codes: BGH, Urteil vom 12.03.1987 – I ZR 71/85 Warenzeichenlexika, GRUR 1987, 704; urheberrechtliche Schutzfähigkeit einer Adress- und Telefondatenbank bejahend: LG Frankfurt am Main, Urteil vom 10.11.1993 – 3/8 O 198/93, CR 1994, 473.

522 *Mehrings*, CR 1990, 305 (307).

523 BGH, Urteil vom 10.12.1987 – I ZR 221/85 Informationsdienst, GRUR 1988, 308 (309).

524 LG Mannheim, Urteil vom 29.03.1996 – 7 O 43/96 D-Info 2.0, CR 1996, 411 (413); LG Hamburg, Urteil vom 21.10.1993 – 312 O 462/93, CR 1994, 476 (478); *Heinrich*, WRP 1997, 275 (279).

525 Vgl. nur Köhler/Bornkamm/Feddersen/*Köhler*, § 4 Rn. 3.34.

526 BGH, Urteil vom 06.05.1999 – I ZR 199/96 Tele-Info-CD, GRUR 1999, 923 (926 f.).

Konzeption, Inhalt, Zuschnitt und Darstellungsform übernommen werden.[527] Darin liegt indes noch kein wettbewerbsrechtlich relevantes Verhalten, denn Leistungsergebnisse dürfen grundsätzlich als Anregung für eigene Leistungen herangezogen werden.[528]

In der wettbewerbsrechtlichen Praxis weitaus relevanter ist eine Fallgestaltung, bei der die Ausnutzung informationeller Güter im Wege der unmittelbaren Übernahme mittels technischer Verfahren erfolgt: So hatte das LG Hamburg über einen Sachverhalt zu entscheiden, bei dem eine auf CD-ROM gespeicherte Originaldatensammlung „Teleauskunft 1188" durch einen Kopiervorgang übernommen wurde, bei dem der jeweils ausgewählte Datensatz über eine Druckereinstellung, anstatt gedruckt zu werden, zu einer anderen Datei weitergeleitet wurde.[529] Eine unmittelbare Leistungsübernahme ist auch dann anzunehmen, wenn eine Online-Datenbank mittels Downloads kopiert wird.[530]

Der Annahme einer unmittelbaren Übernahme steht nicht der Umstand entgegen, dass eine übernommene Datenbank weiterbearbeitet wird, solange eine im Kern identische Leistung vorliegt.[531] Der Kern einer fremden Leistung wird dann planmäßig übernommen, wenn die Modifikationen weder das Leistungsergebnis noch dessen Qualität erheblich ändern, was insbesondere bei Neuanordnungen der Daten oder bei Ergänzungen beziehungsweise bei Weglassungen innerhalb der Datenbank der Fall ist.[532] Es liegt auch dann eine unmittelbare Leistungsübernahme vor, wenn eine abweichende Darstellungs- und Vertriebsform, wie beispielsweise eine Komprimierung der Datensätze von drei auf eine CD-ROM, gewählt wird.[533]

cc) Unlauterkeit

Der Vorwurf des Schmarotzens wurde bei Adressbüchern als begründet angesehen, wenn ein Mitbewerber „planmäßig vom fremden Organismus lebt, ohne die zu erwartende eigene Leistung zu erbringen" und sich auf diese Weise die Stoffsammlung erspart.[534]

Im Falle des die Unlauterkeit begründenden Umstands der Ausbeutung eines fremden Leistungsergebnisses erfolgte bezogen auf die unmittelbare Übernahme

527 *Mehrings*, CR 1990, 305 (307).
528 *Scheller*, CR 1988, 806 (808).
529 LG Hamburg, Urteil vom 21.10.1993 – 312 O 462/93, CR 1994, 476 (477 f.).
530 LG Frankfurt am Main, Urteil vom 10.11.1993 – 3/8 O 198/93, CR 1994, 473 (473).
531 BGH, Urteil vom 10.12.1987 – I ZR 221/85 Informationsdienst, GRUR 1988, 308 (310).
532 *Heinrich*, WRP 1997, 275 (279).
533 LG Hamburg, Urteil vom 21.10.1993 – 312 O 462/93, CR 1994, 476 (478).
534 *Ulmer*, Urheber- und Verlagsrecht (2. Aufl., 1960), Einl. S. 30.

von Datensätzen aus einer Datensammlung eine Konkretisierung durch die Rechtsprechung: Der BGH nahm eine unlautere Ausbeutung an, wenn dem Originalleistungserbringer die ihm billigerweise zustehenden Früchte seiner Leistung noch nicht hinreichend zugeflossen sind.[535] Die Unbilligkeit könne sich zudem daraus ergeben, dass der Übernehmende nicht annähernd einen vergleichbaren Kosten- und Personalaufwand aufbringen muss wie der Originalhersteller, da er die Daten ohne Kosten erhält und die Datenbearbeitung nur geringe Kosten verursacht, sodass er die übernommene Datensammlung zu einem „geradezu utopisch niedrig[en]" Preis anbieten und sich so einen erheblichen Wettbewerbsvorteil verschaffen kann.[536] In die Interessenabwägung sollte zudem der Zeitfaktor einfließen. Für die Bestimmung der Unlauterkeit ist entscheidend, ob der Originalleistungserbringer bereits ausreichend Zeit hatte, seine erheblichen Kosten, insbesondere für den Erwerb aller Datensätze, auszugleichen.[537]

Das Unlauterkeitsmerkmal der Rufausbeutung ist nach dem BGH erfüllt, wenn der Verkehr mit der zugrundliegenden Datenbank besondere Gütevorstellungen verknüpft, die sich auf ein Vertrauen in Vollständigkeit und Richtigkeit sowie – da die elektronischen Verzeichnisse nicht auf eigenen Recherchen beruhen, die zu lücken- und fehlerhaften Ergebnissen führen könnten – auf die Eigenschaft „amtlich" zu sein, stützen.[538] Der Annahme einer Rufausbeutung steht nicht entgegen, dass die Unlauterkeit nicht allein auf einer Täuschung, sondern auf einer offenen oder verdeckten Anlehnung an eine fremde Leistung beruht.[539] Den Unlauterkeitsgesichtspunkt der Behinderung sah der BGH bei der Übernahme sämtlicher Daten eines Datenbestandes, der nur unter erheblichen Mühen und Kosten sowie unter laufendem und systematischem Rückgriff auf den Datenbestand der Telefonbücher aktuell gehalten werden kann, als erfüllt an.[540] In diesem Fall standen dem Unlauterkeitsurteil keine telekommunikationsrechtlichen Bestimmungen entgegen, da Dritten durch Gesetz kein freier Zugriff auf Daten gewährt wurde; vielmehr musste die Telefongesellschaft die Teilnehmerdaten Mitbewerbern gegen ein angemessenes Entgelt zugänglich machen, damit Angebotsvielfalt und Wettbewerb auf dem Markt der Teilnehmerverzeichnisse gefördert werden. Die Erwerber

535 BGH, Urteil vom 30.10.1968 – I ZR 52/66 Reprint, GRUR 1969, 186 (188 f.).

536 LG Hamburg, Urteil vom 21.10.1993 – 312 O 462/93, CR 1994, 476 (478).

537 LG Hamburg, Urteil vom 21.10.1993 – 312 O 462/93, CR 1994, 476 (478 f.); LG Mannheim, Urteil vom 29.03.1996 – 7 O 43/96 D-Info 2.0, CR 1996, 411 (414).

538 BGH, Urteil vom 06.05.1999 – I ZR 199/96 Tele-Info-CD, GRUR 1999, 923 (927).

539 BGH, Urteil vom 06.05.1999 – I ZR 199/96 Tele-Info-CD, GRUR 1999, 923 (927); BGH, Urteil vom 14.11.1980 – I ZR 1 34/78 Kräutermeister, GRUR 1981, 142 (144).

540 BGH, Urteil vom 06.05.1999 – I ZR 199/96 Tele-Info-CD, GRUR 1999, 923 (927).

der Daten verpflichteten sich wiederum, datenschutzrechtliche Vorschriften zu beachten.[541]

d) Abgleich mit der Rechtsprechung auf Basis der §§ 87a ff. UrhG

aa) Europäische Gesetzgebung

Das deutsche Urheberrechtsgesetz stellte bereits vor der Kodifizierung des Datenbankherstellerrechts ohne eine entsprechende ausdrückliche Regelung schöpferische Datenbanken unter Schutz. Entscheidend war allein, ob die Struktur der Datenbank eine persönliche geistige Schöpfung i. S. d. § 2 Abs. 2 UrhG darstellte.[542] Vom urheberrechtlichen Schutz ausgenommen waren entsprechend nichtschöpferische Datenbanken, die dem Gebot der Vollständigkeit folgten und nach logisch zwingenden Ordnungskriterien wie einer Zahlenreihe, dem Alphabet oder einer Chronologie gegliedert waren. Solche Datenbanken genossen bei Vorliegen unlauterkeitsbegründender Umstände wettbewerbsrechtlichen Leistungsschutz.[543]

Bereits im Jahr 1988 setzte die Kommission der Europäischen Gemeinschaften die Entwicklung eines Konzeptes für den Umgang mit durch technologischen Fortschritt entstandene urheberrechtliche Fragestellungen auf die Agenda und unterbreitete dem Europäischen Parlament im Jahr 1992 einen ersten Richtlinienvorschlag zur Harmonisierung des Rechtsschutzes für Datenbanken.[544] Die nach Beratungen und Änderungen[545] schließlich erlassene Richtlinie zum rechtlichen Schutz von Datenbanken vom 11. März 1996 umfasste eine Aufzählung von sechzig Erwägungsgründen, von welchen nachfolgend genannte Aspekte für vorliegende Untersuchung besonders wichtig erscheinen: Die Kommission erkannte, dass der Aufbau einer Datenbank erhebliche Investitionen erfordert, während die Kopie und Abfrage derselben Datenbank zu geringen Kosten möglich ist.[546] Zudem stellte die Kommission fest, dass „die exponentielle Zunahme der Daten, die in der Gemeinschaft und weltweit jedes Jahr in allen Bereichen des Handels und der Industrie erzeugt und verarbeitet werden, […] in allen Mitgliedstaaten Investitionen in fortgeschrittene Informationsmanagementsysteme erforderlich [machen]“.[547] Mit den

---

541 BGH, Urteil vom 06.05.1999 – I ZR 199/96 Tele-Info-CD, GRUR 1999, 923 (927).

542 Schricker/*Vogel*, UrhG (2. Aufl., 1999) Vor §§ 87a ff. Rn. 3.

543 Schricker/*Vogel*, UrhG (2. Aufl., 1999) Vor §§ 87a ff. Rn. 5.

544 Kommission der Europäischen Gemeinschaften, Vorschlag für eine Richtlinie des Rates über den rechtlichen Schutz von Datenbanken, COM/92/24FINAL, ABl. EG Nr. C 156/4; *Flechsig*, ZUM 1997, 577 (577).

545 Ein Überblick über die Entstehungsgeschichte findet sich in: Schricker/*Vogel*, UrhG (2. Aufl., 1999) Vor §§ 87a ff. Rn. 8.

546 RL 96/9/EG, Erwägungsgrund Nr. 7.

547 RL 96/9/EG, Erwägungsgrund Nr. 10.

in der Herstellung von Datenbanken führenden Drittstaaten könnten die Mitgliedstaaten nur dann durch Investitionen in moderne Datenspeicher- und Datenverarbeitungssysteme mithalten, wenn ein solides, einheitliches System zum Schutz der Rechte der Hersteller von Datenbanken geschaffen werde.[548] Konkret erläuterte die Kommission, dass das Ziel des angestrebten Schutzrechtes *sui generis* darin bestehe, den Schutz einer Investition, wie der Bereitstellung von finanziellen Mitteln oder dem Einsatz von Zeit, Arbeit und Energie in die Beschaffung, Überprüfung oder Darstellung des Inhalts einer Datenbank, für eine begrenzte Dauer sicherzustellen.[549] Mit der Entscheidung „CV-Online Latvia v. Melons"[550] bestätigte der Europäische Gerichtshof, dass der Unionsgesetzgeber mit der Einführung eines *sui generis*-Schutzrechts nach Art. 7 Abs. 1, 2 RL 96/9/EG das Ziel verfolgte, einen Anreiz für die Einrichtung von Datenspeicher- und Datenverarbeitungssysteme zu geben.[551] Der Gerichtshof betonte damit, dass Schutzgegenstand des Datenbankherstellerrechts der in der Datenbank verkörperte Investitionsaufwand für die Beschaffung, die Überprüfung oder die Darstellung ihres Inhalts ist.[552] Neben dem Investitionsschutz solle das Schutzrecht *sui generis* dem Datenbankhersteller ermöglichen, „die unerlaubte Entnahme und/oder Weiterverwendung der Gesamtheit oder wesentlicher Teile des Inhalts dieser Datenbank zu unterbinden."[553] Der Europäische Gerichtshof legt die Begriffe der Entnahme und der Weiterverwendung unter Verweis auf das vom Unionsgesetzgeber verfolgte Ziel weit aus.[554]

In Fällen, in denen zuvor der wettbewerbsrechtliche Leistungsschutz nichtschöpferischen Datenbanken lückenfüllenden Schutz gegen Handlungsunrecht verlieh, greift seither das Leistungsschutzrecht des Datenbankherstellers.[555] Das Urheberrechtsgesetz unterscheidet zwischen dem Recht des Urhebers an seinem schöpferischen Datenbankwerk i. S. d. § 4 Abs. 2 UrhG und dem Leistungsschutzrecht des Herstellers einer Datenbank im Sinne der Legaldefinition des § 87a Abs. 1 UrhG. Letzteres verbindet den Rechtsschutz nicht mit einer schöpferischen, sondern mit einer wirtschaftlichen Leistung bezogen auf die Beschaffung,

---

548 RL 96/9/EG, Erwägungsgrund Nr. 12; vgl. Schricker/*Vogel*, UrhG (2. Aufl., 1999) Vor §§ 87a ff. Rn. 19.

549 RL 96/9/EG, Erwägungsgrund Nr. 40.

550 EuGH, Urteil vom 03.06.2021 – C-762/19 CV-Online Latvia/Melons, ZUM 2021, 1008.

551 EuGH, Urteil vom 03.06.2021 – C-762/19 CV-Online Latvia/Melons, ZUM 2021, 1008 (1010); EuGH, Urteil vom 19.12.2013 – C-202/12 Innoweb/Wegener, ZUM 2014, 295 (299).

552 EuGH, Urteil vom 03.06.2021 – C-762/19 CV-Online Latvia/Melons, ZUM 2021, 1008 (1010 f.); *Grünberger*, ZUM 2022, 321 (334).

553 RL 96/9/EG, Erwägungsgrund Nr. 40.

554 EuGH, Urteil vom 03.06.2021 – C-762/19 CV-Online Latvia/Melons, ZUM 2021, 1008 (1011).

555 Vgl. Dreier/Schulze/*Dreier*, UrhG Vor § 87a Rn. 2, 6.

die Überprüfung oder die Darstellung des Datenbankinhaltes.[556] Mit der Kodifizierung dieser Vorschriften sind die Tatbestandsvoraussetzungen des *sui generis*-Datenbankschutzes gegenüber dem wettbewerbsrechtlichen Leistungsschutz an Datenbanken klar definiert und der Anwendungsbereich des UWG reduziert sich auf den Schutz der einzelnen inhaltlichen Elemente der Datenbank.[557]

bb) Schutzanforderungen nach §§ 87a ff. UrhG

Während bezüglich der Computerprogramme die Schutzvoraussetzungen abgesenkt wurden, wurde bei Datenbanken die Schutzrichtung neu justiert: Das Datenbankherstellerrecht knüpft als Leistungsschutzrecht an eine wirtschaftliche Leistung an und steht dem Investor zu.[558]

Der Schutzgegenstand des Leistungsschutzrechts wird in § 87a Abs. 1 UrhG zunächst definiert und weitere Schutzvoraussetzungen werden umschrieben. Durch die Einordung einer Sammlung von Werken, Daten oder anderen Elementen als potentieller Inhalt einer Datenbank wird der Datenbankbegriff weit gefasst.[559] Der Schutzgegenstand wird durch das Erfordernis eingeschränkt, dass dieser aus unabhängigen Elementen bestehen muss, „die sich voneinander trennen lassen, ohne dass der Wert ihres informativen, literarischen, künstlerischen, musikalischen oder sonstigen Inhalts dadurch beeinträchtigt wird."[560] Eine weitere qualitative Schutzvoraussetzung für Datenbanken ist das Erfordernis der systematischen oder methodischen Anordnung. Der Datenbankinhalt muss nach vordefinierten logischen oder sachlichen Kriterien zusammengestellt sein beziehungsweise eine planmäßige Strukturierung zur Verwirklichung eines bestimmten Zwecks aufweisen.[561] Von vornherein als Datenbankbestandteil ausgeschlossen sind folglich bloße Datenhaufen.[562] Diese sind indes abzugrenzen von elektronischen Datenbanken, bei denen „die Daten ungeordnet in den physischen Speicher eingegeben werden und erst das elektronische Material (das Abfragesystem) ihre schutzbegründende systematische oder methodische Ordnung herbeiführt."[563] Daraus ergibt sich die weitere Voraussetzung, wonach die einzelnen Elemente mit elektronischen oder

---

556 Schricker/*Vogel*, UrhG (2. Aufl., 1999) Vor §§ 87a ff. Rn. 7.

557 Schricker/*Vogel*, UrhG (2. Aufl., 1999) Vor §§ 87a ff. Rn. 19, 27, 33.

558 Schricker/*Vogel*, UrhG (2. Aufl., 1999) § 87a Rn. 3.

559 Dreier/Schulze/*Dreier*, UrhG § 87a Rn. 4.

560 EuGH, Urteil vom 09.11.2004 – C-444/02 Fußballspielpläne II, GRUR 2005, 254 (255); vgl. BGH, Urteil vom 21.07.2005 – I ZR 290/02 HIT BILANZ, GRUR 2005, 857 (857).

561 Dreier/Schulze/*Dreier*, UrhG § 87a Rn. 7.

562 Dreier/Schulze/*Dreier*, UrhG § 87a Rn. 7; Schricker/*Vogel*, UrhG (2. Aufl., 1999) § 87a, Rn. 6.

563 OLG Köln, Urteil vom 15.12.2006 – 6 U 229/05 Datenbankschutz in Abgrenzung zum Datenhaufen, MMR 2007, 443 (444).

anderen Mitteln zugänglich sein müssen.[564] Die individuelle Zugänglichkeit der Elemente fehlt insbesondere nichtelektronischen Datenbanken wie beispielsweise der Datensammlung in einem Buch.[565] Vor diesem Hintergrund kann zusammenfassend festgehalten werden, dass der Schutzgegenstand des Datenbankherstellerrechts die „Datenbank als Gesamtheit des unter wesentlichem Investitionsaufwand gesammelten, geordneten und einzeln zugänglich gemachten Inhalts als immaterielles Gut" ist.[566]

Das Gesetz gibt ferner den unbestimmten Rechtsbegriff der wesentlichen Investition vor, verzichtet aber auf eine aussagekräftige Definition und überlässt es den Gerichten, den Begriff im Einzelfall zu präzisieren.[567] Aus den Erwägungsgründen der Richtlinie geht hervor, dass die Investition nicht zwingend finanzieller Natur sein muss, sondern auch im Einsatz von Zeit, Arbeit und Energie liegen kann.[568] Der Investitionsbegriff ist also weit zu verstehen und umfasst nach dem Gesetzeswortlaut verschiedene Tätigkeiten, deren Investitionsaufwand berücksichtigt werden kann, namentlich die Beschaffung, die Überprüfung oder die Darstellung der Elemente einer Datenbank. Berücksichtigungsfähige Investitionen sind danach etwa die Aufbereitung des Datenbestandes, die Konzeption von Verknüpfungen und die Erarbeitung von Abfrageoptionen, nicht dagegen die Mittel, die eingesetzt werden, um die Elemente zu erzeugen, aus denen der Inhalt einer Datenbank besteht.[569] Das Kriterium der Wesentlichkeit wurde vor dem Hintergrund des Richtlinienzwecks, einen Anreiz für die Einrichtung von Systemen zur Speicherung und Verarbeitung vorhandener Informationen zu schaffen, eher niedrig angesetzt.[570] Es soll ausreichen, wenn bei objektiver Betrachtung keine ganz unbedeutenden, von jedermann leicht zu erbringenden Aufwendungen erforderlich

564 RL 96/9/EG, Erwägungsgrund Nr. 13; vgl. BGH, Urteil vom 22.06.2011 – I ZR 159/10 Automobil-Onlinebörse, GRUR 2011, 1018 (1020); BGH, Urteil vom 01.12.2010 – I ZR 196/08 Zweite Zahnarztmeinung II, GRUR 2011, 724 (725).

565 Dreier/Schulze/*Dreier*, UrhG § 87a Rn. 8; BGH, Urteil vom 06.05.1999 – I ZR 199/96 Tele-Info-CD, GRUR 1999, 923 (925); RL 96/9/EG, Erwägungsgrund Nr. 14.

566 Schricker/*Vogel*, UrhG (2. Aufl., 1999) § 87a Rn. 10.

567 Entwurf eines Gesetzes zur Regelung der Rahmenbedingungen für Informations- und Kommunikationsdienste (Informations- und Kommunikationsdienste-Gesetz – IuKDG) BT-Drucks. 13/7385, S. 45.

568 RL 96/9/EG, Erwägungsgrund Nr. 40.

569 Dreier/Schulze/*Dreier*, UrhG § 87a Rn. 12; EuGH, Urteil vom 09.11.2004 – C-203/02 BGB-Pferdewetten, GRUR 2005, 244 (247); BGH, Urteil vom 21.07.2005 – I ZR 290/02 HIT BILANZ, GRUR 2005, 857 (858).

570 BGH, Urteil vom 01.12.2010 – I ZR 196/08 Zweite Zahnarztmeinung II, GRUR 2011, 724 (725).

waren, um die Datenbank zu erstellen.[571] Nicht notwendig sind Investitionen von substanziellem Gewicht.[572]

Nachdem der Datenbankhersteller i. S. d. § 87a Abs. 2 UrhG ausgemacht wurde, definiert § 87b Abs. 1 UrhG den Umfang der ausschließlichen Verwertungsbefugnis des Datenbankherstellers insoweit, als das Vervielfältigungsrecht, das Verbreitungsrecht sowie das Recht der öffentlichen Wiedergabe einer Datenbank insgesamt oder eines wesentlichen Teils derselben erfasst sind.[573] § 87b Abs. 1 S. 2 UrhG balanciert die Interessen des Datenbanknutzers auf weitgehend ungehinderten Informationszugang und die Interessen des Datenbankherstellers an der Amortisation seiner Investitionen aus, wenn die Quantität der Nutzungen unwesentlicher Teile der Datenbank die wirtschaftlichen Interessen des Datenbankherstellers beeinträchtigt.[574] Im Falle einer Übernahme wesentlicher Teile einer Datenbank ist es unerheblich, ob die entnommenen Daten unverändert und im Ganzen oder neu strukturiert von einem Dritten genutzt werden.[575]

Abgesehen von der ohnehin bestehenden Pflicht zur richtlinienkonformen Auslegung der nationalen Vorschriften,[576] sind die in der Richtlinie ursprünglich verwendeten Begriffe der Entnahme und der Weiterverwendung durch ihre inhaltlich deckungsgleichen Entsprechungen im Urheberrechtsgesetz abgebildet.[577] Das Urheberrechtsgesetz spricht in § 87b Abs. 1 S. 2 UrhG von der Vervielfältigung, der Verbreitung und der öffentlichen Wiedergabe. Mittels dieser Vorschrift wurde dem Datenbankhersteller ein rechtliches Instrumentarium an die Hand gegeben, wodurch eine wirtschaftlich bedeutsame Nutzung seiner Datenbank durch Dritte – offline wie auch online – von seiner Erlaubnis abhängig gemacht wurde.[578] Solch ein Erlaubnisvorbehalt gewann insbesondere bei elektronischen Datenbanken praktische Relevanz und machte Investitionen auf dem Informationsmarkt kalkulierbar.[579] Die gewählten Begriffe erfuhren insoweit eine Konkretisierung durch die Rechtsprechung, als auf eine physische Kopie des Originaldatenbestandes im Falle einer Entnahme beziehungsweise einer Vervielfältigung verzichtet wurde und die

---

571 BGH, Urteil vom 01.12.2010 – I ZR 196/08 Zweite Zahnarztmeinung II, GRUR 2011, 724 (725).
572 BGH, Urteil vom 01.12.2010 – I ZR 196/08 Zweite Zahnarztmeinung II, GRUR 2011, 724 (725); vgl. BGH, Teilurteil vom 30.04.2009 – I ZR 191/05 Elektronischer Zolltarif, GRUR 2009, 852 (853).
573 Schricker/*Vogel*, UrhG (2. Aufl., 1999) § 87b Rn. 1.
574 Schricker/*Vogel*, UrhG (2. Aufl., 1999) § 87b Rn. 2.
575 Schricker/*Vogel*, UrhG (2. Aufl., 1999) § 87b Rn. 9.
576 Schricker/*Vogel*, UrhG (2. Aufl., 1999) § 87b Rn. 6.
577 Schricker/*Vogel*, UrhG (2. Aufl., 1999) § 87b Rn. 5.
578 Dreier/Schulze/*Dreier*, UrhG § 87b Rn. 2.
579 Schricker/*Vogel*, UrhG (2. Aufl., 1999) § 87b Rn. 8.

Begriffe der Entnahme beziehungsweise der Vervielfältigung weit verstanden wurden.[580]

cc) Wertungstransfer aus dem UWG in das UrhG

Ohne dass es für die Tatbestandsmerkmale des wettbewerbsrechtlichen Leistungsschutzes exakte Entsprechungen im *sui generis*-Leistungsschutzrecht gäbe, finden sich Wertungen des einen im anderen wieder.

Sowohl der UWG-Leistungsschutz als auch der urheberrechtliche Leistungsschutz stellen, ohne dass es auf gestalterische Kriterien ankommt, Anforderungen an die Qualität der Datenbank. Für die Bestimmung der Eigenart des Leistungsergebnisses i. S. d. § 1 UWG 1909 ist die laufende Aktualisierung des Datenbankinhalts entscheidend, während eine Datenbank i. S. d. § 87a UrhG sich durch ihre systematische und methodische Anordnung und einzelne Zugänglichkeit auszeichnet und so von nicht schützenswerten bloßen Datenhaufen abgrenzt; gestalterische Attribute muss die Datenbank nicht aufweisen.

Die im wettbewerbsrechtlichen Leistungsschutz maßgebliche Frage danach, ob der Leistungserbringer ausreichend Zeit zur Amortisation seiner Investition hatte, hat in den §§ 87a ff. UrhG eine urheberrechtliche Entsprechung gefunden. Durch seine Ausgestaltung als Investitionsschutz soll § 87a UrhG Anreize zur Investition in Datenbanken schaffen.[581]

e) Zusammenfassung

Während vor der Normierung des Schutzes von Computerprogrammen nach §§ 69a ff. UrhG wettbewerbsrechtlicher Leistungsschutz an Computerprogrammen mit wettbewerblicher Eigenart – zum Beispiel aufgrund der Originalität der Gestaltung der Figuren – gewährt wurde,[582] formulieren nunmehr die Schutzvoraussetzungen des § 69a Abs. 3 UrhG, insbesondere das Erfordernis einer eigenen geistigen Schöpfung als Pendant zur wettbewerblichen Eigenart, die Qualitätsanforderungen an den Schutzgegenstand.[583]

---

580 EuGH, Urteil vom 09.10.2008 – C-304/07 Directmedia Publishing, EuZW 2008, 659 (661); Dreier/Schulze/*Dreier*, UrhG § 87b Rn. 4.

581 Entwurf eines Gesetzes zur Regelung der Rahmenbedingungen für Informations- und Kommunikationsdienste (Informations- und Kommunikationsdienste-Gesetz – IuKDG) BT-Drucks. 13/7385, S. 45; vgl. RL 96/9/EG, Erwägungsgrund Nr. 40; Schricker/*Vogel*, UrhG (2. Aufl., 1999) § 87b Rn. 14.

582 OLG Frankfurt am Main, Beschluss vom 21.07.1983 – 6 U 16/83 Donkey Kong Junior I, GRUR 1983, 757 (758).

583 Vgl. Wandtke/Bullinger/*Grützmacher*, UrhG § 69a Rn. 34 ff.

Anfänglich genossen nicht-schöpferische Datenbanken wettbewerbsrechtlichen Leistungsschutz, sofern sie wettbewerbliche Eigenart aufwiesen.[584] Nach der Kodifizierung in § 87a UrhG blieb der Wertungsgedanke, dass nur Datenbanken, die sich durch eine bestimmte Qualität auszeichnen, sondergesetzlichen *sui generis*-Schutz genießen können, erhalten. Als qualitatives Pendant zur wettbewerblichen Eigenart verlangt § 87a UrhG insbesondere Investitionen, die gerade in die Beschaffung, in die Überprüfung oder in die Darstellung des Datenbankinhalts getätigt worden sind, wobei Investitionen in die Datenerzeugung nicht berücksichtigungsfähig sind.[585]

Dies zeigt, dass Fälle, die einst lauterkeitsrechtlich gelöst wurden, auch nachdem ein spezieller sondergesetzlicher Schutz normiert wurde, bestimmte Qualitätsanforderungen erfüllen müssen. Die Qualitätsstandards wurden weiterentwickelt und auf das jeweilige Schutzgut zugeschnitten.

2. Entwicklung von datenspezifischen Kriterien für die Interessenabwägung

Ein Vergleich der Schutzvoraussetzungen des § 1 UWG 1909 mit den Voraussetzungen der kodifizierten Leistungsschutzrechte hat gezeigt, dass die entscheidenden Wertungsgesichtspunkte des wettbewerbsrechtlichen Leistungsschutzes in die Vorschriften des Urheberrechtsgesetzes übernommen wurden. Im Folgenden soll geprüft werden, welche Schlussfolgerungen sich hieraus für den Umgang mit Daten ziehen lassen.

Das lauterkeitsrechtliche Merkmal der wettbewerblichen Eigenart und die Voraussetzungen des urheberrechtlichen Schutzes haben nach dem Vorstehenden eine wesentliche Gemeinsamkeit: Sie räumen die Bedenken, jedem irrelevanten Leistungsergebnis würde umfassender Schutz gewährt werden, aus. Übertragen auf Datensachverhalte bedeutet dies, dass weder dem unstrukturierten Rohdatenhaufen noch jedem einzelnen Datenbit unmittelbarer Leistungsschutz unter Rückgriff auf die Generalklausel vermittelt wird.

Nachdem allgemeine Gedanken zu einer wettbewerbsfunktionalen Auslegung des Tatbestandes des unmittelbaren Leistungsschutzes angestellt werden (dazu a)), sollen Kriterien festgelegt werden, bei deren Vorliegen unmittelbarer wettbewerbsrechtlicher Leistungsschutz nach Durchführung der Abwägung interessengerecht erscheint. Hierbei wird auf die bereits in der Rechtsprechung etablierten

584 Wandtke/Bullinger/*Hermes*, UrhG Vor §§ 87a ff. Rn. 3; BGH, Urteil vom 06.05.1999 – I ZR 199/96 Tele-Info-CD, GRUR 1999, 923.

585 Wandtke/Bullinger/*Hermes*, UrhG § 87a Rn. 34.

Kriterien eingegangen und deren Übertragbarkeit auf Datensachverhalte überprüft. Der BGH deutete an, dass die Interessen des Leistungserbringers überwiegen, wenn ohne die Gewährung eines unmittelbaren Leistungsschutzes die Gefahr eines Marktversagens bestehe (dazu b)).[586] Ein überwiegendes Interesse des Leistungserbringers am Schutz seines Leistungsergebnisses dürfte zudem dann vorliegen, wenn für dieses erhebliche Investitionen getätigt wurden und dessen Erbringung und Bestand ohne unmittelbaren Leistungsschutz ernstlich in Gefahr gerieten (dazu c)).[587]

a) Wettbewerbsfunktionale Erwägungen

Thouvenin beschreibt in Bezug auf das Schweizer UWG einen funktionalen Ansatz: „Unter funktionaler Auslegung ist dabei die Auslegung einer Norm im Hinblick auf den von dieser Norm geleisteten Beitrag zur Realisierung eines übergeordneten Systems zu verstehen."[588] In der Schweizer Literatur wird daraus gefolgert, dass sich die besondere Bedeutung der funktionalen Auslegung des Schweizer UWG aus dem „Zweckartikel"[589] des Gesetzes ergibt.[590] Da der Zweck des Schweizer UWG – ausdrücklich positiv formuliert – die Gewährleistung des Wettbewerbs insgesamt ist, sind dessen Normen, mithin sowohl die Generalklausel als auch die Spezialtatbestände, im Lichte dieses Zwecks auszulegen.[591] Da das Schweizer UWG den Wettbewerb als Institution schützt, bestimmt sich, wie dieser beschaffen sein soll, im Rahmen einer funktionalen Betrachtung, sodass unbestimmte Rechtsbegriffe wie die Unlauterkeit nach Maßgabe eines wettbewerbspolitischen Leitbildes mit Leben zu versehen sind.[592]

Im deutschen Wettbewerbsrecht sind die Tatbestände des UWG ebenfalls wettbewerbsfunktional auszulegen.[593] Als Vorgängernorm zur heutigen General-

586 BGH, Urteil vom 19.11.2015 – I ZR 149/14 Pippi-Langstrumpf-Kostüm II, GRUR 2016, 725 (728).

587 BGH, Urteil vom 19.11.2015 – I ZR 149/14 Pippi-Langstrumpf-Kostüm II, GRUR 2016, 725 (728).

588 *Thouvenin*, Funktionale Systematisierung von Wettbewerbsrecht (UWG) und Immaterialgüterrechten, S. 140.

589 Art. 1 UWG-CH: „Dieses Gesetz bezweckt, den lauteren und unverfälschten Wettbewerb im Interesse aller Beteiligten zu gewährleisten."

590 *Thouvenin*, Funktionale Systematisierung von Wettbewerbsrecht (UWG) und Immaterialgüterrechten, S. 141.

591 *Thouvenin*, Funktionale Systematisierung von Wettbewerbsrecht (UWG) und Immaterialgüterrechten, S. 141.

592 *Thouvenin*, Funktionale Systematisierung von Wettbewerbsrecht (UWG) und Immaterialgüterrechten, S. 154.

593 Vgl. *Hetmank*, GRUR 2014, 437 (440).

klausel war das dem § 1 UWG 1909[594] zugrundeliegende Konzept der Sittenwidrigkeit so zu verstehen, dass es keine allgemeinen ethischen Moralvorschriften im Wettbewerb statuierte, sondern Ordnungsnormen festlegte.[595] Die wettbewerbsrechtlichen Verhaltensvorschriften sollten zur Funktionsfähigkeit von Wettbewerb und Markt als Institutionen der Gesellschafts- und Wirtschaftsordnung beitragen.[596] Auch der mit § 3 Abs. 1 UWG 2004 eingeführte Begriff der Unlauterkeit ist ein funktionsbestimmter Rechtsbegriff, der anhand von wettbewerbsbezogenen Wertungen auszufüllen ist, welche sich aus der Schutzzweckbestimmung des heutigen § 1 UWG ableiten lassen.[597] Die Abkehr von der Definition der Unlauterkeit erfolgte zugunsten eines funktionalen Verständnisses und damit einer stärkeren Objektivierung der für die Ausfüllung der Generalklausel herangezogenen Wertmaßstäbe, welche auf die Sicherung eines fairen und freien Wettbewerbs gerichtet sind.[598] Das Wettbewerbsrecht schützt mithin vor Übernahmen von Leistungsergebnissen, soweit ein Schutz aus wettbewerbsfunktionaler Sicht angebracht ist.[599] Wird unmittelbarer wettbewerbsrechtlicher Leistungsschutz über die Generalklausel vermittelt, so muss die Schutzgewährung im Einzelfall wettbewerbsfunktional begründet werden.[600]

b) Marktversagen

aa) Voraussetzungen

Von der Gefahr eines Marktversagens kann ausgegangen werden, wenn die Herstellung des betroffenen Originalproduktes eine wesentliche Investition erfordert, dieses durch technische Mittel zu minimalen Kosten vervielfältigt werden kann sowie, wenn der Originalhersteller weder in der Lage ist, die Übernahme zu verhindern noch seine Herstellungskosten zu amortisieren, sodass die ernsthafte Ge-

---

594 § 1 UWG (1909) lautete: „Wer im geschäftlichen Verkehre zu Zwecken des Wettbewerbes Handlungen vornimmt, die gegen die guten Sitten verstoßen, kann auf Unterlassung und Schadensersatz in Anspruch genommen werden."

595 *Schünemann*, Wettbewerbsrecht, S. 48

596 *Schünemann*, Wettbewerbsrecht, S. 48; vgl. Baumbach/Hefermehl/*Hefermehl*, UWG (17. Aufl., 1993) Einl. Rn. 69; *Ohly*, Richterrecht und Generalklausel im Recht des unlauteren Wettbewerbs, S. 221 f.

597 *Götting*, Wettbewerbsrecht, § 6 Rn. 4.

598 *Götting*, Wettbewerbsrecht, § 6 Rn. 5.

599 Vgl. *Beater*, Unlauterer Wettbewerb, Rn. 1946.

600 Harte-Bavendamm/Hennig-Bodewig/*Podszun*, UWG § 3 Rn. 115.

fahr besteht, dass kein Anbieter in diesen Markt investiert und dadurch potentieller Wettbewerb von vornherein ausscheidet.[601]

Soweit es sich bei einem Produkt wirtschaftlicher Nutzungsleistungen um ein Produkt auf einem nachgelagerten Markt handelt, stellt sich nicht mehr die Frage des Marktversagens auf dem Erstmarkt.[602] Aufgrund der unterschiedlichen Märkte kann die Tätigkeit des Übernehmenden auf dem Zweitmarkt den Investitions- und Anreizmechanismus auf dem Erstmarkt nicht beeinflussen, sodass kein Marktversagen aufgrund einer Übernahme auf dem Erstmarkt droht.[603] Entsprechend wurde in der „Pippi-Langstrumpf-Kostüm II"-Entscheidung die Gefahr, dass „aufgrund der Umstände weder der Originalhersteller noch Konkurrenten in den Markt mit Merchandisingprodukten investieren" verneint.[604]

bb) Primärer und sekundärer Datenmarkt

Der primäre und der sekundäre Datenmarkt unterscheiden sich danach, ob die gehandelten Daten erstmals in den Wirtschaftskreislauf eingegangen sind oder ob sie vor deren Erwerb bereits im Umlauf waren.[605] Mit Blick auf Fahrzeugdaten betrifft der Primärmarkt für Fahrzeugdaten also die Generierung der Daten als Ersterwerb bei denjenigen, bei denen die Daten entstehen, und der Sekundärmarkt den Folgeerwerb, mithin den Handel bereits erhobener Daten mit Dritten.[606]

Auf dem Primärmarkt ist keine unzureichende Datenerfassung feststellbar; im Gegenteil besteht ein beständiger beziehungsweise steigender Innovationsdruck und damit wurden uneingeschränkt Anreize geschaffen, Daten in einem nahezu unbegrenzten Umfang zu generieren.[607] Vor diesem Hintergrund erscheint ein Ausfall von Anreizen für die Erzeugung von Daten weitgehend unwahrscheinlich, sodass mit einem strukturellen Marktversagen im Hinblick auf die Datengenerierung und damit mit einer Unterversorgung mit Daten nicht zu rechnen ist.[608]

---

601 *Peukert,* WRP 2010, 316 (320); *Peukert,* Güterzuordnung als Rechtsprinzip, S. 813; Ohly/Sosnitza/*Ohly,* UWG § 4.3 Rn. 3/79; a.A. Köhler/Bornkamm/Feddersen/*Köhler,* UWG § 3 Rn. 2.28.

602 Peifer/*Dornis,* GK-UWG Band 2, § 4 Nr. 3 Rn. 83.

603 Peifer/*Dornis,* GK-UWG Band 2, § 4 Nr. 3 Rn. 83.

604 BGH, Urteil vom 19.11.2015 – I ZR 149/14 Pippi-Langstrumpf-Kostüm II, GRUR 2016, 725 (728); zum Sachverhalt: Vierter Teil Kapitel B. IV. 2. a) cc).

605 *Nissen,* Der monetäre Wert von Daten im Privatrecht, S. 32; *Peitz/Schweitzer,* NJW 2018, 275 (275 f.).

606 Stiftung Datenschutz/*Metzger/Mischau,* Datenschutz im vernetzten Fahrzeug, S. 135 (136); *Peitz/Schweitzer,* NJW 2018, 275 (275 f.).

607 *Hillmer,* Daten als Rohstoffe und Entwicklungstreiber für selbstlernende Systeme, S. 331.

608 *Hillmer,* Daten als Rohstoffe und Entwicklungstreiber für selbstlernende Systeme, S. 331; *Thouvenin/Früh/Lombard,* SZW 2017, 25 (31); *Wiebe,* GRUR Int 2016, 877 (881); *Thouvenin/Weber/Früh,* Elemente einer Datenpolitik, S. 89; *Weber/Thouvenin,* ZSR 2018 I Heft 1, 43 (52 f.).

Die Aktivitäten auf dem Sekundärmarkt dagegen werden zurückhaltender betrieben, denn die generierten Daten werden im Verhältnis zu Dritten nicht so vielfältig kommerziell genutzt, wie dies möglich wäre.[609] Die Feststellung, dass große Datenmengen nicht oder lediglich intern genutzt werden, wirft die Frage nach einem Marktversagen auf dem Sekundärmarkt auf.[610] Eine Antwort lässt sich nicht pauschal für alle Fahrzeugdaten geben: Zum einen hat die EU-Kommission bereits sektorspezifische Rechtsvorschriften über den Zugang zu Daten erlassen, um ein festgestelltes Marktversagen zu beheben;[611] in der Automobilindustrie betrifft das die Verordnung über den Zugang zu Fahrzeugreparatur- und -wartungsinformationen.[612] Zum anderen werden Trainingsdaten ohne Personenbezug durchaus vielfältig verwendet.[613] Bestehende Zurückhaltung bei der Entwicklung des Angebots von Maschinendaten könnte auf die erschwerte Beherrschbarkeit von Daten gegenüber Dritten zurückzuführen sein.[614] Insbesondere die rein vertragliche Gestaltung von Rechtspositionen an nicht-personenbezogenen Daten ist noch mit Rechtsunsicherheit behaftet.[615] Bezüglich der Entwicklung der Sekundärmärkte für anonymisierte Daten ist zwar eine weniger ausgeprägte Nutzung zu verzeichnen.[616] Nichtsdestotrotz kann daraus keine Gefährdung von Investitionsanreizen – kein Marktversagen – gefolgert werden; vielmehr dürfte die schwächere Ausprägung mit den Unsicherheiten nach dem Inkrafttreten der DSGVO zu begründen sein.[617] Zu prüfen bleibt, ob bereits vorgenommene Investitionen einen entsprechenden Schutz von Daten rechtfertigen können.

---

609 Vgl. EU-Kommission, „Aufbau einer europäischen Datenwirtschaft", COM(2017) 9 final vom 10.01.2017, S. 36.

610 *Hillmer*, Daten als Rohstoffe und Entwicklungstreiber für selbstlernende Systeme, S. 332.

611 EU-Kommission, „Eine europäische Datenstrategie", COM(2020) 66 final vom 19.02.2020, S. 4.

612 Vgl. Verordnung (EG) Nr. 595/2009 des Europäischen Parlaments und des Rates vom 18. Juni 2009 über die Typgenehmigung von Kraftfahrzeugen und Motoren hinsichtlich der Emissionen von schweren Nutzfahrzeugen (Euro VI) und über den Zugang zu Fahrzeugreparatur- und -wartungsinformationen, zur Änderung der Verordnung (EG) Nr. 715/2007 und der Richtlinie 2007/46/EG sowie zur Aufhebung der Richtlinien 80/1269/EWG, 2005/55/EG und 2005/78/EG, ABl. (EG) Nr. L 188/1, Art. 6.

613 *Hillmer*, Daten als Rohstoffe und Entwicklungstreiber für selbstlernende Systeme, S. 332.

614 *Deuring*, Datenmacht – Zugang als Herausforderung, S. 71.

615 Vgl. Specht-Riemenschneider/Werry/Werry/*Röttgen*, Datenrecht in der Digitalisierung, S. 371 (390).

616 *Hillmer*, Daten als Rohstoffe und Entwicklungstreiber für selbstlernende Systeme, S. 332.

617 *Hillmer*, Daten als Rohstoffe und Entwicklungstreiber für selbstlernende Systeme, S. 332 f.; *Denga*, NJW 2018, 1371 (1375).

c) Gefährdung getätigter erheblicher Investitionen

Im Rahmen der Interessenabwägung spricht es für ein Überwiegen des Interesses des Leistungserbringers, wenn dieser erhebliche Investitionen in das Leistungsergebnis getätigt hat und dessen Erbringung und Bestand ohne einen Rechtsschutz über den unmittelbaren Leistungsschutz auf Grundlage des § 3 Abs. 1 UWG ernstlich in Gefahr geriete.[618] Der Erbringer eines Leistungsergebnisses soll in der wirtschaftlichen Verwertung dieser Leistung nicht rechtlos gestellt sein.[619] Der unmittelbare Leistungsschutz vermittelt insofern einen investitionsbezogenen Schutz.[620] In der „Hartplatzhelden.de"-Entscheidung[621] versagte der BGH dem klagenden Fußballverband eine ausschließliche Zuweisung der Vermarkungsrechte, denn es sei nicht ersichtlich, dass die ausschließliche Verwertungsbefugnis erforderlich wäre, „um für ihn ein Leistungsergebnis zu schützen, für das er erhebliche Investitionen getätigt hätte und dessen Erbringung und Bestand ohne diesen Rechtsschutz ernstlich in Gefahr geriete."[622]

Das Kriterium der Gefährdung getätigter erheblicher Investitionen kann auf Daten als Leistungsergebnis übertragen werden, denn insbesondere in die Datengenerierung, die Steigerung des Datenvolumens oder die Anonymisierung von Daten werden Geld, Zeit und besondere Mühen investiert.

aa) Investition in die Datengenerierung

Bereits auf Ebene der Datenerfassung können erhebliche Investitionen erforderlich sein, die einen Schutz der generierten Daten rechtfertigen dürften.

Während die Erfassung banaler fahrzeugtechnischer Daten wie beispielsweise des Reifendrucks – nicht zuletzt wegen des langjährigen Einsatzes der entsprechenden Sensorik[623] – ohne erhöhten Aufwand möglich ist, ist die Erfassung des Fahrzeugumfelds, insbesondere bewegter Objekte, deutlich aufwändiger und zeichnet sich regelmäßig durch den Einsatz verschiedener Messtechniken aus.[624] Diese können beispielsweise aufgrund der eingesetzten Sensorik selbst, aufgrund ihrer Kombination oder aufgrund ihrer Neuartigkeit hohe Investitionen erfordern.

Zudem kann der Kontext der Datengenerierung erhebliche Investitionen rechtfertigen: Während beispielsweise die Drehgeschwindigkeit der Räder über

---

618 Vgl. nur BGH, Urteil vom 28.10.2010 – I ZR 60/09 Hartplatzhelden.de, GRUR 2011, 436 (438).

619 BGH, Urteil vom 19.11.2015 – I ZR 149/14 Pippi-Langstrumpf-Kostüm II, GRUR 2016, 725 (728).

620 Peifer/*Dornis*, GK-UWG Band 2, § 4 Nr. 3 Rn. 72.

621 BGH, Urteil vom 28.10.2010 – I ZR 60/09 Hartplatzhelden.de, GRUR 2011, 436; zum Sachverhalt: Vierter Teil Kapitel B. IV. 2. a) cc).

622 BGH, Urteil vom 28.10.2010 – I ZR 60/09 Hartplatzhelden.de, GRUR 2011, 436 (438).

623 Zur Druckmessung: Reif, Sensoren im Kraftfahrzeug, S. 72 ff.

624 Vgl. Reif, Sensoren im Kraftfahrzeug, S. 113.

einen Raddrehzahlsensor bei jeder realen Fahrt messbar ist,[625] werden Daten über die Funktion moderner Assistenzsysteme in Gefahrensituationen, wie dem automatischen Notbremsassistenten oder dem Notfall-Spurhalteassistenten, auch in einer Testumgebung gesammelt.[626] Daten zur Bewertung von Fahrzeugsicherheitsfunktionen in Bezug zu unterschiedlichen Verkehrsszenarien können ferner im Rahmen von Simulationsmodellen generiert werden.[627] In diesen Fällen ist die Datengenerierung sehr aufwendig, sodass unmittelbarer Leistungsschutz der generierten Daten grundsätzlich gerechtfertigt werden könnte.

bb) Investition in das Datenvolumen

Nicht zuletzt für die Entwicklung des autonomen Fahrens sind Fahrzeughersteller auf Massendaten angewiesen. Hierzu sind nicht nur zahlreiche Autos erforderlich, diese müssen selbst ebenfalls umfassend in sich und mit ihrer Umgebung vernetzt sein. Nur so kann ein Bild der gesamten Verkehrsentwicklung gezeichnet werden, wenn beispielsweise ein sich im Verkehrsfluss befindendes Fahrzeug stark abgebremst wird.[628]

Investitionen tätigt auch, wer vermeintlich belanglose Daten massenweise sammelt: Werden ausreichend große Mengen belangloser Daten zusammengeführt, miteinander oder mit anderen Daten kombiniert oder in verschiedene Kontexte gesetzt, lassen sich auch hieraus substanzielle Erkenntnisse ziehen.[629]

Um mit den generierten Datenmengen umgehen zu können, müssen die IT-Komponenten in den Fahrzeugen, in der Cloud und in den Rechenzentren intelligent miteinander agieren. Beispielsweise kann es zweckmäßig sein, dass bestimmte Daten nur dann übertragen werden, wenn sich diese verändern, mithin wenn diese vom Durchschnittswert abweichen.[630] Ein solches Datenmanagement kostet die

---

625 Vgl. Reif, Sensoren im Kraftfahrzeug, S. 144.

626 Vgl. Crashtests des ADAC, abrufbar unter: https://www.adac.de/rund-ums-fahrzeug/autokatalog/crashtest/, Seite zuletzt abgerufen am 27.11.2022.

627 Vgl. Forschungsfeld „Unfallsimulation“ des Fraunhofer-Instituts für Verkehrs- und Infrastruktursysteme IVI, abrufbar unter: https://www.ivi.fraunhofer.de/de/forschungsfelder/fahrzeug-und-antriebstechnik/fahrzeug-und-verkehrssicherheit/unfallsimulation.html, Seite zuletzt abgerufen am 27.11.2022.

628 Vgl. *Bartneck*, Future of Mobility, Podcast-Folge 32 vom 04.01.2021, *Asaf Weisbrot/ Otonomo – Harnessing the Power of Vehicle Data*, Min. 9:52–10:52, verfügbar auf Spotify, Podcast zuletzt abgerufen am 27.11.2022.

629 *Leistner/Antoine/Sagstetter*, Big Data, S. 145.

630 Vgl. *Ebener*, Big Data im Automobil benötigt optimales Daten-Management, ComputerWeekly.de vom 18.12.2017, abrufbar unter: https://www.computerweekly.com/de/meinung/Big-Data-im-Automobil-benoetigt-optimales-Daten-Management, Seite zuletzt abgerufen am 27.11.2022.

Fahrzeughersteller Aufwendungen, die eine Schutzgewährung rechtfertigen könnten.

cc) Investition in die Anonymisierung

Die Hersteller datengenerierender Fahrzeuge investieren in die Datenanpassung, bevor die Fahrzeugdaten überhaupt von ihnen selbst und berechtigten Dritten genutzt werden können. Damit fallen beispielsweise für die Umwandlung von Daten in die erforderlichen lesbaren Formate, für die Entfernung vertraulicher Geschäftsinformationen und für die Anonymisierung von personenbezogenen Angaben über den Fahrzeughalter, den Fahrzeugführer oder über die Insassen Kosten an; gegebenenfalls müssen die Daten weiter aggregiert, aufwändig sortiert oder interoperabel gemacht werden.[631] Gerade die Anonymisierung der Daten ist zeitaufwendig und kostenintensiv, denn diese stellt ein komplexes Verfahren dar, welches von dem Fahrzeughersteller genau dokumentiert werden muss.[632] Der Anonymisierungsaufwand variiert abhängig von den betroffenen Daten: Während Daten ohne Personenbezug, wie beispielsweise reine Scheibenwischerdaten, vor deren Nutzung durch Dritte keiner Anonymisierung bedürfen, ist der Aufwand für die Anonymisierung von Daten mit Personenbezug deutlich zeit- und kostenintensiver. Beispielsweise dürfte für Medien- und Werbeunternehmen das Verhalten der Radiohörer und Multimedia-Nutzer unter den Autofahrern interessant sein. Das vernetzte Auto generiert digitale Daten der verschiedenen Audioquellen im Fahrzeug – Hörfunk, Internetradio, Audio-Streaming-Dienste oder CDs – und sammelt diese. Dadurch ist nicht nur ersichtlich, welche Audioquellen wann und wie lange genutzt werden, sondern auch welche Inhalte vom Autofahrer konsumiert werden. Solche Daten erfordern aufgrund ihres Personenbezugs einen erhöhten Anonymisierungsaufwand.[633]

IV. Zeitliche Begrenzung

Unmittelbarer Leistungsschutz an Daten auf Grundlage der wettbewerbsrechtlichen Generalklausel könnte einer zeitlichen Begrenzung unterliegen, sofern dies sachgerecht erscheint.

---

631 *Thouvenin/Weber/Früh*, Elemente einer Datenpolitik, S. 101 f., 106 f.

632 *Thouvenin/Weber/Früh*, Elemente einer Datenpolitik, S. 108.

633 Vgl. Pressemitteilung der *Otonomo Techologies Ltd.* vom 16.01.2019, abrufbar unter: https://otonomo.io/press-releases/drive-time-metrics-and-otonomo-today-announced-that-they-have-partnered/, Seite zuletzt abgerufen am 26.10.2022.

Eine Tendenz zur zeitlichen Begrenzung des Schutzes konnte bereits der „Reprint“-Entscheidung[634] entnommen werden: Vor dem Hintergrund, dass der unmittelbare Leistungsschutz dem Schöpfer einer Leistung die Möglichkeit sichert, angemessene Früchte aus seiner Leistung ziehen zu können, reichte danach ein zeitlich begrenzter Leistungsschutz aus. In der „Reprint“-Entscheidung wurde dem Zeitfaktor und der Aktualität des Nachdrucks Bedeutung beigemessen und jener zu den Regelungen über die Schutzdauer der einzelnen Rechte im Urheberrecht in Beziehung gesetzt.[635]

In der „Modeneuheit“-Entscheidung[636] wurde sodann die Dauer des Schutzes ausdrücklich beziffert und zeitlich auf die Saison, in der die Modeneuheit auf den Markt kam, beschränkt. Zur Begründung führte der BGH aus, dass ein Leistungserbringer darauf angewiesen ist, den aus der Modeneuheit zu erzielenden Gewinn möglichst in einer Saison zu realisieren, da der Artikel bereits in der nächsten Saison als veraltet gelten kann.[637]

Der BGH stellte im Rahmen der „Klemmbausteine III“-Entscheidung klar, dass der Schutz einer Leistung mittels des wettbewerbsrechtlichen Leistungsschutzes vor dem Hintergrund der zeitlichen Begrenzung der Sonderschutzrechte einer zeitlichen Begrenzung unterliegen muss, damit „der Grundsatz der Freiheit der Nachahmung von Produkten, die keinem sonderrechtlichem Schutz (mehr) unterfallen, jemals berücksichtigt werden könnte.“[638]

Unter Berücksichtigung des Vorstehenden, erscheint es auch bei Daten sachgerecht, den Interessenausgleich durch eine Limitierung des Schutzzeitraumes herzustellen. Dabei kann man sich nicht allgemeingültig auf einen konkreten Schutzzeitraum, der für sämtliche schützenswerte Daten gelten soll, festlegen, sondern sollte eine differenzierte Einzelfallentscheidung vornehmen, denn Daten, die für den einen Nutzer veraltet sind, können dem anderen Nutzer noch valide Ergebnisse liefern:[639] Für Fahrzeugdaten, die ihren wirtschaftlichen Nutzen nur in Echtzeit oder in einem sehr kurzen Zeitraum verwirklichen können, da diese schnell an Aktualität verlieren, ist ein kurzer Schutzzeitraum ausreichend.[640] Zu denken ist hier beispielsweise an für kurzfristige Stauprognosen relevante Ver-

---

634 BGH, Urteil vom 30.10.1968 – I ZR 52/66 Reprint, GRUR 1969, 186.

635 BGH, Urteil vom 30.10.1968 – I ZR 52/66 Reprint, GRUR 1969, 186 (188 f.).

636 BGH, Urteil vom 19.01.1973 – I ZR 39/71 Modeneuheit, GRUR 1973, 478; zum Sachverhalt: Vierter Teil Kapitel A. II. 3. e).

637 BGH, Urteil vom 19.01.1973 – I ZR 39/71 Modeneuheit, GRUR 1973, 478 (480).

638 BGH, Urteil vom 02.12.2004 – I ZR 30/02 Klemmbausteine III, GRUR 2005, 349 (352).

639 Specht-Riemenschneider/Werry/Werry/*Röttgen*, Datenrecht in der Digitalisierung, S. 371 (389).

640 Sassenberg/Faber/*Sattler*, Rechtshandbuch Industrie 4.0 und Internet of Things, S. 28 (43); *Paal/Hennemann*, NJW 2017, 1697 (1698).

kehrsflussdaten wie die exakten Positions-, Geschwindigkeits- und Beschleunigungsdaten samt Zeitstempel.[641] Dagegen können dieselben GPS-Daten auch längerfristig relevant sein, wenn sie zum Beispiel für Verkehrsdiagnosen ausgewertet werden, in denen es um die Ermittlung von Stoßzeiten geht; zudem erlaubt ein Abgleich von Echtzeitverkehrsdaten mit Daten aus der Vergangenheit noch exaktere Prognosen, sodass auch ältere Daten wirtschaftlichen Wert aufweisen können.[642] Daten aus dem Fahrzeugumfeld, wie dem Straßenrandgeschehen, dürften dann eher kurzfristig relevant sein, wenn sie beispielsweise allein der Ermittlung der Parkplatzsituation in Echtzeit dienen, während ihre Verwertung als Trainingsdaten wie zum Erlernen der Unterscheidung zwischen anderen Verkehrsteilnehmern und Verkehrshindernissen am Straßenrand für eine längerfristige wirtschaftliche Relevanz sprechen dürfte.

V. Zusammenfassung des Kapitels

Ziel dieses Kapitels war es, die Frage zu beantworten, ob und unter welchen Voraussetzungen Daten unmittelbarer Leistungsschutz über die Generalklausel des UWG gewährt werden könnte. Anders als der mittelbare Leistungsschutz kann der unmittelbare Leistungsschutz bei unmittelbarer Übernahme eines Leistungsergebnisses eines Dritten unabhängig vom Hinzutreten zusätzlicher Unlauterkeitsmerkmale gewährt werden. Die Schutzgewährung setzt jedoch voraus, dass anderweitig kein umfassender Schutz zur Verfügung steht. Selbst mit Blick auf die *de facto property rights* stehen Daten keine sonstigen Schutzmöglichkeiten zur Verfügung, insbesondere solange eine Datennutzung durch Dritte gewollt ist.

Es wurde die Frage des Umgangs mit neuen Gütern in der Vergangenheit in Bezug auf den Schutz von Computerprogrammen und Datenbanken erörtert. Bevor jeweils spezielle Regelungen in das Urheberrechtsgesetz aufgenommen wurden, erfolgte die Schutzgewährung unter Rückgriff auf das UWG. Mit dem Ziel, aus der historischen Entwicklung Erkenntnisse für den rechtlichen Umgang mit Daten gewinnen zu können, wurde diese jeweils nachgezeichnet und festgestellt, dass Qualitätsanforderungen an das Leistungsergebnis, die im Rahmen des UWG-Leistungsschutzes entscheidend waren, mit einem Äquivalent im Urheberrechtsgesetz abgebildet wurden. Diese Qualitätsanforderungen gewährleisten, dass nicht jedem irrelevanten Leistungsergebnis umfassender Schutz gewährt wird. Übertragen auf

641 *Urbach*, Wie entsteht die ADAC-Stauprognose, Beitrag vom 21.08.2017, abrufbar unter: https://blog.adac/stauprognose/, Seite zuletzt abgerufen am 26.10.2022.

642 *Urbach*, Wie entsteht die ADAC-Stauprognose, Beitrag vom 21.08.2017, abrufbar unter: https://blog.adac/stauprognose/, Seite zuletzt abgerufen am 26.10.2022.

Daten bedeutet dies, dass weder dem unstrukturierten Rohdatenhaufen noch jedem einzelnen Datenbit unmittelbarer Leistungsschutz unter Rückgriff auf die Generalklausel vermittelt werden soll.

Der Einbau einer solchen Schutzschwelle wurde im Rahmen der Entwicklung eines Lösungsvorschlags für Daten berücksichtigt. Dieser knüpft an die Rechtsprechung des BGH an, der in der Vergangenheit, ohne dass im Ergebnis unmittelbarer Leistungsschutz gewährt wurde, auf die Gefahr eines Marktversagens und die Gefährdung getätigter erheblicher Investitionen bei der Frage der Gewährung unmittelbaren Leistungsschutzes abstellte. Im Lichte dessen wurde geprüft, ob diese Kriterien auch in Datensachverhalten herangezogen werden können. Die Betrachtung des Kriteriums des Marktversagens hat aufgezeigt, dass es keine unzureichende Datenerfassung auf dem Primärmarkt gibt, vielmehr bestehen ausreichend Anreize zur Datengenerierung. Auf dem Sekundärmarkt ist demgegenüber Zurückhaltung wahrzunehmen. Nichtsdestotrotz ist ein systematisches Marktversagen auch auf dem Sekundärmarkt der kommerziellen Weitergabe bereits generierter Daten zu verneinen. Dagegen kann das Kriterium der Gefährdung getätigter erheblicher Investitionen in Datensachverhalten im Rahmen der Interessenabwägung für eine Schutzgewährung sprechen. Dieses kann in Bezug auf Fahrzeug- und Fahrzeugumfelddaten unter mehreren Gesichtspunkten gegeben sein. So kann die Investition in die Datengenerierung an sich, in die Erzeugung einer besonders erheblichen Datenmenge oder in die Anonymisierung von Daten, die andernfalls Rückschlüsse auf eine Person zuließen, getätigt werden. Vor diesem Hintergrund kommt unmittelbarer Leistungsschutz an Daten in Betracht.

Im Anschluss an die Interessenabwägung ist im Einzelfall noch die Frage, ob die Schutzgewährung einer zeitlichen Begrenzung unterliegen sollte, zu prüfen und gegebenenfalls der Schutzzeitraum individuell festzulegen.

Es besteht mithin ein – wenn auch begrenzter – Anwendungsbereich für einen unmittelbaren Leistungsschutz gegen unberechtigte unmittelbare Übernahme durch wirtschaftliche Nutzung von Maschinendaten.

Fünfter Teil: **Schlussbetrachtung**

Im Rahmen der Schlussbetrachtung werden die wesentlichen Ergebnisse dieser Forschungsarbeit rekapituliert:

Das Ziel dieser Arbeit war es, eine umfassende Analyse des wettbewerbsrechtlichen Leistungsschutzes maschinengenerierter Daten vorzunehmen und einen Lösungsvorschlag für einen effektiven Leistungsschutz an Daten zu entwickeln, der die Besonderheiten des immateriellen Gutes der Daten und datenbasierter Geschäftsmodelle berücksichtigt. Damit sollte die Diskussion über den Schutz von Maschinendaten um die lauterkeitsrechtliche Perspektive ergänzt werden. Die Subsumtion von Daten unter die Tatbestandsmerkmale des mittelbaren und unmittelbaren wettbewerbsrechtlichen Leistungsschutzes erfolgte am Beispiel des vernetzten Fahrzeugs, sodass der Lösungsvorschlag auf die Nutzung von Fahrzeug- und Fahrzeugumfelddaten zugeschnitten ist.

Um sich dieser Aufgabenstellung zu nähern, setzte sich diese Arbeit zunächst mit dem Schutzgegenstand der Daten, konkret mit Fahrzeugdaten und Fahrzeugumfelddaten, auseinander. Innerhalb der von einem vernetzten Fahrzeug generierten Daten kann zwischen im Fahrzeug generierten technischen Daten und Daten aus der Umgebung des Fahrzeugs differenziert werden; zu Letzteren zählen auch die Kommunikationsdaten vernetzter Fahrzeuge untereinander sowie mit vernetzten Infrastruktureinheiten. So vielseitig die messbaren Daten sind, so unterschiedlich sind auch ihre Einsatz- und Verwertungsmöglichkeiten: Fahrzeughersteller nutzen insbesondere die technischen komponentenspezifischen Daten zur Produktverbesserung und Kostenreduktion. Zudem lassen sich Daten für die Entwicklung von *connectivity features* und digitalen Innovationen über den Verkehrssektor hinaus einsetzen.

Grundlegend wurde festgestellt, dass Maschinendaten immaterielle Wirtschaftsgüter darstellen und als solche Gegenstand rechtlicher Güterzuordnung sein können. Im Rahmen der Untersuchung des *Status quo* der Güterzuordnung von Daten konnte insbesondere dargelegt werden, dass Daten nach geltender Rechtslage innerhalb des jeweiligen Geltungsbereichs und nach der jeweiligen Schutzrichtung der einschlägigen Vorschriften geschützt werden: Während Daten, die einen Personenbezug aufweisen, umfassend – zugunsten der betroffenen Person – mittels des Datenschutzrechts geschützt sind und der schuldrechtliche Umgang mit diesen im Rahmen von Verbraucherverträgen vor dem Hintergrund der Digitale-Inhalte-Richtlinie und der Warenkauf-Richtlinie klar geregelt ist, erweisen sich die mit Blick auf Maschinendaten ohne Personenbezug einschlägigen Regelungen als begrenzt. Der Hersteller der datengenerierenden Sache kann derzeit nicht auf ein spezielles Datenvertragsrecht zurückgreifen, wenn er mit den sich unter seiner faktischen Kontrolle befindlichen Daten handeln will. Werden aufgrund von proprietären Schnittstellen oder dem Einsatz von Verschlüsselungstechnologie über „eigene" Daten Verträge geschlossen, so orientieren sich diese an einem „Recht des Stärke-

https://doi.org/10.1515/9783111369846-016

ren".[1] Dingliche Rechte kommen nur in Bezug auf den physischen Datenträger in Betracht. Die Integrität der verkörperten Daten wird über das zivilrechtliche Eigentum am Datenträger nur reflexartig geschützt. Das Geheimnisschutzrecht vermittelt zugunsten des Herstellers der datengenerierenden Sache partiellen Schutz von als Geschäftsgeheimnis einzuordnenden Daten. Dieser Schutz endet, sobald die Daten nicht mehr geheim gehalten werden oder werden sollen. Der Datenbankwerkschutz und das *sui generis*-Leistungsschutzrecht an Datenbanken beziehen sich jeweils nur auf die Datenbank als Ganzes und nicht auf Daten, bevor diese in eine Datenbank eingeordnet werden. Der Entwurf des *Data Act* sieht weder Eigentumsrechte noch sonstige absolute Rechte an Daten vor, sondern etabliert Datenzugangs- und Datennutzungsrechte basierend auf einer Vertragsbeziehung. Vor diesem Hintergrund kann der *Status quo* mit Blick auf den Schutz von Daten vor einer Nutzung durch Dritte durchaus mit dem Bild eines „bunten Flickenteppichs" beschrieben werden.[2] Die Bestandsaufnahme hat gezeigt, dass der Schutz nicht nur „flickenteppichhaft", sondern sogar „löchrig" ist. Dies vermag nach derzeitigem Stand auch der *Data Act* nicht zu ändern.

In Ergänzung zu bestehenden rechtlichen Anknüpfungspunkten könnte der wettbewerbsrechtliche Leistungsschutz zu einem umfassenden Schutz von Daten beitragen. Der Fokus der Arbeit wurde mithin darauf ausgerichtet, zu begutachten, ob und unter welchen Voraussetzungen Daten mittelbarer beziehungsweise unmittelbarer wettbewerbsrechtlicher Leistungsschutz vermittelt werden kann.

Zunächst wurde der wettbewerbsrechtliche Leistungsschutz historisch eingeordnet: Unter Rückgriff auf die Generalklausel des UWG von 1909 entwickelte das RG den wettbewerbsrechtlichen Leistungsschutz. Dieser diente dem Schutz eines mit Kosten und Mühen errungenen Arbeitsergebnisses. Das RG verlangte für die Unzulässigkeit einer Nachahmung zusätzliche, die Unlauterkeit besonders begründende Umstände. Daran hielt auch der BGH fest und präzisierte die Unlauterkeitskriterien. Diese wurden teilweise mit der Novellierung des UWG im Jahr 2004 durch § 4 Nr. 9 UWG 2004 gesetzlich geregelt. Ein Rückgriff auf die Generalklausel als zentrale Vorschrift sollte auch nach der Gesetzesnovelle möglich bleiben, sodass nicht ausdrücklich als unlauter eingestufte Fallkonstellationen vom Rechtsanwender ebenso sachgerecht beurteilt werden konnten. Mit Blick auf den Schutz neuer Güter wirkte sich die wettbewerbsrechtliche Rechtsprechung auch auf die Entwicklung der Sonderschutzrechte aus: Teilweise hat die Rechtsprechung dabei eine dem Gesetzgeber den Takt vorgebende Rolle eingenommen, sodass dem unmittelbaren wettbewerbsrechtlichen Leistungsschutz eine Schrittmacherfunkti-

1 *v. Westphalen*, IWRZ 2018, 9 (16).
2 *Grützmacher*, CR 2016, 485 (492); vgl. *Becker*, ZGE/IPJ 9 (2017), 253 (254).

on zugesprochen wurde, während die Rechtsprechung in anderen Fällen einen bereits in Gang gesetzten Gesetzgebungsprozess begleitete, weshalb es passender erscheint, von einer Begleitfunktion des unmittelbaren wettbewerbsrechtlichen Leistungsschutzes zu sprechen. Die Erörterung der Rechtsfolgenseite sowohl des mittelbaren als auch des unmittelbaren wettbewerbsrechtlichen Leistungsschutzes hat gezeigt, dass dieser immaterialgüterrechtsähnliche Rechtsfolgen bereithält; der unmittelbare Leistungsschutz vermittelt sogar einen *per se*-Schutz der Leistung selbst, ohne dass zusätzliche unlauterkeitsbegründende Tatbestandsvoraussetzungen erfüllt sein müssen. Damit eignet sich der wettbewerbsrechtliche Leistungsschutz auch von seinen Rechtsfolgen her, die ausgemachten „Löcher zu stopfen".

Im Rahmen der Untersuchung, ob Daten mittelbarer wettbewerbsrechtlicher Leistungsschutz vermittelt werden kann, war mit der Herausforderung umzugehen, dass dieser auf die Nachahmung körperlicher Güter zugeschnitten ist, weshalb sich Datensachverhalte nicht ohne Weiteres unter dessen Tatbestandsvoraussetzungen subsumieren lassen. So lässt sich das Merkmal der wettbewerblichen Eigenart nicht auf das immaterielle Gut der Daten übertragen, da sich dieses primär an optischen Kriterien orientiert. Mit den Ansätzen der einzelfallgerechten Auslegung des Merkmals wettbewerblicher Eigenart sowie des Verzichts auf dieses wurden Lösungsvorschläge entwickelt, die über diese Schwierigkeit hinweghelfen können. Immaterielle Daten werden zudem nicht nachgeahmt, sondern schlicht verwendet, sodass es in Datensachverhalten an einer Nachahmung, die angeboten werden könnte, fehlt. Da auch eine analoge Anwendung der Vorschrift über dieses Defizit nicht hinweghelfen kann, ist der mittelbare Leistungsschutz nach § 4 Nr. 3 lit. a und b UWG in Datennutzungsfällen ausgeschlossen. Eine Restanwendbarkeit des mittelbaren wettbewerbsrechtlichen Leistungsschutzes in Datensachverhalten bleibt mit Blick auf die Fallgruppe der unredlichen Erlangung von Kenntnissen und Unterlagen nach § 4 Nr. 3 lit. c UWG. Insoweit betrifft das Nachahmungserfordernis nicht die Daten selbst, sondern den Gegenstand, der auf Basis der unredlich erlangten Daten nachgeahmt werden konnte. In Bezug auf Daten erweist sich der Schutz mithin als reflexartig. Da die Aufzählung der normierten Fallgruppen des mittelbaren Leistungsschutzes nicht abschließend ist, wurde ergänzend ein denkbares Verhalten im Wettbewerb beschrieben, das speziell in Bezug auf die Nutzung fremder Daten als unlauter eingestuft und vom gesetzeskonkretisierenden Richter über die Generalklausel aufgefangen werden könnte, wobei an Daten bestimmte Qualitätsanforderungen gestellt werden müssten, um einen überschießenden Schutz zu vermeiden.

Anders als der mittelbare wettbewerbsrechtliche Leistungsschutz kann der unmittelbare wettbewerbsrechtliche Leistungsschutz bei unmittelbarer Übernahme eines Leistungsergebnisses eines Dritten unabhängig vom Hinzutreten zusätzlicher Unlauterkeitsmerkmale gewährt werden, sofern anderweitig kein umfassender Schutz zur Verfügung steht. Zur Beantwortung der Frage, ob und unter welchen Voraussetzungen Daten unmittelbarer wettbewerbsrechtlicher Leistungsschutz über die Generalklausel des UWG gewährt werden kann, wurde eine historische Herangehensweise gewählt und zunächst erörtert, wie in der Vergangenheit mit seinerzeit neuen Gütern umgegangen wurde. Bevor mit Blick auf Computerprogramme und Datenbanken spezielle Regelungen in das Urheberrechtsgesetz aufgenommen wurden, erfolgte die Schutzgewährung unter Rückgriff auf das UWG, wobei Qualitätsanforderungen an das schützenswerte Leistungsergebnis, die zunächst im Rahmen des UWG-Leistungsschutzes entscheidend waren, später mit einem Äquivalent im Urheberrechtsgesetz abgebildet wurden. Diese Qualitätsanforderungen gewährleisteten, dass nicht jedem irrelevanten Leistungsergebnis umfassender Schutz gewährt wurde. Übertragen auf Daten bedeutet dies, dass weder dem unstrukturierten Rohdatenhaufen noch jedem einzelnen Datenbit unmittelbarer Leistungsschutz unter Rückgriff auf die Generalklausel vermittelt werden kann. Es wurde ein Lösungsvorschlag für den Umgang mit Daten entwickelt, der an die Rechtsprechung des BGH anknüpft, welcher in der Vergangenheit, ohne dass im Ergebnis unmittelbarer wettbewerbsrechtlicher Leistungsschutz gewährt wurde, auf die Gefahr eines Marktversagens und die Gefährdung getätigter erheblicher Investitionen abstellte. In Datensachverhalten dürfte für die Gewährung unmittelbaren wettbewerbsrechtlichen Leistungsschutzes das Kriterium der Gefährdung getätigter erheblicher Investitionen relevant werden. Das Erfordernis einer getätigten Investition kann in Bezug auf Fahrzeug- und Fahrzeugumfelddaten unter mehreren Gesichtspunkten bejaht werden. So kann die Investition in die Datengenerierung an sich, in die Erzeugung einer besonders erheblichen Datenmenge oder in die Anonymisierung von Daten, die andernfalls Rückschlüsse auf eine Person zuließen, getätigt worden sein. Vor diesem Hintergrund kommt unmittelbarer wettbewerbsrechtlicher Leistungsschutz bei unmittelbarer Übernahme von Daten eines Dritten in Betracht; es besteht also ein – wenn auch begrenzter – Anwendungsbereich für einen unmittelbaren wettbewerbsrechtlichen Leistungsschutz gegen unberechtigte wirtschaftliche Nutzung von Maschinendaten.

Literaturverzeichnis

Alexander, C., Gegenstand, Inhalt und Umfang des Schutzes von Geschäftsgeheimnissen nach der Richtlinie EU 2016/934, WRP 2017, 1034 ff.

Ders., Grundstrukturen des Schutzes von Geschäftsgeheimnissen durch das neue GeschGehG, WRP 2019, 673 ff.

Ders., Lauterkeitsrecht, 3. Aufl., Köln 2022 [zitiert: *Alexander*, Lauterkeitsrecht, § Rn.]

Arkenau, J./Wübbelmann, J., Eigentum und Rechte an Daten – Wem gehören die Daten?, in: Taeger, J. (Hrsg.), DSRI Tagungsband Herbstakademie 2015, Edewecht 2015 [zitiert: Taeger/*Arkenau/Wübbelmann*, Tagungsband Herbstakademie 2015, S. 95 (S.)]

Assion, S., Anmerkung zu OLG Naumburg, Urteil v. 27. 08. 2014 – 6 U 3/14, CR 2016, 83 ff.

Bartsch, M., Die „Vertraulichkeit und Integrität informationstechnischer Systeme" als sonstiges Recht nach § 823 Abs. 1 BGB, CR 2008, 613 ff.

Baumbach, A./Hefermehl, W., Wettbewerbs- und Warenzeichenrecht – Gesetz gegen den unlauteren Wettbewerb, Warenzeichengesetz, Zugabeverordnung, Rabattgesetz, Gesetz gegen Wettbewerbsbeschränkungen, zwischenstaatliches Wettbewerbsrecht und Nebengesetze, 8. Aufl., München/Berlin 1960 [zitiert: Baumbach/Hefermehl/*Bearbeiter*, UWG (8. Aufl., 1960) § Rn.]

Dies., Wettbewerbsrecht – Gesetz gegen den unlauteren Wettbewerb, Zugabeverordnung, Rabattgesetz und Nebengesetze, 12. Aufl., München 1978 [zitiert: Baumbach/Hefermehl/*Bearbeiter*, UWG (12. Aufl., 1978) § Rn.]

Dies., Wettbewerbsrecht – Gesetz gegen den unlauteren Wettbewerb, Zugabeverordnung, Rabattgesetz und Nebengesetze, 17. Aufl., München 1993 [zitiert: Baumbach/Hefermehl/*Bearbeiter*, UWG (17. Aufl., 1993) § Rn.]

Beater, A., Nachahmen im Wettbewerb, Tübingen 1995 [zitiert: *Beater*, Nachahmen im Wettbewerb, S.]

Ders., Unlauterer Wettbewerb, 2. Aufl., Tübingen 2011 [zitiert: *Beater*, Unlauterer Wettbewerb, Rn.]

Becker, M., Lauterkeitsrechtlichen Leistungsschutz für Daten, GRUR 2017, 346 ff.

Ders., Schutzrechte für Maschinendaten und die Schnittstelle zum Personendatenschutz, in: Büscher, W./Glöckner, J./Nordemann, A./Osterrieth, C./Rengier, R. (Hrsg.), Marktkommunikation zwischen Geistigem Eigentum und Verbraucherschutz – Festschrift für Karl-Heinz Fezer zum 70. Geburtstag, München 2016 [zitiert: *Becker*, in: FS Fezer, S. 815 (S.)]

Ders., Schwerpunkt: Rechte an Industrial Data und die DSM-Strategie, GRUR Newsletter 01/2016, 7 ff.

Berberich, M./Golla, S., Zur Konstruktion eines „Dateneigentums" – Herleitung, Schutzrichtung, Abgrenzung, PinG 2016, 165 ff.

Berndt, S., Das Automobil im Visier der Strafverfolgungsbehörden – Das Auslesen von Daten der „Black-Box" automatisierter Fahrzeuge zur Strafverfolgung, NZV 2018, 249 ff.

Bomhard, D./Merkle, M., Der Entwurf eines EU Data Acts: Neue Spielregeln für die Data Economy, RDi 2022, 168 ff.

Bönninger, J., Wem gehören die Daten im Fahrzeug? Das moderne Fahrzeug – Messgerät, Steuergerät, Datenspeicher, in: Deutscher Verkehrsgerichtstag – Deutsche Akademie für Verkehrswissenschaft e.V. (Hrsg.), 52. Deutscher Verkehrsgerichtstag 2014: Veröffentlichung der auf dem 52. Deutschen Verkehrsgerichtstag vom 29. bis 31. Januar 2014 in Goslar gehaltenen Vorträge, Referate und erarbeiteten Empfehlungen, Köln 2014 [zitiert: Deutscher Verkehrsgerichtstag – Deutsche Akademie für Verkehrswissenschaft e.V./*Bönninger*, 52. Deutscher Verkehrsgerichtstag 2014, S. 229 (S.)]

Börding, A./Jülicher, T./Röttgen, C./v. Schönfeld, M., Neue Herausforderungen der Digitalisierung für das Zivilrecht – Praxis und Rechtsdogmatik, CR 2017, 134 ff.

https://doi.org/10.1515/9783111369846-017

Büscher, W., Neuere Entwicklungen im wettbewerbsrechtlichen Leistungsschutz, GRUR 2018, 1 ff.

Christians, A., Arbeitsgruppe „Digitaler Neustart im BGB"? – Bericht über einen Experten-Workshop im Justizministerium NRW im Mai 2016, AfP 2016, 334 ff.

Conrad, I./Grützmacher, M. (Hrsg.), Recht der Daten und Datenbanken im Unternehmen, Köln 2014 [zitiert: Conrad/Grützmacher/*Bearbeiter*, § Rn.]

Danwerth, C., Analogie und teleologische Reduktion – zum Verhältnis zweier scheinbar ungleicher Schwestern, ZfPW 2017, 230 ff.

Denga, M., Gemengelage des privaten Datenrechts, NJW 2018, 1371 ff.

Determann, L., Gegen Eigentumsrechte an Daten – Warum Gedanken und andere Informationen frei sind und es bleiben sollten, ZD 2018, 503 ff.

Deuring, S., Datenmacht – Zugang als Herausforderung, Baden-Baden 2021 [zitiert: *Deuring*, Datenmacht – Zugang als Herausforderung, S.]

Dreier, T./Schulze, G. (Hrsg.), Urheberrechtsgesetz, Kommentar, 7. Aufl., München 2022 [zitiert: Dreier/Schulze/*Bearbeiter*, UrhG § Rn.]

Drexl, J./ Hilty, R. M./Desaunettes, L./Greiner, F./Kim, D./Richter, H./Surblyte, G./Wiedemann, K., Ausschließlichkeits- und Zugangsrechte an Daten – Positionspapier des Max-Planck-Instituts für Innovation und Wettbewerb vom 16. 8. 2016 zur aktuellen europäischen Debatte, GRUR Int. 2016, 914 ff.

Drexl, J., Neue Regeln für die Europäische Datenwirtschaft? – Ein Plädoyer für einen wettbewerbspolitischen Ansatz – Teil 1, NZKart 2017, 339 ff.

Duch-Brown, N./Martens, B./Mueller-Langer, F., The economics of ownership, access and trade in digital data; in: JRC Technical Reports, Digital Economy Working Paper 2017 – 01 [zitiert: *Duch-Brown/Martens/Mueller-Langer*, JRC Digital Economy Working Paper 2017 – 01, S.]

Düppen, B., Der Utilitarismus: Eine theoriegeschichtliche Darstellung von der griechischen Antike bis zur Gegenwart, Köln 1996 [zitiert: *Düppen*, Der Utilitarismus, S.].

Ensthaler, J., Industrie 4.0 und die Berechtigung an Daten, NJW 2016, 3473 ff.

Ensthaler, J./Üge, D., Wem gehören die durch die Nutzung von Maschinen generierten Daten?, BB 2022, 2051 ff.

Eßer, M./Kramer, P./von Lewinski, K. (Hrsg.), Auernhammer Datenschutzgrundverordnung, Bundesdatenschutzgesetz und Nebengesetze, Kommentar, 7. Aufl., Köln 2020 [zitiert: Auernhammer/*Bearbeiter*, Art. Rn.]

Faber, T./Griga, M./Groß, J., Predictive Maintenance – Hürden und Chancen zur sinnvollen Nutzung von Maschinendaten, DS 2018, 299 ff.

Faust, F., Verhandlungen des 71. Deutschen Juristentages Essen 2016 Band I: Gutachten Teil A: Digitale Wirtschaft – Analoges Recht: Braucht das BGB ein Update?, München 2016 [zitiert: *Faust*, Digitale Wirtschaft – Analoges Recht: Braucht das BGB ein Update?, S.]

Feilhauer, M., Simulationsgestützte Absicherung von Fahrerassistenzsystemen, Stuttgart 2018, online verfügbar unter: https://elib.uni-stuttgart.de/bitstream/11682/10283/1/Dissertation%20-%20online.pdf, Seite zuletzt abgerufen am 25. 10. 2022 [zitiert: *Feilhauer*, Simulationsgestützte Absicherung von Fahrerassistenzsystemen, S.]

Fezer, K.-H./Büscher, W./Obergfell, E. I. (Hrsg.), Lauterkeitsrecht Kommentar zum Gesetz gegen den unlauteren Wettbewerb (UWG), 3. Aufl., München 2016 [zitiert: Fezer/Büscher/Obergfell/*Bearbeiter*, UWG § Rn.]

Fezer, K.-H., Dateneigentum – Theorie des immaterialgüterrechtlichen Eigentums an verhaltensgenerierten Personendaten der Nutzer als Datenproduzenten, MMR 2017, 3 ff.

Ders., Dateneigentum der Bürger – Ein originäres Immaterialgüterrecht sui generis an verhaltensgenerierten Informationsdaten der Bürger, ZD 2017, 99 ff.

Ders., Leistungsschutz im Wettbewerbsrecht, WRP 1993, 63 ff.

Ders., Normenkonkurrenz zwischen Kennzeichenrecht und Lauterkeitsrecht – Ein Beitrag zur kumulativen und subsidiären Normenkonkurrenz im Immaterialgüterrecht – Kritik der Vorrangthese des BGH zum MarkenG, WRP 2008, 1 ff.

Flechsig, N. P., Der rechtliche Rahmen der europäischen Richtlinie zum Schutz von Datenbanken, ZUM 1997, 577 ff.

Flöter, B., Der wettbewerbsrechtliche Schutz von Investitionen vor Marktversagen, Tübingen 2017 [zitiert: *Flöter*, Der wettbewerbsrechtliche Schutz von Investitionen vor Marktversagen, S.]

Forkel, H., Zur Übertragbarkeit geheimer Kenntnisse, in: Hubmann H./Hübner, H. (Hrsg.), Festschrift für Ludwig Schnorr von Carolsfeld zum 70. Geburtstag, Köln 1972 [zitiert: *Forkel*, in: FS Schnorr von Carolsfeld, S. 105 (S.)]

Fritzsche, J./Münker, R./Stollwerck, C. (Hrsg.), Beck'scher Online Kommentar UWG, 21. Edition Stand: 01. 07. 2023 [zitiert: BeckOK UWG/*Bearbeiter* UWG § Rn.]

Fromm, F. K./Nordemann, A./Nordemann, J. B./Czychowski, C. (Hrsg.), Urheberrecht, Kommentar, 12. Aufl., Stuttgart 2018 [zitiert: Fromm/Nordemann/*Bearbeiter*, UrhG § Rn.]

Gerpott, T. J., Vorschlag für eine europäisches Datengesetz – Überblick und Analyse der Vorgaben für vernetzte Produkte, CR 2022, 271 ff.

Glöckner, J., Der gegenständliche Anwendungsbereich des Lauterkeitsrechts nach der UWG-Novelle 2008 – ein Paradigmenwechsel mit Folgen, WRP 2009, 1175 ff.

Ders., Europäisches Lauterkeitsrecht, München 2016 [zitiert: *Glöckner*, Europäisches Lauterkeitsrecht, S.]

Gondert, F., Der wettbewerbsrechtliche Leistungsschutz – Ein Beitrag zum wettbewerbsrechtlichen Schutz vor Ausbeutung fremder Leistungen durch das Einschieben in eine fremde Produktserie, Berlin 2013 [zitiert: *Gondert*, Der wettbewerbsrechtliche Leistungsschutz, S.]

Götte, B., Die Schutzdauer im wettbewerbsrechtlichen Leistungsschutz, Baden-Baden 2000 [zitiert: *Götte*, Die Schutzdauer im wettbewerbsrechtlichen Leistungsschutz, S.]

Götting, H.-P./Nordemann, A. (Hrsg.), UWG, Handkommentar, 3. Aufl., Baden-Baden 2016 [Götting/Nordemann/*Bearbeiter*, UWG § Rn.]

Götting, H.-P., Wettbewerbsrecht – Das neue UWG, München 2005 [zitiert: *Götting*, Wettbewerbsrecht, § Rn.]

Ders., Persönlichkeitsrechte als Vermögensrechte, Tübingen 1995 [zitiert: *Götting*, Persönlichkeitsrechte als Vermögensrechte, S.]

Götz, C., Big Data und der Schutz von Datenbanken – Überblick und Grenzen, ZD 2014, 563 ff.

Grosskopf, L., Rechte an privat erhobenen Geo- und Telemetriedaten, IPRB 2011, 259 ff.

Grünberger, M., Die Entwicklung des Urheberrechts im Jahr 2021, ZUM 2022, 321 ff.

Grünwald, A./Nüßing, C., Machine To Machine (M2M)-Kommunikation – Regulatorische Fragen bei der Kommunikation im Internet der Dinge, MMR 2015, 378 ff.

Grützmacher, M., Dateneigentum – ein Flickenteppich, Wem gehören die Daten bei Industrie 4.0, Internet der Dinge und Connected Cars?, CR 2016, 485 ff.

Gsell, B./Krüger, W./Lorenz, S./Reymann, C. (Hrsg.), Beck'scher Online Großkommentar zum Zivilrecht, Stand: 01. 09. 2022 [zitiert: BeckOGK/*Bearbeiter* BGB § Rn.].

Haberstumpf, H., Verkauf immaterieller Güter, NJOZ 2015, 793 ff.

Hacker, P., Immaterialgüterrechtlicher Schutz von KI-Trainingsdaten, GRUR 2020, 1025 ff.

Harte-Bavendamm, H./Henning-Bodewig, F. (Hrsg.), Gesetz gegen den unlauteren Wettbewerb (UWG), Kommentar, 5. Aufl., München 2021 [zitiert: Harte-Bavendamm/Henning-Bodewig/*Bearbeiter*, UWG § Rn.]

Harte-Bavendamm, H., Wettbewerbsrechtlicher Schutz von Computerprogrammen, CR 1986, 615 ff.

Hau, W./Posek, R. (Hrsg.), Beck'scher Online-Kommentar BGB, 66. Edition Stand: 01. 05. 2023 [zitiert: BeckOK BGB/*Bearbeiter* BGB § Rn.]

Heermann, P. W./Schlingloff, J. (Hrsg.), Münchener Kommentar zum Lauterkeitsrecht, 3. Aufl., München 2020 [zitiert: MüKoUWG/*Bearbeiter*, UWG § Rn.]

Heil, U./Roos, M., Zur dreifachen Schadensberechnung bei Übernahme sonderrechtlich nicht geschützter Leistungen – zugleich Anmerkung zu BGH GRUR 1993, 575 ff. – Kollektion „Holiday", GRUR 1994, 26 ff.

Heinrich, M., Der rechtliche Schutz von Datenbanken, WRP 1997, 275 ff.

Hennemann, M./Steinrötter, B., Data Act – Fundament des neuen EU-Datenwirtschaftsrechts?, NJW 2022, 1481 ff.

Henning-Bodewig, F., Das neue Gesetz gegen den unlauteren Wettbewerb, GRUR 2004, 713 ff.

Hering, E./Schönfelder, G. (Hrsg.), Sensoren in Wissenschaft und Technik – Funktionsweise und Einsatzgebiete, 2. Aufl., Wiesbaden 2018 [zitiert: Hering/Schönfelder (Hrsg.), Sensoren in Wissenschaft und Technik, S.]

Hetmank, S., „Wettbewerbsfunktionales Verständnis" im Lauterkeitsrecht, GRUR 2014, 437 ff.

Heun, S.-E./Assion, S., Internet(recht) der Dinge – Zum Aufeinandertreffen von Sachen- und Informationsrecht, CR 2015, 812 ff.

Hillmer, K., Daten als Rohstoffe und Entwicklungstreiber für selbstlernende Systeme – Zum Regulierungsbedürfnis von Innovationshemmnissen durch Datennetzwerkeffekte, Baden-Baden 2021 [zitiert: *Hillmer*, Daten als Rohstoffe und Entwicklungstreiber für selbstlernende Systeme, S.]

Hieke, R., Big Data – Zum gesetzlichen Schutz und der rechtlichen Zuordnung von Daten, InTeR 1/17, 10 ff.

Hilty, R. M./Arpagaus, R., Basler Kommentar, Bundesgesetz gegen den unlauteren Wettbewerb (UWG), Basel 2013 [zitiert: Hilty/Arpagaus/*Bearbeiter*, Basler Kommentar, Art. Rn.]

Hoebbel, C., Der Schutz von elektronischen Datenbanken nach deutschem und kommendem europäischen Recht, in: Lehmann, Michael (Hrsg.), Rechtsschutz und Verwertung von Computerprogrammen, 2. Aufl., Köln 1993 [zitiert: Lehmann/*Hoebbel*, Rechtsschutz und Verwertung von Computerprogrammen, S. 1015 (S.)]

Hoeren, T., Big Data und Recht, München 2014 [zitiert: *Hoeren*, Big Data und Recht, S.]

Ders., Datenbesitz statt Dateneigentum – Erste Ansätze zur Neuausrichtung der Diskussion um die Zuordnung von Daten, MMR 2019, 5 ff.

Ders., Dateneigentum – Versuch einer Anwendung von § 303 a StGB im Zivilrecht, MMR 2013, 486 ff.

Hoppen, P., Sicherung von Eigentumsrechten an Daten – Technisch basierte Anmerkungen zu Rechtsentwicklung, CR 2015, 802 ff.

Hornung, G., Verfügungsrechte an fahrzeugbezogenen Daten – Das vernetze Automobil zwischen innovativer Wertschöpfung und Persönlichkeitsschutz, DuD 2015, 359 ff.

Hubmann, H., Die sklavische Nachahmung, GRUR 1975, 230 ff.

Isele, J.-F., Von der „Wettbewerbshandlung" zur „geschäftlichen Handlung": Hat die „Änderung der Voreinstellung" ausgedient?, GRUR 2009, 727 ff.

Jacob, J., Ausschließlichkeitsrechte an immateriellen Gütern, Tübingen 2010 [zitiert: *Jacob*, Ausschließlichkeitsrechte an immateriellen Gütern, S.]

Jänich, V., Geistiges Eigentum – eine Komplementärerscheinung zum Sacheigentum?, Tübingen 2002 [zitiert: *Jänich*, Geistiges Eigentum, S.]

Jansen, R./Kreis, F., Herausforderungen bei der Datenverarbeitung im Rahmen der NEVADA-Share & Secure Strategie der Automobilindustrie, RAW 1/20, 19 ff.

Keller, E., Der wettbewerbsrechtliche Leistungsschutz – Vom Handlungsunrecht zur Immaterialgüterrechtsähnlichkeit, in: Ahrens, H.-J./Bornkamm, J./Gloy, W./Starck, J./v. Ungern-Sternberg, J. (Hrsg.), Festschrift für Willi Erdmann zum 65. Geburtstag, Berlin, 2002 [zitiert: *Keller*, in: FS Erdmann, S. 595 (S.)]

Kerber, W., Governance of IoT Data: Why the EU Data Act will not fulfill its objectives, Marburg 8. April 2022, online verfügbar unter: https://www.uni-marburg.de/en/fb02/research-groups/economics/wipol/team/kerber_data-act_08042022_01.pdf, Seite zuletzt abgerufen am 26.10.2022 [zitiert: *Kerber*, Governance of IoT Data: Why the EU Data Act will not fulfill its objectives, S.]

Kiparski, G./Sassenberg, T., Internet of Things – Aktuelle Entwicklungen und Branchenbesonderheiten bei Connected Cars, eHealth und Co, CR 2018, 596 ff.

Klink-Straub, J./Straub, T.: Data Act als Rahmen für gemeinsame Datennutzung, ZD-Aktuell 2022, 01076.

Köhler, H./Bornkamm, J./Feddersen, J. (Hrsg.), Gesetz gegen den unlauteren Wettbewerb (UWG), Kommentar, 39. Aufl., München 2021 [zitiert: Köhler/Bornkamm/Feddersen/*Bearbeiter*, UWG (39. Aufl.) § Rn.]

Köhler, H./Bornkamm, J./Feddersen, J. (Hrsg.), Gesetz gegen den unlauteren Wettbewerb (UWG), Kommentar, 41. Aufl., München 2023 [zitiert: Köhler/Bornkamm/Feddersen/*Bearbeiter*, UWG § Rn.]

Köhler, H., BGB Allgemeiner Teil, 47. Aufl., München 2023 [zitiert: *Köhler*, BGB AT, § Rn.]

Ders., Das Verhältnis des Wettbewerbsrechts zum Recht des geistigen Eigentums – Zur Notwendigkeit einer Neubestimmung auf Grund der Richtlinie über unlautere Geschäftspraktiken, GRUR 2007, 548 ff.

Ders.: Der ergänzende Leistungsschutz: Plädoyer für eine gesetzliche Regelung, WRP 1999, 1075 ff.

Ders., Der Schutz vor Produktnachahmung im Markenrecht, Geschmacksmusterrecht und neuen Lauterkeitsrecht, GRUR 2009, 445 ff.

Ders., Funktion und Anwendungsbereich des Mitbewerberbegriffs im UWG – Zugleich Besprechung der Entscheidung „Werbeblocker II" des BGH, GRUR 2019, 123 ff.

Kristl, S., Datengetriebene Geschäftsmodelle der Automobilindustrie – Rechtssicherheit bei der Datenerhebung, MMR 2021, 386 ff.

Kühling, J./Sackmann, F., Irrweg „Dateneigentum" – Neue Großkonzepte als Hemmnis für die Nutzung und Kommerzialisierung von Daten, ZD 2020, 24 ff.

Lackner, K./Kühl, K., Strafgesetzbuch, Kommentar, 30. Aufl., München 2023 [zitiert: Lackner/Kühl/*Bearbeiter*, StGB § Rn.]

Lehmann-Schmidtke, W., Das Erfordernis der wettbewerblichen Eigenart im ergänzenden wettbewerbsrechtlichen Leistungsschutz, Pfaffenweiler 1988 [zitiert: *Lehmann-Schmidtke*, Das Erfordernis der wettbewerblichen Eigenart im ergänzenden wettbewerbsrechtlichen Leistungsschutz, S.]

Leistner, M./Hansen, G., Die Begründung des Urheberrechts im digitalen Zeitalter – Versuch einer Zusammenführung von individualistischen und utilitaristischen Rechtfertigungsbemühungen, GRUR 2008, 479 ff.

Leistner, M./Antoine, L./Sagstetter, T., Big Data – Rahmenbedingungen im europäischen Datenschutz- und Immaterialgüterrecht und übergreifende Reformperspektive, Tübingen 2021 [zitiert: *Leistner/Antoine/Sagstetter*, Big Data, S.]

Lindner, J. F., Die gleichheitsgebotene Doppelanalogie bei § 79 II BVerfGG, NVwZ 2008, 170 ff.

Lobe, A., Der Hinweis auf fremde gewerbliche Leistung als Mittel zur Reklame, MuW Jahrgang XVI (Oktober 1916 – September 1917), 129 ff. [zitiert: *Lobe*, MuW 1917, 129 (S.)]

Lochmann, R., Die Einräumung von Fernsehübertragungsrechten an Sportveranstaltungen – Zugleich ein Beitrag zur Einräumung von Nutzungs- und Verwertungsrechten im System des Privatrechts, Tübingen 2005 [zitiert: *Lochmann*, Die Einräumung von Fernsehübertragungsrechten an Sportveranstaltungen, S.]

Locke, J., The second treatise of government, 1689 [*Locke*, Second Treatise, Chapter §]

Loewenheim, U./Leistner, M./Ohly, A. (Hrsg.), Urheberrecht, Kommentar, 6. Aufl., München 2020 [zitiert: Schricker/Loewenheim/*Bearbeiter*, UrhG § Rn.]

Loewenheim, U., Möglichkeiten des Rechtsschutzes für Computerprogramme, CR 1988, 799 ff.

Loschelder, M./Danckwerts, R. (Hrsg.), Handbuch des Wettbewerbsrechts, 5. Aufl., München 2019 [zitiert: Gloy/Loschelder/Danckwerts/*Bearbeiter*, Hdb. Wettbewerbsrecht § Rn.]

Louven, S., Datenmacht und Zugang zu Daten, NZKart 2018, 217 ff.

Lubberger, A., Grundsatz der Nachahmungsfreiheit?, in: Ahrens, H.-J./Bornkamm, J./Kunz-Hallstein, H. P. (Hrsg.), Festschrift für Eike Ullmann, Saarbrücken 2006 [zitiert: *Lubberger*, in: FS Ullmann, S. 737 (S.)]

Lüke, W., Sachenrecht, 4. Aufl., München 2018 [zitiert: *Lüke*, Sachenrecht, § Rn.]

Maaßen, S., „Angemessene Geheimhaltungsmaßnahmen“ für Geschäftsgeheimnisse, GRUR 2019, 352 ff.

Martini, M./Kolain, M./Neumann, K./Rehorst, T./Wagner, D., Datenhoheit – Annäherung an einen offenen Leitbegriff, MMR-Beil. 2021, 3 ff.

Mayer Schönberger, V./Cukier, K., Big Data – Die Revolution, die unser Leben verändern wird, 2. Aufl., München 2013 [zitiert: *Mayer Schönberger/Cukier*, S.]

Medicus, D./Petersen, J., Allgemeiner Teil des BGB, 11. Aufl., Heidelberg 2016 [zitiert: *Medicus/Petersen*, Allgemeiner Teil des BGB, § Rn.]

Mehrings, J., Wettbewerbsrechtlicher Schutz von Online-Datenbanken, CR 1990, 305 ff.

Meier, K./Wehlau, A., Die zivilrechtliche Haftung für Datenlöschung, Datenverlust und Datenzerstörung, NJW 1998, 1585 ff.

Metzger, A., Mehr Freiheit wagen auf dem Markt für Daten: Voraussetzungen und Grenzen eines Marktmodells für „big data“, in: Dutta, A./Heinze, C. (Hrsg.), „Mehr Freiheit wagen“ – Beiträge zur Emeritierung von Jürgen Basedow, Tübingen 2018 [zitiert: Dutta/Heinze/*Metzger*, „Mehr Freiheit wagen“ – Beiträge zur Emeritierung von Jürgen Basedow, S. 131 (S.)]

Metzger, J./Mischau, L., Neutrale Server – Datenschutz und Datenwirtschaft im vernetzten Fahrzeug, in: Stiftung Datenschutz (Hrsg.), Datenschutz im vernetzten Fahrzeug, Berlin 2020 [zitiert: Stiftung Datenschutz/*Metzger/Mischau*, Datenschutz im vernetzten Fahrzeug, S. 135 (S.)]

Moore, G. E., Cramming more components onto integrated circuits, Electronics, 1965 Band 38, Nr. 8, S. 114 ff.

Müller, F., Modellierung der Sensorabdeckung autonomer Fahrzeuge zur Berechnung optimaler Annäherungspfade, München 2018, online verfügbar unter: https://mediatum.ub.tum.de/doc/1470597/1470597.pdf, Seite zuletzt abgerufen am 25.10.2022 [zitiert: *Müller*, Modellierung der Sensorabdeckung autonomer Fahrzeuge zur Berechnung optimaler Annäherungspfade, S.]

Nemeczek, H., Gibt es einen unmittelbaren Leistungsschutz im Lauterkeitsrecht?, WRP 2010, 1204 ff.

Ders., Rechtsübertragung und Lizenzen beim wettbewerbsrechtlichen Leistungsschutz – Zugleich ein Beitrag gegen den unmittelbaren Leistungsschutz, GRUR 2011, 292 ff.

Nissen, R. M., Der monetäre Wert von Daten im Privatrecht – Dogmatik und Rechtspolitik des Datenprivatrechts, Tübingen 2021 [zitiert: *Nissen*, Der monetäre Wert von Daten im Privatrecht, S.]

Oberndörfer, P., Die philosophische Grundlage des Urheberrechts, Baden-Baden 2005 [zitiert: *Oberndörfer*, Die philosophische Grundlage des Urheberrechts, S.]

Ohly, A./Sosnitza, O. (Hrsg.), Gesetz gegen den unlauteren Wettbewerb: UWG, Kommentar, 8. Aufl., München 2023 [zitiert: Ohly/Sosnitza/*Bearbeiter*, UWG § Rn.]

Ohly, A., Das neue Geschäftsgeheimnisgesetz im Überblick, GRUR 2019, 441 ff.

Ders., Das neue UWG – Mehr Freiheit für den Wettbewerb?, GRUR 2004, 889 ff.

Ders., Designschutz im Spannungsfeld von Geschmacksmuster-, Kennzeichen- und Lauterkeitsrecht, GRUR 2007, 731 ff.

Ders., Digitale Datenbanken aus immaterialgüter- und persönlichkeitsrechtlicher Sicht, in: Vieweg, K./ Gerhäuser, H. (Hrsg.), Digitale Daten in Geräten und Systemen, Köln 2010 [zitiert: Vieweg/ Gerhäuser/*Ohly*, Digitale Daten in Geräten und Systemen, S. 123 (S.)]

Ders., Hartplatzhelden.de oder: Wohin mit dem unmittelbaren Leistungsschutz?, GRUR 2010, 487 ff.

Ders., Mehr oder weniger Leistungsschutz durch Europäisches Lauterkeitsrecht?, in: Hilty, R./Henning-Bodewig, F. (Hrsg.), Lauterkeitsrecht und Acquis Communautaire, Berlin 2009 [zitiert: Hilty/ Henning-Bodewig/*Ohly*, Lauterkeitsrecht und Acquis Communautaire, S. 181 (S.)]

Ders., Richterrecht und Generalklausel im Recht des unlauteren Wettbewerbs; Ein Methodenvergleich des englischen und des deutschen Rechts, Köln u. a. 1997 [zitiert: *Ohly*, Richterrecht und Generalklausel im Recht des unlauteren Wettbewerbs, S.]

Ders., Urheberrecht und UWG, GRUR Int. 2015, 693 ff.

Ojea, P., Der derivative Informationsschutz nach § 9 S. 2 Nr. 3 PatG, GRUR 2018, 1096 ff.

Peifer, K.-N. (Hrsg.), UWG Großkommentar zum Gesetz gegen den unlauteren Wettbewerb, Band 1 (§§ 1 – 3), 3. Aufl., Berlin u. a. 2021 [zitiert: Peifer/*Bearbeiter*, GK-UWG Band 1, § Rn.]

Peifer, K.-N. (Hrsg.), UWG Großkommentar zum Gesetz gegen den unlauteren Wettbewerb, Band 2 (§§ 3a-7), 3. Aufl., Berlin u. a. 2020 [zitiert: Peifer/*Bearbeiter*, GK-UWG Band 2, § Rn.]

Peifer, K.-N., Individualität im Zivilrecht: der Schutz persönlicher, gegenständlicher und wettbewerblicher Individualität im Persönlichkeitsrecht, Immaterialgüterrecht und Recht der Unternehmen, Tübingen 2001 [zitiert: *Peifer*, Individualität im Zivilrecht, S.]

Peitz, M./Schweitzer, H., Ein neuer europäischer Ordnungsrahmen für Datenmärkte, NJW 2018, 275 ff.

Peschel, C./Rockstroh, S., Big Data in der Industrie – Chancen und Risiken neuer datenbasierter Dienste, MMR 2014, 571 ff.

Peukert, A., „Sonstige Gegenstände" im Rechtsverkehr, in: Leible, S./Lehmann, M./Zech, H. (Hrsg.), Unkörperliche Güter im Zivilrecht, Tübingen 2011 [zitiert: Leible/Lehmann/Zech/*Peukert*, Unkörperliche Güter im Zivilrecht, S. 95 (S.)]

Ders., Güterzuordnung als Rechtsprinzip, Tübingen 2008 [zitiert: *Peukert*, Güterzuordnung als Rechtsprinzip, S.]

Ders., hartplatzhelden.de – eine Nagelprobe für den wettbewerbsrechtlichen Leistungsschutz, WRP 2010, 316 ff.

Pierson, M./Ahrens, T./Fischer, C. R. (Hrsg.), Recht des geistigen Eigentums – Gewerblicher Rechtsschutz, Urheberrecht, Wettbewerbsrecht, 4. Aufl., Tübingen 2018 [zitiert: Pierson/Ahrens/ Fischer/*Bearbeiter*, Recht des geistigen Eigentums, S.]

Podszun, R./Pfeifer, C., Datenzugang nach dem EU Data Act: Der Entwurf der Europäischen Kommission, GRUR 2022, 953 ff.

Pombriant, D., Data, Information and Knowledge – Transformation of data is key, CRi 2013, 97 ff.

Redeker, H., Information als eigenständiges Rechtsgut – Zur Rechtsnatur der Information und dem daraus resultierenden Schutz, CR 2011, 634 ff.

Ders., Software – ein besonderes Gut, NJOZ 2008, 2917 ff.

Regenfus, T., Die „doppelte Analogie" – Erscheinungsformen und Voraussetzungen, JA 2009, 579 ff.

Reif, K. (Hrsg.), Sensoren im Kraftfahrzeug, Bosch Fachinformation Automobil, 3. Aufl., Wiesbaden 2016 [zitiert: Reif, Sensoren im Kraftfahrzeug, S.]

Ders., Ottomotor-Management, Bosch Fachinformation Automobil, 4. Aufl. Wiesbaden 2014 [zitiert: Reif, Ottomotor-Management, S.]

Reiter, J./Methner, O./Schenkel, B./Kinzler, S., „Neutrale Server" für Fahrzeugdaten: Garant für Datenschutz und Datensicherheit am Beispiel des Fahrmodusspeichers, in: Stiftung Datenschutz (Hrsg.), Datenschutz im vernetzten Fahrzeug, Berlin 2020 [zitiert: Stiftung Datenschutz/*Reiter/Methner/Schenkel/Kinzler*, Datenschutz im vernetzten Fahrzeug, S. 153 (S.)]

Richter, H., Europäisches Datenprivatrecht: Lehren aus dem Kommissionsvorschlag für eine „Verordnung über europäische Daten-Governance", ZEuP 2021, 634 ff.

Rosenkranz, F./Scheufen, M., Die Lizenzierung von nicht-personenbezogenen Daten – Eine rechtliche und rechtsökonomische Analyse, ZfDR 2022, 159 ff.

Roßnagel, A., Rechtsfragen eines Smart Data-Austauschs – Datengetriebene Kooperation in der Industrie, NJW 2017, 10 ff.

Röttgen, C., Rechtspositionen an Daten: Die Rechtslage im europäischen Rechtsraum, in: Specht-Riemenschneider, L./Werry, N./Werry, S. (Hrsg.), Datenrecht in der Digitalisierung, Berlin 2020 [zitiert: Specht-Riemenschneider/Werry/Werry/*Röttgen*, Datenrecht in der Digitalisierung, S. 371 (S.)]

Ruess, P./Slopek, D. E. F., Zum unmittelbaren wettbewerbsrechtlichen Leistungsschutz nach hartplatzhelden.de, WRP 2011, 834 ff.

Sack, R., Das Erfordernis der wettbewerblichen Eigenart beim wettbewerbsrechtlichen Leistungsschutz, in: Ahrens, H.-J./Bornkamm, J./Fezer, K.-H./Koch, T./McGuire, M.-R./Würtenberger, G. (Hrsg.), Festschrift für Wolfgang Büscher, Köln 2018 [zitiert: *Sack*, in: FS Büscher, S. 359 (S.)]

Ders., Die Lizenzanalogie im System des Immaterialgüterrechts, in: Forkel, H./Kraft, A. (Hrsg.), Beiträge zum Schutz der Persönlichkeit und ihrer schöpferischen Leistungen – Festschrift für Heinrich Hubmann zum 70. Geburtstag, Frankfurt am Main 1985 [zitiert: *Sack*, in: FS Hubmann, S. 373 (S.)]

Ders., Die lückenfüllende Funktion der Generalklausel des § 3 UWG, WRP 2005, 531 ff.

Ders., Leistungsschutz nach § 3 UWG, GRUR 2016, 782 ff.

Säcker, J./Rixecker, R./Oetker, H./Limperg, B. (Hrsg.), Münchener Kommentar zum Bürgerlichen Gesetzbuch, Band 1 (§§ 1–240), 9. Aufl., München 2021 [zitiert: MüKoBGB/*Bearbeiter*, Band 1, BGB § Rn.]

Dies., Münchener Kommentar zum Bürgerlichen Gesetzbuch, Band 3 (§§ 311–432), 9. Aufl., München 2022 [zitiert: MüKoBGB/*Bearbeiter*, Band 3, BGB § Rn.]

Dies., Münchener Kommentar zum Bürgerlichen Gesetzbuch, Band 7 (§§ 705–853), 8. Aufl., München 2020 [zitiert: MüKoBGB/*Bearbeiter*, Band 7, BGB § Rn.]

Dies., Münchener Kommentar zum Bürgerlichen Gesetzbuch, Band 8 (§§ 854–1296), 9. Aufl., München 2023 [zitiert: MüKoBGB/*Bearbeiter*, Band 8, BGB § Rn.]

Sattler, A., in: Sassenberg, T./Faber, T. (Hrsg.), Rechtshandbuch Industrie 4.0 und Internet of Things – Praxisfragen und Perspektiven der digitalen Zukunft, München 2017 [zitiert: Sassenberg/Faber/*Sattler*, Rechtshandbuch Industrie 4.0 und Internet of Things, S. 28 (S.)]

Scheller, J., Wettbewerbsrechtliche Aspekte beim Schutz von Datenbanken und ihrer Nutzung, CR 1988, 806 ff.

Schmidt, K. J./Zech, H., Datenbankherstellerschutz für Rohdaten?, CR 2017, 417 ff.

Schmidt-Kessel, M./Schubmehl, S. (Hrsg.), Lauterkeitsrecht in Europa, Eine Sammlung von Länderberichten zum Recht gegen unlauteren Wettbewerb, München 2011 [zitiert: Schmidt-Kessel/Schubmehl/*Bearbeiter*, Lauterkeitsrecht in Europa, S.]

Schöning, H., Data Mining und Analyse, in: Bauernhansl, T./ten Hompel, M./Vogel-Heuser, B. (Hrsg.), Industrie 4.0 in Produktion, Automatisierung und Logistik, Wiesbaden 2014 [zitiert: Bauernhansl/ten Hompel/Vogel-Heuser/*Schöning*, Industrie 4.0 in Produktion, Automatisierung und Logistik, S. 543 (S.)]

Schönke, A./Schröder, H., Strafgesetzbuch, Kommentar, 30. Aufl., München 2019 [zitiert: Schönke/Schröder/*Bearbeiter*, StGB § Rn.]

Schricker, G. (Hrsg.), Urheberrecht, Kommentar, 2. Aufl., München 1999 [zitiert: Schricker/*Bearbeiter*, UrhG (2. Aufl., 1999) § Rn.]

Schroeder, M., Numerus clausus der Immaterialgüterrechte?, Berlin 2017 [zitiert: *Schroeder*, Numerus clausus der Immaterialgüterrechte?, S.]

Schröer, B., Der unmittelbare Leistungsschutz, Tübingen 2010 [zitiert: *Schröer*, Der unmittelbare Leistungsschutz, S.].

Schulze, R. (Schriftleitung, Hrsg.), BGB Handkommentar, 11. Aufl., Baden-Baden 2022 [zitiert: HK-BGB/*Bearbeiter*, BGB § Rn.]

Schünemann, W. B. unter Mitarb. von *Spliethoff, H.-P.*, Wettbewerbsrecht: UWG, RabattG, ZugabeVO und PreisangabenVO – unter Berücksichtigung des GWB, München u. a. 1989 [zitiert: *Schünemann*, Wettbewerbsrecht, S.]

Schwichtenberg, S., Datenschutz in drei Stufen – Ein Auslegungsmodell am Beispiel des vernetzten Automobils, Wiesbaden 2018 [zitiert: *Schwichtenberg*, Datenschutz in drei Stufen, S.]

Singelnstein, T., Ausufernd und fehlplatziert: Der Tatbestand der Datenhehlerei (§ 202d StGB) im System des strafrechtlichen Daten- und Informationsschutzes, ZIS 2016, 432 ff.

Söbbing, T./Groß, K., Einzelne Rechtsfragen der Digitalisierung in der Automobilbranche, CR 2022, 613 ff.

Specht-Riemenschneider, L./Rohmer, R., Zur Rolle des informationellen Selbstbestimmungsrechts bei der Ausgestaltung eines möglichen Ausschließlichkeitsrechts an Daten, PinG 2016, 127 ff.

Specht-Riemenschneider, L., Ausschließlichkeitsrechte an Daten – Notwendigkeit, Schutzumfang, Alternativen – Eine Erläuterung des gegenwärtigen Meinungsstands und Gedanken für eine zukünftige Ausgestaltung, CR 2016, 288 ff.

Dies., Konsequenzen der Ökonomisierung informationeller Selbstbestimmung: Die zivilrechtliche Erfassung des Datenhandels, Köln 2012 [zitiert: *Specht-Riemenschneider*, Konsequenzen der Ökonomisierung informationeller Selbstbestimmung: Die zivilrechtliche Erfassung des Datenhandels, S.]

Dies., Data Act – Auf dem (Holz-)Weg zu mehr Dateninnovation?, ZRP 2022, 137 ff.

Dies., Der Entwurf des Data Act – Eine Analyse der vorgesehenen Datenzugangsansprüche im Verhältnis B2B, B2C und B2G, MMR 2022, 809 ff.

Spickhoff, A., Der Schutz von Daten durch das Deliktsrecht, in: Leible, S./Lehmann, M./Zech, H. (Hrsg.), Unkörperliche Güter im Zivilrecht, Tübingen 2011 [zitiert: Leible/Lehmann/Zech/*Spickhoff*, Unkörperliche Güter im Zivilrecht, S. 233 (S.)]

Spindler, G., Digitale Wirtschaft – analoges Recht: Braucht das BGB ein Update?, JZ 2016, 805 ff.

Staffler, L., Industrie 4.0 und wirtschaftlicher Geheimnisschutz, NZWiST 2018, 269 ff.

Staudenmayer, D., Der Verordnungsvorschlag der Europäischen Kommission zum Datengesetz – Auf dem Weg zum Privatrecht der Datenwirtschaft, EuZW 2022, 596 ff.

Steinrötter, B., Vermeintliche Ausschließlichkeitsrechte an binären Codes – Justizministerkonferenz spricht sich gegen „Dateneigentum" aus, MMR 2017, 731 ff.
Stöhr, A., Das BGB im digitalen Zeitalter – eine Herausforderung für das Vertragsrecht, ZIP 2016, 1468 ff.
Taeger, J./Pohle, J., Computerrechtshandbuch Informationstechnologie in der Rechts- und Wirtschaftspraxis, 37. Ergänzungslieferung, Stand: Mai 2022 [zitiert: Taeger/Pohle/*Bearbeiter*, ComputerR-HdB Kap. Rn.]
Teplitzky, O./Peifer, K.-N./Leistner, M. (Hrsg.), Gesetz gegen den unlauteren Wettbewerb Großkommentar, Band 2 (§§ 4–7), 2. Aufl., Berlin u. a. 2013 [zitiert: Teplitzky/Peifer/Leistner/*Bearbeiter*, GK-UWG Band 2, § Rn.]
Thalhofer, T., Recht an Daten in der Smart Factory, GRUR-Prax 2017, 225 ff.
Thouvenin, F./Früh, A./Lombard, A., Eigentum an Sachdaten: Eine Standortbestimmung, SZW 2017, 25 ff.
Thouvenin, F./Weber, R. H./Früh, A., Elemente einer Datenpolitik, Zürich u. a. 2019 [zitiert: *Thouvenin/Weber/Früh*, Elemente einer Datenpolitik, S.]
Thouvenin, F., Funktionale Systematisierung von Wettbewerbsrecht (UWG) und Immaterialgüterrechten, Zürich 2005 [zitiert: *Thouvenin*, Funktionale Systematisierung von Wettbewerbsrecht (UWG) und Immaterialgüterrechten, S.]
Ulmer, E., Urheber- und Verlagsrecht, 2. Aufl., Berlin 1960 [zitiert: *Ulmer*, Urheber- und Verlagsrecht (2. Aufl., 1960), S.].
Ders., Urheber- und Verlagsrecht, 3. Aufl., Berlin 1980 [zitiert: *Ulmer*, Urheber- und Verlagsrecht (3. Aufl., 1980), S.]
Vieweg, K./Werner, A., Sachenrecht, 9. Aufl., München 2022 [zitiert: *Vieweg/Werner*, Sachenrecht, § Rn.]
von Gamm, O.-F. Frhr., Der urheber- und wettbewerbsrechtliche Schutz von Rechenprogrammen, WRP 1969, 96 ff.
Ders., Wettbewerbsrecht: mit Zugabe- und Rabattrecht sowie Nebengesetzen, Band 1, 5. Aufl., Köln u. a. 1987 [zitiert: *v. Gamm*, Wettbewerbsrecht, Kap. Rn.]
von Westphalen, F. Graf, Datenvertragsrecht – disruptive Technik – disruptives Recht – Kollisionsrecht und Haftungsrecht, IWRZ 2018, 9 ff.
Wandtke, A.-A./Bullinger, W. (Hrsg.), Praxiskommentar Urheberrecht: UrhR, 6. Aufl., München 2022 [zitiert: Wandtke/Bullinger/*Bearbeiter*, UrhG § Rn.]
Weber, K. (Hrsg.), Rechtswörterbuch, 24. Aufl., München 2022 [zitiert: Weber/*Bearbeiter*, „ „]
Weber, R. H./Thouvenin, F., Dateneigentum und Datenzugangsrechte – Bausteine der Informationsgesellschaft?, ZSR 2018 I Heft 1, 43 ff.
Weihrauch, F., Der unmittelbare Leistungsschutz im UWG – Eine Untersuchung zu den rechtsdogmatischen und rechtstatsächlichen Grundlagen eines ergänzenden Leistungsschutzes auf der Grundlage des § 1 UWG, Berlin 2001 [zitiert: *Weihrauch*, Der unmittelbare Leistungsschutz im UWG, S.]
Weisser, R./Färber, C., Rechtliche Rahmenbedingungen bei Connected Car – Überblick über die Rechtsprobleme der automobilen Zukunft, MMR 2015, 506 ff.
Wendt, K., Autonomes Fahren und Datenschutz – eine Bestandsaufnahme, ZD-Aktuell 2018, 06034.
Wiebe, A./Schur, N., Ein Recht an industriellen Daten im verfassungsrechtlichen Spannungsverhältnis zwischen Eigentumsschutz, Wettbewerbs- und Informationsfreiheit, ZUM 2017, 461 ff.
Wiebe, A., Information als Schutzgegenstand im System des geistigen Eigentums, in: Fiedler, H./Ullrich, H. (Hrsg.), Information als Wirtschaftsgut, Köln 1997 [zitiert: Fiedler/Ullrich/*Wiebe*, Information als Wirtschaftsgut, S. 92 (S.)]

Ders., Protection of industrial data – a new property right for the digital economy?, GRUR Int 2016, 877 ff.

Ders., Schutz von Maschinendaten durch das sui-generis-Schutzrecht für Datenbanken, GRUR 2017, 338 ff.

Ders., Unmittelbare Leistungsübernahme im neuen Wettbewerbsrecht, in: Ohly, A./Bodewig, T./Dreier, T./Götting, H.-P./Haedicke, M./Lehmann, M. (Hrsg.), Perspektiven des Geistigen Eigentums und Wettbewerbsrechts – Festschrift für Gerhard Schricker zum 70. Geburtstag, München 2005 [zitiert: *Wiebe*, in: FS Schricker, S. 773 (S).]

Ders., Von Datenrechten zu Datenzugang – Ein rechtlicher Rahmen für die europäische Datenwirtschaft – Überblick und erste Bewertung zur Mitteilung der EU-Kommission vom 10. 1. 2017, CR 2017, 87 ff.

Wiedemann, H., Richterliche Rechtsfortbildung, NJW 2014, 2407 ff.

Winkler, V., Rechte an Daten im Zivilrecht – Eine vergleichende Betrachtung des Rechts der Bundesrepublik Deutschland und der Volksrepublik China, Tübingen 2021 [zitiert: *Winkler*, Rechte an Daten im Zivilrecht, S.]

Zech, H., „Industrie 4.0“ – Rechtsrahmen für eine Datenwirtschaft im digitalen Binnenmarkt, GRUR 2015, 1151 ff.

Ders., Daten als Wirtschaftsgut – Überlegungen zu einem „Recht des Datenerzeugers“ – Gibt es für Anwenderdaten ein eigenes Vermögensrecht bzw. ein übertragbares Ausschließlichkeitsrecht?, CR 2015, 137 ff.

Ders., Die Dematerialisierung des Patentrechts und ihre Grenzen – Zugleich Besprechung von BGH „Rezeptortyrosinkinase II“, GRUR 2017, 475 ff.

Ders., Information als Schutzgegenstand, Bayreuth 2012 [zitiert: *Zech*, Information als Schutzgegenstand, S.]

Ders., Unkörperliche Güter im Zivilrecht – Einführung und Überblick, in: Leible, S./Lehmann, M./Zech, H. (Hrsg.), Unkörperliche Güter im Zivilrecht, Tübingen 2011 [zitiert: Leible/Lehmann/Zech/*Zech*, Unkörperliche Güter im Zivilrecht, S. 1 (S.)]